"十三五"职业教育国家规划教材

校企合作"双元"教材 "互联网+"新形态教材

邮政通信组织管理
（第4版）

主　编　陈军须　王为民
副主编　李　颖　周晓燕
　　　　李　晶　刘　羽

北京邮电大学出版社
www.buptpress.com

内 容 简 介

本教材共分10章，围绕邮政企业生产组织与运营管理两条主线，全面、系统地介绍了邮政企业生产运营基础知识、邮件收寄环节生产组织与运营管理、邮件分拣环节生产组织与运营管理、邮件运输环节生产组织与运营管理、邮件投递环节生产组织与运营管理、邮政报刊发行生产组织与运营管理、邮政企业生产指挥调度系统、邮件处理中心生产现场管理、邮政企业生产质量管理、邮件查验与协同客户服务等相关理论和实践操作规范。

本教材适合邮政类专业的学生使用，也可以作为邮政企业生产组织与运营管理人员、邮政企业指挥调度人员、生产质量管理人员、协同客服人员等自学和培训的教材使用。

图书在版编目(CIP)数据

邮政通信组织管理 / 陈军须，王为民主编. -- 4版. -- 北京：北京邮电大学出版社，2022.9(2024.7重印)
ISBN 978-7-5635-6753-9

Ⅰ．①邮⋯　Ⅱ．①陈⋯ ②王⋯　Ⅲ．①邮政管理—教材　Ⅳ．①F616

中国版本图书馆 CIP 数据核字(2022)第 166648 号

策划编辑：彭　楠　　责任编辑：彭　楠　陶　恒　　责任校对：张会良　　封面设计：七星博纳

出版发行	：北京邮电大学出版社
社　　址	：北京市海淀区西土城路 10 号
邮政编码	：100876
发 行 部	：电话：010-62282185　　传真：010-62283578
E-mail	：publish@bupt.edu.cn
经　　销	：各地新华书店
印　　刷	：保定市中画美凯印刷有限公司
开　　本	：787 mm×1 092 mm　1/16
印　　张	：18
字　　数	：471 千字
版　　次	：2008 年 7 月第 1 版　2012 年 11 月第 2 版　2018 年 8 月第 3 版　2022 年 9 月第 4 版
印　　次	：2024 年 7 月第 2 次印刷

ISBN 978-7-5635-6753-9　　　　　　　　　　　　　　　　　　　　定　价：45.00 元

・如有印装质量问题，请与北京邮电大学出版社发行部联系・

前　言

邮政企业的快速发展和转型升级的内在需求,对作为中国邮政主业的寄递业务提出了更高的要求,面对寄递业务当前发展质效不高、成本居高不下等突出问题,邮政企业必须通过创新推进网络组织改革,实现效率提升。这对邮政企业的生产作业组织和精细化管理提出了新的要求。

2020—2021年,本教材编写组依托中国邮政集团有限公司立项项目"国内邮件处理规则"和"国内邮件全环节处理流程与操作规范",先后完成了大量的企业调研工作,包括对中国邮政集团有限公司以及相关省份的营业网点、各类邮件处理中心、揽投网点等的调研。在项目进行的过程中,编写组深度接触了企业生产一线和管理岗位的各领域专家,所以,本教材采用校企"双元"合作方式,得以从多角度、多层次,全面、系统地完成编写。

本教材有以下特点。

(1) 思路创新。本教材将"企业岗位(群)任职要求、职业标准、工作过程或产品"作为教材主体内容,将"以德树人、课程思政"有机地融合到教材中,提供了丰富、适用和引领创新作用的多种类型的立体化、信息化课程资源,弱化了"教学材料"的特征,强化了"学习资料"的功能,实现了教材的多功能作用。

(2) 编写形式新颖。本教材采用校企"双元"合作方式开展编写工作,由学校和企业人员共同把关,以便更好地贴近企业实际,并对企业生产有一定的指导作用。另外,每章章末结合该章核心知识点附以企业案例和实践项目,以作为知识拓展的途径。同时,还将课程建设中积累的数字资源以二维码形式展现出来,线上、线下相结合,可以方便学生随时随地学习。

(3) 编写内容先进。本教材紧贴企业实际,以邮政企业生产的四大环节为主线,以岗位工作标准为依据,立足邮政企业,在对现阶段企业的作业流程进行梳理的基础上,增加智能技术和信息系统主导下的流程设计,并从客户的视角和行业竞争的视角进行规范化和管理,以适应企业当前的发展趋势。

本教材第一章由石家庄邮电职业技术学院陈军须教授、王为民教授、李颖老师编写;第四、六、七、八章由陈军须教授编写,中国邮政集团有限公司寄递事业部耿丽强和李渊、石家庄邮区中心司炳磊提供了大量的素材资料和研讨咨询支持;第三章、第九章由李颖老师编写,中国邮政集团有限公司寄递事业部钟井富和魏思琪、石家庄邮区中心郑忠伟、南京集散中心奚徐勇提供了大量的素材资料和研讨咨询支持;第五章由石家庄邮电职业技术学院周晓燕副教授编写,中国邮政集团有限公司寄递事业部闫阁、辽宁省邮政分公司寄递事业部李锐、天津市邮政分公司普遍服务部何志刚、河北省邮政分公司寄递事业部强英波提供了大量的素材资料和研讨咨询支持；第二章由石家庄邮电职业技术学院李晶老师编写，中国邮政集团有限公司邮政业务部刘宏伟和高璐、河北省邮政分公司寄递事业部肖冬梅提供了大量的素材资料和研讨咨询支持；第十章由石家庄邮电职业技术学院刘羽老师编写，中国邮政集团有限公司市场部胡文华、福建省邮政分公司服务质量部郑清、甘肃省邮政分公司服务质量部张磊提供了大量的素材资料和研讨咨询支持。因篇幅有限，其余各位专家的名字就不再一一列出，在此，对各位专家为本教材编写所作出的巨大贡献表示衷心的感谢！

目 录

第一章 邮政企业生产运营基础知识 ... 1

第一节 邮政企业生产运营概述 ... 2
一、邮政行业发展现状与发展趋势 ... 2
二、邮政企业生产运营概况 ... 3
三、典型快递企业生产运营模式 ... 3

第二节 邮政企业生产运营网络基础 ... 4
一、邮政企业组织机构 ... 5
二、邮政网络概述 ... 6
三、邮政网体制的演变 ... 8
四、邮政网体制改革 ... 12
五、邮政网络优化 ... 14

第二章 邮件收寄环节生产组织与运营管理 ... 25

第一节 邮件收寄环节基本规定 ... 26
一、邮件收寄基本规定 ... 26
二、邮政营业网点管理 ... 27

第二节 邮件收寄作业流程与操作规范 ... 28
一、营业网点作业流程与操作规范 ... 28
二、邮件揽收作业流程与操作规范 ... 39

第三节 邮件收寄管理规范 ... 46
一、邮政用品用具的管理 ... 46
二、邮政业务管理 ... 49

第四节 邮件收寄服务规范 ... 52
一、服务纪律 ... 52
二、仪容仪表 ... 53
三、行为举止 ... 54
四、服务语言 ... 55
五、电话礼仪 ... 55

六、服务态度 …………………………………………………………………… 56

第三章　邮件分拣环节生产组织与运营管理 ……………………………………… 59

第一节　邮件分拣封发基本规定 ………………………………………………… 60
　　一、邮件分拣封发概述 ……………………………………………………… 60
　　二、邮件分拣封发计划 ……………………………………………………… 62

第二节　邮件处理中心生产组织与运营管理基础 ……………………………… 64
　　一、邮件处理中心工艺和设备 ……………………………………………… 64
　　二、邮件处理中心作业模式 ………………………………………………… 67
　　三、邮件处理中心容器管理 ………………………………………………… 71
　　四、邮件处理中心班结制度 ………………………………………………… 73
　　五、邮件处理中心异常邮件处理 …………………………………………… 74

第三节　陆运邮件处理中心典型生产作业流程 ………………………………… 78
　　一、陆运邮件处理中心整体生产作业流程 ………………………………… 78
　　二、典型作业流程及操作规范 ……………………………………………… 79

第四节　航空邮件处理中心典型生产作业流程 ………………………………… 86
　　一、航空邮件处理中心整体生产作业流程 ………………………………… 86
　　二、典型作业流程及操作规范 ……………………………………………… 86
　　三、贵品邮件的分拣封发作业流程 ………………………………………… 88

第五节　南京集散中心典型生产作业流程 ……………………………………… 89
　　一、南京集散中心整体生产作业流程 ……………………………………… 89
　　二、典型作业流程及操作规范 ……………………………………………… 89

第四章　邮件运输环节生产组织与运营管理 ……………………………………… 97

第一节　邮件运输环节基本规定 ………………………………………………… 98
　　一、邮政运输的特点 ………………………………………………………… 98
　　二、邮政运输工作任务 ……………………………………………………… 99
　　三、邮政运输基本规定 ……………………………………………………… 99
　　四、邮路计划 ………………………………………………………………… 100

第二节　公路运输作业组织 ……………………………………………………… 102
　　一、公路运输组织基本规定 ………………………………………………… 102
　　二、公路运输组织方式变革 ………………………………………………… 104
　　三、公路运输作业流程 ……………………………………………………… 106

第三节　铁路运输作业组织 ……………………………………………………… 109
　　一、铁路运输组织基本规定 ………………………………………………… 109
　　二、铁路运输组织方式变革 ………………………………………………… 109
　　三、铁路运输作业流程与规范 ……………………………………………… 110

第四节　航空运输作业组织 ……………………………………………………… 112
　　一、航空运输组织基本规定 ………………………………………………… 112
　　二、航空运输组织方式变革 ………………………………………………… 114

三、航空运输作业流程 …………………………………………………………… 115

第五章　邮件投递环节生产组织与运营管理 …………………………………… 118

第一节　邮件投递环节基本规定 …………………………………………… 119
　　一、投递方式 ……………………………………………………………………… 119
　　二、投递频次 ……………………………………………………………………… 121
　　三、投递深度 ……………………………………………………………………… 121
　　四、投递时限 ……………………………………………………………………… 122

第二节　普邮投递作业流程与规范 ………………………………………… 123
　　一、内部操作 ……………………………………………………………………… 123
　　二、外部作业 ……………………………………………………………………… 131
　　三、归班处理 ……………………………………………………………………… 134

第三节　包快投递作业流程与规范 ………………………………………… 139
　　一、内部操作 ……………………………………………………………………… 139
　　二、外部作业 ……………………………………………………………………… 141
　　三、归班处理 ……………………………………………………………………… 144

第四节　邮件投递管理规范 ………………………………………………… 145
　　一、作业组织与管理 ……………………………………………………………… 145
　　二、作业方式创新 ………………………………………………………………… 147
　　三、投递路线的组织 ……………………………………………………………… 149
　　四、现场布局与管理 ……………………………………………………………… 155
　　五、基础管理 ……………………………………………………………………… 156
　　六、投递质量管理 ………………………………………………………………… 160

第五节　邮件投递服务规范 ………………………………………………… 166
　　一、基本要求 ……………………………………………………………………… 166
　　二、服务形象 ……………………………………………………………………… 168
　　三、服务语言 ……………………………………………………………………… 170
　　四、服务过程管理规范 …………………………………………………………… 171

第六章　邮政报刊发行生产组织与运营管理 …………………………………… 178

第一节　邮政报刊发行业务概述 …………………………………………… 179
　　一、报刊发行业务的概念及性质 ………………………………………………… 179
　　二、中国报刊发行体制沿革 ……………………………………………………… 180
　　三、邮政报刊发行的方式 ………………………………………………………… 182
　　四、邮政报刊专项市场分类 ……………………………………………………… 183

第二节　邮政报刊发行作业流程 …………………………………………… 184
　　一、邮政报刊发行组织机构及职能 ……………………………………………… 185
　　二、邮政报刊发行作业流程 ……………………………………………………… 186

第三节　邮政报刊发行组织管理 …………………………………………… 191
　　一、邮政报刊发行业务的管理体制 ……………………………………………… 191

二、邮政报刊发行业务的管理内容 ……………………………………………… 191

第七章 邮政企业生产指挥调度系统 …………………………………………… 197

第一节 邮政指挥调度系统 …………………………………………………… 199
一、邮政指挥调度体系概述 ………………………………………………… 199
二、邮政指挥调度体系的功能 ……………………………………………… 199
三、邮政指挥调度机构及管理内容 ………………………………………… 200

第二节 生产运行管控 ………………………………………………………… 201
一、生产运行过程管控 ……………………………………………………… 201
二、生产现场管控 …………………………………………………………… 203
三、信息系统报警管控 ……………………………………………………… 204

第三节 生产运行重大异常管控 ……………………………………………… 205
一、干线邮路运行重大异常管控 …………………………………………… 205
二、生产现场重大异常管控 ………………………………………………… 206

第四节 生产运行质量管控 …………………………………………………… 207
一、客服工单管控 …………………………………………………………… 207
二、邮件逾限管控 …………………………………………………………… 208
三、断点邮件管控 …………………………………………………………… 208
四、智能跟单管控 …………………………………………………………… 209

第五节 重大活动组织预案 …………………………………………………… 210
一、前期准备阶段 …………………………………………………………… 210
二、预案制订阶段 …………………………………………………………… 210
三、运行保障阶段 …………………………………………………………… 211
四、活动重点保障 …………………………………………………………… 212

第六节 应急处置 ……………………………………………………………… 213
一、预警分级 ………………………………………………………………… 213
二、应急响应 ………………………………………………………………… 213
三、应急预案的制订 ………………………………………………………… 214
四、突发事件报告 …………………………………………………………… 214

第八章 邮件处理中心生产现场管理 …………………………………………… 217

第一节 邮件处理中心现场管理概述 ………………………………………… 218
一、"5S"现场管理的内容 …………………………………………………… 218
二、"6S"现场管理的内容 …………………………………………………… 219
三、"6S"现场管理的作用 …………………………………………………… 220

第二节 邮件处理中心"6S"管理的要点 ……………………………………… 220
一、"整理""整顿""清扫"管理要点 ………………………………………… 220
二、"安全"管理要点 ………………………………………………………… 221
三、"规范"管理要点 ………………………………………………………… 223
四、"素养"管理要点 ………………………………………………………… 224

第三节 "6S"现场管理工作的自查与考核 ················ 225
- 一、生产办公区域"整理、整顿"自查要点 ················ 225
- 二、生产作业区域"整理、整顿"自查要点 ················ 226
- 三、场院区域"整理、整顿"自查要点 ················ 227
- 四、"清扫"自查要点 ················ 228
- 五、封闭式管理自查要点 ················ 229
- 六、"安全"自查要点 ················ 229
- 七、"规范"自查要点 ················ 230
- 八、"素养"自查要点 ················ 230

第九章 邮政企业生产质量管理 ················ 233

第一节 质量管理概述 ················ 234
- 一、质量管理的含义 ················ 234
- 二、质量管理的发展过程 ················ 234
- 三、质量管理的实施 ················ 235
- 四、全面质量管理 ················ 237

第二节 邮政通信质量管理概述 ················ 237
- 一、邮政通信质量管理的概念 ················ 237
- 二、邮政通信质量管理的主要内容和常见问题 ················ 238
- 三、邮政通信质量的控制措施 ················ 238

第三节 邮件处理中心质量管理 ················ 239
- 一、邮件处理中心质量管理体系 ················ 239
- 二、邮件处理中心邮政质量管理指标设置及含义 ················ 239
- 三、邮件处理中心质量管理制度与考核方法 ················ 252

第四节 邮件处理中心效率管理 ················ 254
- 一、邮件设备适用要求 ················ 254
- 二、关键环节效率标准 ················ 255
- 三、各种效率提升要素 ················ 256

第十章 邮件查验与协同客户服务 ················ 260

第一节 邮件的查验 ················ 261
- 一、邮件的查询 ················ 261
- 二、验单缮发 ················ 262

第二节 邮件的判责与赔偿 ················ 263
- 一、邮件的判责 ················ 263
- 二、邮件的赔偿 ················ 266

第三节 营投协同客户服务 ················ 268
- 一、营投协同客户服务概念 ················ 268
- 二、营投协同客服核查作业要求 ················ 268
- 三、营投协同客服问题邮件处理 ················ 270

  第四节　邮件处理中心协同客户服务……………………………………………… 272
    一、邮件处理中心协同客户服务概念……………………………………………… 272
    二、处理中心协同客服核查作业要求……………………………………………… 272
    三、处理中心协同客服问题邮件处理……………………………………………… 273

参考文献……………………………………………………………………………………… 277

第一章　邮政企业生产运营基础知识

【企业背景】

邮政是一个历史悠久的行业,自古以来,邮政作为实物载体的信息传输系统,一直是国之命脉,承担着信息传达、货运中转传送的功能。从古代邮驿到现代邮政,邮政行业经历了漫长的发展进程。从烽火报信到无人机投递,科技促进了这个古老行业日新月异的发展。天南海北的邮局,联通的是一个个小小的个体,承载的是一个国家厚重的责任感:有中国邮政,你的通信,就有保障。这保障实现的基本条件就是邮政企业高效、有序的生产运营组织,它保证了邮件从寄件人快速、准确地传递到收件人手中。

【学习目标】

认知邮政通信

- 了解邮政行业发展的现状和趋势;
- 掌握邮政网络的分类、组网原则;
- 初步认识网络优化是生产运营的重要保障;
- 引导学生认识邮政快递服务是重要的民生基本服务,培养学生"为人民服务"的责任感。

【思维导图】

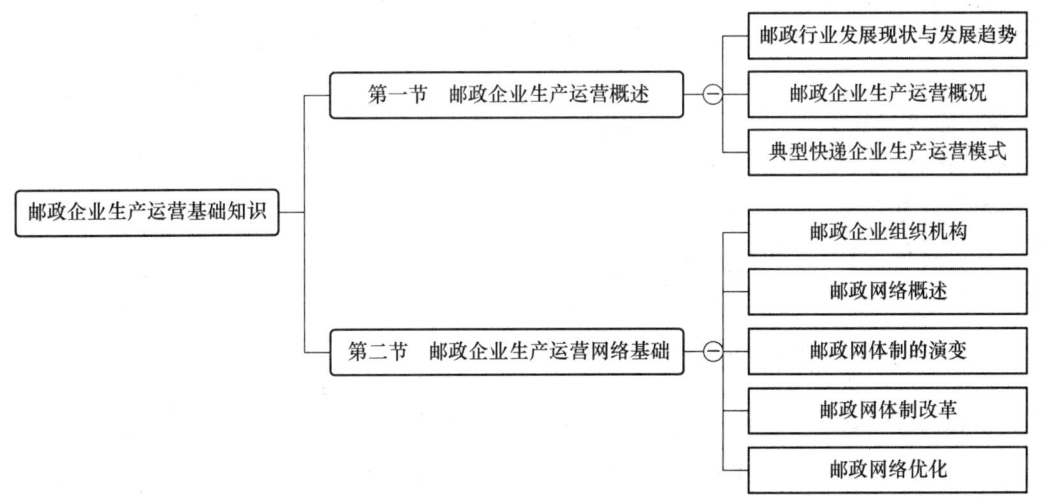

第一节　邮政企业生产运营概述

一、邮政行业发展现状与发展趋势

（一）发展现状

（1）邮政快递业务量持续增长

近年来我国邮政快递业延续了高速增长态势，2021年邮政快递业务量突破千亿件，连续8年稳居世界第一。由邮政行业支撑的实物商品网上零售额、农产品销售额、制造业产值和跨境电商销售额再创新高，已逐渐成为商品流通的"加速器"、农特产品的"直通车"、制造业的"移动仓"和跨境电商的"桥头堡"。8家快递企业成功上市，形成3家年业务量超100亿件、收入规模超1 000亿元的品牌快递集团。

（2）邮政快递成为基本民生服务，服务质量持续提升

随着供给侧结构性改革的深入，我国的经济结构更加合理，商业、制造业、农业等领域对快递服务的需求更加旺盛。目前，连接城乡、覆盖全国、通达世界的邮政快递服务体系基本建成，日均服务用户近7亿人次，邮政快递服务已成为无处不在、无人不用的生活所需。快递服务已经成为基本的民生服务之一，正加速融入百姓生活。

邮政快递网点基本实现乡镇全覆盖，服务网络加速向村一级延伸，越来越多的农民在快递行业发展的过程中实现增收致富。重点地区间的邮政快递服务全程时限缩短到58小时左右，有效申诉率不断下降，延误、损毁和丢失等问题显著改善。

（3）新技术广泛应用，践行绿色发展

邮政快递行业发展质效持续提升，大数据、物联网、人工智能、区块链和北斗导航等先进技术与行业的结合更加紧密，"小黄人"、无人机、智能仓等国产快递物流装备被广泛应用，基本实现了服务功能多元化、寄递服务快捷化、内部作业自动化和生产组织信息化。"十三五"期间，快递专业类物流园区数量大幅增加，行业内的陆海空综合运输体系更加健全，高铁快递稳定运行，专用货机从71架增加到126架。

快递绿色包装治理不断深入，快递电子运单、循环中转袋基本实现全覆盖，与绿色理念相适应的法律、标准、政策体系逐步构建。

（二）发展趋势

在"乡村振兴"的大背景下，邮政快递行业更多承载着农产品上行、工业品下乡的使命。邮政快递业和农业农村产业深入融合，国家大力推进"快递下乡""快递进村"工程，当前全网每天有1亿件包裹抵达农村，极大地提升了农民购买工业日用品的便利程度；同时，农特产品通过快递源源不断地"出村进城"，更加凸显了邮政快递业在促进消费升级、打通经济循环方面的作用，邮政快递业已成为巩固脱贫成果和实施乡村振兴战略的重要力量。

《"十四五"邮政业发展规划》中预测，到2025年，邮政业年业务收入超1.8万亿元，邮政业日均服务用户超9亿人次，快递业务量超1 500亿件。未来邮政快递服务水平、邮政普遍服务均等化水平都将稳步提高，农村网络设施资源共享建设将进一步增强。邮政快递行业必将深化与电商的协同合作，打造"快递＋电商"中国方案，更好地支撑线上、线下一体的新型流通、社

交电商等新型电商发展,以"创新反哺"助力行业高质量发展。

二、邮政企业生产运营概况

邮政快递行业的竞争聚焦于时限、成本、服务和市场。中国邮政加快发展,规范生产运营,提升市场竞争能力,努力打造行业"国家队",2020年取得了良好的生产运营效果。

(1) 普遍服务水平不断提升

乡镇网点覆盖率和建制村直接通邮率持续保持100%;条码平信信息断点率0.38‰,较2019年年底下降0.24个千分点;《人民日报》当日见报率84.3%;机要通信无失密丢损事故;邮快合作加快深化;代办网点的规范管理得到加强。

(2) 时限水平快速提升

邮政生产作业时限水平基本实现与竞争对手旗鼓相当,个别领域各有千秋、各有所长。标快次日递率、快包T+3日递率分别达71.7%、87.4%;长三角、京津冀、珠三角、东北、川渝区域互寄快包时限赶超竞争对手,中部区域互寄快包时限与竞争对手的差距缩小至0.02小时;邮航白天运行航线由2条、14班增加至7条、44班,有力地促进了时限水平的提升。

(3) 市场拓展成绩突出

政务市场标准快递业务收入同比增长3.9%;电商市场快包业务收入同比增长28.4%;国际市场收入同比增长15.01%;物流项目嵌入华为国际国内全供应链,拓展格力10省物流运输业务,综合物流服务能力明显提高。

(4) 服务质量明显改善

派揽订单及时揽收成功率、标快和快包异常发生率、有效申诉率、问题邮件一次及时解决率、理赔及时率等五大关键指标得到大幅的改善。

(5) 生产作业成本管控效果明显

聚焦于人均、件均成本,着力压降收寄、处理、运输、投递、管理支撑"五大成本",快递包裹寄递过程各环节成本较2020年明显改善,件均成本较去年降低0.87元。

中国邮政作为寄递型企业,全力服务"乡村振兴""军民融合""制造强国""健康中国"等国家战略,不断增强寄递网能力建设,航空网处理能力大幅提高,陆运网、国际处理、仓储等能力快速增强。2020年全网新增处理能力2 535万件/日,全网处理能力突破1亿件/日。中国邮政大力推进新技术应用,深入开展生产作业工艺优化,如试点邮袋RFID识读、窄带分拣、单件分离、全自动供件等新技术;同时在广东陆路处理中心开展"无人化"试点建设,积极探索邮政"无人化、少人化"建设路径。中国邮政通过持续地优化生产作业流程,探索形成最佳实践,以打造行业"国家队",建设成为创新驱动、协同发展、管理高效、行业领先的企业集团。

三、典型快递企业生产运营模式

(一) 快递企业运营模式分类

根据国家邮政局公布的快递服务品牌集中度指数,2015—2016年快递市场不断涌现新进入者,导致市场集中度下降;到2017年,由于市场增速大幅放缓,行业发展进入整合期,价格战竞争激烈,部分中小企业逐渐被淘汰,导致市场集中度逐渐提高,到2019年快递行业的市场集中度指数高达82.5%;2020年开始,极兔、众邮、丰网等企业的加入促使快递行业集中度指数进一步下降,市场竞争程度不断加剧。这些快递企业的主要生产运营模式可以分为直营模式和加盟模式。直营模式是指公司总部直接投资、管理、经营所有的网点,总部采取纵向管理方式掌控所有的网点。加盟模式是指经营企业将自己的商标、专利等以合同的方式允许加盟商使用,加盟商在统一的业务模式下支付相应的费用。采用直营模式的快递企业一般比较规范,因为各地区、各网点的人员、车辆等资源配置都是总部根据其业务量等直接布局,总部统一制定经营战略,容易发挥整体优势,但管理系统会比较繁杂。

(二) 顺丰的生产运营概况

采取直营模式的顺丰,其生产运营过程与高科技紧密结合,派送员工手持 GPS 终端,可以让客户准确了解到物品配送的即时信息。当客户需要寄件的时候,通过电话等通知顺丰呼叫中心收件,收件员收到消息后会上门收件,收件员将打包好的物品集中到最末端的网点发往中转场,中转场再根据物品的名址进行分拣,发往不同的方向;进入区域集散中心后,集中的快递非常多,利用自动化分拣等职能系统将这些快递进行归类梳理,转移到目的地区域的集散中心,一层一层通过中转场到达目的地网点,派送员再将快递运送到客户手中,待客户签收完,整个生产作业过程结束。

截至 2018 年,顺丰依靠其有效的生产网络组织、基础设施及信息技术投入,形成了较为明显的市场优势,比如在干线运输车辆配置方面,顺丰自营及外包有 4.5 万辆运输车,其次是中通,超过 1 万辆;在转运中心数量上,顺丰有 9 个枢纽级中转场和 130 个片区中转场,其次是中通,全国的转运中心数量达到 91 个,其中自营率 90%;圆通拥有 73 个全部自营的转运中心;在服务网点建设方面,圆通、韵达和中通均有超过 3 万个服务网点。主要快递企业生产网络组织概况见表 1-1。

表 1-1 主要快递企业生产网络组织概况

企业名称	干线运输车辆/辆	转运中心数量/个	服务网点数量/个
中通	超过 10 100	91(自营约占 90%)	约 30 000
韵达	未公布	60(全部自营)	32 229
圆通	超过 5 000	73(全部自营)	33 088
百世	未公布	未公布	超过 10 000
申通	5 500 左右	68(自营有 63 个)	26 800
顺丰	45 000	9 个枢纽级中转场+130 个片区中转场	18 000

顺丰在大数据技术的支持下建立了集自动化、智能化于一体的云仓,在华东地区、华南地区、华北地区、华中地区、西南地区、西北地区、东北地区 7 大地理区域分别建立了上海、广州、北京、武汉、成都、西安、沈阳 7 个区域集散中心,杭州与深圳是顺丰速运全国航空枢纽中心,运输以夜航模式为主,全货机运载。区域集散中心之间的骨干网络形成了高效载配的运输流,整合了全国的物流资源,改善了成本,提高了效率。

第二节 邮政企业生产运营网络基础

邮政业务的运营需要一个完善的邮政系统来支撑。支撑邮政业务运营的主要方面,包括邮政企业组织机构、邮政网及组网体制,这些是邮政业务运营的物质基础。

一、邮政企业组织机构

为了确保邮政企业组织正常运转,实现邮政企业的经营目标,应该有一个按其经营目标所设定的组织机构。

(一)设置原则

在进行组织机构设置时应遵守以下原则。

1. **改革的原则**。在理顺经营管理体系的基础上,促进业务重组,推动机制转换。
2. **统一的原则**。适应网络性企业的特点,加强集中管理力度,机构、职能和名称原则上要统一,并实行机构设置与编制审批制。
3. **精简的原则**。推动扁平化管理,精简管理人员编制。机构设置不要求上下一定对口;一些部门可实行"一套人马,几块牌子"的方式,合署办公。
4. **效能的原则**。提高工作效率,减少职能交叉,保证上下工作渠道规范、畅通。
5. **适用的原则**。机构设置要适应政企合一体制向集团公司体制转变的要求,既要考虑完成邮政普遍服务,也要保证竞争业务适应市场环境;要重点加强和解决邮政目前经营管理的薄弱环节。内设机构可根据各省收入、从业人员数量和地域大小的差异适当地增减数量。
6. **动态调整的原则**。改革需要逐步到位,机构设置也需要在实践中逐步完善。

(二)组织架构

2007年1月中国邮政集团公司成立后,根据国家有关规定,集团公司除了承担邮政普遍服务义务,还受国家委托,承担机要通信业务、义务兵通信等特殊服务。集团公司要建立健全成本削减激励机制,在保证普遍服务能力和服务标准的前提下努力降低企业成本。

2015年3月,中国邮政集团公司启动"子改分"改革,即集团公司、速递物流股份公司与所属省级公司由母子公司制改为总分公司制,并根据经营需要,对直营区域范围、管理层级进行市场化的调整。"子公司"改"分公司",将集团公司和31个省公司整合为一级法人体系,取消31个省公司的法人资格,将其变为集团公司在各省的分公司,最终形成了中国邮政集团公司——省邮政分公司——地(市)邮政分公司——县邮政分公司4个层级的组织机构模式。

2019年12月,经国务院批准,中国邮政集团公司正式改制为中国邮政集团有限公司。中国邮政集团有限公司是依照《中华人民共和国公司法》组建的国有独资公司,公司不设股东会,由财政部依据国家法律、行政法规等规定代表国务院履行出资人职责,公司设立党组、董事会、经理层。公司依法经营各项邮政业务,承担邮政普遍服务义务,受政府委托提供邮政特殊服务,对竞争性邮政业务实行商业化运营。

中国邮政集团有限公司按照国家规定,以邮政、快递物流、金融、电子商务等为主业,实行多元化经营。经营业务主要包括:国内和国际信函寄递业务;国内和国际包裹快递业务;报刊、图书等出版物发行业务;邮票发行业务;邮政汇兑业务;机要通信业务;邮政金融业务;邮政物流业务;电子商务业务;各类邮政代理业务;国家规定开办的其他业务。

综上所述,随着近年来改革创新的不断深入,中国邮政已由传统的邮政企业发展为既提供邮政普遍服务和特殊服务,又经营银行、保险、证券、基金等金融业务,现代快递物流业务和电子商务的现代企业集团。2020年,中国邮政加快构筑推动高质量发展的普遍服务、寄递业务、金融业务、农村电商"四梁"和党建、转型、赋能、扁平、平台、协同、活力、作风"八柱"新战略格局。经过多年持续发展,中国邮政集团有限公司已转型升级为实业与金融相结合、业务多元化的大型企业集团,竞争实力得到增强,企业效益明显提升,社会影响不断扩大。2020年,中国邮政集团有限公司总收入6 645亿元,实现利润606.4亿元,在2021年《财富》世界五百强企业排名第74位,在世界邮政企业排名第2位。

二、邮政网络概述

邮政网络(简称"邮政网")实际上是保障邮政通信任务得以实现的一个完整的系统,包括物理层、业务层、控制层,并以物理层为基础,在业务层的规范下,使邮件得以迅速、有序地传递。控制层起监督、控制和协调作用,保证全网的畅通。但平常所说的邮政网,更多是指物理层,下面仅就此部分进行重点讨论。

(一) 邮政网定义

邮件在邮政网中的传递流程如图1-1所示,可以看出,邮政网是由邮政营业、投递局所及其设施、邮件处理中心,通过邮路(含邮运工具),按照一定的原则和方式组织起来,在控制系统的作用下,遵循一定运行规则完成邮件传递的网络系统。

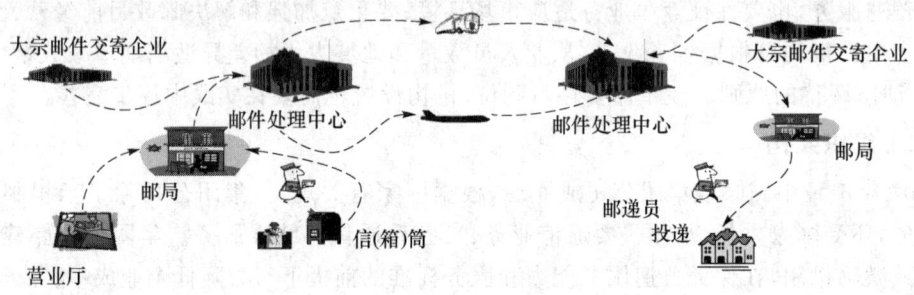

图1-1 邮件在邮政网中的传递流程

按照使用的运输工具不同,邮政网可以分为邮政航空网和邮政陆运网。

1. 邮政航空网

邮政航空网是指以南京邮件集散中心为中心,以全国各邮政航空通运局为节点,通过中国邮政航空有限责任公司的飞机运送标准快递邮件的航空网络体系。目前邮政航空网由中国邮政速递物流有限公司管理,负责日常运行管理和指挥调度,以支撑标准快递为主。速递物流公司统一制定标准快递的全程运营标准,负责组织标准快递的处理、运输和投递。

2. 邮政陆运网

邮政陆运网是指以汽车和少量长途火车(一般运输距离在1 500 km以上)和高铁为运输工具,通过一、二级干线邮路和支线邮路连接各邮件处理中心和地市、县分公司的网络体系。

(二) 邮政网组成要素

邮政网是由点和连通点与点的邮路构成的,因此,点和线就是网的组成要素。邮政网的组成要素包括:收寄端、邮件处理中心、邮路和投递端。其中,收寄端、邮件处理中心、投递端是邮政网的点,邮路就是连通这些点的运输邮件的路线。下面给出邮政网每种组成要素的含义及作用。

1. 收寄端

收寄端是邮政网的始端,是各类邮件进网的入口。收寄端是指分布在全国各地经营邮政业务的邮政营业网点和揽收网点,包括邮政支局、邮政所、邮政代办所、邮政快递揽收网点、流动服务点和邮政信筒、信箱等。收寄端面向社会,直接接触用户,在接受寄件人的委托后,邮件即开始了在网上的传递过程。

2. 邮件处理中心

邮件处理中心是邮政网的节点,位于邮路的交汇处,是邮件的集散和经转枢纽。它负担邮件进出口的分拣封发任务,不同类别的邮件处理中心承担着不同范围的进口、出口、转口邮件的处理任务。

3. 邮路

邮路是利用运输工具或人力,按规定路线、频次、时限在邮政网络节点之间运输邮件的途径。构成邮路的基本要素有:运邮工具;运邮工具行驶的线路及沿线邮件交换单位;单位周期内运邮工具计划运行的次数;运行时间及里程等。

4. 投递端

投递端是邮政网的末端,是指各投递网点通过投递人员送达的各类邮件接收点。邮政网通过投递端联系收件人,最终完成邮件的传递任务。投递端包括个人住户、单位收发室、邮政专用信箱、用户信报箱(群)、智能信报箱、智能包裹柜以及一些具有投递功能的委办机构、居民委员会、村邮站、邮乐购站点、加盟代投点等。

(三)邮路分类

古代邮驿有驿道,邮件运输靠人力和车马。近代邮政的邮路是根据交通道路进行规划的,邮件运输主要靠火车、汽车、飞机和轮船等。1830年英国首先利用铁路运输邮件,1903年德国开始用汽车运邮,1918年伦敦和巴黎之间开始有定期邮政航班飞行。1912年"中华民国"时期,中国也开始使用飞机运输邮件。新中国成立后,中国邮政邮件的长途运输主要依靠火车,短途邮件运输主要依靠汽车。改革开放后,邮件业务量逐年增加,特别是20世纪90年代后,随着快递邮件业务量的迅猛增长,快递邮件时限要求快,服务品质要求高,而单纯依靠民航部门的飞机运输快递邮件已经远远不能满足快递业务发展的需要。因此,1994年原邮电部邮政总局决定成立中国邮政航空有限责任公司,开启了新中国成立后利用自办的航空邮路进行快递邮件运输的新篇章。各种邮路相互贯通组成邮政运输系统,完成运输邮件的任务。邮路分类如下。

1. 按邮路管理权限划分

按邮路管理权限划分,邮路可以分为:一级干线邮路、二级干线邮路、邮区内邮路(包括盘驳邮路、市内转趟邮路、支线邮路、农村邮路)。

(1)一级干线邮路

一级干线邮路指省际各级邮政网络节点之间的邮路以及集团公司指定承担全网邮件运输的邮路。

(2)二级干线邮路

二级干线邮路指省内跨地市区域之间的邮路。

(3)邮区内邮路

邮区内邮路指在本邮区内,除一、二级干线邮路外的盘驳邮路、市内转趟邮路、支线邮路和农村邮路等,具体如下。

1)盘驳邮路

盘驳邮路指邮件处理中心、车站、机场、码头等邮件处理节点之间的邮路。

2）市内转趟邮路

市内转趟邮路指邮件处理中心与其所在城市城区内邮政营业网点、揽投机构之间的邮路。

3）支线邮路

支线邮路指本地邮件处理中心与邮区内县级邮政分公司之间以及邮区内县级邮政分公司之间的邮路。

4）农村邮路

农村邮路包括：①邮件处理中心与本邮区内县以下邮政营业网点、揽投机构之间的邮路；②地县级邮政分公司与所属县以下邮政营业网点、揽投机构之间的邮路；③县以下邮政营业网点和揽投机构之间的邮路；④县以下邮政营业网点、揽投机构与车站、码头或公路旁固定邮件交接点等之间的邮路。

集团公司负责一级干线邮路，各省负责本省二级干线邮路及邮区内邮路的组开、撤销、调整等管理。邮路基础信息及运行计划调整由集团公司和各省分公司在信息系统中进行维护。

2．按经营性质划分

按经营性质划分，邮路可以分为自办邮路和委办邮路。自办邮路是指邮政部门自备或租用运输工具，由邮政部门自行办理邮政运输业务所形成的运输邮件、报刊的邮路。委办邮路是指邮政部门与其他部门或个人签订合同并使用他们的运输工具及委托其将邮件运至某地邮局的邮路。

3．按运输工具划分

按运输工具划分，邮路可以分为航空邮路、铁道邮路、汽车邮路、水运邮路、摩托车及其他机动车邮路、非机动运输工具和旱班邮路。

航空邮路是指利用飞机运输邮件的邮路，分为利用民航部门的飞机运输邮件的委办航空邮路和利用中国邮政航空有限公司的飞机运输邮件的自办航空邮路。

铁道邮路是利用火车运输邮件的邮路，铁道邮路有自备车（将邮政自备的火车邮厢挂在客运列车上）、高铁运输、租用铁路行李车和行邮（包）专列等运输方式。

汽车邮路是指利用汽车运输邮件的邮路，汽车邮路包括由邮政部门自办的汽车邮路和委托交通运输部门代运的委办汽车邮路；有甩挂（厢）运输和分体厢式车运输两种运输方式。

水运邮路是利用机动船或非机动水上运输工具运输邮件的邮路。

摩托车及其他机动车邮路是指利用摩托车或机动脚踏两用车以及其他机动工具运输邮件的邮路。

非机动运输工具和旱班邮路是指利用自行车、人力以及各种人力推拉车运输邮件的邮路。旱班邮路有步班邮路、自行车邮路、畜力班邮路等。

三、邮政网体制的演变

（一）邮政网体制的概念和属性

1．邮政网体制的概念

邮政网体制是指邮政网的组织体系和制度，是规范邮政网的一种机制。邮政营投局所及设施、邮件处理中心和邮路有机联系、相互配合形成了覆盖全国的邮政网，为邮政通信活动提供了物质技术基础。但是，要保证分散在全国各作业点上的邮件能在邮政网上有序地传递，就必须有科学的、有效的组织体系和制度来协调它们之间的活动，使邮件在网上迅速、准确、安全、高效地传递。这种科学严密的邮政网组织体系和制度就是邮政网体制。邮政网体制对全网的结构和邮件运行方式都有重大的影响。

2. 邮政网体制的属性

（1）相关性。相关性包含两层意思。一是邮政体制和邮政网的物质技术基础之间存在着密切的联系。没有科学严密的邮政网体制，邮政网的物质技术基础就无法发挥其效用，而邮政网体制又是以一定的物质技术体系为基础的，两者必须有机配合才能充分发挥效用。二是邮政网体制与其外部环境之间的相关性，特别是与交通运输业的发展、布局及社会环境等之间的关系尤为密切。

（2）目的性。邮政网体制的目的性是指邮政网体制具有人们所明确赋予的预期目标，其目的是加快邮件传递速度，减少经转层次，提高全网作业效率，降低作业成本。

（3）环境适应性。邮政网体制与其外部环境必须相适应，必须依据外界环境的变化进行相应的调整与改革，才能够保证邮政网发展能满足邮政通信的要求，才能发挥其规范邮政网运行的作用。我们只有在一定的社会背景下考察邮政网体制，在一定的环境中研究邮政网体制，才能看清邮政网体制的全貌，解决邮政网体制中存在的问题。

（4）总体性。邮政网体制各组成部分的功能相互配合，形成一个整体来实现邮政网体制的总体功能。

（二）传统邮政网体制

我国邮政网体制的演变大致经历了3个阶段：传统体制、指定转口局体制、邮区中心体制。

1. 传统体制

在1986年以前，我国邮件的运输主要依赖于公路、铁路等社会交通运输力量，没有自己的运输网络，邮件的运递路径完全取决于社会交通运输线路，所谓的邮政运输网是随着社会交通运输网的变化而形成的，属于自然网，邮件需要经过支局、县局、地市局和省会局等不同级别的邮政节点多次经转才能到达目的地，邮政网的分级也基本上按照行政区划进行分级，这个时期邮政网的管理体制被称为传统体制。

传统体制是随着城市的兴起而发展起来的。城市是商品经济活动的中心，随着城市经济活动的发展和人们交往的需要，通信、交通等基础设施又逐步发展起来。因此，城市首先设立了邮局，并利用交通条件建立了邮路，随着城市辐射作用的加强和地区经济的发展，城市周围的乡镇也相继建立了邮政服务点，逐步形成了封发单元，这种随着城市和区域经济发展和交通条件的改善，自然而然形成的邮政网，我们称之为自然网，相应的体制我们称之为传统体制。

传统体制具有以下特点。

（1）以县（市）局作为基本封发单元，封发单元多、规模小、封发功能分散。

（2）局所和邮路的分工不细。

（3）邮路大量地利用交通部门的运输工具，邮运受到很大的限制，难以按照邮政生产作业规律组织内部作业。

（4）无法实现全网统一的时间配合，因此规定了发运交接的时间衔接要求，根据邮运时间确定封发时间，根据封发时间确定邮件的处理、收寄截止时间以及投递时间。

（5）规定轻件发运路由以"时间最短"为原则，即向非直达邮路沿线的寄达局发运邮件，计算不同路由的衔接时间，选择其中最快的路由。

（6）规定邮件直封的数量标准，对不在直达邮路沿线的邮局，按其在网中的地位或邮件数量组织直封。不够直封标准的邮局，可根据规定的经转关系和规则选择近端（靠近封发局）或远端(靠近寄达局)的经转局封发。

(7) 通过增加邮政部门的作业频次、增加开筒和投递频次来加快邮件传递速度。

(8) 在能力配合方面,只注意在邮件计划中分配运能计划和规定各类邮件的发运次序。

传统体制以手工操作为主要的劳动手段,投资少,在邮件业务量不大,全网邮件传递的数量和规模尚不足以形成更深的专业分工,社会对邮件传递时限要求还不高的情况下,是一种经济合理的组织方式。但是,随着全网邮件业务量的迅速增长,这种体制的缺陷和弊端就会逐渐暴露出来。因此,必须对传统邮政网进行一系列的调整与改革,加深全网专业化分工,按照邮政网功能配合的要求,组织比较规范的邮政网,即逐步由传统体制向邮区中心体制过渡。

2. 指定转口局体制

进入20世纪80年代中期以后,随着社会经济的发展,邮政开始经营商业包裹业务,业务量突飞猛进,但乱封乱发现象严重,邮件丢失、延误的现象不断出现,引起了社会的强烈不满。为了改进服务质量,邮电部邮政总局在邮件封发体制的基础上推出并实施了指定转口局体制,自1986年开始,全国选择了255个地理位置适中、交通便利、规模较大的局,划定这些局的经转范围,以此规范邮件的分拣封发关系,取得了明显的效果,255个指定转口局为以后实行邮区中心体制奠定了很好的基础。

3. 邮区中心体制

邮政网从传统体制发展到一定阶段后,网络的功能专业化分工进一步加深,功能结构发生变革。进入2000年以后,随着中国交通运输条件的改善和邮件业务量的增长,实施邮区中心体制的条件日趋成熟。2001年,邮政网管理体制进行了重大改革,省会邮区中心与省会市局分离,成为省局直属的负责邮件封发和运输的邮政生产单位。非省会二级邮区中心由所在地邮政局直接管理,设立相对独立的生产单位,在财务上实行单独列账、单独核算。三级邮区中心由所在地邮政局直接管理,负责实物传递类邮件业务的处理与运输。

截止到2020年底,全国共设有7个一级邮区中心,24个省会二级邮区中心,54个地市二级邮区中心,还有其他249个地市设有本地网络运营中心。从业人员3.32万人(其中合同用工2.53万人,占比76.2%;劳务用工0.79万人,占比23.8%),邮件装卸、分拣、运输等岗位使用的承揽、业务外包人员5.8万人,全口径统计人数已达到9万人。

邮区中心体制以邮区中心为基本封发单元和网络组织的基本节点,因此,建立邮区中心是为了使邮件分拣量相对集中,以利于编码邮件使用机器分拣,并减少经转层次,加快邮件传递速度。

(1) 邮区中心体制的特点

邮区中心体制的特点如下。

1) 在全国划分邮区并编码,在邮区内设邮区中心。

2) 以邮区中心为基本封发单元和网络组织中心,组成全国、省和邮区三级邮政网。

3) 在三级邮政网中,各邮区中心之间由全国干线和省内干线邮路沟通。邮区内通信,由邮区中心通过支线邮路直接向本邮区各收、投点运邮或本邮区内县(市)局竭力运邮,使邮区中心成为邮件的集散中心。

4) 有一套与网络体制相适应的管理体系和运行机制,以保证全网的有效运行。

(2) 邮区的划分

邮区是指邮区中心集散邮件的范围。邮区划分是指确定邮区的数目和划定邮区的地域范围。只有认真分析影响邮区划分的客观因素,才能科学、合理地确定邮区的数目并适当地确定邮区的范围。

影响邮区划分的有如下主要因素。

1）国土面积

邮区的划分必须和国土面积相适应。一般来说国土面积越大，邮区的数目相对就越多。

2）地理环境

由于我国各地的地理环境相差很大，高山、高原、山地、河流、湖泊等自然景观众多，邮区的划分必然要受上述条件的影响，同一邮区要尽量避免横跨大的山脉、江河、湖泊。

3）人口密度

人口密度的大小影响邮政业务量的大小，由于我国各地人口密度相差很大，在人口密度较大的东部地区，邮政业务量较高，因此，邮区的范围可以小一些。而在人口密度小的西部地区，由于人口稀少，邮件传递距离长，所以邮区的范围相对较大。

4）交通条件

由于邮政通信是实物传递，离不开交通运输，特别是邮路的规划与交通条件更是息息相关，邮区的划分也应和当地的交通条件相适应。交通条件好的地区，邮区可以划得大一些，交通条件差的地区，邮区范围可以相对小一些，以确保邮区内邮件的传递时限。

5）邮件传递规律

邮件在邮政网中的传递具有客观规律性。一般来说，发达地区的邮件交换量大于不发达地区的邮件交换量；大城市间的邮件交换量大于小城市间的邮件交换量；城市间的邮件交换量大于农村乡镇间邮件的交换量。邮区的划分应符合这一规律，即以城市为中心和依托，恰当地确定邮区的范围，尽可能将邮件交换量大的地区划入同一邮区，以减少邮件的经转次数，加快传递速度。

6）行政区划

属于同一行政区划范围内的地区通常物资、信息、商品流通较频繁，各地之间的邮件交换量较大。所以，邮区划分应尽可能和行政区划相配合，满足行政区划隶属单位通信联系的需要，一般情况下，要保持县级行政区域的完整性，即不能把一个县划到两个不同的邮区。

（3）邮区中心的功能

1）邮区中心的定义

邮区中心是负责邮件、报刊的进口、出口、转口处理和转运任务的邮政生产单位。

实行邮区中心体制以后，原来由县分公司分散进行的邮件内部处理工作相对集中到邮区中心，使邮区中心成为邮区内邮件的处理中心。对全网而言，邮区中心是全网的基本封发单元。同时，各级邮路也是以邮区中心来组织的。因此，邮区中心既是全网的基本封发单元，又是邮件处理中心和运输中心。

2）邮区中心的基本功能

邮区中心的基本功能包括以下几点。

① 负责分拣封发和经转邮区内各地市、县集中到邮区中心的进出口邮件；

② 负责处理和经转其他邮区中心发来的邮件；

③ 负责检查邮区内各邮政局所出口邮件的规格和质量；

④ 负责组织和管理连通邮区中心与邮区内各邮政局所的邮路，并承担邮区内的邮件运输任务。

四、邮政网体制改革

在快递包裹业务开办之前,各级邮区中心的功能以处理信函、印刷品、报刊和普通包裹等邮件为主,包裹邮件数量少。2015 年快递包裹业务开办后,快递包裹邮件处理工作被叠加在以普邮处理为主的邮区中心,相应工艺设备配备加大投资,取得了显著的成效,邮件处理能力和自动化水平在短期内有了质的提高,邮件处理效率和效益持续提升,有力地支撑了快递包裹业务高速增长。

(一)存在的问题

当前,快递包裹寄递是中国邮政的主责主业,随着市场竞争环境的日趋激烈、业务量的不断攀升(如 2020 年上半年日均邮件处理量为 4 750 万件),邮区中心作为网络骨干节点,通过与同行业进行对标,存在着多方面亟待解决的突出问题。主要表现在以下几点。

1. 全网网络有待优化

(1)网络组织层级相对多,存在邮区中心+地市中心+县中心三级架构,网络扁平化水平与竞争对手存在一定的差距。

(2)普遍以行政区划组网,尤其是省内以行政区划组网的情况更为突出,影响邮件就近入网和提升时限。

(3)过度依赖省会邮区中心,核心节点旺季生产压力过大,造成局部拥堵,影响时限稳定性。

(4)网运管控职责不清晰,省际网、省内网、同城网、揽投网、农村物流网规划缺乏有效协同,全网管控能力弱,执行力不高,集团层面、各省层面及相互之间职责划分不够清晰,计划管控与动态调度尚未有效分工。

2. 工艺流程有待改进

由于场地规划建设、工艺流程设计等原因,处理流程断点多,需要投入大量人工进行场内盘驳、多次扫描,影响效率和时限。例如,邮区中心异形件处理线分拣前、后均需笼车进行盘驳;邮区中心内圈格口邮件落格后,需进行分拣和笼车绑定盘驳,这些都造成了邮件的滞留和断点,影响了分拣效率。

3. 生产组织有待优化

(1)集包比例和集包质量有待提升。前置集包比例偏低,集包作业不规范,存在"应集未集"的情况,造成大量散件邮件需运至邮区中心进行集包,影响接卸效率和处理效率。

前置集包

(2)作业组织有待优化。各类邮路到达时间相对分散,邮区中心作业时间分布长,单位时间生产效率偏低。竞争对手普遍采用进口、出口分别组织作业,出口作业可仅安排一个班次。

4. 科技赋能有待加强

(1)信息化、智能化支撑不足,网络规划、生产调度、质量管控、数据分析等以人工为主,缺乏有效的信息化手段。

(2)自动化、流水化水平不高,局部设备性能尚可,但全流程设计、整体性、系统性不足,断点多、用人多、效率偏低。

(3)分拣处理设备升级换代周期长(折旧期 5~10 年),技术更新慢,导致人工投入高。

(4)小件自动化分拣设备投入数量不足,加大分拣深度的难度较大。

5．机构人员有待精简

由于历史原因，邮区中心部门设置多、管理层级多、辅助人员多，功能齐全，机关色彩浓，生产部门管理职能重叠，存在隐形的"办公室""调度室"，管理职能编制由各省自定，差异较大，人员偏多。后勤支撑工作市场化、社会化程度低。

6．成本费用有待压降

邮区中心承担的网运成本已占寄递业务总成本的55%，其中一半为人工成本和代办费，一些单位对投入和产出的分析、集中采购的管控、外包费用的结算等方面的管理过于粗放，存在较大压降空间。随着寄递业务的市场占有率和时限服务质量明显改善，应在继续抓好时限质量的同时，下大力气压降成本。

（二）改革思路

邮政企业应坚持问题导向、目标导向和结果导向，以中国邮政"四梁八柱"战略为引领，对标同行业的先进做法，深化邮区中心改革，有效压降运营成本，全面提高运营效率，提升寄递业务竞争力。改革的主要思路和做法如下。

1．科学规划网络

坚持战略引领、规划先行，打破行政区划，优化调整邮政寄递网的组网模式、网络架构和节点布局，扁平化组网，压缩层级，提升网络运行效率。

2．加强能力建设

按照"管住中间、搞活两端"的思路，根据网络规划进一步加大科技投入、装备投入，加快生产流程再造和作业组织优化，推动生产运营方式向信息化、自动化、智能化、集中化转型，这是提高寄递网运行效率的关键。

3．理顺职能定位

明晰运营管理、指挥调度、网运生产部门的职能定位，减少职责错位和交叉，提升网运管控集中化、集约化管理水平。

4．优化机构人员

按照"精简、效能、扁平化"的原则，整合邮区中心的内设机构设置，通过岗位调整压减管理人员和辅助人员，对标同行业，合理配备生产操作人员，完善分配和激励机制，全面推行按量计酬。

（三）具体任务

1．网络优化再造

（1）重构网络组织架构

邮政网络由现行的三级处理中心架构（一二级邮区中心+地市运营中心+县级分拣中心）调整为两级处理中心架构（省际中心+本地中心），压减本地中心数量，取消或弱化县级分拣职能。

（2）明晰节点功能定位

省际中心统一定位为以分拨中心功能为主，进口邮件分拣中心、出口邮件集包中心为辅。

（3）推行直分直封作业模式

本地中心统一定位为进口邮件分拣中心、出口邮件集包中心。省际中心对覆盖区域本地中心和业务量较大的县直发直运，压缩网络层级；提升出口集包和进口集包分拣深度，通过直封乡镇支局、城区代投自提点（有条件的直分到段道和网格）来减少邮件全程分拣次数。

2. 生产流程优化再造

(1) 系统优化工艺流程

按照"分拨＋分拣"的功能定位,系统化地考虑邮区中心工艺流程优化工作,以邮件及总包从接卸到装发全环节"流水化、不落地、少人化"为原则,按照整体设计布局(邮件总包传输"大通道")和局部具体设计有效结合的方式,确保工艺流程设计的前瞻性和先进性。

新建处理中心要整体设计布局,在此基础上考虑模块化设计理念,根据业务量分布配置生产设备。现有处理中心要持续优化改进,减少人工分别、人工拣选、笼车盘驳等工作,最大限度地减少邮件落地搬运次数和人员投入;减少人工扫描工作,增加接卸环节扫描设备,改善自动扫描功能,提高扫码识别准确率;减少供包台、装车等环节的人工重复扫描,提高处理效率;推行远程集中运维,依托设备厂家提供的远程运维支持、延长或购买保修期、外包等维保方式,节约邮区中心自有运维人员投入。

(2) 深入推进集包工作

加快推进集包能力建设,提升集包集约化、自动化水平,提升前置集包比例;优化集包作业模式,科学地设置集包点,优化集包作业流程,推行"混合收寄＋前置集包"作业方式,提高收寄效率和集包效率,同时要完善考核激励措施,推动"应集必集"有力执行。

(3) 优化前端作业组织

对于汇集到邮区中心集包的邮件,收寄前端要使用容器盛装,便于快速接卸处理。

3. 信息技术赋能支撑

根据新一代寄递平台的数据信息,邮区中心需开发生产统计分析功能,实现报表自动生成,以节约统计人员投入,解决邮区中心存在的大量手工报表问题。

(1) 开发智能场院管理系统

开发和建设场院管理系统,以实现场院内车辆的自动化统计和调度,节约调度人员投入。

(2) 开发运行质量分析监控功能

针对运行质量系统和服务质量系统提出的逾限邮件,系统应根据相应的维度进行深加工,能够直接给出逾限环节、逾限原因分析,以减少异常件分析处理人员的数量。

(3) 对接民航系统共享配载信息

邮区中心应与民航沟通协调,实现与航空公司信息系统的互联互通,将邮件的配载情况直接反馈到新一代寄递平台,既能减轻统计稽核工作量,又能减少外场巡场监控人员的数量。

五、邮政网络优化

近年来,根据企业发展现状,邮政企业通过对标行业找差距,紧贴市场促改革,强化集团顶层设计,以打破行政区划为切入点,全面优化和调整了邮政寄递网的组网模式、网络架构和节点布局,深入推进寄递网的智能规划、扁平化组网、就近入网、柔性敏捷,确保网络层级更少、时限更优、成本更低,全力打造具有行业"国家队"水平的现代化寄递网。

(一) 组网原则

1. "逻辑"分层,"物理"复用

组网要兼顾各类产品的服务品质要求,以陆运网干线能力的提升带动寄递网协调发展。在网络规划上统筹考虑,在作业组织上分别设计,特快专递以"品质优先、时限稳定"为原则;快递包裹以"保证时限、成本最低"为原则;普遍服务以"保证服务、降低成本"为原则。在满足各类产品时限与服务要求的前提下,强化生产与运输资源的叠加利用,统筹规划节点设置,具备条件的场地综合叠加航空、陆运,以及散件处理、总包分拨、仓储运输各类业务功能;省际网统筹邮航、民航、高铁、公路资源,密切航陆衔接,省内网复用运输资源,特快、报刊按需组织专线。

2. 够量直达,压缩层级

(1) 减少分拣次数。根据业务量和揽投网点分布情况,整合地市和县两个层级,统筹设置本地中心,因地制宜,减少地市层级或县层级的包裹快递分拣作业,力争省际进口邮件两次分拣到揽投部。

(2) 减少运输中转。突破运输组织行政层级,按量组网,加大出口源头直发力度。省际运输,省际中心、本地中心按邮路组开标准直发直运,实施串行组织、尾量汇集,减少经转;省内运输,实施多点集散、多频直达、跨级直运。

3. 打破区划,就近入网

网络节点布局和覆盖范围的设计规划,以时限优先为原则,打破行政区划,合理划分各节点集散覆盖范围,就近入网、顺向发运、减少倒流。省际中心可就近覆盖邻省本地中心,本地中心可就近覆盖相邻县、市揽投网点。

4. 动态调整,弹性扩展

细化并明确省际中心、本地中心的设置标准,按照"超量拆分"的裂变原则,对处理量达到上限的省际中心和本地中心,合理拆分增设,避免拥堵,均衡生产。生产旺季,动态调整节点功能定位和配套网络组织,充分发挥各节点的"蓄水池"作用,提高网络组织的柔性和弹性。

5. 因地制宜,灵活组织

打破行政区划组网,坚持实事求是、因地制宜的原则,充分考虑各省在业务规模、业务结构、地域特征、交通条件及竞争对手情况等方面的差异,结合当地实际,"一省一策"进行网络组织。

(二)网络架构

网络分层清晰,网络之间既相互独立又紧密衔接,总部深管控、大区强监督、区域分拨灵活高效是邮政行业网络管控的规律。为了解决邮政寄递网的组织层级多,不同业务、不同环节网络衔接松散无序,网络柔性、敏捷度不高,运输资源配置不合理的问题,在有效整合邮航、民航、高铁和公路运输资源的基础上,应多种运输方式统筹利用、相互补充、紧密衔接,进一步优化网络架构。邮政网的网络架构如下。

1. 省际网

省际网实施扁平化网络组织改革,打破行政区划、淡化行政级别,实行"够量直达＋尾量集运",构建省际"网状＋星状"的复合型网络。

(1) 够量直达运输

省际运输穿透省际中心、本地中心层级限制,各级节点够量直达,应开尽开,无法单点直达的,推行"一装两卸"＋"两装一卸"串行模式。各省之间(西部偏远省份除外),原则上全部开通多频次直达邮路,构成容量大、时限稳的省际骨干网状网络。

(2) 尾量汇集发运

本地中心、省际中心自身不能直达运输的邮件,以时限最优为原则,顺向汇集到其他省际中心集中发运。存在尾量汇集关系的本地中心、省际中心之间,应组织多频次衔接邮路,保证尾量邮件当频次"发光、赶净"。

2. 省内网

(1) 省内运输组织

省际中心对本邮区所辖的本地中心,应组开上下行直达邮路,每日不少于两个运输频次(个别偏远省份除外)。

省际中心对邮区外的其他本地中心,应以全程时限最优、顺向快速衔转为原则,按需组开跨邮区直达邮路。

(2) 本地网组织

以本地中心为节点,本地中心应对覆盖范围内的城区揽投部、业务量大的县乡网点、重点乡镇组开上下行衔接邮路,组成星状集散网。

(三) 全网省际邮件处理中心设置标准与设置方案

1. 设置标准

设置全网省际邮件处理中心(简称"省际中心"),旨在强化省际网的总包快速分拨集散和扁平化组织,设置标准主要考虑业务规模、覆盖半径、区位交通优势、生产能力配置和兼顾各类业务需求等5方面因素。

(1) 业务规模

综合特快、快包流量流向与当前自动化处理工艺水平来确定省际中心的设置标准,并随着业务的发展与技术的进步适时调整。省际中心覆盖范围内的进出口总量,原则上在日均30万件至200万件之间,当业务量超过200万件/日时,应拆分为多个省际中心,或建设多个生产场地。

(2) 覆盖半径

对于省际中心覆盖的范围半径,原则上东部省份省际中心的范围半径不超过150 km、中西部省份的范围半径不超过300 km,内蒙古、青海、新疆、西藏等地的范围半径扩大至600 km。

(3) 区位交通优势

考虑区位优势,省际中心应选取电商产业集群、政府政策扶持力度大的城市。考虑交通优势,省际中心应选取高速公路路况优越、航空和铁路资源发达的城市。考虑邮件集散,省际中心应选取地理位置有利于区域集散、中转时限最优、运距最短的城市,以及各省会城市。

(4) 生产能力配置

生产能力配置方面,省际中心应配置全自动分拣设备。

(5) 兼顾各类邮政业务需求

为满足航空特快与普服需要,31个省会城市均设置省际中心,部分西部省份及主要民航通航局酌情增设省际中心。为充分支撑分仓配送新业态,省际中心生产场地具备条件的,应建设同址仓。

2. 设置方案

基于省际中心的功能定位和设置标准,以实现"全网时限、成本均衡最优"为原则,进行节点设置测算,确定全网设置90个省际中心,具体见表1-2。

表1-2 全网省际中心及其集散覆盖范围

序号	省份/直辖市/自治区	省际中心	集散覆盖范围
1	北京	北京	北京、廊坊*(大厂回族自治县、三河市、香河县)
2	天津	天津	天津

续表

序号	省份/直辖市/自治区	省际中心	集散覆盖范围
3	河北	石家庄	石家庄、邢台(宁晋县)、保定(定州市)
4		保定	保定、雄安
5		唐山	唐山、承德、秦皇岛
6		廊坊	廊坊、张家口
7		邢台	邢台、邯郸
8		沧州	沧州、衡水、廊坊(大城县)
9	山西	太原	太原、晋中、吕梁、朔州、大同、忻州、阳泉、长治(沁源县、沁县、武乡县)、榆林*(吴堡县、府谷县)
10		侯马	侯马、临汾、运城、长治
11	内蒙古	呼和浩特	呼和浩特、乌兰察布、锡林郭勒、巴彦淖尔
12		包头	包头、鄂尔多斯
13	辽宁	沈阳	沈阳、本溪、丹东、抚顺、辽阳、鞍山、铁岭、营口、通辽*、通化*、白山*
14		锦州	锦州、阜新、葫芦岛、朝阳、盘锦、赤峰*
15		大连	大连
16	吉林	长春	长春、白城、辽源、四平、松原、吉林、延边、兴安盟*
17	黑龙江	哈尔滨	哈尔滨、大兴安岭、大庆、黑河、伊春、鸡西、牡丹江、齐齐哈尔、绥化、呼伦贝尔*
18		佳木斯	佳木斯、双鸭山、鹤岗、七台河、哈尔滨(依兰县)
19	上海	上海东	上海东、舟山*(嵊泗县)
20		上海西	上海西
21	江苏	南京	南京、镇江、扬州(仪征市)、滁州*(来安县、琅琊区、南谯区、全椒县、天长市)、马鞍山*
22		常州	常州
23		淮安	淮安、连云港、宿迁(泗阳县、泗洪县)、扬州(宝应县)
24		宿迁	宿迁
25		南通	南通
26		苏州	苏州
27		无锡	无锡、泰州、苏州(张家港市)
28		徐州	徐州、淮北*、宿州*(砀山县、萧县)
29		盐城	盐城
30		扬州	扬州

续表

序号	省份/直辖市/自治区	省际中心	集散覆盖范围
31	浙江	杭州	杭州、绍兴、湖州(德清县)
32		湖州	湖州
33		嘉兴	嘉兴
34		金华	金华、丽水、衢州
35		宁波	宁波、舟山
36		台州	台州
37		温州	温州、丽水(青田县)
38		义乌	义乌、金华(浦江县、磐安县、东阳市)
39	安徽	合肥	合肥、六安、淮南、黄山、滁州(定远县)
40		安庆	安庆、池州(东至县)、铜陵(枞阳县)
41		蚌埠	蚌埠、阜阳、宿州(埇桥区、泗县、灵璧县)、滁州(凤阳县、明光市)、亳州(利辛县、蒙城县、涡阳县)
42		芜湖	芜湖、宣城、铜陵、池州
43	福建	福州	福州、南平、宁德、三明、莆田
44		泉州	泉州
45		厦门	厦门、龙岩、漳州
46	江西	南昌	南昌、吉安、九江、抚州、萍乡、新余、宜春
47		鹰潭	鹰潭、上饶、景德镇
48		赣州	赣州
49	山东	济南	济南、德州、滨州、聊城、泰安、淄博
50		济宁	济宁、菏泽、泰安(东平县、宁阳县)
51		临沂	临沂、枣庄、济宁(微山县)
52		青岛	青岛、日照、潍坊(高密市、诸城市)、烟台(海阳市、莱阳市)、临沂(莒南县、沂南县、沂水县)
53		潍坊	潍坊、东营、烟台(莱州市)
54		烟台	烟台、威海
55	河南	郑州	郑州、鹤壁、开封、濮阳、新乡、安阳、许昌(禹州市、长葛市)、晋城*
56		洛阳	洛阳、焦作、三门峡、济源
57		漯河	漯河、平顶山、许昌、周口、驻马店、信阳、南阳
58		商丘	商丘、周口(鹿邑县)、亳州*(谯城区)
59	湖北	武汉	武汉、黄冈、黄石、鄂州、咸宁、孝感、天门、仙桃、潜江
60		荆州	荆州、荆门、恩施、宜昌
61		襄阳	襄阳、随州、十堰、神农架

续 表

序号	省份/直辖市/自治区	省际中心	集散覆盖范围
62	湖南	长沙	长沙、湘潭、益阳、岳阳、株洲、娄底
63		常德	常德、湘西、张家界、益阳(南县)、岳阳(华容县)、怀化(沅陵县)
64		衡阳	衡阳、郴州、邵阳、永州、怀化
65	广东	广州	广州、清远、韶关、河源、惠州、汕尾、梧州*
66		东莞	东莞
67		深圳	深圳
68		湛江	湛江、茂名
69		中山	中山、阳江、江门、珠海
70		揭阳	揭阳、梅州、汕头、潮州
71		佛山	佛山、肇庆、云浮
72	广西	南宁	南宁、北海、崇左、防城港、贵港、百色、钦州、玉林、河池(凤山县、巴马瑶族自治县、都安瑶族自治县、大化瑶族自治县)
73		柳州	柳州、贺州、来宾、桂林、河池、梧州(蒙山县)
74	海南	海口	海口、三沙、三亚
75	重庆	重庆	重庆
76	四川	成都	成都、绵阳、广元、阿坝、德阳、甘孜、凉山、眉山、雅安、资阳、乐山、攀枝花、昌都*
77		南充	南充、达州、广安、巴中、遂宁
78		内江	内江、泸州、宜宾、自贡、昭通*(水富市)
79	贵州	贵阳	贵阳、毕节、安顺、六盘水、黔东南、黔南、黔西南、铜仁、遵义
80	云南	昆明	昆明、红河、楚雄、临沧、普洱、曲靖、文山、西双版纳、玉溪、昭通
81		大理	大理、保山、德宏、迪庆、丽江、怒江
82	西藏	拉萨	拉萨、阿里、林芝、那曲、日喀则、山南
83	陕西	西安	西安、汉中、商洛、铜川、渭南、安康、咸阳、延安、榆林
84		宝鸡	宝鸡、庆阳*、陇南*、平凉*、天水*、甘南*(舟曲县)
85	甘肃	兰州	兰州、定西、甘南、金昌、白银、临夏、武威、张掖、酒泉、嘉峪关、吐鲁番*、哈密*
86	青海	西宁	西宁、海北、海东、海南、海西、黄南、果洛、玉树
87	宁夏	银川	银川、固原、石嘴山、吴忠、中卫、乌海*、阿拉善盟*
88	新疆	乌鲁木齐	乌鲁木齐、巴州、博州、昌吉、克拉玛依、塔城、阿勒泰、伊犁、奎屯、石河子、阿克苏(库车市、沙雅县、新和县)
89		阿克苏	阿克苏、和田、喀什(泽普县、莎车县、叶城县、麦盖提县、巴楚县)、克州(阿合奇县)
90		喀什	喀什、克州

注：* 表示打破行政区划，跨省的集散地市。

3. 仓配一体化网络规划

邮件处理与仓配融合发展，省际中心同址建仓，为中小客户提供标准化服务，支撑电商仓配业务发展，其中东部地区要加密仓储布局，中、西部地区要结合农村地域经济，按需下沉，建设县级仓储。同时，汽车、高科技、医药、服装等产业链源头的城市要布局源头仓，并根据业务发展、产业转移进行动态优化。

（四）全网本地邮件处理中心设置标准与设置方案

1. 设置标准

设置本地邮件处理中心（简称"本地中心"），旨在强化本地出口集包和进口分拣，压缩本地网作业组织层级，因地制宜，减少市级、县级分拣，设置标准主要考虑业务规模、覆盖半径、覆盖揽投部数量和生产能力配置等4方面因素。

（1）业务规模

综合特快、快包流量流向与当前自动化处理工艺水平来确定本地中心的设置标准，并随着业务的发展与技术的进步适时调整。原则上，与省际中心同址叠加的本地中心业务规模不设上限，其他本地中心日均进口量要大于5万件或进出口总量大于10万件。对于单一县市，业务量未达到本地中心设置标准的，可打破行政区划，由邻近的多个县市合并设置本地中心，提高生产规模化组织，降低运营成本。本地中心进出口总量原则上不超过30万件，超过30万件时可结合处理能力、工艺设备等实际情况适当地增设本地中心，原则上每个县最多设置一个本地中心。对于西部地域辽阔的省份，为保证时限，本地中心的设置标准可适度调整。

（2）覆盖半径

原则上，本地中心进口邮件的覆盖半径不超过150 km。

（3）覆盖揽投部数量

根据本地中心的作业组织要求和生产能力配置，原则上单独设置的本地中心覆盖城市和重点乡镇网点不超过100个，与省际中心同址叠加的本地中心覆盖网点数量不设上限。

（4）生产能力配置

在生产能力配置方面，本地中心应配置简易自动分拣设备。

2. 设置方案

基于省际中心覆盖范围，应用智能模型辅助本地中心设置规划方案。通过对部分市、县合并设置本地中心，压缩网络层级，减少包裹快递邮件的分拣次数，对未设置本地中心的市级、县级生产场地因地制宜地保留信函、报刊等普邮分拣功能，场地功能由"分拣处理"向"总包中转＋普邮处理"转变。

3. 集包作业组织

（1）集包地点

轻小件业务量超1万件/日的地区，单独设置集包点，就地集包；业务量小的地区，在本地中心叠加集包点功能。

（2）集包深度

根据集包标准，对1kg以下的邮件做到"应集必集"，单个集包的总包内件不少于3件。

集包格口采取N＋省际中心方式设置，其中省际进口5万件/日以上的本地中心设置为N格口，出口优先对N格口集包；省际中心全部作为全网规定集包格口，非N格口的本地中心归入对应省际中心的集包格口范围。

4. 本地中心与同城网、投递网衔接关系

（1）同城网推进分拣去中心化，运输公交化改革

业务规模大的城市，可在市区设置多个同城中心（同城集散交换点），本地中心要叠加其中一个同城中心功能，对同城邮件快速分拨。各同城中心之间要实行公交化多频次运输，加快传递速度。

（2）投递网与干线组织紧密衔接

城市地区，本地中心要在对城区揽投部一次分拣到位的基础上，进一步对业务量较大的投递网格、段道、包裹柜、自提点直分到位。乡镇地区，可对多个业务规模不大的乡镇合并设置乡镇集散中心（交换点），承担覆盖范围内邮件的进口分拣与转运，本地中心要对乡镇集散中心进口邮件一次分拣到位。

（3）投递组织分区分层

对特快邮件突出优质优价，在重点城市、核心地区分网组织，一般区域分层作业。在政务区和商务区要组织特快专网揽投，实施揽投合一，以投促揽。针对业务发达地区，可以在竞争激烈的政务区、商务区单独设立特快揽投部；对重点单位（机关、院校、写字楼、商厦、集群市场）实施驻点揽投，提升核心区域服务水平与竞争力。在一般区域按需组织特快分层作业，在综合揽投部内设置特快专段，组织专人揽投，确保时限质量和服务规范。同时要实现快包、普邮以混合投递为主，综合复用资源。

【案例一】

新邮路给力，从呼和浩特到海口，今天寄明天到

2021年11月2日0点5分，一架垂直尾翼上喷涂着"EMS"的中国邮政波音737全货机（航班号CF9055）从海口美兰国际机场起飞，2点55分飞抵南京禄口国际机场，完成邮件集散作业后，变更为CF9056航班，5点50分再次起飞，并于8点30分返回海口。

至此，中国邮政"海口—南京"正班往返航线正式开通。此前，中国邮政分别于2020年5月26日和2021年4月28日开通"海口—南京"季节性荔枝航运专线，实现"海南荔枝24小时飞全国"的同时，促进了海南省出口特快邮件次日递率的大幅提升和特快专递业务量和收入的同比快速增长。此次"海口—南京"正班航线的开通，标志着"椰城"海口被正式纳入中国邮政自主航空集散网节点城市群，海南与全国60余个主要大中城市互寄的EMS时限水准稳定在次晨达和次日递。中国邮政自主航空网网络品质也借此得到了进一步的提升。这也就意味着如果客户从呼和浩特给远在海南的家人寄发一件特快专递邮件，当日下午交寄后完成分拣和转运作业，赶发中国邮政"呼和浩特—太原—南京"航班（全夜航），然后搭乘"南京—海口"航班在次日晨运抵海口，下午就可以投递到对方手中。

"海口—南京"航线是连接海南本岛至长三角地区的首条空中货运航线，连接经济发展最为活跃和最为发达的两个区域，必将发挥出航空运输在"交通强国"中的比较优势和先导作用，以"正班航线＋集散网"整合供应链资源，释放航空快递物流的带动和集聚效应，促进南京及周边城市和海口及周边城市的航空快件货运市场的物流往来，促进两地区地方经贸的深度融合和发展，为海南自贸港建设作出更大贡献。"海口—南京"航线的开通，正值海南加快推动自由

贸易港建设和持续提高岛屿经济外向度、着力打造成为国内大循环和国内国际双循环的重要交汇点的重要时期,正值中国邮政立足新发展阶段、全面构建支撑"全球123快货物流圈"(国内1天送达、周边国家2天送达、全球主要城市3天送达)的安全可靠的自主航空网络的重要阶段,高度契合海南省和中国邮政的省企战略发展方向,为将该航线打造为"黄金航线"奠定了政策基础、资源基础和市场基础。

思考:你了解中国邮政航空网络的组网结构吗?

【案例二】

韵达速递优化农村网络布局

国内快递行业领军企业之一的韵达速递,近年来积极响应国家邮政局"快递进村"的工作部署,加快建设和拓展农村快递网络。公开资料显示,截至2019年年底,韵达"向上"在县级以上城市的覆盖率已达到95.59%;"向下"已经覆盖了23910个乡镇,网络覆盖面特别是在乡镇农村地区的服务范围得到了极大的拓展,进一步夯实了国内业务发展的根基。

为保障农产品上行,韵达2020年继续多举措提升快件时效,保证农产品品质。在陕西西安,为助力阎良甜瓜的销售,韵达多家网点组建专门的生鲜果蔬团队,采用标准化的包装打包甜瓜,增加运输车辆,提高运输时效,通过韵达"绿色通道"进行优先中转、优先派送,确保每一票快件都迅速、精准地送达客户手中。在山东烟台,山东大樱桃成熟的季节,韵达通过"韵达特快"助力大樱桃从田园到餐桌,在为广大客户提供各地新鲜美味的同时,助力脱贫攻坚和乡村振兴。

韵达不仅服务于民生,也服务于生产。在服务于生产企业的过程中,韵达实行"快递+快运"相结合的方式。在吉林长春,韵达服务于某汽车企业的物流需求,推进快递业与生产企业的深度融合与发展,目前韵达与该企业合作,小件用快递,大件用快运,日均运输量达1400余单;在江苏,韵达服务于某知名服装企业,目前,日均发件量达30000余单,极大地满足了该服装企业的寄递需求。

今年以来,韵达积极加大招聘和投资力度,以适应业务量增长的需求,促进农村人员就业。目前,在全国各地,韵达一线员工大部分来自当地农村,一线员工在当地就业,实现了"工作家庭两不误"的目标,同时,随着韵达近年来对科技投入力度的加大,科技水平的提升大大地降低了一线员工的工作强度。此外,韵达超市等新平台的上线,不仅响应了农村快递发展的新趋势和新需求,让韵达农村快递网络更丰富,也让更多"韵达人"实现了从就业到创业的转变,提高了收入,增强了幸福感。

韵达方面表示,将继续按照国家邮政局"快递进村"的工作部署,优化农村物流网络布局,将快递进村与脱贫攻坚相结合,将快递进村与工业品下乡相结合,将快递进村与促进农村人员就业相结合,加快建设和拓展农村快递网络。通过努力,让渠道下沉,让更多的工业产品进入千家万户,满足消费需求;走进田间地头,让更多的农产品走向全国;通过韵达超市等新平台,响应农村快递发展的新趋势和新需求,让韵达农村快递网络更丰富,为实现乡村振兴、脱贫攻坚和提高农民生活水平方面做出更多的努力。

思考:你了解农村寄递网络建设的现状和重要意义吗?

【实践项目】

1. 完成邮政网全网省际中心设置的影响因素验证分析

• 任务目标

结合竞争现状,分析省际中心设置的重大影响因素。

• 任务要求

(1) 结合理论知识进行深入分析。

(2) 各影响因素按权重大小进行排序。

(3) 独立完成。

• 任务实施

(1) 对本省现行的省际中心每天处理的业务量进行预估。

(2) 依据处理量大小,结合本地地域特色进行分析。

(3) 验证设置省际邮件处理中心的影响因素的正确性。

2. 根据图 1-2 所示的某快递包裹线路运行轨迹,对其运行线路进行优化分析

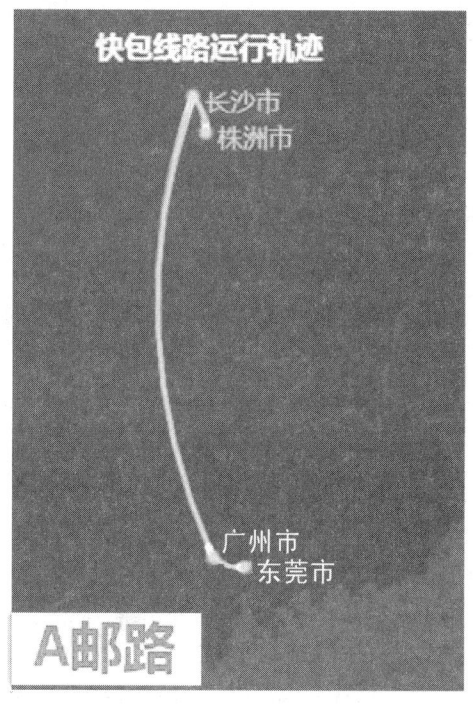

图 1-2 某快递包裹线路运行轨迹

• 任务目标

初步建立对生产运营网络优化的认知,加深理解生产作业组织对时限的重要意义。

• 任务要求

按照 A 邮路给出的"东莞-株洲"快包路线轨迹,全程时限 58.1 小时;其中收寄 2.21 小时、出口处理 15.9 小时、中转 11.26 小时、投递 5.47 小时、进口处理 23.26 小时。

该邮路目前运输里程:全程邮件运输里程 936 km。

日均流量：日均邮件 1 000 件。

处理次数：经过 11 次装、卸，从收到投 6 次邮件处理。

经转次数：经广州、长沙 2 次经转运输；竞争对手一次经转。

全程时限：平均全程时长 58 小时，慢于竞争对手 8 小时。全程计划时限 T+3，菜鸟新标准为 T+1，慢于菜鸟新标准 2 天。

请从收寄、分拣、运输、投递 4 个环节进行分析，提出提高时限水平的方法。

- 任务实施

搜集相关资料，结合课程后续章节的内容，从收寄集包、前置分拣、串行运输组织等方面进行分析，同时可查阅邮路上紧邻的主要城市，考虑其经济、人口、邮件流量和流向等实际情况，给出自己的建议。

第二章　邮件收寄环节生产组织与运营管理

【企业背景】

　　邮件收寄是整个邮政生产过程的第一个环节。邮件收寄的生产过程是指工作人员从客户处收取邮件的全过程,包括验视、封装、填写邮件信息和交接款项等环节。收寄可分为上门揽收、网点收寄、信筒(箱)收寄、流动服务收寄等形式。收寄是邮政通信网的首要环节,与用户接触密切,是邮政联系千家万户的纽带,是社会了解和认识邮政的重要途径。邮件收寄环节有哪些基本规定,又是如何开展生产运营和管理的? 带着这些问题,我们走进本章的学习。

【岗位要求】

　　熟悉邮政营业员的岗位工作内容,掌握邮件收寄操作技能和管理规范。

【学习目标】

- 熟悉收寄基本流程和内容的相关知识;
- 掌握邮件收寄管理要求的相关知识;
- 掌握收寄服务规范和要求的相关知识;
- 引导学生树立责任意识、底线意识、劳动意识;
- 培育学生的爱邮情怀,培养学生奉献担当、认真严谨、不断创新的职业素养。

【思维导图】

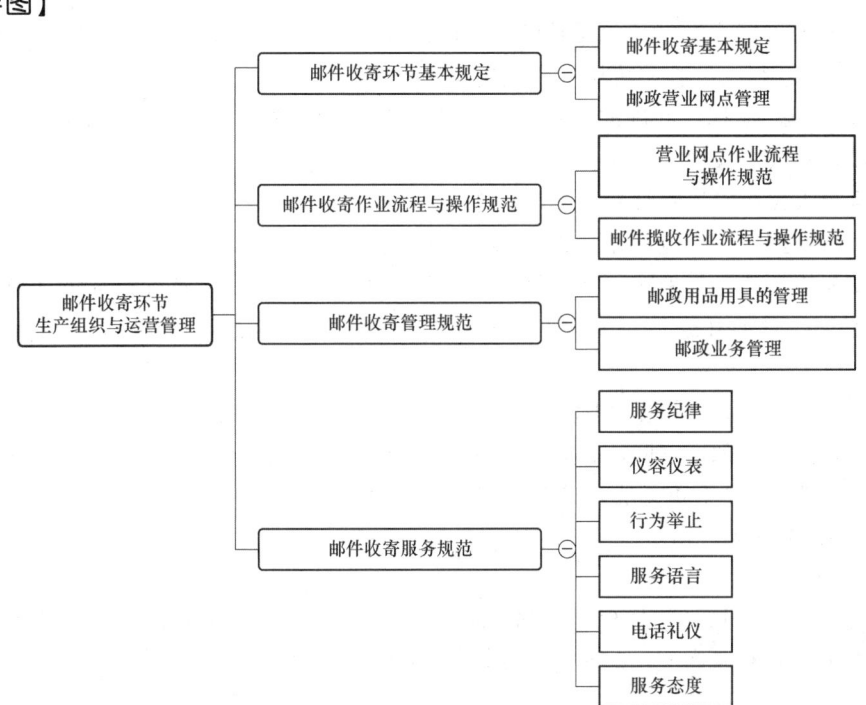

第一节 邮件收寄环节基本规定

一、邮件收寄基本规定

(一) 收寄方式

邮件的收寄可以通过线上和线下两个渠道进行。线下收寄主要有以下几种方式。

(1) 网点收寄：通过营业网点或大宗收寄点完成收寄的服务方式。

(2) 信筒(箱)收寄：通过邮政信筒(箱)收寄平常信函、明信片的服务方式。

(3) 上门揽收(含驻点收寄)：揽收人员到用户指定地点收寄邮件的服务方式。

(4) 流动服务收寄：通过流动服务车(站)等形式提供邮件收寄的服务方式。

线上收寄主要通过邮政微信公众号、客户服务中心、网上营业厅、客户端等，用户可通过自助下单进入邮件收寄环节。

包件收寄验视

(二) 收寄要求

1. 基本要求

邮政企业收寄各类邮件(信件除外)时，应严格执行实名收寄制度，需请寄件人出示本人有效身份证件进行查验。如他人代理寄件人办理业务时，应同时请代寄人一并出示有效身份证件。如用户拒绝出示，则不予收寄。

用户有效身份证件包括：居民身份证、临时身份证、户口簿、军人身份证件、武装警察身份证件、港澳居民来往内地通行证、台湾居民来往大陆通行证、护照以及国家规定的其他有效身份证件。

收寄给据邮件时应通过信息系统及时、准确、完整地录入收(寄)件人名址、联系电话等信息。收寄给据印刷品、包裹和特快专递时还应录入寄件人有效身份证件信息。

邮政信筒(箱)应标注明确的开箱时间、频次，开取信筒(箱)的频次应符合下列要求。

(1) 城市每天不应少于1次。

(2) 乡镇人民政府所在地每周不应少于5天，每天不应少于1次。

(3) 农村地区每周不应少于3天，每天不应少于1次。

(4) 交通不便的边远地区可按当地的投递频次开取信筒(箱)，遇有特殊情况或投寄信函旺季时可组织临时加开信筒(箱)，对特殊需要设置的信筒(箱)，可根据实际情况确定开取频次。

(5) 智能信筒(箱)应根据实际投寄邮件情况组织开取。

(6) 收寄的各类邮件(邮政公事除外)如需加盖业务戳记时，业务戳记应加盖在邮件封面左下角空白位置，如左下角无法加盖时，应加盖在邮件封面右上角或空白位置，但不得覆盖邮编框、标签、邮票、名址。

2. 封面书写

用户交寄非包装箱封装的包裹类邮件时，收寄人员应提示用户在邮件封面醒目位置书写邮件号码及收(寄)件人姓名、地址、电话和邮政编码等。

3. 验视封装

对用户交寄的邮件,除信件和已签订用邮安全协议的大客户邮件外,收寄人员应逐件验视邮件重量、尺寸、封装规格以及内装物品是否符合禁限寄规定,验视不合格的或用户拒绝验视的,以及包装上标有"↑"标志或写明"不能倒置(侧置)"字样的邮件,不予收寄。

包件封装

物品类邮件完成验视后,邮政企业应免费提供捆扎、封装等服务,与用户眼同封装,妥善封装后还需在邮件外包装或面单上加盖或打印验视戳记(或粘贴验视标签),封装好的邮件不得再交给用户。如遇国家重大活动时,验视封装要求应按国家相关规定执行。

邮件应实行绿色封装,使用窄胶带,规范改进封装方法。要根据包装箱大小和重量,分别采用"一"字、"十"字和"艹"字封装法,禁止无理由过度封装,推荐使用免胶带箱。

二、邮政营业网点管理

邮政营业支局(所)是指依法提供邮政普遍服务的邮政自办营业网点和代办营业网点,包括邮政支局、邮政所、邮政代办所。邮政支局是指市、县(市、区)邮政分公司的分支机构,能办理除普遍服务业务外的全部邮政业务(包括报刊、集邮、电子商务、代理金融类等)的对外服务网点。邮政所是指市、县(市、区)邮政分公司的分支机构,能办理除普遍服务业务外的部分邮政业务(包括报刊、集邮、电子商务等)的对外服务网点。邮政代办所是指邮政企业同具有法人资格或持有工商部门核发的营业执照的单位或个体工商户签订《邮政业务委代办合同》,委托其办理普遍服务业务及其他邮政业务,同时符合邮政局(所)设置条件,归属上级邮政支局或县(市)分公司管理的邮政服务机构。

(一)提供邮政普遍服务的邮政营业场所设置标准

根据《邮政普遍服务标准》的要求,提供邮政普遍服务的邮政营业场所的设置应至少满足下列条件。

1. 北京市城区主要人口聚居区平均 1 km 服务半径或 1 万～2 万服务人口;

2. 其他直辖市、省会城市城区主要人口聚居区平均 1～1.5 km 服务半径或 3 万～5 万服务人口;

3. 其他地级城市城区主要人口聚居区平均 1.5～2 km 服务半径或 1.5 万～3 万服务人口;

4. 县级城市城区主要人口聚居区平均 2～5 km 服务半径或 2 万服务人口;

5. 乡镇人民政府所在地和乡镇其他地区主要人口聚居区平均 5～10 km 服务半径或 1 万～2 万服务人口;

6. 交通不便的边远地区,应按照国务院邮政管理部门的规定执行;

7. 乡镇人民政府所在地应至少设置 1 个提供邮政普遍服务的邮政营业场所;

8. 较大的车站、机场、港口、高等院校和宾馆,应设置提供邮政普遍服务的邮政营业场所,相关单位应在场地、设备和人员等方面提供便利和必要的支持。

(二)提供邮政普遍服务的邮政营业场所服务设施要求

提供邮政普遍服务的邮政营业场所的服务设施应满足下列要求。

1. 营业场所应公示名称、所在区域邮政编码、每周的营业日和每天的营业时间,并按公示的时间营业;

2. 营业场所应公示或者以其他方式公布其服务种类、资费标准、邮件和汇款的时限标准、

查询及损失赔偿办法、禁止寄递或者限制寄递物品的规定;

3. 营业场所内应在明显位置公示用户对其服务质量的投诉、申诉渠道及联系方式;
4. 营业场所内应免费为用户提供邮政编码查询服务;
5. 营业场所内应提供便民服务设施及用品用具;
6. 营业场所内应布局合理、指示清晰、环境整洁。

(三) 邮政营业支局(所)变更需遵循的规定

邮政营业支局(所)变更需遵循的规定如下。

1. 新增普遍服务营业局(所)时,邮政地市分公司应以正式文件并附《邮政企业设置邮政营业场所登记表》报省分公司,经省分公司审批同意后由地市分公司向本地邮政管理局报备。局所名称一般应以所在街道、乡镇名称命名。

2. 撤销普遍服务营业局(所)时,邮政地市分公司应在征得省分公司同意后,以正式文件并附《拟撤销邮政普遍服务营业场所基本情况表》报本地邮政管理局,经本地邮政管理局批复同意后,上报省分公司和集团公司备案。

3. 普遍服务营业局(所)需要迁址的范围在一公里内的,邮政地市分公司应及时向省分公司、地市邮政管理局提交《邮政普遍服务营业场所就近迁址登记表》进行报备;迁址范围在一公里外的,视同撤销原有的营业场所,同时在别处新增一处营业场所,应按照先新增后撤销的审批流程办理。

4. 普遍服务营业局(所)需要进行名称及营业时间等信息变更时,邮政地市分公司应及时向省分公司、地市邮政管理局提交《邮政企业邮政营业场所备案信息变更登记表》进行报备。

5. 普遍服务营业局(所)需要暂停办理某项或全部普遍服务业务时,邮政地市分公司应在征得省分公司同意后,以正式文件并附《拟停止办理或者限制办理业务的邮政营业场所基本情况表》报本地邮政管理局,经本地邮政管理局批复同意后,将批复文件复印件上报省分公司备案。

第二节 邮件收寄作业流程与操作规范

一、营业网点作业流程与操作规范

(一) 班前准备

班前准备是收寄作业非常重要的一环,其操作规范如下。

1. 更换标志服。营业人员上岗前,应按要求穿着统一配发的标志服、佩戴工号牌(胸卡),仪容仪表应符合服务规范的相关要求。

2. 开启相关设备。营业人员检查时钟、日历、监控等设备是否正常运行,打开终端、打印机、电子秤、邮资机等设施设备,确保正常使用。

3. 准备用品用具。营业人员准备各类单式、日戳、发票、业务章戳、通信邮票、出售品、零钱等,做到物品齐全,定置定位摆放。邮政日戳应当在每天班前更换,不得提前或推迟更换;收寄日戳上有"时"字钉的,要根据封发频次进行更换,每个封发频次后,应将"时"字钉更换为下一个封发频次,营业日终前最后一个封发频次后,"时"字钉更换为营业日终时刻。日戳字钉更换后,营业人员应及时在"日戳打印簿"上清晰加盖戳样。

4. 登录业务系统。营业人员应使用本人工号和密码登录营业系统进行签到,做好业务受理准备工作。

(二) 平常函件收寄

平常函件主要包括信函、印刷品、明信片、邮简、盲人读物、义务兵免费信件、邮政公事函件、寄件人总付邮费的平常函件等,收寄方式主要采用信筒(箱)收寄和营业窗口收寄,其中平常信函、明信片、邮简等通过信筒(箱)交寄,平常印刷品、盲人读物、义务兵免费信件、邮政公事函件、寄件人总付邮费的平常函件等必须到营业窗口交寄,体积较大不能投入信筒(箱)的平常信函通过营业窗口交寄。平常函件的收寄作业流程如图2-1所示,操作规范和注意事项如下。

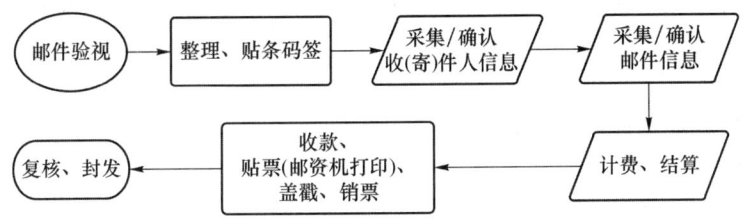

图 2-1 平常函件的收寄作业流程

1. 操作规范

(1) 邮件验视

邮件验视时,首先验看封面书写、封装规格、尺寸、重量等是否符合规定,如遇到邮件封皮破损或易损、使用已用过的信封或翻改重制的信封、有拆动痕迹、名址有涂改的情况,应当退请寄件人加以更换。

收寄国内邮件时,应严格执行国家法律、法规禁止寄递和限制寄递物品的相关规定。对客户交寄的可能夹寄物品的较厚、较大、较重信件,必要时可要求用户开拆,检查其是否夹带禁寄物品,但不得检查信件内容,客户拒绝验视的,不予收寄。核查邮资凭证是否有效、足额。

收寄人员应正确指导客户参照书写样张在邮件封面上书写收(寄)件人名址信息。

(2) 整理、贴条码签

按本、外埠分类,再按粘贴邮票的位置顺头顺面,将印刷品剔出单独处理。

收寄的平常信函、明信片,在封面左下角空白处牢固粘贴条码标签(如左下角无法粘贴,可粘贴在中下部或其他空白处)。

(3) 信息采集

采集收(寄)件人名址等信息(印刷品应录入寄件人有效身份证件信息),选择付费方式及结算方式进行结算。

(4) 收款、贴票、盖戳、销票

根据营业系统计费金额向客户收取邮费,处理过程中应做到"唱收唱付"。

贴票的函件,收寄人员应根据计费结果合理配票,指导用户在邮件封面右上角粘贴邮票。如邮票无法全部粘贴在邮件正面,可将邮票全部粘贴在邮件背面。不得重叠粘贴、对折粘贴或同时粘贴在信封的两面。遇重叠粘贴的情况,被遮盖的邮票不作为交付邮费,相关邮件作欠资邮件处理。

使用邮资机处理的邮件,直接在邮件封面打印邮资机符志或粘贴邮资机符志签条。

盖销邮票及其他邮资凭证。盖销单枚邮票(含邮票图案,下同)时,戳记的四分之三位置应在信封上;盖销多枚邮票时,每枚邮票上应有四分之一的戳印。不能将一个收寄日戳全部盖在一枚邮票的中部,致使邮件封面上无戳印痕迹,同一枚邮票不能同时加盖两枚日戳。盖销小型张时,戳印的四分之一在邮资的票面上,另外在小型张边饰上加盖一枚日戳,戳记的四分之三(或五分之四)位置应在信封上。盖销有人物图案的邮票时应避开人物头像。

中国集邮有限公司发行的首日封仅限在发行首日免费交寄,发行首日外需付足邮费,如交寄时已加盖特别纪念邮戳,应在空白明显位置加盖一枚收寄日戳。对盲人读物、印刷品等种类的邮件,还应在封面规定位置加盖相应的业务种类戳记。

收寄的各类邮件(邮政公事除外)如需加盖业务戳记时,应加盖在邮件封面左下角空白位置,如左下角无法加盖时,应加盖在邮件封面右上角或空白位置,但不得覆盖邮编框、标签、邮票、名址。

(5) 复核、封发

复核无误后,营业系统生成清单,按作业频次和要求封发邮件。

2. 注意事项

(1) 义务兵免费信件收寄

以现役义务兵从部队发寄私人通信内容的每件重量不超过20克的国内平常信函或明信片为限,超过上述规定范围以及交寄其他种类邮件,应按规定纳付邮费寄递,并一律由所在军事单位集中向当地营业局所窗口交寄(远离营、连分散执勤的哨所、站、卡,乡邮员能通达的,对上述免费信件可集中交乡邮员代为窗口交寄),信筒(箱)开出的邮件一律退回军事单位。

义务兵免费信件应由相关军事单位逐件加盖红色"义务兵免费信件"三角形戳记(中央军委统一制发)。收寄时,检查信件规格是否符合规定,查看红色"义务兵免费信件"三角形戳记加盖是否清晰,无法辨认的信件,应退回军事单位处理。检查无误后在正面加盖日戳予以发寄。

(2) 盲人读物邮件收寄

盲人读物的寄递范围包括盲人所用凸出点痕的书籍、刊物、信函和文件,但不包括盲人使用的特种纸张。对该类邮件,收寄人员应验视内件后封装交寄,并在邮件封面加盖"盲人读物"戳记。信函型的邮件按信函处理,印刷品型的邮件按印刷品处理。国内盲人读物按平常函件寄递时免费寄递,但寄件人要求按挂号或保价交寄时,应收取相应的挂号费或保价费。

(3) 其他邮件收寄

1) 收寄平常印刷品应验视客户有效身份证件。

2) 平常信函内不准夹寄非纸片性物品。

3) 信筒(箱)开出的巡视类邮件,在信息系统中选择相应的业务种类正常收寄。

4) 应按照规定的开箱频次和时间按时开取信件。

5) 从信筒(箱)开出的邮件,如果发现不合规格,邮件按照《国内邮件处理规则》相关规定处理。

6) 存局候领邮件应在营业窗口收寄,如自行投入信筒(箱),邮件应退回寄件人,无法退回的作无着邮件处理。

(三) 给据函件收寄

给据函件主要包括给据信函、印刷品、明信片等,给据函件的收寄作业流程如图2-2所示,操作规范及注意事项如下。

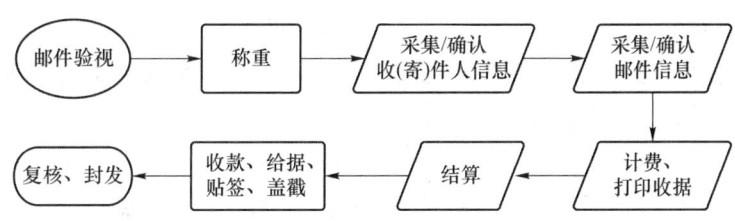

图 2-2 给据函件的收寄作业流程

1. 操作规范

（1）邮件验视

实名收寄（信件除外），审核寄件人有效身份证件。如他人代理寄件人办理业务时，应同时请代寄人一并出示有效身份证件，如客户拒绝出示，则不予收寄。

验视的内容主要包括：验视印刷品内件是否符合准寄范围，杜绝各类非法出版物流入邮政渠道；验看封面书写、封装规格、尺寸、重量等是否符合规定；封皮破损或易损、使用已用过的信封或翻改重制的信封、有拆动痕迹、名址有涂改的邮件，应当退请寄件人加以更换。

（2）信息采集

录入收（寄）件人名址、邮件号码、备注、重量等相关信息（印刷品应录入寄件人有效身份证件信息）。

预约下单的邮件，进行收（寄）件人信息和邮件信息的审核、确认。

（3）计费、打印收据、结算

选择付费方式进行计费。打印挂号函件收据。根据客户选择的支付方式进行结算。

（4）收款、给据、贴签、盖戳

根据计费金额向客户收取邮费，处理过程中应做到"唱收唱付"，同时给客户收据。

在邮件封面左下角粘贴挂号条码签（如左下角无法粘贴，可粘贴在中下部或其他空白处），并加盖相关业务戳记。

对于贴票函件，收寄人员应根据计费结果合理配票，在邮件封面右上角粘贴邮票，规范盖销；对于使用邮资机处理的邮件，可直接在邮件封面上打印邮资机符志或粘贴邮资机符志签条。

收寄的各类邮件（邮政公事除外）如需加盖业务戳记时，应加盖在邮件封面左下角空白位置，如左下角无法加盖时，应加盖在邮件封面右上角或空白位置，但不得覆盖邮编框、标签、邮票、名址。"邮政公事"戳记应加盖在邮件封面右上角。

（5）复核、封发

复核无误后，营业系统生成清单，按作业频次和要求封发邮件。

2. 注意事项

（1）巡视类邮件，在信息系统中选择对应的业务种类正常收寄。

（2）给据印刷品应实名收寄。

专用邮政信箱
邮件收寄

（3）对于存局候领邮件，应检查该邮件是否属于存局候领邮件范围，并验视封面书写是否符合存局候领邮件的规定。邮件封面应写明收件人的姓名，指定存留的邮局名称和寄件人的地址、姓名，并注明"××邮局存局候领"字样，如收件人的姓名不完全，或使用暗号，不予收寄；已写明收件人详细地址的邮件，不可以要求存局候领。收寄时需在邮件封面、相关单据上加盖"存局候领"戳记。

(4) 给据信函内准予附寄适于装在信封内寄递且不妨碍加盖日戳的轻小耐压的物品。

(四) 包裹收寄

包裹收寄的业务产品主要包括普通包裹和快递包裹。包裹收寄的作业流程如图2-3所示,操作规范和注意事项如下。

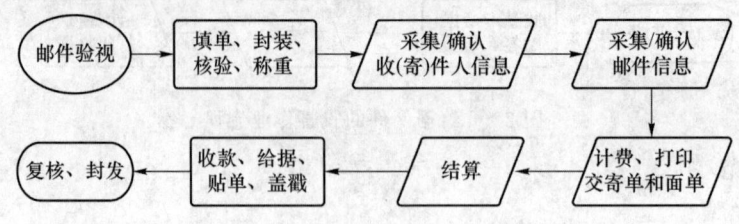

图2-3 包裹的收寄作业流程

1. 操作规范

(1) 邮件验视

实名收寄,审核寄件人有效身份证件。如他人代理寄件人办理业务时,应同时请代寄人一并出示有效身份证件,如客户拒绝出示,则不予收寄。

检查包裹内有无禁寄或超过限寄规定的物品,预称重量。

收寄人员应对所有物品类邮件无缝隙验视内件,验视后的邮件在未封口前,不得离开验视人员视线,如客户拒绝验视,邮件一律不予收寄。

(2) 填单、封装、核验、称重

收寄人员应引导客户预约下单或指导客户填写交寄单;要确保与客户眼同妥善封装;查看客户交寄单填写内容是否齐全;对于非包装箱封装的包裹类邮件,还需查看包裹封面书写信息和交寄单填写信息是否一致;准确称重计量。

(3) 信息采集

收寄人员应采集寄件人有效身份证件信息、收(寄)件人名址、邮件号码、内件品名、数量重量、备注等邮件相关信息。对预约下单的邮件,进行收(寄)件人信息和邮件信息审核、确认。

(4) 计费、打印交寄单和面单

选择付费方式进行计费。确认并打印邮件交寄单,交寄件人签字确认后打印面单。

(5) 结算

根据客户选择的支付方式进行结算。

(6) 收款、给据、贴单、盖戳

根据计费金额向客户收取邮费,处理过程中应做到"唱收唱付",将"邮件交寄单"收据联交客户。

在邮件实物较大且平整的一面粘贴面单,不得有褶皱、污损,邮件条码必须清晰可见,严禁将面单粘贴在包装箱骑缝处,以便于后续生产环节处理。

对于非包装箱封装的包裹类邮件,收寄人员应在邮件封面的醒目位置书写邮件号码及收(寄)件人姓名、地址、电话和邮政编码等。

根据实际情况,在包裹封面或单据的显著位置加盖相关业务戳记或粘贴相应标识,如"红杯""红杯水"等。

(7) 复核、封发

复核无误后,营业系统生成清单,按作业频次和要求封发邮件。

2. 注意事项

(1) 收寄装有易碎物品或流质、易溶物品的包裹时,收寄人员应严格按规定封装,轻拿轻放,并在包面和面单上分别加盖或粘贴"红杯"或"红杯水"标识。

(2) 收寄保价包裹时,收寄人员应会同寄件人当面点验内件,眼同封固;保价金额超过1 000元(含)的应采用适于贴用封志的纸箱;在封装箱骑缝处粘贴以省(自治区、直辖市)名为背景的"保价包裹封志",封志间隔不大于6 cm;在每边居中位置的封志骑缝处加盖收寄日戳、验视戳记及寄件人签名或盖章,然后用带有"中国邮政"标志及"地(市)"字样的专用透明封装胶带覆盖保价封志,严密封口。

(3) 对于存局候领邮件,收寄人员应检查该邮件是否属于存局候领邮件范围,并验视封面书写是否符合存局候领邮件的规定。收寄人员在邮件封面写明收件人的姓名,指定存留的邮局名称和寄件人的地址姓名,并注明"××邮局存局候领"字样,如收件人的姓名不完全,或使用暗号,不予收寄;已写明收件人详细地址的邮件,不可以要求存局候领。收寄人员应该在邮件封面、相关单据上加盖"存局候领"戳记。

(4) 烈士遗物邮件:烈士遗物需凭正式证明文件或公函免费寄递,按照普通包裹收寄。烈士遗物邮件封面及单式上须注明"××省××市××县人民政府收转××区××乡(镇)××村(城市还需要写明街道门牌号和单元室号)"字样。

(5) 收寄化工类、精神药品类等特殊物品时,收寄人员应严格按照相关规定执行。

(五) 特快专递邮件收寄

特快专递邮件收寄的业务主要包括文件型和物品型的速递类业务,特快专递邮件的收寄作业流程如图2-4所示,操作规范和注意事项如下。

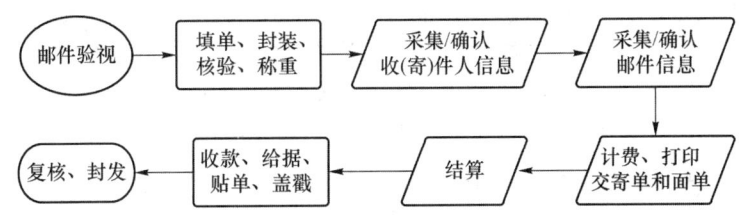

图2-4 特快专递邮件的收寄作业流程

1. 操作规范

(1) 邮件验视

验视内容同国内包裹。

(2) 填单、封装、核验、称重

验视无误后,收寄人员引导客户预约下单或指导客户填写交寄单,并要确保与客户眼同妥善封装。其次要查看客户在包裹封面书写的内容和交寄单填写内容是否一致,交寄单填写内容是否齐全,最后准确称重计量。

(3) 信息采集

收寄人员采集寄件人有效身份证件信息、收(寄)件人名址、邮件号码、内件品名、数量、重量、备注等邮件相关信息。预约下单的邮件,进行收(寄)件人信息和邮件信息的审核、确认。

(4) 计费、打印交寄单和面单

对采集到的信息确认无误后,收寄人员打印交寄单和面单,选择付费方式进行计费。

(5) 结算

根据客户选择的支付方式进行结算。

(6) 收款、给据、贴单、盖戳

收寄人员根据计费金额向客户收取邮费,处理过程中应做到"唱收唱付",将"邮件交寄单"收据联交客户;物品型邮件的面单粘贴在邮件实物较大且平整的一面,不得有褶皱、污损,邮件条码必须清晰可见,严禁将面单粘贴在包装箱骑缝处,以便于后续生产环节处理;非包装箱封装的包裹类邮件,应在邮件封面醒目位置书写邮件号码及收(寄)件人姓名、地址、电话和邮政编码等;易碎、流质物品应在邮件封面和面单上加盖或粘贴"红杯""红杯水"标识。

(7) 复核、封发邮件

复核无误后,营业系统生成清单,按作业频次和要求封发邮件。

2. 注意事项

(1) 特快专递应实名收寄并验视内件(巡视类信函除外)。

(2) 收寄单边达到 60 cm(含)的物品型特快专递邮件时,应录入体积和重量进行计泡,计费重量为实际重量与体积重量中的较大者。

(六) 附回执邮件收寄

附回执邮件收寄的业务产品主要为给据邮件,附回执邮件的收寄作业流程如图 2-5 所示,操作规范如下。

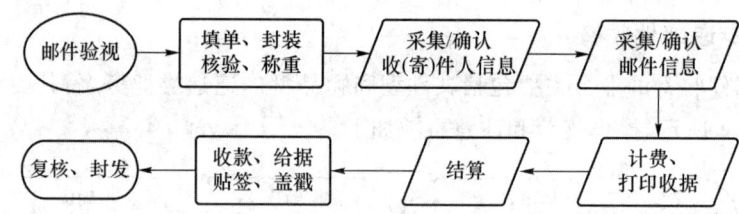

图 2-5 附回执邮件的收寄作业流程

(1) 邮件验视

根据邮件的种类,按照相关业务规定处理。

(2) 填单、封装、核验、称重

收寄人员首先向寄件人提供回执片、邮件交寄单等单式,并指导客户正确填写;其次核验回执片正面填写的地址和姓名与邮件封面上所写寄件人的地址和姓名是否相符;最后,准确称重计量。

(3) 信息采集

收寄人员录入收(寄)件人名址、邮件号码、回执号码、备注、重量等相关信息(印刷品应录入寄件人有效身份证件信息)。对预约下单的邮件,应进行收(寄)件人信息和邮件信息的审核、确认。

(4) 计费、打印收据

收寄人员选择付费方式进行计费,并打印挂号函件收据。

(5) 结算

收寄人员根据客户选择的支付方式进行结算。

(6) 收款、给据、贴签、盖戳

1) 收寄人员根据计费金额向客户收取邮费,处理过程中应做到"唱收唱付",将收据联交客户。

2）回执费按件计收,回执片重量不计入邮件重量内计费。回执上不贴邮票,回执费连同相应邮件的邮费一并收取处理。

3）收寄人员在邮件封面左下角粘贴挂号条码签(如左下角无法粘贴,可粘贴在中下部或其他空白处),并加盖相关业务戳记。

4）盖销邮票时,使用邮资机处理的邮件,可直接在邮件封面上打印邮资机符志或粘贴邮资机符志签条。其他具体要求同平常信函。

5）收寄人员在回执背面填写收寄局名、寄达局名、邮件号码和邮件种类,并在"收寄局名"位置加盖收寄日戳。

6）收寄人员在回执正面右上角粘贴新的国内挂号信函条码标签,作为回寄时的邮件号码;给据函件回执应牢固地粘贴在相关邮件背面(在回执片正面左边规定处沿线抹上胶水或浆糊粘贴);保价信函回执应装入信封,不贴在信封上;包裹回执应牢固地粘贴在包裹封面上。

7）收寄人员在邮件封面左下角空白位置加盖"回执"业务戳记,左下角无法加盖时,应加盖在邮件封面右上角或空白位置,但不得覆盖邮编框、标签、邮票、名址。

（7）复核、封发

复核无误后,营业系统生成清单,按作业频次和要求封发邮件。

（七）大宗收寄

客户批量交寄的邮件使用大宗收寄,包括"整寄整付"和"整付零寄"。大宗收寄的作业流程如图2-6所示,操作规范和注意事项如下。

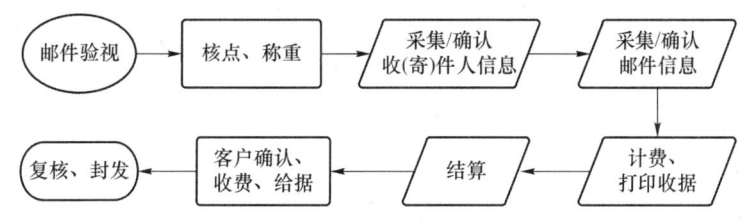

图2-6 大宗收寄的作业流程

1. 操作规范

（1）邮件验视

1）整寄整付邮件,应根据交寄邮件验视邮件规格,如邮件封面书写、封装、尺寸、重量等是否符合相关邮件的规定。信函以外的邮件,要验视其内件是否符合相关邮件的准寄规定。印刷品应验视是否在邮件封面上标注"印刷品"字样或加盖"印刷品"戳记。

2）整付零寄邮件,除按相关种类邮件的规格要求验视外,还要验看交寄清单上是否加盖交寄单位公章。给据邮件应复核相关邮件信息与营业系统中的信息是否一致。

（2）核点、称重

1）核点件数,根据邮件种类或重量分类整理,如有不符,及时更正。

2）准确称重计量。

（3）信息采集

收寄人员录入或确认协议客户编号、协议客户名称、姓名、地址等收寄信息,并提交计费、结算。

(4) 计费、打印收据

1) 选择付费方式进行计费。

2) 打印大宗收据。

(5) 结算

收寄人员根据客户选择的支付方式进行结算。

(6) 客户确认、收费、给据

1) 收寄人员根据客户需求,打印大宗邮件交寄清单等,交客户确认。

2) 收寄人员根据业务种类收取邮费,按需将交寄清单、结算单、发票(收据)等给寄件人。

3) 收寄人员在邮件封面上逐件打印"邮资符志"。

4) 整付零寄邮件需复核相关邮件并在计费清单上签章。

(7) 复核、封发

主管人员除按照一般规定检查邮件收寄手续和邮资外,还应核对邮件计费单所填邮件种类、件数、重量和邮费等,核对无误后封发。

2. 注意事项

(1) 寄件人交寄整付零寄邮件后,收寄人员应及时登列分户账,结出预付邮费余额。

(2) 对于整付零寄邮件,每月月终,收寄人员根据分户账结算当月邮费,打印"总付邮费结算单",与寄件人进行结算。

(八) 邮件封发

邮件封发的流程如图 2-7 所示,操作规范和注意事项如下。

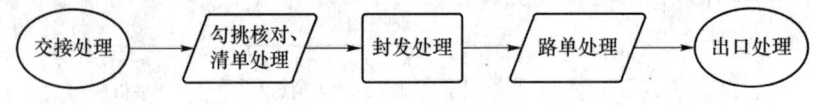

图 2-7 邮件封发的流程

1. 操作规范

(1) 交接处理

根据需要办理本机构多台席封发邮件或邮政营业网点代封发邮件的信息与实物交接处理。

(2) 勾挑核对、清单处理

1) 根据邮件的处理规格实行散件外走和临时直封处理。

2) 营业局(所)接收投递部门交来批注转/退的邮件,应在营业系统中接收邮件转退信息;窗投逾期退回的邮件,应按照邮件书写的原寄件人信息在营业系统中完成转退信息录入。

3) 在营业系统内逐件勾挑核对封发信息,生成并保存清单。根据封发种类打印袋牌。

(3) 封发处理

1) 邮件应按清单信息装入相应的邮件容器,进行扎袋、拴挂袋牌,完成邮件的封发处理。

2) 使用邮袋或容器封发的总包,应拴挂实时打印或预制的总包袋牌。对于临时直封的总包,应拴挂总包条码袋牌和大件名址牌。"红杯"或"红杯水"总包,应加挂带有红色"红杯"或"红杯水"标志的袋牌。

3) 对于散件外走的邮件,不再打印、拴挂(粘贴)总包袋牌,一律以邮件号码作为总包号码。

4）巡视类专用信箱邮件不应散件外走,应专袋封发,袋牌注明"专用信箱"。

(4) 路单处理

在营业系统中生成并打印邮件封发路单(对于没有收寄信息的平常邮件、邮政公事等,应在路单处理模块添加总包信息),作为与趟车交接的依据。

(5) 出口处理

1）营业局(所)出口各类邮件时,应通过路单与趟车押运人员办理交接。

2）交接时,应眼同处理,当场复验清点总包袋数或散件外走件数,清点无误后由趟车押运人员在路单上签字,局(所)存档一份,其余趟车带走。

3）巡视类专用信箱邮件营业员应与市趟或县乡邮车驾驶员执行当面交接。交接确认后,应及时在营业系统中完成趟车出口处理。

2. 注意事项

(1) 将实物邮件封发入袋时,确保封发实物和清单信息一致。

(2) 条码平信与国内普通挂号信函一并封发,拴挂"挂信"袋牌。

(3) 除散件外走和临时直封邮件外,邮政营业网点收寄的平信、挂信、信函状挂刷可混封总包,拴挂挂信袋牌;快递包裹、普通包裹、包状印刷品可混封总包,拴挂快递包裹袋牌。如网运部门对总包封发有其他具体要求(散件交接的邮件),可参照网运部门相关业务规定执行。

(4) 大宗邮件收寄点收寄大客户交寄的挂号印刷品时,规格尺寸超过 C5(229 mm×162 mm)标准信封的邮件应按包裹邮件封发,规格尺寸小于或等于 C5 标准信封的邮件应与挂号信函进行混封,其他收寄点收寄的挂刷应全部与挂号信函进行混封。

(5) 若同批交同一收件人的普通包裹、挂号印刷品邮件及单件重量达到 20 kg,"红杯"或"红杯水"包裹、挂号印刷品邮件单件达到 10 kg,特快专递邮件达到 40 kg,应对收件人地址所在的市县寄达局建立临时直封。

(6) "本收临投"特快专递邮件应进行单独封发,直封到对应的投递机构。当日收寄的邮件按照作业计划出口,最后一个频次的趟车走后的邮件正常收寄,按照作业计划与次日收寄的邮件一并封发出口。

(7) 封发时要认真检查上一工作日邮车离开后收寄的邮件,避免邮件漏封发现象。

(九) 营业日终处理

当班结束或营业终了,营业人员需做好个人日结工作。

1. 个人日终处理

个人日终处理流程如图 2-8 所示,操作规范和注意事项如下。

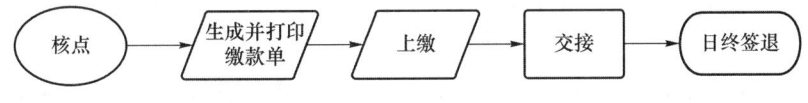

图 2-8 个人日终处理流程

(1) 操作规范

1）核点

核点现金与各类业务单据金额是否账实相符。

2）生成并打印缴款单

在营业系统中打印个人日终缴款单,如一人使用多个台席办理业务的,应生成并打印汇总缴款单。

3）上缴

将现金款额、各类业务单据和报表一起交给营业局（所）账务处理人员。

4）交接

做好各类票据、凭证、用品用具及账簿的交接。

5）日终签退

在营业系统中做好个人正式签退，退出系统并关闭终端、打印机等设备。

（2）注意事项

使用电子商务、汇兑、报刊、集邮等其他生产系统的营业人员，应根据相关系统要求做好个人日结、资金上缴及签退工作。

2．营业局（所）日终处理

营业局（所）日终处理流程如图2-9所示，操作规范和注意事项如下。

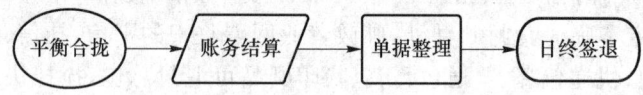

图2-9　营业局（所）日终处理流程

（1）操作规范

1）平衡合拢

营业员在营业系统中生成窗投邮件平衡合拢表，并与待投邮件平衡合拢；在营业系统中生成封发邮件的出口平衡合拢表及支局封发平衡统计表；在营业系统中录入邮件容器进出口数据，并与库存邮件容器平衡合拢。

2）账务结算

营业员在营业系统中生成并打印存行单（视缴款时间可分次打印存行单）。按照财务部门的要求将现金缴款汇入指定的营收账号。有邮资机的营业局（所）应生成邮资机日终报表，审核金额与支局日终缴款邮资机收入是否一致，一致后上传邮资机数据。若当日发生大宗客户欠费、缴款的情况，应做好大宗客户账务处理。在营业系统中生成并确认和打印支局缴款单。

3）单据整理

营业员对各种空白票据、有价票据、重要空白凭证单式进行整理和核点，并通过系统核对票据使用张数、使用金额、作废票号，以及空白票据库存，做到系统信息、交接班登记簿和实物相符，班后统一放入保险柜。

4）日终签退

营业局（所）管理人员应在营业系统中做支局正式签退。使用电子商务、汇兑、报刊、集邮等其他生产系统的营业人员，应根据相关的系统要求做好营业局（所）日结、资金上缴及签退工作。营业局（所）管理人员将票据、日戳等用品用具妥善保管，关闭各类生产设备电源，对报警系统进行布防。

（2）注意事项

1）营业局（所）每天调账金额不得超过100元，超过部分应逐级上报各级邮政企业审批。

2）发生调账时，营业人员应在每次录入调账金额后，详实录入调账原因，不得简化录入。

3) 大宗客户欠费时间不超过 3 个月,具体参照相关欠费管理办法执行。

二、邮件揽收作业流程与操作规范

(一) 上门揽收

1. 散户邮件揽收

散户邮件的揽收流程如图 2-10 所示,操作规范和注意事项如下。

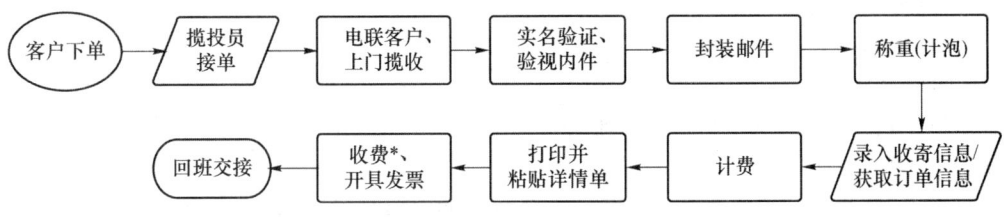

图 2-10 散户邮件的揽收流程

(1) 操作规范

1) 电联客户、上门揽收

揽投员的 PDA 接到派揽订单后,5 分钟内电联客户,1 小时内上门完成揽收,并在 PDA 上反馈信息。

2) 实名验证、验视内件

查验、采集寄件人或代寄人的有效身份证件信息。对客户交寄的邮件,均需逐件严格验视,客户拒绝验视的,不予揽收。验视所寄物品符合寄递要求后,方可收寄。信函、文件类邮件如疑似夹寄其他物品时可以要求客户开拆,进行验视,但不得检查信函内容,客户拒绝开拆的,不予揽收。对用户交寄给中央巡视专用邮政信箱、党的纪律检查机关和国家监察部门的光盘、U 盘等信息载体,一律比照信件处理,无须寄件人提供有效身份证件,不进行实名登记,要妥善包装,避免内件损坏。

3) 封装邮件

合理选择适当的衬垫物及封装材料,确保内件牢固、不晃动,外面用胶带捆封牢固,防止破损。非标准包装处理的操作要求如下。

封套内夹寄硬质物品的,取出硬质物品或换纸箱包装;封套内装文件超量、超厚、变形的,分开交寄或换纸箱包装;使用双封、双包装箱合并包装的,拆开分别交寄或装入更大的纸箱;内件在箱内晃动的,选择填充物充分填充,确保不晃动;使用非标准 EMS 封套封装的,更换使用标准的 EMS 封套封装;旧包装箱已不适合寄递要求的,换新包装;旧包装箱上的原有名址未划销,换新包装或覆盖原有名址;旧包装箱上的原有或其他快递公司详情单未清除的,换新包装或清除和覆盖原有详情单。

4) 称重(计泡)

使用便携秤称重,采集邮件尺寸。将体积重量与实际重量相比较,取重量较大者作为计费重量。单边 60 cm(含)以上的 EMS 邮件需进行计泡,计泡重量计算公式为:计泡稽核重量＝长・宽・高/6 000。快递包裹邮件 3 边之和大于 100 cm(含),也需进行计泡,计泡重量计算公式为:计泡稽核重量＝长・宽・高/相应计泡系数。

5）计费

邮件计费由寄递费＋保价费/保险费＋包装费＋其他费用组成。对于内件性质为银行票据、提货单、增值税发票、金银首饰、玉石、工艺品、字画、国际机票、贵重电子产品及内件价值在2 000元以上的物品，揽投员应引导客户保价；其他费用包括返单费、密码投递费等。

6）打印并粘贴详情单

揽投员必须现场与客户眼同粘贴面单，并确保面单粘贴在邮件的最大面上，且具备"验视""禁航"等相关戳记（对使用邮政特快专递封套的邮件，请将面单贴在指定位置）。

7）收费、开具发票

当场收取资费，根据客户需求开具发票或向其发送电子发票。

8）回班交接

揽投员按计划频次及时回班交接邮件。

（2）异常情况处理

揽投员如遇接单异常情况，处理要求见表2-1；如遇验视特殊情况，处理要求见表2-2。

表2-1 接单异常情况及处理要求

接单异常情况	处理要求
客户电话无法接通	1小时内按客户地址上门揽收
无法按时到达客户处 （禁止揽投员因主观原因延迟或拒绝揽收）	揽投员及时与客户沟通，约定好上门揽收时间，并及时致电营业部内勤人员，由内勤人员登录中国邮政揽投调度系统，更改揽收时间（禁止因主观原因更改揽收时间）
遇有异常原因无法完成揽收	根据实际情况反馈揽收信息
临近当频揽收截止时间揽收的邮件，无法赶发当频次发运	主动告知客户发运时间并跟进，确保下一频次优先发运
催揽单处理	揽投员接到催揽电话或催揽信息后，应对催揽邮件优先安排揽收，预估到达时间并告知内勤和寄件人，确保寄件人满意

表2-2 验视特殊情况及处理要求

验视特殊情况	举例说明	处理要求
不同意验视内件（无特殊情况的信函除外）	客户拒绝验视	不予揽收
零散客户不同意验视身份证件	无法提供有效证件	不予揽收
对外公布的禁寄物品	黄色刊物、枪支、毒品、爆竹等	不予揽收
超重量、超尺寸且无法拆分	重大设备、生产用具等	不予揽收
属于必须保价物品，客户不同意保价，且不同意签署放弃保价声明	内件价值2 000元以上	不予揽收
保价金额低于物品的市场价值，且无法拆分	黄金、珠宝、古董等	不予揽收
化工原料类（工业级）	纯硫酸、硝酸钾等	不予揽收
非化工类液体物品	酒水、饮料等	仅限陆运，应妥善包装后收寄
经验视无法确定安全性的物品	液体、粉末等	告知客户须携带证明材料到指定网点交寄
易碎物品	瓷器、玻璃制品等	应妥善包装后收寄，价值较高的参照高价值物品收寄要求处理

此外,对容易水湿的文件和物品,如汇票、支票、本票、有价证券、照片等纸质文件类邮件和原包装不能防水的药品、食品等物品类邮件,应将内件做好防水封装后再进行包装。当与客户约定付费方式时,付费方式只能任选其一,如客户要求使用两种及以上方式交替或混合付费时,要婉言谢绝。

揽投员在系统中录入揽收信息时,禁止录入虚假揽收信息。如揽投员发现信息录入错误,在揽收当天、邮件封发信息录入之前,可在系统中修改揽收信息。

2. 协议客户现场收寄

协议客户现场收寄适用于揽投员在协议客户发货现场完成揽收和收寄,适用于中小客户或客户要求现场收寄的场景。协议客户现场收寄的操作流程如图 2-11 所示,操作规范如下。

图 2-11 协议客户现场收寄的流程

(1)揽投员定时到达客户现场

揽投员对已签订用邮协议的客户,按照协议规定的时间或根据客户指定的时间上门揽收。

(2)邮件验视

对在大客户现场进行收寄前置处理的大宗邮件,揽投员应在用邮协议中明确收寄现场抽查验视的相关事宜,并严格落实。

(3)封装邮件

按照协议对邮件进行封装,与客户签订自封协议的,揽投员对邮件包装进行验视,未签订自封协议的,参照散户要求进行封装。按要求粘贴详情单,详情单粘贴在包装箱的最大面;对于圆卷形邮件,详情单的长边与圆卷的长边平行;详情单要确保粘贴牢固,防止脱落。

(4)客户交接

邮件完成封装后,揽投员与客户进行交接,办理相关的交接手续。

(5)称重、录入信息

揽投员使用蓝牙便携电子秤对客户交寄的邮件进行逐件称重,采集邮件尺寸,将体积重量与实际重量相比较,取重量较大者作为计费重量,并使用 PDA 快速收寄或离线快速收寄功能进行信息录入。

3. 归班处理

归班处理是指揽投员向内勤交接外场揽收的邮件,归班处理的流程如图 2-12 所示,操作规范和注意事项如下。

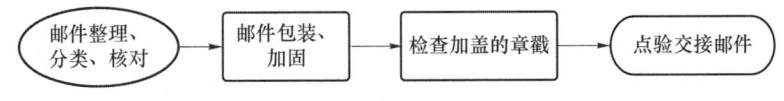

图 2-12 归班处理的流程

(1)操作规范

1)邮件整理、分类、核对

揽投员按业务要求和操作规范对邮件进行整理、分类、核对,确保邮件实物数量与"揽收核对"内的数量一致。

2) 邮件包装、加固

揽投员按照邮件封装规范要求,对未包装的邮件进行包装,并根据所寄物品的性质、大小、轻重、寄递路程远近和运输情况等进行包装加固,确保符合封装规范和相关要求。

3) 检查加盖的章戳

① 对揽收时已验视合格的邮件,揽投员认真检查"验视"章戳加盖情况。如发现章戳不清晰或者漏盖,应及时补盖。

② 按照航空禁限寄要求,对禁止航空运输的邮件,揽投员认真检查"禁航"章戳加盖情况。如发现章戳不清晰或者漏盖,应及时补盖。

③ 有易碎、流质物品的邮件,揽投员回班后应按要求加盖"红杯"或"红杯水"标志。

4) 点验交接邮件

揽投员按内场 PDA 预告的揽收邮件对应格口数量,与内勤人员进行邮件实物的点验交接。

(2) 注意事项

当实物数量与系统显示数量不符时,内勤人员不得进行交接确认,待揽投员修正异常数据,确保实物数量与系统数量一致后,再行确认。

4. 揽收缴款

揽投员返回揽投部时需要将邮件款项上缴,揽收缴款的流程如图 2-13 所示,操作规范和注意事项如下。

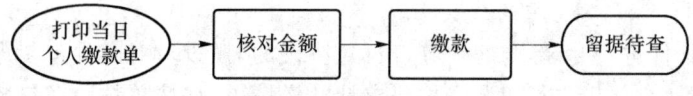

图 2-13 揽收缴款的流程

(1) 操作规范

1) 打印当日个人缴款单

揽投部内勤人员(揽投员)打印揽投员当日个人缴款单。

2) 核对金额

揽投员将当日个人缴款单与 PDA 中"揽收核对"功能内的金额进行比对确认。

3) 缴款

揽投员根据缴款单所列金额向指定人员缴款。

4) 留据待查

揽投员保留缴款凭证(缴款单)备查。

(2) 注意事项

1) 当缴款单金额与应缴款项不相符时,揽投员应在当日查明原因,进行调整后,完成缴款操作。若当日确实无法查明原因,或由于系统原因当日无法调整,揽投员应将当日所收现金款项上缴统一保管,待查明原因后完成缴款操作。

2) 系统内记录的未打缴款单的现金缴款数据,会累积到当前日期的缴款单中,可点击"补缴"按钮进行添加补缴,不能选择历史时间进行缴款。

3) 缴款单中出现未支付的邮件时,无法进行缴款,必须支付后才能断续缴款,点击"未缴款金额"或"件数"可进入未缴款金额详情页面。

(二)网点集中收寄

1. 混合收寄

混合收寄是指网点集中收寄时,解决多个客户从多个渠道同一时段获取订单信息,完成收寄的场景。混合收寄的流程如图 2-14 所示,操作规范和注意事项如下。

图 2-14 混合收寄的流程

(1)操作规范

1)揽投员定时到达客户现场

揽投员对已签订用邮协议的客户,按照协议规定的时间或根据客户指定的时间上门揽收,并按比例抽查验视。对每批交寄的邮件根据交寄数量按比例进行抽查:每批交寄数量在1 000件以上的,抽查比例不少于1%;每批交寄数量为500件至1 000件的,抽查比例不少于2%;每批交寄数量为100件至500件的,抽查比例不少于5%;每批交寄数量为100件以下的,抽查比例不少于10%;每批交寄数量少于10件的,至少要抽查1件。如大宗邮件集中收寄处理中心已配备安检设备,揽投员可将邮件带回进行集中安检。

2)使用PDA与客户进行扫描交接

揽投员使用PDA对客户交寄的邮件进行逐件扫描,确认交寄信息。系统无法自动匹配出相应协议客户号的,需绑定客户信息。

3)邮件混装带回

揽投员将扫描好的邮件混装上车,并带回收寄点。装车时应遵循大不压小、重不压轻的原则,合理及充分地利用车厢容积。

4)收寄作业

① 一体机收寄作业

内勤人员将邮件逐件放在一体化收寄设备称重台上,自动识别邮件条码并采集邮件重量及尺寸信息,系统自动匹配出正确的协议客户号、格口等信息,完成邮件收寄信息的采集与计费。

② PDA收寄作业

内勤人员使用PDA快速收寄功能连接蓝牙电子秤,逐件采集邮件重量及尺寸信息,系统自动匹配出正确的协议客户号、格口等信息,完成邮件收寄信息的采集与计费。

5)邮件分堆

内勤人员根据一体机或PDA提示的格口信息,将邮件实物分堆。

(2)注意事项

系统无预告信息的邮件,内勤人员根据邮件面单信息和实物核实归属客户,确定归属客户后,与客户确认后续处理方式。

2. 收寄暂存

收寄暂存适用于协议客户对收寄信息有延迟展示需求,或异地产生提货,需要展示分仓提货信息的场景。收寄暂存的操作规范和注意事项如下。

(1) 操作规范
1) 客户交接
收寄暂存异地提货的操作模式,必须进行客户交接扫描,明确提货分仓。其他模式可根据客户要求选做客户交接。
2) 收寄暂存入库
① 对于进行了客户交接扫描的邮件,揽投员使用 PC 端的"收寄暂存入库"功能,获取客户交接订单信息,并完成计费,将邮件收寄信息暂存入库。
② 对于无须进行客户交接扫描的邮件,揽投员可直接使用 PDA 的"暂存入库"功能逐件扫描邮件号码,获取客户订单信息,完成计费,将邮件收寄信息暂存入库。
3) 收寄暂存出库
揽投员根据客户需求,对暂存入库的邮件使用 PC 端的"收寄暂存出库"功能进行出库,完成收寄,展示收寄信息。
(2) 注意事项
计费按照暂存入库当日系统内的标准执行,出库时邮件资费不作变更。

(三) 出口处理

1. 总包封发

总包封发适用于揽投部已完成收寄的邮件,按照分拣环节的要求进行封袋处理的场景,总包封发的处理流程如图 2-15 所示,操作规范和注意事项如下。

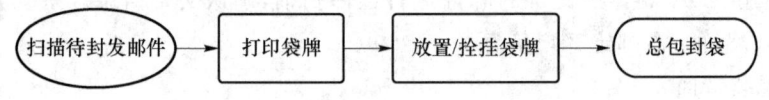

图 2-15 总包封发的处理流程

(1) 操作规范
1) 扫描待封发邮件
封发人员按封发格口对邮件进行逐个扫描,并把邮件装入邮件容器。
2) 打印袋牌
生成总包后打印袋牌。
3) 放置/拴挂袋牌
封发人员根据邮件容器的类别,将袋牌置入邮件总包的透明窗,或拴挂于总包扎带或袋绳上。
4) 总包封袋
封发人员使用扎带或袋绳对邮件容器进行封口操作,形成邮件总包。如揽投部需直封南集,文件型邮件(文件厚度 5 mm 以下)要求采用塑料袋封装,60~70 件封发一个总包,用塑料绳扣拴挂袋牌,将塑料袋封好。对符合直封要求的物品型邮件(邮件体积大于或等于四号箱)和满袋小件物品,总包袋牌应标注"南航集散"。其余邮件应先封至本地速递邮件处理中心。
(2) 注意事项
在总包封发环节中,如误扫邮件,可以重扫一次进行删除操作,但必须使用同一账户进行扫描。

2. 二码合一封发

二码合一封发是指符合散件外走标准的邮件,直接利用邮件号作为总包号(即二码合一)进行封发操作,二码合一封发的处理流程如图 2-16 所示,操作规范和注意事项如下。

图 2-16 二码合一封发的处理流程

(1) 操作规范

1) 扫描待封发邮件

封发人员按封发格口对邮件进行逐个扫描。

2) 总包封袋

封发人员将扫描好的邮件装入邮袋,形成总包,发往前程。

3) 邮件实物入堆

封发人员根据分拣路由将邮件实物分堆码放。如揽投部需直封南集,二码合一邮件应使用大头笔在详情单上标注"南集"字样,或加盖"南集"戳记(非寄达城市名称)。

(2) 注意事项

在二码合一封发环节中,如误扫邮件,可以重扫一次进行删除操作,但必须使用同一账户进行扫描。

3. 邮件配发

邮件配发是指对已封发总包、二码合一总包及前置集包总包装车并制作路单。邮件配发的作业流程如图 2-17 所示,操作规范和注意事项如下。

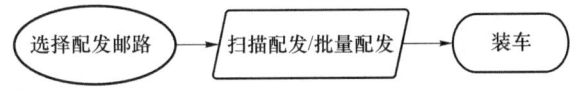

图 2-17 邮件配发的作业流程

(1) 操作规范

1) 选择配发邮路

内勤人员在 PDA 中选择配发邮路。

2) 扫描配发/批量配发

如选择扫描配发,内勤人员应持 PDA 对已封发总包、二码合一总包及前置集包总包进行逐袋/件扫描。如选择批量配发,内勤人员须对堆位内的总包数量进行核对。

3) 装车

将已配发完成的总包按发运计划装至对应邮路车辆内的指定位置。遵循大不压小、重不压轻的原则,合理及充分地利用车厢容积。

(2) 注意事项

贵品类邮件,禁止批量配发。

4. 邮件封车

邮件封车是指对已封发总包、二码合一总包及前置集包总包装车后对车厢进行施封。邮件封车的操作规范和注意事项如下。

(1) 操作规范

1) 加封物理封志

工作人员将已装好的车厢封闭,并加封物理封志。

2) 在 PDA 中进行揽收发运操作/使用派车单进行封车

邮区邮路封车时,根据解封车管理功能中对邮路管控参数的配置确定是否使用派车单封车,若配置为"是",则必须使用派车单进行封车,否则无须使用派车单。无须使用派车单进行封车的机构,内场人员使用 PDA,进入揽投发运界面,输入交接对象,批量勾选需发运的路单信息,确认完成封车操作。需使用派车单进行封车的机构,在发运操作时只能使用派车单进行封车,不可使用交接对象直接发送信息。大宗揽收机构可使用揽收机构的临时派车功能对本机构发运的上行市趟邮路进行派车,并使用该派车单进行封车操作。

(2) 注意事项

1) 从揽投部直发的一干邮路和二干邮路,必须使用派车单进行封车。

2) 集中收寄模式、楼上仓模式,通过配置后,可由收寄信息自动生成。

(四) 撤单改址

撤单改址是指由于寄件人的原因,需要对已出口封发的邮件进行撤回或修改收件人地址。撤单改址的操作规范和注意事项如下。

1. 操作规范

(1) 确认寄件人身份及邮件信息

如客户提出撤单和改址,揽投员(内勤人员)需核实客户身份,并核查邮件收寄信息。

(2) 撤单改址申请

揽投员(内勤人员)进入(PC 或 PDA)"改址撤单申请"界面,进行撤单改址操作。

2. 注意事项

(1) 一票多件不允许撤单改址操作。

(2) 已妥投或已下段的邮件,系统自动控制不能进行撤单改址操作;已下段但有未妥投信息反馈的邮件,可在投递回班交接后再进行撤单改址操作。

(3) 同一邮件只能进行一次撤单改址操作,且已撤单邮件不允许进行改址操作。但已改址的邮件可以进行撤单操作。

(4) 撤单改址的邮件,在运单轨迹中的收寄信息"备注"栏可查看相关信息。

(5) 客户在微信公众号等电子渠道自行申请的撤单改址,不需要收寄机构进行操作。

(6) 客户申请修改的新地址,仅限于同城范围内。

第三节　邮件收寄管理规范

一、邮政用品用具的管理

邮政用品用具管理是邮政部门为统一用品用具规格,保障供应,严格控制用品用具使用而进行的管理活动,它包括邮政业务单式、邮政日戳、邮资机(含制签机)、邮袋、邮政夹钳等的管理。其中邮政日戳、邮政夹钳和邮袋是《中华人民共和国邮政法》中规定的邮政专用品,受法律保护,除邮政部门外,其他任何单位或者个人,不得伪造、冒用。

(一) 邮政业务单式的管理

邮政业务单式是邮件收寄和处理中的凭据与标志。邮政业务单式种类繁多,格式十分复杂,主要有各种业务单据、清单、账表、簿册、袋牌、标签等。业务单式必须统一规格标准,统一使用范围,以保证全网通信的顺利进行,提高通信质量。

1. 邮政业务单式的请领和保管

邮政营业局(所)应根据实际需要及时请领所需邮政业务单式,确保业务正常开办,应按规定的用途使用业务单式,做到按需请领,不得挪作他用。用户书写台上应摆放各类业务单式书写样张。电子化网点应提供邮件交寄单、汇款单、国内(国际)信函、国际(地区)发递单等;手工网点应提供普通(快递)包裹详情单样张及单式。如遇业务高峰期,业务单式需求量较大时,应增加请领频次,但要控制好请领数量,避免因库存过大造成的浪费。

2. 邮政业务单式的使用

邮政业务单式在使用的过程中应该注意下面几个问题。

(1) 各种业务单式应按规定的用途使用,严禁另作他用。

(2) 单式填写的项目要齐全,文字要规范清楚,章戳加盖要清晰,局名不得自行简化或缩写。

(3) 禁止使用不规范的简化字、同音字。

(4) 有编号的票据要严格保管,按号连续使用,交接班认真履行交接手续,作废的票据要粘贴在存根上或上缴稽核部门。

(二) 邮政日戳的管理

邮政日戳包括普通日戳、风景日戳、文化日戳等。普通日戳是盖在邮件、邮票或邮政单据上,表明邮件处理时间、地点、机构等信息的日戳。风景日戳是刻有当地风景图案和风景所在地地名的邮政日戳。文化日戳是邮政部门为宣传国家特色自然资源及非物质文化遗产,纪念重大节日、事件和活动而专门刻制的一种带有宣传、纪念文字和美术图案的邮政日戳。邮政日戳(含各类机戳)是判定邮件全程传递时限的重要依据,但不具有合同签章表明合同成立的法律效力。

1. 邮政日戳的管理要求

(1) 邮政日戳是邮政通信部门经办业务的重要戳记,是邮政企业处理各项业务时使用的刻有地名和日期的特制专用戳记。邮政日戳是邮政通信的专用工具,是凭以确认邮政局(所)与用户之间及各生产环节之间责任关系的印信。邮政日戳是法律上的有效凭证,邮政日戳受法律保护,任何单位或个人不得伪造和冒用。

邮政营业网点
日戳管理

(2) 邮政网点办理普遍服务业务的台席应配备收寄日戳,要定台、定岗使用日戳。单个营业网点多台席办理寄递业务时,两把及以上日戳开始序列标号,序号必须连贯,不得有空号和重号。

(3) 各类日戳均应妥为保管,防止丢失、盗用和混用。日戳应专人保管,不得乱用。在使用时间内要妥善放置,在非工作时间内,必须注意收存。日戳要经常洗刷,保持字迹清晰。如发现日戳戳面和字钉有磨损,应及时申报更换。发现日戳丢失、被盗应立即上报,追查丢失、被盗原因。

(4) 每日营业终了,台席人员应将各类日戳放入保险柜妥善保管,防止丢失、盗用事件发生。暂时离开柜台时,台席人员应将日戳入柜保管。

(5) 邮政营业局(所)应配备"已验视、邮政公事、盲人读物、烈士遗物、作废"等章戳,还应根据业务开办情况配备相关国内、国际业务章戳。国内业务章戳包括印刷品、回执、红杠、红杠水、全程陆运、欠资、存局候领;国际业务章戳包括水陆路、空运水陆路、航空、国际小包、印刷品、回执。

2. 邮政日戳的使用要求

(1) 邮政网点使用的加刻局名的普通日戳仅限网点收寄、投递邮件时使用。普通收寄日戳应当使用黑色油墨加盖,投递日戳及各类机戳应当使用红色油墨加盖。风景日戳和文化日戳戳印可使用红色、黑色、蓝色等多色油墨。普通纸质信封应加盖水性油墨,塑料或覆膜信封应加盖着色力强的快干式油墨。

(2) 邮政日戳只限于在规定的范围内使用,不得带离网点使用,不得错用、挪用,不得串台席使用,不得由非当班工作人员使用,不得将日戳交由客户自行使用,收寄、投递日戳不得混用。

(3) 邮政日戳戳面应符合统一的规格标准。日戳上表示日期的字钉,应在每个工作日开始以前更换,不能提前或推迟更换,并要按规定的作业时间更换。日戳更换字钉后,每次要在日戳打印簿上盖印清晰戳样,经检查无误后方可使用。

(4) 收寄日戳可用于盖销各类邮件上所贴的邮票及邮资信封、邮资邮简和邮资明信片上所印的邮资图案,或按规定加盖在邮件封皮、业务单据、批条、企业内部(含邮政监管部门)业务检查记录表上等,但不得加盖在空白纸、簿册(除日戳打印簿、日戳练习簿外)以及与邮政业务无关的各种簿册、单据上,不得加盖在邮政代办业务的各类单据上。严禁将日戳作为储蓄业务印章使用;严禁将日戳用于给用户开具证明材料;严禁将日戳加盖在各类具有担保性质或个人行为产生的交易凭条、收据上。

(5) 收寄日戳用于为集邮爱好者提供盖销邮票服务时,可盖销集邮爱好者提供的专用集戳本上的邮票。

(6) 投递日戳是邮政投递生产的专用工具,用于盖印在进口函件的封皮上,表示进口函件首次出班投递日期和时间,也可用于加盖在邮件通知单、清单、路单、验单、查单、改退批条等指定的纸质业务单式上以及企业内部业务检查记录表上。投递日戳加盖不清晰时,应在空白位置补盖一枚清晰的戳印。遇有邮票漏销的情况,可用投递日戳边滚销或用笔划销,不得用投递日戳盖销。

(7) 投递日戳不得用于盖销邮票,也不得为集邮爱好者提供盖印投递日戳的服务。

(8) 风景日戳和文化日戳用于盖销邮票,加盖和使用要求与普通日戳相同,但不得加盖在邮政内部使用的业务单据和凭证上。

(三) 邮资机(含制签机)的管理

邮资机使用局所应做好班前检查,查看电源、邮资机封志是否完好,营业信息系统数据与表头数据是否一致;邮资机钥匙(密码)应建立交接制度,并由专人保管。业务部门应会同财务部门按规定对邮资机进行注资。邮资机表头应使用专用夹钳夹封,发现表头有开启痕迹时,应及时查明原因并妥善处理。邮资机使用要求如下。

1. 邮资机符志应打印或粘贴在邮件的右上角,邮资机处理额定厚度以内的邮件时必须直接打印,超过额定厚度的邮件方可粘贴邮资签条。

2. 邮资机不得以打印"零"邮资方式作为邮件过戳机使用,也不能用于盖销邮票。处理优惠资费的大宗邮件时,应逐件按照标准资费打印邮资。

3. 使用邮资机打印邮资时,每个邮件应打印一个邮资符志或粘贴一枚邮资符志签条,但单一邮件的邮资数额超过邮资机每次打印出的邮资最高限额时,可粘贴两枚或两枚以上邮资符志签条。

4. 邮资符志日期更换视同收寄日戳管理,不得提前或倒换使用。邮件上粘贴非当天日期或非本收寄局的邮资符志视为无效邮资。

(四)邮袋的使用和管理

邮袋是邮政专用品,属于国家财产。邮袋管理既要满足邮政生产需要,又要加速流转,不积压、不流失、不损毁。邮袋和其他邮件专用容器应按照邮件种类和寄递范围在封发邮件时使用,不准挪作他用。邮袋的管理应做到"四有四无":管理有专责、使用有计划、处理有手续、存放有专处;无积压、无挪用、无散落、无损毁。建立邮袋和其他邮件专用容器的管理档案,每日在营业信息系统中录入邮件容器使用情况。

(五)邮政夹钳的管理

邮政夹钳是封发邮袋轧封封志的专用工具,营业结束时,应放入保险柜妥善保管并建立交接制度,防止丢失、盗用事件发生,应定期检查封轧字迹是否清晰,发现问题及时报告并修复。

二、邮政业务管理

(一)邮政营业局(所)资料管理

邮政营业局(所)管理的资料包括:局(所)综合台账;局(所)管理日志;会议记录;交接班登记簿;邮资机使用登记簿;进出口验单登记簿;进出口查单登记簿;日戳打印簿。

局(所)综合台账包括:局(所)名称、地址、建筑面积、营业面积、台席设置、营业班组人员情况、局(所)对外服务功能情况、进出口邮件作业计划、主要用品用具和设备设施。

局(所)管理日志包括:工作月计划与小结、每日质量检查情况、会议记录。

日戳打印簿采用纸质形式进行登记,其他业务管理资料在营业信息系统进行登记(手工局所采用纸质形式登记)。

支局(所)应建立的基础资料包括会议记录簿、经营活动与质量分析记录簿、业务检查登记簿、政治与业务学习记录簿、群众来信来访记录簿、上级来文登记簿、民主管理活动会议记录簿、职工家访登记簿及其他各种台账等。所有记录簿要如实填写,特别要注意记录簿中对各项活动中存在的问题的记录和分析,这将对发现薄弱环节,制订措施起到很大的作用。

(二)资费票据管理

1. 邮政营业局(所)应按照集团公司制定的资费标准和经当地物价部门批准的延伸服务费标准收取各项费用。

2. 收取的各项资费应及时上缴,不得截留、挪用。局(所)管理人员应对收取的各类资费进行检查,发现问题及时处理。

3. 各类票款、有价证券、重要空白凭证应建立库存明细管理,做到请领有手续、结存有登记、收回有销号,确保账实相符。有编号的票据应按业务规定保管,按号连续使用,交接班时应履行交接手续,作废的票据应粘贴在存根上或上缴稽核部门。

4. 邮资机符志应打印完整,当日使用有效。不得重叠粘贴、剪切拼补和涂改邮资机符志。错打的邮资符志应在营业信息系统中予以注销,并附文字说明备查。

(三) 发票管理

邮政营业局(所)应设专人负责管理增值税发票。营业员须根据发生的实际业务,真实、合法地开具增值税发票,做到开具金额与实收款相符,不得虚开。使用增值税发票时,须注意按发票号码连续使用。作废的发票或开具红字发票应按照税务机关的规定流程进行操作。

(四) 出售品管理

出售品包括:邮政包装箱(包装袋)、信封等。

出售品中的邮政包装箱(包装袋)和信封应由地市分公司及以上单位统一采购,确保质量和规格标准符合邮政企业要求。邮政营业局(所)销售的出售品应统一请领,明码标价,不得私自进购。出售品收入应及时上缴,做到专款专用,不得挪为他用。

(五) 业务档案管理

业务档案包括涉及邮件查询和记载邮政营业局(所)内部处理手续、交接责任、邮费的各种业务单据和凭证。

业务档案应按期、按类别归档。营业局(所)每月上旬前整理上月所有档案寄至档案部门。归档时,应填写《档案寄送清单》一式两份,《档案寄送清单》应标明寄送单位、档案目录、送缴时间、交接人签名、起止号码、册数页数等信息。业务档案不得私自留存,不得随意提供给无关人员或变卖。档案部门接到营业局(所)业务档案并确认无误后,要在《档案寄送清单》接收人处签名,并回寄一份档案至营业局(所)留存。

(六) 业务交接管理

1. 台席交接

(1) 营业员在当班终了时,应将邮件、空白凭证、邮政专用品等的相关事项与接班人员进行交接。

(2) 交接时,营业员应将交接事项录入营业信息系统,并可指定台席或专人接收。接收时,营业员核对并确认交接物品和相关事项的正确性后,在营业信息系统进行接收操作。

2. 邮车交接

(1) 邮政营业局(所)应按邮运计划及时封发邮件,打印路单,做好邮件交接准备工作。营业员与邮车押运人员交接邮件时,应确保实物与信息相符,由接收人员签章交接。

(2) 邮政营业局(所)接收进口邮件时,应按接收路单勾核,确保邮件实物与信息相符。接收邮件后,要当班开拆上架。发现内件短少、破损、重量不符等情况时,要当班发验。

3. 营投交接

(1) 营业员与投递人员交接转窗投和转退邮件时,应确保实物与信息相符、外包装完好,由营业员签章交接。

(2) 接收投递员开箱的平信时,应清点数量,路单注明时间和件数,办理接收手续。

(3) 接收的转退邮件应当班与收寄邮件一并封发出口,不得留存。

(七) 查验赔偿管理

1. 邮件查询

(1) 邮政营业局(所)应受理给据邮件的查询,查询主要通过营业信息系统完成,系统查无结果时应采取书面、电话和传真等形式进行查询。

(2) 如当时能查明原因,营业员应立即答复查询人;如由于客观原因不能当时答复,营业员应及时上报局(所)管理人员或业务主管部门处理,并做好备案记录。

2. 验单处理

各类邮件的验单处理应符合相关邮件处理规则的规定,通过营业信息系统完成验单和复验单的缮发。

3. 邮件赔偿

业务档案部门负责受理赔偿事宜(各省可根据实际情况自定),发生以下情况,应予以赔偿。

(1) 给据邮件在寄递过程中,发生丢失、短少、损毁,致使邮件失去全部或部分价值。

(2) 自受理查询之日起,查询全程时限已满,仍无结果的邮件,视为丢失。

(八) 安全管理

1. 局(所)安全

(1) 邮政营业局(所)的营业管理人员应熟练掌握安防监控设施及消防设备的使用,通知安保部定期测试安防监控设施是否正常运行,检查消防设备的有效使用时间。

(2) 每日营业终了,应关闭营业局(所)的各类设备,检查门窗等是否关好,开启安防设备。

2. 邮件安全

(1) 邮政营业局(所)应严格执行收寄验视制度,做到100%实名收寄、100%开箱验视,杜绝非法出版物和违规、违禁物品流入邮政渠道,确保邮件收寄安全。

(2) 生产现场应有安全管理制度,实行封闭式作业,有防盗、防火、防水湿措施,重要业务单据要妥善保管,不得摆放在台席、书写桌等无关人员可接触处,不允许无关人员在现场逗留或翻阅邮件。

(3) 遇有公安机关、国家安全机关、检察机关等部门依法行使职权需暂扣邮件时,应由县(市)分公司及以上安保人员陪同,出示有效身份证件,并出具县及以上执法部门开具的证明,营业员应对暂扣邮件进行登记,由执法部门工作人员签字后方可交接。

3. 生产安全

(1) 为确保生产安全,营业员应经岗前培训,持证上岗。

(2) 营业员应遵守国家法律、法规和企业各项规章制度,爱护邮件和各种通信设备。

(3) 营业员应按操作规程使用设备和系统,做好邮件保管,确保安全生产。

4. 信息安全

(1) 邮政企业应保护客户的信息安全和通信秘密,确保客户使用邮政服务的信息不被窃取、泄露。未经法律明确授权或者客户书面同意,不得将客户信息提供给任何组织或者个人,但公安机关、国家安全机关、检察机关等部门依法行使职权时除外。

(2) 邮政营业局(所)的管理人员与营业员的工号、密码应分开保管,个人密码应定期修改,最长不允许超过30天。

(3) 营业员在营业信息系统中应使用本人工号,不得使用他人工号办理业务。

(4) 营业员上班期间临时离开台席时,应在营业信息系统中做临时签退;营业终了,在收寄、封发、账务全部处理完成后,营业员需要做正式签退。

(5) 营业员离职离岗时,局(所)管理人员应检查该员工在营业信息系统中无任何账务问题后,及时上报业务管理人员,在营业管理系统注销离职员工工号;营业人员轮岗时,局(所)管理人员应及时通知业务管理人员在营业管理系统中作相应的调整。

（6）营业局（所）完成所有操作后，由局（所）管理人员做机构签退。委代办人员的工号应由专人保管、分配使用，确保唯一性，不得出现一人多号的情况。

5. 资金安全

（1）每日营业终了，营业人员必须打印个人营业缴款单，网点管理人员必须打印支局日终缴款单，并附上缴款凭证，做到一单一证，账款相符。

（2）每日营业前，营业局（所）应在营业系统中生成支局日报（可不打印），核对前日缴款与实际是否相符。

6. 人员安全

邮政营业局（所）如遇多人集体交寄邮件，而且交寄物涉及危害国家安全、宣扬邪教、迷信等非法宣传品、出版物、印刷品或用户交寄有毒、有害物品或爆炸物等危险物品时，在确保人员自身安全的前提下，营业人员应及时拨打"110"报警或报告相关部门，并配合做好调查处理工作。

第四节　邮件收寄服务规范

邮政营业环境规范

一、服务纪律

1. 营业员应严格遵守邮政企业制定的各项规章制度和服务礼仪要求，做好对外服务工作。

2. 营业员应严格遵守营业时间的规定，服从指挥调度，不得人为中断营业工作。

3. 营业员应严格执行有关业务规程和规定，按业务处理程序要求办理各项邮政业务，不得拒办业务。

4. 营业员应严格执行业务受理的收寄验视制度，杜绝禁寄物品进入邮政渠道。

5. 营业员应严格执行统一规定的邮政资费标准，不得擅自提高或降低收费标准，不得强迫或变相强迫客户使用高附加值业务，不得利用各种名目搞搭配销售。

6. 营业员应严格执行保密制度，自觉为客户保守通信、汇兑等私人秘密。

7. 严禁积压、私拆、隐匿、毁弃邮件，严禁摔、拖、抛各类邮件。

8. 严禁酒后上班；严禁临柜时玩手机；严禁上班时间聊天、打瞌睡、嬉闹、喧哗、擅自离岗串岗、看书看报或做其他与工作无关的事情；严禁在工作场所抽烟、喝酒、吃零食；个人物品不得放置在营业现场。

9. 营业员应严格执行"首问负责制"，即受理客户业务咨询、查询、投诉等来电来访时，如是本人职责范围内的事情，应核实清楚后给客户一个明确的答复；如不是本人职责范围内的事情，应将客户的相关诉求完整、准确地转告相关责任人，并持续跟进直至给客户一个明确的答复。

10. 营业员在接待客户时应自觉使用服务礼貌用语，耐心解答客户提出的问题，不得怠慢、斥责、刁难客户，任何情况下不得与客户发生争吵。

二、仪容仪表

营业网点(含委代办网点)员工上岗期间应始终保持良好的精神面貌,并以整洁、大方、修饰适度的良好仪容、仪表服务客户。

1. 工号牌

(1) 营业员应佩戴工号牌上岗(不得以桌牌形式代替),佩戴时,应戴在左胸第二颗纽扣水平位置,绶带佩戴应从右肩往左边方向。

(2) 实习人员应佩戴有编号的"实习证(牌)"。

2. 服装

(1) 营业员应着标志服上岗,同一网点着装应统一规范、配套穿着、按季节更换。

(2) 着夏装时,男员工衬衣入裤,女员工衬衣可不入裤不入裙。

(3) 着马甲和西服时,男女员工均应将衬衣入裤,衬衣下摆不得外露。

(4) 男女员工着长袖衬衣时袖口须系扣,不得挽袖。男女员工的袖口、领口处均不得露出内衣。

(5) 男员工着西服和衬衣时须系扣(西服最下边一粒扣为装饰扣可不系)。

3. 鞋袜

(1) 营业员应保持鞋面清洁,前不露趾,后不露跟。

(2) 男员工应穿黑色正装鞋、深色袜子。

(3) 女员工穿黑色正装鞋,鞋跟高度以 3~5 cm 为宜,鞋面无装饰,着裙装时应穿肤色连裤丝袜。着裤装时,穿肤色袜子。

4. 领带/丝巾

(1) 男员工应佩戴统一领带,确保挺括、端正,衬衫的第一粒扣不得外露,长度以在皮带扣中间位置为宜。

(2) 女员工应佩戴统一的丝巾或领带,烫熨平整、褶皱均匀,采取统一打结系扎方式,系扎不得松散。

5. 面部

(1) 营业员应保持牙齿干净,无食物残留。

(2) 男员工保持形象整洁,不得留胡须。

(3) 女员工应淡妆上岗,色彩合理搭配,强调自然美,不得使用浓烈香水,不得在客户可视范围内化妆。

6. 发式

(1) 营业员发型应符合职业要求,做到整洁、大方。染发应接近本色,不得挑染,不得留怪异发式。

(2) 男员工头发前不过眉、侧不过耳、后不过衣领,不得留长发,不得留长鬓角或剃光头。

(3) 女员工头发应梳理整齐,前不过眉、后不过衣领,过肩长发必须盘于脑后,佩戴统一头花,发髻底部不得低于耳垂,不得有碎发,刘海应保持在眉毛上方。

7. 手部

(1) 营业员双手应保持清洁,无污垢。

(2) 男员工指缘长度不超过 1 mm,不得涂指甲油。

(3) 女员工指缘长度不超过 2 mm,不得涂有色指甲油。

8. 饰物

(1) 营业员不得佩戴夸张饰物,不得戴有色及造型夸张的眼镜。
(2) 男员工除佩戴腕表、戒指外,不得佩戴其他饰物。
(3) 女员工可佩戴腕表、戒指、耳钉等一般性饰物,佩戴饰物(不含眼镜)数量不超过3件。

三、行为举止

1. 站姿

(1) 营业员站立时两眼正视前方,头正肩平,下颌微收,挺胸收腹。
(2) 男营业员可双脚分开,与肩同宽,两手自然下垂或自然交叉于腹前或背后。
(3) 女营业员双脚并拢或呈丁字步,两手交叉于腹前,右手搭于左手上,虎口靠拢,指尖微曲。

2. 坐姿

(1) 营业员工作期间应精神饱满,时刻保持良好的精神状态,精力集中,情绪平和。不得无精打采、东倒西歪。
(2) 营业员坐在工作座椅上时,上身应保持端正,下肢不应乱晃或抖动,不跷二郎腿。
(3) 营业员接待客户时应正坐在椅子上,不倚靠椅背和坐满椅面,占椅面 1/2~2/3 为最佳;身体挺直,胸部挺起,腹部内收,双手自然地放在桌子上或操作机器,后背离椅子应保持一拳的距离。

3. 行姿

(1) 营业员行走时应保持一条直线,步幅适度,速度均匀,重心放准,身体协调。不可左顾右盼、摇晃肩膀或低头看地,眼睛应自然地向前看。
(2) 营业员遇到客户应礼让,不得抢行,主动为客户让路,靠右边行走,右脚向右前方迈出半步,身体向左转微笑点头问候。
(3) 与客户并排行进时,按照"以右为尊"的原则,营业员应位于客户的左侧。客户从背后过来,营业员应停步为其让路,身体向左边转向来人,向旁边稍退半步,并微笑点头问候。
(4) 营业员与客户前后行走时,应走在客户前侧或后侧,距离 60~100 cm 左右为宜。
(5) 营业员经过通道、走廊时应放轻脚步,主动靠右侧行走,不得大声喧哗。

4. 手势

(1) 引导手势:五指并拢,手掌自然伸直,手心向上。拇指弯曲、紧贴食指,另四指并拢伸直,肘微弯曲,肘低于腕。头部和上身微向伸出手的一侧倾斜,指尖朝所指方向,另一手下垂或背在背后,目视客户,面带微笑,表示出对客户的尊重和欢迎。
(2) 握手手势:手掌与地面垂直,用右手手指握住对方手掌。站立时上身略向前倾,目视对方,表情友好、亲切,适当用力,上下抖动3次,握手时间以 1~3 s 为佳。

5. 表情

(1) 表情要亲切。与客户交流时,要亲和友善、面带微笑、神情专注、目光自然。不得冷笑、讥笑客户。
(2) 客户走入视线 2 m 范围内用目光迎接客户,当与客户的视线接触时,应微笑并点头示意。

与客户面对面时,距离以 60~100 cm 之间为宜,目光应停留在客户鼻眼三角区,视线应保持平稳,变化时注意过渡自然。

(3)接待客户、同事间打招呼时应真诚、友善、面带微笑,给对方表里如一的感觉。

四、服务语言

1. 营业员在办理业务的过程中,应适时地使用"您好、请、谢谢、对不起、再见"10字服务用语。杜绝使用粗话、脏话、狂话、顶撞话、指令话、敷衍话、嘲讽话等不文明、不尊敬的语言和规范中所列举的服务禁语。

2. 努力实现语言无障碍服务。营业员原则上使用普通话接待客户,但也应根据地方习俗和客户特点灵活掌握。遇特殊情况,可使用特殊服务用语(如手语等);涉外服务窗口工作人员应具有为涉外客户办理基本业务所需的外语能力。

3. 与客户交谈时,语意要准确、简洁、清楚、条理分明;语音、语速应适中,吐字清晰;语态应亲切温和,语气应谦敬委婉。向客户介绍业务时,尽量避免使用令客户不易理解的专业术语。

4. 虚心听取客户的意见、建议,遇客户抱怨或发生纠纷时,要做到善解人意、耐心倾听,宽以待人,永不争论。在需要表明自己的观点时,应采取谦恭、委婉的方法表达自己的意思。

5. 接待客户时应使用"先生、女士"称呼对方或视当地习俗使用恰当的称呼。

6. 营业员服务时应做到五个有声,即"来有迎声、办理业务有关照声、问有答声、收付款有唱声、走有送声"。

(1)来有迎声,指根据客户的不同身份选择适当的称谓,主动向客户说"您好,请问您办什么业务?"等问候语。

(2)办理业务有关照声,指有多个客户等待办理业务时,应做到"接一、问二、照顾三"。

(3)问有答声,指客户在咨询相关业务时,营业员应做到准确无误地解答。

(4)收付款有唱声,指营业员在收付款时,应主动说明收付款金额,做到唱收唱付。

(5)走有送声,指营业员在客户办理业务结束后,应主动向客户说"再见!"等道别语。

7. 积极推介客户使用中国邮政速递物流官方微信公众号、手机 App、支付宝生活号和"11183"客服电话等。

8. 揽收邮件时应向客户说明 EMS 收寄的相关规定及要求,重点提示客户认真阅看详情单背面的服务协议,热情、耐心地推介重点业务。

五、电话礼仪

接、打客户电话时,应注意礼节。电话交谈时应态度谦和、礼貌,声音适中,吐字清晰,长话短说,内容清楚。

1. 接听电话

(1)接听电话时,原则上应在响铃3声内接起,并主动表明身份,首先自我介绍:"您好!××邮局。"做到咬字清楚,发音准确,态度亲切、热情、平和。

(2)接电话时遇到解释不清的问题,应及时请其他人进行解释。在转交话筒前,应将客户所提问题简明地进行转达,说明情况后再转交话筒,避免来电客户重复相关内容。

(3)接到客户关于业务咨询、邮件查询、投诉建议等内容的电话时,应认真解答并做好记录。如果当时无法解决,应向客户说明原因,及时转给负责部门或相关人员尽快处理,并在规定时间内答复客户。

(4) 受理完毕,等对方挂机后,方可轻放话机。

2. 拨打电话

打电话前,应先理顺思路,确定好电话中所要表述的内容。电话接通后,应先确认对方,再介绍自己,简单寒暄之后,说具体内容。事情说完后,示意对方结束通话,再挂电话。

六、服务态度

1. 当客户走近营业台席时,营业员应以端庄的姿势和自然的表情起立,使用服务用语进行问候。

2. 营业员在对外服务工作中应做到六个一样:生人熟人一样热情,情绪好坏一样和蔼,业务忙闲一样耐心,金额大小一样欢迎,表扬批评一样诚恳,检查不检查一样认真。

3. 营业员在客户说话时,应做到不插话、不打断,以免客户重复说话;边听客户说话,边点头或应答,以表示在认真听对方讲话。

4. 营业员在给客户找钱时,应尽量付整钱,便于客户清点,没有整钱须付零钱时,应表示歉意。遇客户无零钱又找不开时,营业员应在内部协调换零,不得让客户自行解决。

5. 营业员在工作过程中,遇有重要事情需暂时离开台席时,应在本柜台放置"暂停服务"提示牌。营业员结束工作时,应办理完本台席客户的最后一笔业务,并将工作台面收拾干净,在柜台放置"暂停服务"提示牌后,方可离开台席。

6. 营业员与客户面对面,突然打喷嚏或咳嗽时,应及时用手掩住口鼻,转身背对客户,之后向客户道歉。

7. 营业员应爱护客户的邮件、证件、图章,做到轻拿轻放。低柜为客户办理业务时做到双手接递,杜绝抛、丢、甩。

8. 遇有客户在营业厅与营业员发生争议时,局(所)管理人员应请客户到办公室协商解决;应对特殊群体客户应给予特别关注,尽量为其提供便利。

【案例一】

安全旅行第一步

2017年9月,老边的二姐回家乡探亲,往年需要亲自带回的礼物都交给了快递。这天,老边刚接二姐回到家,快递就到了。趁着二姐签收的工夫,老边问快递员贾某:"签收不查身份证?"后者忙解释:"直接给本人的快件,电话也通了,我就没核对身份信息,但现在收件必须实名,不然总部要罚款。"老边"不依不饶",问他是哪家快递,想着还要去快递网点试一试。

几天后,二姐返程,老边把要给她带回的土特产专门在家封好,并拿到了快递员贾某所说的网点。"我这里面都是些土特产,别开封了吧。"到了店里老边说。

"那可不行,现在所有的快件都得开箱验视,这都有监控,要是我们不验视就得被罚款。请出示一下您的身份证,现在寄快件都要实名制登记。"店里的另一位快递员小陈说。

"你家寄个快件真麻烦,我没带身份证,你看能不能寄?要是不行我就去别人家了。"老边故意为难。"真的不行,我们有规定,您要是忘了带,可以回去取,东西先放在这,我给您看着。"看到这位快递员的坚持,老边笑了,主动拆开箱子,拿出身份证,将这些特产安全地送上旅途。

思考:该案例中快递员的做法正确吗?为什么?

【案例二】

陕西邮政：校园包裹进入"互联网＋"模式

在 2016 年毕业季校园包裹大会战中，陕西省邮政分公司运用"互联网＋"思维，创新思路，在全省全面实施"预收寄＋微信平台推广"校园包裹项目运作模式，重点针对大专院校对新事物接受度高、思维活跃、有互联网消费习惯的大学生客户群体，以提高校园包裹收寄效率、缩短收寄时间、提升服务品质、扩大校园包裹市场占有率为出发点，成功开发了校园包裹收寄微信预约系统。

客户扫描"AI 邮客"二维码，即可进入校园包裹收寄微信预约系统，通过填写个人名址信息，实现寄递信息提前录入，形成预约寄递二维码。持二维码到校园包裹收寄点，收寄人员通过扫描枪识别二维码，便可将客户寄递信息录入单机版校园包裹收寄系统。客户可选择现金或微信红包、支付宝等微支付方式支付邮资。

凭借这两个系统，各级邮政单位不仅实现了对大专院校毕业生校园包裹的精准营销、前置服务，同时借助预约收寄服务，加大了对大学生客户群体的信息采集力度，并有效减少了收寄环节的工作量，缩短了收寄时间，提高了收寄效率。

配合"预收寄＋微信平台推广"模式，陕西省邮政分公司策划启动了"校园打包团"活动，即招募在校学生作为"校园打包团"成员，在大学毕业生群体中开展邮政校园包裹"预收寄＋微平台推广"模式的宣传，吸引更多的大学生主动关注"AI 邮客"微信公众平台，从邮政的"路人"升级为"邮粉"，从而扩大邮政校园包裹品牌知名度，提升大学生消费群体对邮政的关注度，为进一步拓展邮政校园市场创造条件。

思考：谈谈你对"互联网＋"收寄模式的理解和认识。

【案例三】

邮政人初心和使命的新时代表达

邮车在平均海拔 3 500 米的雪线上行驶，30 年如一日地翻越过一座座川藏险峰；背负邮包熟练地挂上溜索，飞越曾经吞噬过乡邮员生命的滔滔澜沧江；平均海拔 5 373 米、空气含氧量不足海平面的 40％、年平均气温零下 7℃的"世界之巅"，一代代乡邮员在这里义无反顾地进行着艰难的邮政接力。

"三十忠诚风与雪，万里邮路云和月"。在中国邮政的漫漫征途上，罗淑珍、王顺友、尼玛拉木、其美多吉……一代代劳模精神在不断传扬。"一棵树摇动另一棵树，一朵云推动另一朵云"。从一个个模范到勇于担当的群体，从马驮人送到无人机投递，从传统的普遍服务到大数据便民服务平台，从电商扶贫、邮政金融到国企担当，与时代同频，与科技共振，邮政人秉持"人民邮政为人民"的初心，勇敢扛起国企的经济责任、政治责任和社会责任，践行新发展理念，锁定现代化邮政发展目标，谱写出一曲曲"人民满意邮政"的壮歌，续写着可持续、高质量发展的时代新篇。

岁月的烟尘散尽，那抹邮政绿却依然清新。昔日的人工分拣早已变为大数据配送，马驮人扛也已变身高铁空运，变化的是服务方式，不变的是邮政人的初心使命。"为中国人民谋幸福，为中华民族谋复兴"，不断满足"人民日益增长的美好生活需要"，是时代要求，更是邮政人矢志不渝的追求。正如刘爱力所言,"把新发展理念贯彻落实到人民邮政事业发展的全过程和各方面,让人民群众充分共享邮政事业高质量发展的成果"。这就是邮政人不忘初心、牢记使命的新时代表达。

思考:该案例带给你什么启示?

【实践项目】

1. 根据本章内容完成营业网点邮件收寄的流程图

- 任务目标

熟练掌握营业网点邮件收寄的作业流程,掌握操作要点。

- 任务要求

根据本章第二节内容,画出营业网点邮件收寄的作业流程图。流程图应涵盖营业网点收寄主要工作环节和重点操作内容,力求简明完整,便于理解。

- 任务实施

上网搜集并学习流程图的画法及要求,在熟练掌握课程内容的基础上可使用画图软件或手工画出营业网点邮件收寄流程图。

2. 根据本章内容完成邮件揽收的流程图

- 任务目标

熟练掌握邮件揽收的作业流程,掌握操作要点。

- 任务要求

根据本章第二节内容,画出邮件揽收的作业流程图,流程图要涵盖邮件揽收的主要工作环节和重点操作内容,力求简明完整,便于理解。

- 任务实施

上网搜集并学习流程图的画法及要求,在熟练掌握课程内容的基础上可使用画图软件或手工画出邮件揽收流程图。

3. 根据本章内容制作一段邮政收寄服务规范的视频或微课

- 任务目标

熟练掌握邮政收寄服务规范和要求。

- 任务要求

选取邮政收寄服务规范中的某一个方面,使用微课制作软件制作或现场拍摄等形式完成,时长为3~5 min。

- 任务实施

2~3名学生为一组,明确责任分工,确定实践项目完成形式,撰写脚本,根据职责分工小组成员共同完成。

第三章　邮件分拣环节生产组织与运营管理

【企业背景】

邮件分拣是邮政生产作业承前启后的关键环节,是各类邮件处理中心生产作业的主要内容之一,特别是随着邮件量的急剧增长、邮件传递时限水平要求的不断提升,各种智能化设备投入生产,邮件分拣环节生产作业流程持续得以优化,生产作业效率不断提升。那么各类邮件在不同生产条件下如何高效、准确地完成分拣封发作业呢?邮件封发作业规范是怎样的?带着这些问题,我们走进本章的学习。

【岗位要求】

熟悉邮件分拣员岗位工作内容,掌握邮件分拣、封发操作技能和处理中心现场管理规范。

【学习目标】

- 理解邮件的分拣封发关系;
- 掌握陆运中心生产作业流程;
- 掌握信函、快递包裹等典型邮件的分拣封发处理作业操作及要求;
- 培养学生勤学苦练的劳动精神;
- 培养学生具备吃苦耐劳、细心细致、精益求精的分拣员职业素质。

【思维导图】

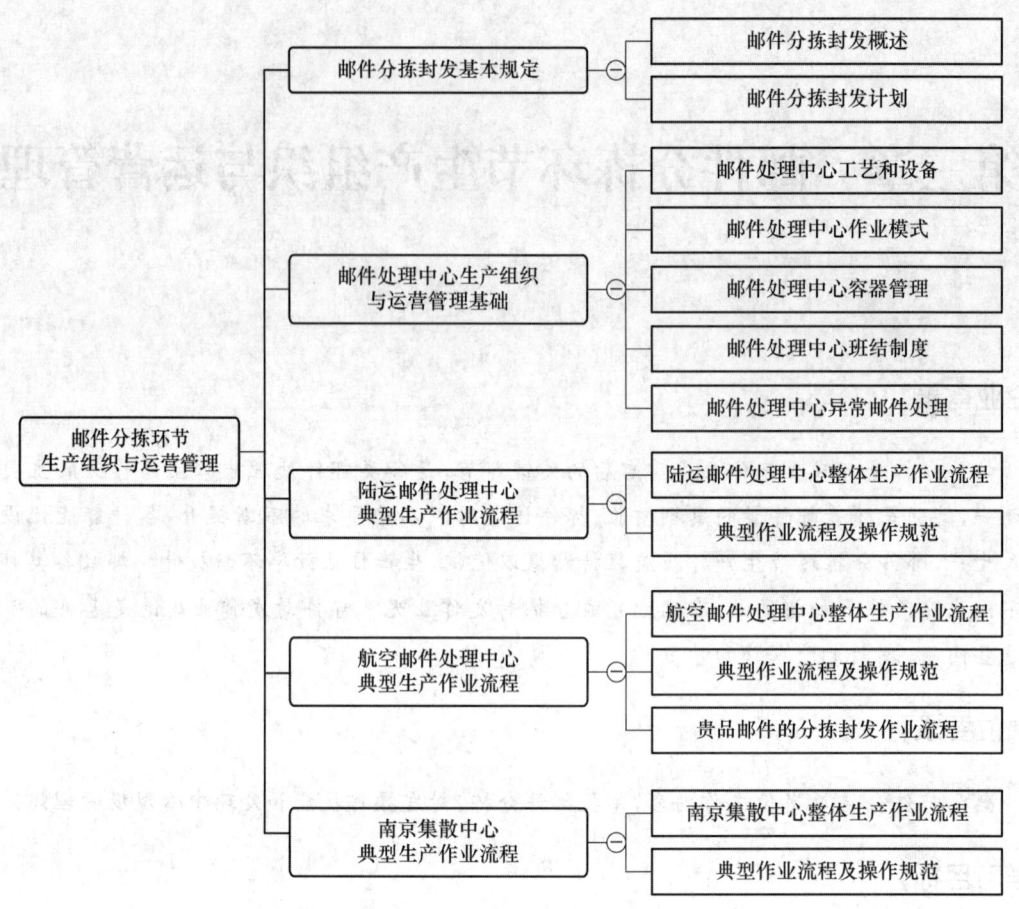

第一节 邮件分拣封发基本规定

一、邮件分拣封发概述

邮件的分拣封发是邮政生产作业的重要环节。早在清朝光绪三十四年(1908年),南京始设专人从事邮件分拣封发工作,南京一直处于经转苏南和苏北邮件的重要位置,当时分拣工作条件差、劳动强度大、方式落后,没有计划,经常造成邮件的迂回倒转和人力物力的浪费。南京解放后,南京的分拣封发场地不断扩大,机械化程度日益提高,直封格口迅速增加,规章制度和封发计划日趋完善。1990年1月南京试行人工按码分拣邮件,1994年10月信函自动分拣机投入运行,标志着分拣封发在机械化、自动化程度上进入一个新时期。到1999年,南京邮政的分拣封发各类直封格口达4 238个,日均处理邮件的能力为平常函件70.9万件、给据函件3.3万件、特快专递9 469件,成为当时处理量较大的邮件处理中心之一。

邮件的分拣封发是指在严格执行统一规定的邮件传递频次和时限要求的前提下,按照分拣格口的设置,把邮件逐件分入相关格口,封发交发邮运的一项作业。邮件的分拣封发主要在邮件处理中心完成。

邮件的分拣封发过程,应合理组织生产作业,做到邮件处理安全顺畅。各类邮件应按照分拣封发关系和发运计划进行作业处理。邮件的分拣封发关系实行分类设置,分层集中管控。省际分拣封发关系由集团公司制定,省内分拣封发关系由各省分公司自行制定。集团公司和各省分公司按管控层级对邮件分拣封发关系实施动态调整。

图 3-1 所示为全国信函省际直封关系。

序号	省际出口封发局	直封关系	序号	省际出口封发局	直封关系
1	呼和浩特	对省会中心局封发	25	常州	对50个省际进口封发局封发
2	徐州	对省会中心局封发	26	杭州	对50个省际进口封发局封发
3	蚌埠	对省会中心局封发	27	金华	对50个省际进口封发局封发
4	芜湖	对省会中心局封发	28	温州	对50个省际进口封发局封发
5	烟台	对省会中心局封发	29	宁波	对50个省际进口封发局封发
6	南宁	对省会中心局封发	30	合肥	对50个省际进口封发局封发
7	海口	对省会中心局封发	31	福州	对50个省际进口封发局封发
8	贵阳	对省会中心局封发	32	厦门	对50个省际进口封发局封发
9	拉萨	对省会中心局封发	33	南昌	对50个省际进口封发局封发
10	兰州	对省会中心局封发	34	济南	对50个省际进口封发局封发
11	西宁	对省会中心局封发	35	青岛	对50个省际进口封发局封发
12	银川	对省会中心局封发	36	郑州	对50个省际进口封发局封发
13	乌市	对省会中心局封发	37	武汉	对50个省际进口封发局封发
14	廊坊	对省会中心局封发	38	长沙	对50个省际进口封发局封发
15	北京	对50个省际进口封发局封发	39	广州	对50个省际进口封发局封发
16	天津	对50个省际进口封发局封发	40	深圳	对50个省际进口封发局封发
17	石家庄	对50个省际进口封发局封发	41	重庆	对50个省际进口封发局封发
18	太原	对50个省际进口封发局封发	42	成都	对50个省际进口封发局封发
19	沈阳	对50个省际进口封发局封发	43	昆明	对50个省际进口封发局封发
20	长春	对50个省际进口封发局封发	44	西安	对50个省际进口封发局封发
21	哈尔滨	对50个省际进口封发局封发	45	沧州	平信、平刷对省会中心局封发
22	上海	对50个省际进口封发局封发	46	黄石万达	挂信对50个省际进口封发局封发
23	南京	对50个省际进口封发局封发	47	苏州远洋	平信、挂信对50个省际进口封发局封发

图 3-1 全国信函省际直封关系

邮件分拣封发过程是邮件处理的关键环节,涉及很多术语,具体如下。

1. 直封

直封是发寄局按寄达地点把邮件直接分发给寄达局的一种分拣方式。邮件不再由中途局重复处理,可以加快邮件的传递速度,节约人力物力。

2. 经转

经转是发寄局对寄达局的邮件不直封,而是发给相关转口局,经重分后转发到寄达局的一种分拣方式。

3. 合封

合封是为减少外走袋和简化交接手续,将寄往同一寄达局、量少的、不同种类的邮件合封成一个总袋的方式,如在市县局与其分支机构之间,平挂邮件可以合封成一袋(套)。

4. 混封

混封是指将寄往不同寄达地点、本应分别封发的同类邮件封成一个总袋的方式,如本转平挂信函可以混封。

5. 运递时限

运递时限原指特快、信函、报纸两地间从收寄到投递的全程最大时间限度。因此,运递时限也称全程时限或全程运递时限。

6. 作业基本时限

作业基本时限是指各类邮件(原特指特快、信函、报纸)在本市(县)(市区、城区范围内)传递过程中各作业环节不应超过的最大时间限度。作业基本时限主要包括:进出口时限;本市互寄作业时限;进出口邮件处理时限;总包邮件站转时限。

二、邮件分拣封发计划

(一)编制封发计划的依据和原则

编制封发计划的依据有两个方面:一是集团公司确定的各类邮件的封发频次;二是各局的发运计划。具体的依据和原则如下。

1. 各类邮件发运频次和时限的规定;
2. 发运计划所规定的发运范围;
3. 尽可能选择直达车次,如无直达车次,选择经转次数少的车次;
4. 邮件到达时间尽可能赶上寄达局投递出班时间;
5. 到寄达局效果相同的多趟车次中,要尽可能选择发车时间晚的车次。

(二)编制封发计划表

1. 了解本局可以选择的发运路由

根据邮区中心局作业系统全国干线邮路联系示意图,研究由本局起点和途经本地的车(航)次在沿途和终点站与各运邮工具的衔接情况,形成以本地为中心,联结全国各直封处所的本地发运路由。

2. 为每个直封处所(邮件处理中心)选择适宜的封发车次

根据邮运工具的运行区间、时间与衔接关系,以及有关时限与频次的规定,对每个直封局都要选择从本局封发到该局投递或转发全程历时最短的路线和车次。

3. 编制封发计划表

对每一直封局都选定封发车次后,作业系统自动生成封发计划表,明确规定发往各个局的邮件封交的车次、航次,并按此进行封发作业。以石家庄为例,封发计划表的格式见表3-1。

表 3-1 石家庄邮件处理中心出口信函、平刷分拣封发计划表

2019 年 4 月 26 日

班次	邮路名称	车次	开车时间	封发时间	交运时间	封发局名
白班	石家庄—北京(京2)	干线	13:00	11:30	12:00	北京
	石家庄—成都(冀2)	干线	16:00	14:30	15:00	成都、昆明
	石家庄—济南(鲁1)	干线	16:00			济南、济宁、青岛、烟台
	石家庄—邯郸(石3)	省汽	18:00	16:00	17:00	邯郸本、转(所辖县、沿途投递局)
	石家庄—保定(石4)	省汽	18:30			保定本、转(所辖县、沿途投递局)
	石家庄—衡水(石3)	省汽	19:00			衡水本、转(所辖县、沿途投递局)
	石家庄—邢台(石3)	省汽	19:00			邢台本、转(宁晋、新河、南宫除外)
	石家庄—北京(京5)	干线	21:00			北京
夜班	石家庄—郑州(豫2)	干线	0:00	22:00	23:00	郑州、重庆
	石家庄—成都(冀1)	干线	2:00	0:00	1:00	成都、昆明
	石家庄—北京(京4)	干线	2:00			北京
	石家庄—天津(津1)	干线	2:30			天津
	石家庄—济南(冀1)	干线	4:00	2:00	3:00	济南、济宁、青岛、烟台
	石家庄—太原(冀1)	干线	4:00			太原
	石家庄—保定(石1)	省汽	5:00			保定本、转(所辖县、沿途投递局)
	石家庄—沧州(石1)	省汽	5:00			沧州本、转(所辖县、沿途投递局)
	石家庄—邯郸(石1)	省汽	5:00			邯郸本、转(所辖县、沿途投递局)
	石家庄—衡水(石1)	省汽	5:00			衡水本、转(所辖县、沿途投递局)
	石家庄—邢台(石1)	省汽	5:00			邢台本、转(宁晋、新河、南宫除外)
	石家庄—合肥(皖1)	干线	5:00			合肥、芜湖、蚌埠
	石家庄—长沙(冀1)	干线	6:00			长沙、衡阳、贵阳
	石家庄—广州(冀1)	干线	6:00	3:30	4:00	广州、深圳
	石家庄—杭州(冀1)	干线	6:00			杭州、宁波、金华、温州、福州、厦门
	石家庄—兰州(冀1)	干线	6:00			兰州、酒泉、西宁、拉萨
	石家庄—南京(冀1)	干线	6:00			南京、苏州、常州、徐州
	石家庄—南宁(冀临1)	干线	6:00			南宁、海口
	石家庄—上海(冀1)	干线	6:00			上海本、转
	石家庄—沈阳(冀临1)	干线	6:00			沈阳、大连、锦州
	石家庄—武汉(冀1)	干线	6:00			武汉
	石家庄—西安(冀1)	干线	6:30			西安、乌鲁木齐
	石家庄—清河(邢1)	省汽	7:30			宁晋、新河、南宫
	石家庄—呼市(冀临1)	干线	8:00			呼和浩特、银川
	石家庄—南昌(冀临1)	干线	8:00			南昌、鹰潭
	石家庄—长春(冀临1)	干线	9:00	5:00	6:00	长春、哈尔滨、海拉尔
	石家庄—郑州(豫1)	干线	9:00			郑州、重庆
	石家庄—北京(京6)	干线	11:00			北京

(三) 制订分拣封发作业时间表

分拣封发作业时间表的制订,就是对邮件处理生产过程在时间上的组织,用作业时间表的形式把各道工序的作业起讫时间详细固定下来,以便按时进行作业和对作业的进度进行监督。

制订作业时间表的方法,就是将每批邮件的到达时刻和赶发车班开行时刻作为两端,从两头逐步向中间推行,然后根据各批邮件业务量的大小、生产定额、规定作业时限和技术措施等诸因素,计算出各道工序所需时长,并确定出各道工序的开始时刻和结束时刻。作业时间表的格式见表3-2。

表3-2 出转口平常函件作业时间表

时间阶段	到达车次		作业时间								赶发车次		
	班次	到达时间	开拆		初拣		细拣		封发		车次	交运时间	开行时刻
			起	止	起	止	起	止	起	止			
Ⅰ													
Ⅱ													
Ⅲ													
Ⅳ													

第二节 邮件处理中心生产组织与运营管理基础

一、邮件处理中心工艺和设备

(一) 邮件处理中心工艺和设备现状

邮件处理中心是重要的生产作业场所。目前从整个邮政快递行业来看,新建的邮件处理中心的规模不断增加,这些大型处理中心根据功能需求、邮件业务量、征地条件、垛口数需求、工艺流程适配等要素进行设计、建设,形成了较为固定的处理中心建筑布局模式,例如韵达的"H"型、中通的"U"型、申通的"E"型、京东的"田"型等,从而实现了建筑布局与工艺流程的统一,最大程度地设置垛口数量,便于处理中心建设的复制与推广。此外,邮件处理中心在设计上将进口、出口处理场地实施分离作业,从而有效地支撑进出口邮件处理高峰的生产作业需求,更好地满足进口、出口两种不同流程工艺的需求。邮件处理中心场地多采用立体化建筑,清晰分层,从而灵活地应对总包转运、小件集包、仓配一体等各类需求,同时在设备上垂直化设置,利用滑槽传递减少大量输送设备投入,在生产作业功能分区上做到清晰、明了。如图3-2所示的某地市邮件处理中心功能分区示意图,从图中可以看出明确的生产功能分区,同时根据功能分区定制模块化工艺,形成总包大件矩阵分拣、小件集包作业、异形邮件人工分拣的作业模式。这样的划分便于工艺定制、流程优化,便于效能提升和现场有序管理,同时有利于提高人工操作的效能。

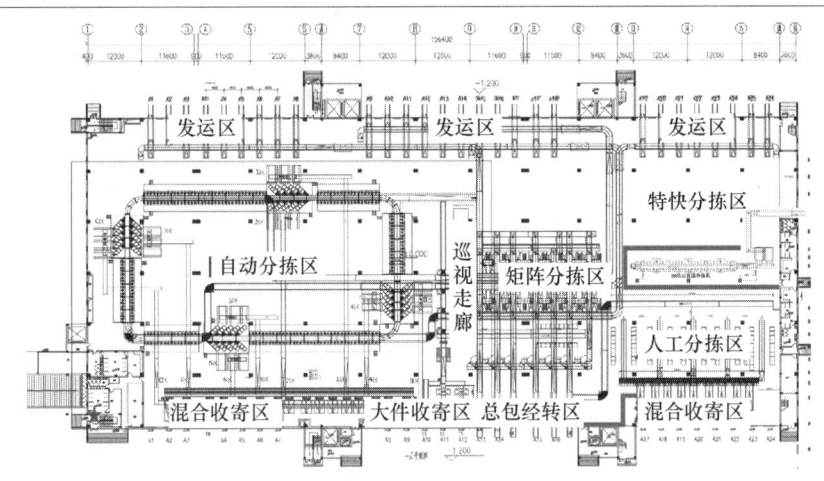

图 3-2　某地市邮件处理中心功能分区示意图

当前各类邮件处理中心在工艺上突出流程标准化，进口邮件处理和出口邮件处理实现标准化作业，同时进行分拣前置处理。所谓分拣前置，是指为了减少末端投递站点的重复分拣，降低投递成本，加快进口处理时限，减少城市揽投点处理场地空间，减少房屋租赁成本，以及充分发挥处理中心的规模化处理优势，降低件均全流程处理成本，处理中心对业务量大的投递点的邮件在邮件处理中心按照投递段道进行分拣处理，投递环节不再进行分拣作业。例如哈尔滨邮件处理中心设立了169个省际、省内分拣格口和163个投递段道分拣格口。

邮件智能分拣
搁架分拣处理

（二）邮件处理中心设备概述

邮件处理中心的设备主要包括伸缩胶带机等装卸设备、传输胶带机等输送设备，以及双层（单层）包件分拣机、矩阵分拣机、智能分拣搁架等分拣设备。分拣设备是保证邮件处理中心工艺系统处理质量和效率的核心设备，目前邮件处理中心常见的自动分拣设备及其适用范围如图3-3所示。邮件处理中心根据场地条件、邮件处理量、设备状况等进行生产作业组织。

（三）邮件处理中心设备配置标准

1. 设备配置原则

各类邮件处理中心在设备配置上应遵循"业务需求决定工艺配置"的客观规律，分档分级配置工艺设备。遵循"适度超前原则"，按照满足投产后3年"忙季日均"最忙频次的平均小时业务处理需求，配置设备处理能力。按照大件及总包的业务处理需求，确定矩阵系统的配置规模；按照小件业务量、分拣深度、前置集包率等业务需求，确定小件分拣设备的配置规模。

设定自动化设备配置平衡点，当业务量大于10万件/日（其中大件大于4万件/日，小件大于6万件/日）时，配置自动矩阵及小件分拣机；当业务量小于10万件/日（其中大件小于4万件/日，小件小于6万件/日）时，配置人工矩阵或多层胶带机＋分拣笼/智能分拣搁架等。自动矩阵设备配置标准和小件分拣机设备配置标准可以分别参考表3-3和表3-4。

设备类型	主要特性	常见布局	适用范围
交叉带式	速度 1.5～3 m/s, 效率约 12 000～18 000 件/小时, 可设置格口数较多	单层/双层环形	邮件规格适应性较强,小件重量≤10 kg, 大件重量≤50 kg; 小件分拣应用范围广
落格式	速度 1.1～1.3 m/s, 效率约 18 000～24 000 件/小时, 可设置格口数较多	单层环形	一般适用于轻小件, 重量≤10 kg; 人工供件对邮件包装形状适应性较强
窄带式	速度 1.5～2 m/s, 效率约 4 000～10 000 件/小时, 可设置格口数一般	单层直线	邮件规格和包装形式适应性强,重量≤50 kg
滑块式	速度 2～3 m/s, 效率约 4 000～10 000 件/小时, 可设置格口数一般	单层直线	邮件规格适应性强, 重量≤50 kg, 一般用于箱、盒类底部规整邮件
翻盘式	速度 1.3～2 m/s, 效率约 6 000～18 000 件/小时, 可设置格口数较多	单层/双层环形	邮件规格适应性一般,重量≤60 kg; 一般用于机场行李分拣
摆轮式	速度 1.5～2.5 m/s, 效率约 3 000～5 000 件/小时, 可设置格口数一般	直线、矩阵	邮件规格适应性一般, 一般用于大件、邮袋分拣
模组带式	速度 1～2 m/s, 效率约 3 000～5 000 件/小时, 可设置格口数一般	直线、矩阵	邮件规格适应性强, 重量≤50 kg
AGV式	效率约 4 000～20 000 件/小时, 可设置格口数较灵活	柔性布局	邮件规格适应性一般, 场地和技术要求较高

图 3-3 常见的自动分拣设备及其适用范围

表 3-3 自动矩阵设备配置标准

矩阵处理能力需求 X/(万袋件每小时)		$0.3<X\leqslant0.6$	$0.6<X\leqslant1.2$	$1.2<X\leqslant1.8$	$1.8<X\leqslant2.4$	$2.4<X\leqslant3$
矩阵规模	粗分线/条	2	4	6	8	10
	细分线/条	3	6	8	11	13
	卸车位/个	4	8	12	16	20
	装车位/个	30	48	64	88	104

注:矩阵处理能力需求>3 万袋件每小时时,进行模块组合配置;表中装卸车位是预估数量,可根据实际需求调整。

表 3-4 小件分拣机设备配置标准

小件处理能力需求 Y/(万件每小时)		$Y\leqslant1.4$	$1.4<Y\leqslant2.1$	$2.1<Y\leqslant4.2$	$4.2<Y\leqslant4.8$
小件规模	每层小件机数量/台	1/1	1/1	1/2	1/4
	半自动供件台数量/台	12	4	8	16
	全自动供包台数量/台	—	8	16	32

应注意,当小件机配置数量超过1套时,需要根据场地情况、格口需求来确定小件机设备的布局,多台单层配置或多台两层配置或多台多层配置,同时可以通过设置重复格口等形式来提高小件分拣机的工作效率。

2. 建立设备保养和巡检制度

正确使用和维护好邮件处理设备,能够确保分拣、传输等设备处于良好的技术状态,保证生产作业顺利进行;应按照设备技术手册详细制订保养计划,定期对相应设备进行保养。保养工作可分为例行保养(日保)和定期分级保养(月保、季保)。为确保分拣、传输等设备稳定运行,掌握设备运行状况,及时发现设备运行中存在的问题和隐患,应按照设备管理办法,在设备运行期间做好设备巡检工作。

二、邮件处理中心作业模式

随着邮件处理数量的变化和新技术、新设备不断应用于邮件生产作业过程,邮件处理中心的作业模式经历了3个阶段的变化。

矩阵+小件分拣机系统工作过程

(一) 总包作业

2015年之前,邮件处理中心的作业模式是总包作业,总包是在寄递过程中,寄往同一寄达局的邮件集中单行封装、登记路单外走的邮件袋(套)、报刊袋(捆卷)的统称。在总包作业模式下,邮件处理中心的生产作业流程是指从邮件以总包的形式进入开始,经过内部处理,又以总包的形式发出的全过程,它包括四大环节,即总包接收、总包处理、邮件分拣封发和总包发运。图3-4为总包作业模式下邮袋开拆时使用的推挂系统和开拆除尘系统。

图3-4 总包作业模式下邮袋开拆时使用的推挂系统和开拆除尘系统

(二) 散件作业

2015年后,随着电子商务的发展,快递包裹成为最主要的寄递产品,邮件处理中心的流程设计以快递包裹处理为主进行优化,实行邮件散件外走流水作业的处理模式,即多数邮件不再装在邮袋内,而是直接外走,使用双层(单层)包件分拣机系统,邮件通过皮带机从车厢里直接运送至供包台,通过扫描进入分拣机进行分拣,邮件全程不落地,提高了处理效率,适应了当时邮件处理量增长的情况。

但是近年来随着电子商务中网购物品种类的变化和数量的快速增长,邮件规格发生了明显的变化。2019年邮件平均件重1.1 kg，由大件向小件转变，轻小邮件比例达80%以上。传统的散件处理方式不能满足轻小件数量的增长，因此生产中目前采用小件集包的作业模式，以满足业务处理需要。

（三）集包作业

1. 集包概念

集包作业是指在收寄点或集包点（县和地市），对于同一路向的邮件，将邮件实物以集包袋盛装，信息与集包绑定，经过中转局时集包袋无须开拆，将一个集包视同一件邮件进行袋牌扫描，直至到达寄达局才进行集包袋开拆、分拣和信息接收的一种作业模式。简单来说，集包作业就是收寄端将一个路向的多个邮件形成一个集包总包，在处理中心按一个邮件进行出口（经转）处理，到了寄达局所在的处理中心再进行开拆分拣作业。

集包作业的中间环节处理效率高，是因为集包总包按照一个邮件进行处理。集包作业模式也适应矩阵设备的处理要求，在处理中心可以按照大件、集包件分别进行处理，也提高了处理效率，节约成本，时限更快。理想状态下集包由大宗收寄点完成，如果收寄量小可以由出口处理中心进行补充集包作业。总之，在邮件进入邮政网一开始就应进行集包。

2. 集包作业规范

集包邮件标准为：最长边长度小于400 mm、次长边长度小于300 mm，3 kg以下的轻小件邮件进行集包；1 kg以下的邮件，实现"应集必集"；生鲜水果类邮件不进行集包。

集包总包标准为：使用F01省际循环袋进行集包，单个集包总包内件不少于3件，集包总包封装尺寸不超过1 000 mm×600 mm，高度控制在800 mm以内，重量不超过30 kg。

3. 集包模式

目前按照集包实现的生产环节可以分为3种集包模式。

（1）前置集包

前置集包即收寄点对达到集包标准的快递包裹邮件实施收寄、分拣、集包一体化作业。在轻小件业务量大（日均1万件以上）、集中度高的电商仓库、产业园区、邮件产出地，设置集包点，实现就地集包。

（2）处理中心集包

考虑业务发展、集包点建设等情况，业务量小、网点分散的地区，可以在处理中心集中集包，充分利用处理中心配置的小件分拣机等集包设备，发挥设备效能，邮件交送时做到小件盛装，便于处理中心接卸。利用双层分拣机进行出口作业的处理中心，实施前置集包，双层分拣机不做出口集包。

（3）集包点集包

根据业务量增长情况，动态调整集包点设置，处理中心能力不足的，以处理中心为基点进行裂变，向前置集包转变。按照邮路顺向原则，打破机构隶属关系，增加集中收寄集包点，承担跨区域、跨机构集中集包功能。单个集包点业务量超过最优处理效率、能力的，要提前进行能力储备，对集包点进行裂变，继续增设集包点。

实际生产过程中不同环节的邮件处理量差异较大，随着邮件在各个环节中的传递，不同环节实施出口集包作业，可以实现邮件最大限度地以集包件的形式传递，如图3-5所示。

从上述各类集包模式可以看出，为方便后续环节处理，在收寄环节完成集包作业最为理想，这样可以最大程度地减少散件处理环节和处理量。

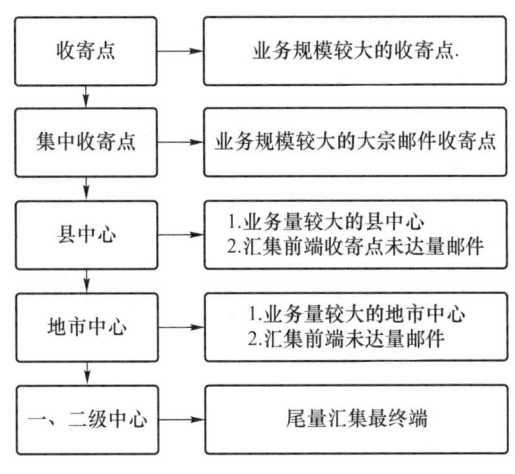

图 3-5　出口集包过程示意图

4. 集包格口设置要求

集包格口在设置上应以业务量为基准,以大数据分析推荐格口为基础,定期动态调整集包格口。

(1) 格口设置基本原则

集包格口采取"N+85"方式。以日均进口省际快递包裹业务量 4 万件以上的地市或县确定 N 格口总数,不够量的地市并入所属中心局集包格口范围。85 个一、二级中心局作为全网固定集包格口,业务量大、进口处理按不同功能分设场地或设备的一、二级中心局,可按本口、转口分设集包格口。集包格口"一省一策",根据各出口省和出口地市收寄量及流向数据选取并设置不同数量的 N 格口,收寄量大的多设置,收寄量小的少设置。出口地市以目的地日均寄达量 200 件为标准,设置具体的 N 格口数量和范围;重点区域内的互寄邮件,根据时限和邮路衔接情况,适当地增加集包格口数量。

(2) 格口动态调整原则

由集团公司根据全网业务量、流量流向变化,按月对全网 N 格口数量和覆盖范围进行动态调整。以最大化地减少全网分拣次数为原则,利用信息化手段和大数据分析,按月对出口省、出口地市集包 N 格口进行动态调整。集团公司根据省内、区域内、省际网络组织设置的变化,根据旺季期间的业务量变化预期、处理能力变化、邮路调整、处理中心生产能力等情况,对 N 格口进行动态调整。各省根据邮路组织变化、业务量预期等情况,向集团公司提出集包 N 格口调整需求,集团公司根据评估情况进行动态调整。

(四) 3 种作业模式的比较

在总包作业模式下,邮件处理中心封包,寄达局必须为中心局,只要建立分拣关系,目的地邮件不论多少,哪怕实际只有一件邮件也要封入一个邮袋形成一个总包,在极端情况下会出现邮袋中仅有清单没有邮件的情况。但是在集包作业模式下,前置集包可以在前端收寄点或集中收寄点进行,寄达局可以为邮件处理中心或地市(县),加快了经转速度。分拣关系建立后,达到集包封件数量要求的邮件在当地集包,未达到封件数量要求的散件到上级邮件处理中心集中集包,从而提高了资源利用率。

在散件作业模式下,全过程散件处理,每个邮件的经转次数增加,邮件扫描数量巨大。而集包作业在处理中心中间环节只扫描总包,对总包进行经转而不需要再进行逐件处理。因此较散件处理而言,集包模式下,中间环节的处理效率更高。散件作业和集包作业模式的对比如

图 3-6 所示。

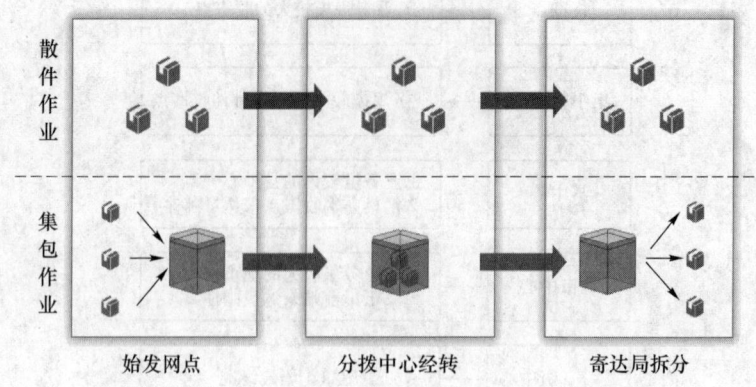

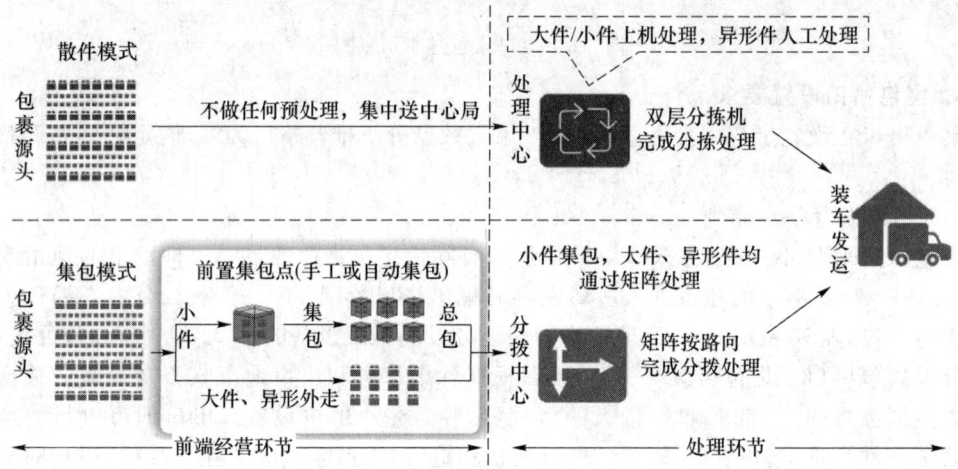

图 3-6 散件作业和集包作业模式的对比

通过图 3-6 可以看出,集包作业可以节省收寄成本、处理成本,同时邮件每减少一次经转,邮件处理中心可以节省 2 个小时以上,能够有效地节省时间成本,提高邮件处理时限水平。以某省邮件处理中心为例对比上述 3 种邮件处理中心的作业模式(如图 3-7 所示),从图中可以看出邮件处理中心的作业模式随着邮件种类、数量的变化而不断优化,同时辅以相关设备,从而满足邮件处理效率的要求。

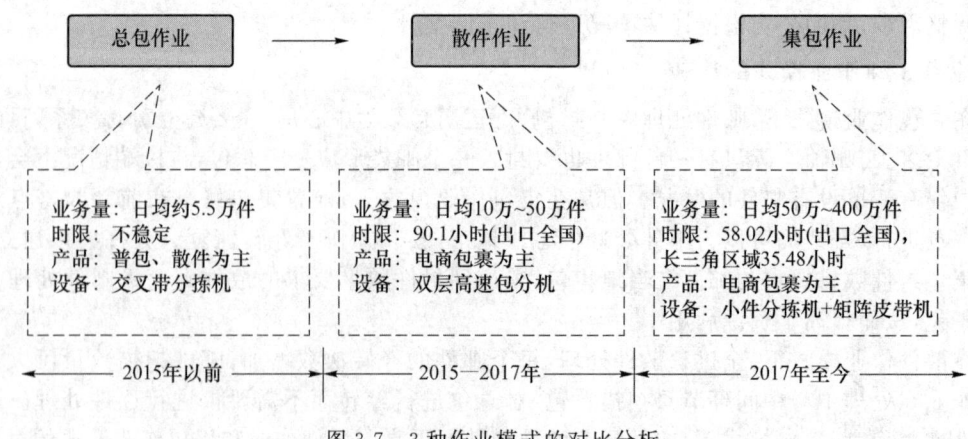

图 3-7 3 种作业模式的对比分析

(五）集包作业对生产运营的作用

集包作业模式降低了邮件处理成本，在节约投资的前提下提高了邮件处理中心的处理能力，比如为了适应集包作业，某处理中心投资 1 亿元将邮件处理能力从 100 万件/天提高到了 650 万件/天，如果按照散件作业模式进行投资，要达到相同的处理能力大约需要 7～9 倍的资金投入。

集包作业模式适应邮件处理时限水平不断提升的要求，由于集包作业一方面有效地减少了邮件单次扫描时间，另一方面加快了邮件卸装时间、减少了分拣次数，从而提升了时限水平，加速了邮件的处理过程。

集包作业模式促进了邮政网络布局的不断完善，增强了网络组织的柔性。集包作业模式为邮件串行运输创造了条件，方便邮路实现多点卸装，将原本需要经转的邮路组织优化为直达邮路，邮件量不足时可以方便串行装载同路向邮件，节省了运输成本。

三、邮件处理中心容器管理

邮件处理全过程合理使用封装容器是确保邮件安全的需要，在生产中推广使用绿色环保可循环邮件容器，是邮政企业践行绿色发展理念，落实绿色邮政包装工程的实际行动。通过开展合理的容器管理活动，能够加快邮件容器周转，提高邮件容器使用率，满足生产需求。

（一）容器的种类

生产中使用的邮件封装容器可以分为 12 类，如图 3-8 所示，其中当前常用的国内邮件封装容器有国内（省内）普通邮袋、国内（省内）拉链邮袋、国内（省内）特快邮袋和信盒。

常用容器的种类

容器种类	容器型号	国际/省际/省内用袋	使用范围	有无条码	材质
国内普通邮袋	F01	省际	快递包裹	有	可循环、防水
	F02		信刷		
	F03		信刷		
国内拉链邮袋	L01		快递包裹		
	L02		信刷		
国内特快邮袋	F51		特快专递		
	F52				
	F53				
信盒	ZKB		信函		可循环、不防水
对台航空邮袋	T22	对台专用		无	防水
国际航邮袋	F22	国际	—		
国际水陆路邮袋	31				
国际特快邮袋	41				
	42				
省内普通邮袋	F01	省内	各省自定	有	可循环、防水
	F02				
	F03				
省内拉链邮袋	L01				
	L02				
省内特快邮袋	F51				
	F52				
	F53				
各省自制邮袋	—			—	—

图 3-8 邮件封装容器的种类

国内拉链邮袋(如图 3-9 所示)是当前生产中使用较多的一种可循环绿色邮袋,主要用于小件快递包裹集包后的总包封装。

图 3-9　国内拉链邮袋

拉链邮袋使用起来非常方便,通过"拉、穿、系"3 步操作便可以完成邮袋的封装。据估算,拉链邮袋的封装效率比传统邮袋高约 3 倍,单个配套耗材成本可节约近 45%。邮袋配有 RFID 芯片(条码),位于邮袋背面,可以在小件分拣机格口配合识读器使用,完成邮袋和格口的自动绑定,提高分拣效率,特别是可以通过 RFID 芯片技术实现邮件传递过程中的信息收集。相较于传统的最多只能使用 2 次的普通编织袋,这样的可循环邮袋复用次数可以达到 40 次之多。

(二) 容器管理要求

邮件容器实行全国、省(含自治区、直辖市,下同)两级管理。集团公司负责全国邮件容器管理工作,各省分公司寄递事业部负责本省邮件容器管理工作。邮件容器调拨和全省库存的生产由省会处理中心承担。各邮件容器使用单位要指定专人负责邮件容器管理,办理本单位的邮件容器接发、请领、清退、登记、保管工作,按时填报各类报表,并建立岗位责任和考核制度。利用条码、RFID 等科技化手段,提升邮件容器管理、调拨、使用的信息化水平,实现容器可追踪、循环可统计,逐步推行有偿使用机制。

(三) 邮件处理中心容器管理内容

邮件处理中心指定专人负责邮件容器管理,严格执行"四有""四无"制度,即管理有专责、使用有计划、处理有手续、存放有专处;无积压、无散失、无损坏、无潮湿。具体内容如下。

1. 容器使用前应进行外观检查和功能检查,保证完好;应严格按照技术要求和业务要求使用容器;根据邮件种类和规定范围正确选用邮件容器型号,不准混用。

2. 严禁违规使用容器,将容器挪为他用;不准散落、拖拉、践踏、扔摔、撞击、抛弃邮件容器;不准在邮件容器上乱写乱画,应防止污损,保持邮件容器整洁。

3. 禁止将邮件容器借给或连同邮件直接封发给邮政生产部门以外的单位或个人;不准把邮件容器连同邮件投递给用户。

4. 邮件封发完毕,现场如有零星散放的邮件容器,应及时收取,码放至邮件容器集中存放处。

5. 集团公司统一调拨的邮袋,只能用于省际邮件的封发;省内邮袋用于省内邮件的封发。

6. 国内普邮、国内特快、国际普邮、国际特快、机要邮袋要严格按照邮袋规定的用途进行使用,不得混用。

7. 条码邮袋,要按照调拨单号段,核对入库。封发使用时,必须进行总包条码和容器条码的绑定。

8. 总包袋牌要规范放置,有透明窗的邮袋,严禁将总包袋牌粘贴至袋身。

9. 以缝纫方式封口的总包要严格按照规范要求开拆总包,严禁开拆时损坏邮袋。

10. 开拆出的邮袋要及时整理,清空透明窗里面的袋牌,并及时投入本单位封发使用。

11. 多余的可循环邮袋要单独妥善存放,并及时清退。

12. 容器应按规格、型号分类存放,并对存放容器数量进行登记,做到平衡合拢、账物相符。对存放的容器进行外观、功能检查和清洁处理,保证容器完好。

13. 妥善保存问题容器,严格按照报废制度进行报废处理。

14. 容器使用单位要及时清退邮袋,杜绝截留、积压和超量储存邮袋,杜绝违规使用邮袋。

(四)封装容器封发邮件应注意的问题

邮件处理中心使用封装容器封发邮件时要根据邮件的数量和种类,选择大小合适的邮袋等容器;须使用完好的容器盛装邮件;不得使用有 2 cm 以上破洞、裂口的非机器缝补或用绳捆扎破洞等不能分明责任、保证内件安全的邮袋;不得使用水湿、油污的邮袋,也不得翻用邮袋;优先使用可循环容器,容器透明窗处不得涂抹、书写或遮挡,须保证透明窗内的条码能够正常识读;需要退回的可循环容器,需按空容器封发标准封发成总包,退回上级容器管理单位或指定机构。

四、邮件处理中心班结制度

邮件处理中心应建立生产现场清场制度和班结制度,建立现场管理的基本作业制度并严格贯彻和执行,保证邮件分拣封发作业质量。

(一)班中清理

班中清理是指邮件处理中心在邮件分拣处理过程中,对生产现场各个区域进行检查,对遗漏在非生产区域、非邮件传送及处理设备上的邮件及总包进行检查和清理,确保邮件按照"先进先出"的原则进行处理和发运,保证邮件处理时限和邮件安全。班中清理工作要分环节、分区域、分阶段进行。具体要求如下:

1. 卸车人员每卸完一车后,要对车厢内,卸车垛口内外,卸车皮带两侧、底部及连接处等区域进行检查,确保卸车区域无邮件遗漏和滞留,卸车清理要做到"一车一清"。

2. 供件人员要在供件作业空闲时段对供件区域内皮带连接处、设备夹缝处、供件平台等易遗漏邮件的地方进行检查,确保所有邮件及时进行供件处理,不能上机的邮件要及时送至人工处理区。

3. 非直连格口邮件处理人员要在作业空闲时段,绑定拖车、锁格等操作时,对分拣机格口内、设备夹缝处、格口两侧及底部等区域进行检查,确保所有落格邮件及时摆放至拖车或装发处理。

4. 人工处理人员按接收批次进行邮件处理作业,做到"随接收、随处理",并按批次对人工处理区域内的设备和场地进行检查,确保人工处理作业区无邮件长时间滞留,做到邮件"先到先处理"。

5. 邮件装载完毕后,装发人员要检查垛口旁、皮带机下及连接处等装车作业区是否有遗漏邮件,确保所有邮件装发对应车次,装车清理要做到"一车一清"。

6. 现场巡视人员要对生产现场进行巡视,对分拣机防护设备、拖车运行通道、处理中心空闲场地等区域进行检查,清查生产场地内非正常停留和遗漏的邮件及总包,清理出的邮件和总包要及时进行后续处理。

7. 在生产过程中,卸车、开拆等环节发现的水湿、油污、破损、详情单脱落等异常邮件和总包,要及时交由专人按相关规定妥善处理。

(二)班结清场

班结清场是指在信息系统班次结束前,对生产现场各个区域进行检查,对遗漏在生产现场和生产设备上的邮件及总包进行检查和清理,确保当班次接卸的邮件全部处理完毕,使邮件处于已经发运、装车等待发运或入堆等待发运状态,保证邮件处理时限和邮件安全。具体要求如下。

处理中心班结清场制度

1. 班结清场次数与邮件处理中心信息系统班次结束次数保持一致,做完班结清场后才能进行信息系统班结操作。

2. 班结清场时要做到当班次接卸邮件全部卸车完毕,所有卸车邮件全部扫描完毕,所有处理完毕的邮件装发车辆或入堆待发。

3. 班结清场工作要比照班中清理工作的要求进行,检查范围要覆盖所有接发垛口及停靠车辆、处理中心内所有场地及设备,清查车辆内、生产场地内、生产设备上停留和遗漏的未处理邮件及总包,清理出的邮件和总包要及时进行入堆和发运处理。

总之,在满足邮件内部处理时限要求的情况下,各邮件处理中心应合理确定本单位邮件处理区域班结清场和班结作业的频次和时间。在该时间段内到达处理中心的邮车,地面局应及时做好邮车入局扫描工作,可暂不进行邮车接卸作业。

五、邮件处理中心异常邮件处理

(一)异常邮件处理基本规定

常见异常邮件的处理

异常邮件处理要执行专人专台处理,处理台范围内应配备全覆盖监控设备。邮件处理中心重封(或加固)各类邮件时,应用"代封纸(邮1222)"进行固封,并按要求加盖章戳,不得使用普通胶带。邮件处理中心发现邮袋内有散落的物品时,能查明出处的,应及时予以代封;无法查明的,按无着邮件处理。

邮件处理中心发现违反寄递禁限寄规定的物品时,应按国家相关规定进行处理,并向收寄局发验,同时抄送封发局(发运局)。

邮件处理中心发现邮件上有脱落邮票的痕迹时,应在邮件封面加盖相关戳记、日戳和经手人名章;发现有私揭邮票嫌疑的邮件,应报告主管人员,并拍照留存后向封发局发验。

邮件处理中心发现不符合邮件收寄规格的超大、超重邮件,与收寄部门办理交接时发现的应予拒收;在出口局发现的,应退回收寄部门;在进口局发现的,继续发往前程,并向收寄部门发验。

对于航空安检不合格的总包,各通航局要安排专人在安检场地进行处理。改发陆运的特快专递邮件,应按快递包裹重新封发,继续发往前程。

(二)各类常见异常邮件的处理

各类异常邮件如水湿油污、破损、损毁、面单脱落、实物信息与网上信息不一致、无网上收寄信息、邮件地址不详、条码无法识读、一件多单重号、安检问题、多次往返、空包件等邮件,其处理要求如下。

1. 水湿油污邮件

邮件处理中心发现各类邮件有水湿、油污情况时,应根据情况拍照留证,并采取有效措施,予以适当的处理。

(1) 由于邮件封装不合格、内件腐烂流汁等邮件自身原因,水湿、油污情况轻微,不影响邮件后续处理的情况,要对污染邮件进行适当的处理后继续发往前程,同时向收寄局发验,并抄送发运局(封发局)。

(2) 由于邮件自身原因,水湿、油污情况严重,疑似不适宜继续处理发运,或者内件有渗漏、发臭等情况,要会同主管人员开拆验视。如内件未损毁,还能继续发往前程,重新封装邮件继续发往前程,同时向收寄局发验,并抄送发运局(封发局)。

(3) 由于邮件自身原因,水湿、油污情况严重,内件部分损毁的情况,原包不必转发,完好邮件在本单位存放,后续根据收寄局处理意见妥善处理,同时向收寄局发验,并抄送发运局(封发局)。

(4) 由于邮件自身原因,水湿、油污情况严重,内件是腐坏的食物,不宜存放的情况,实物先行销毁或抛弃,同时向收寄局发验,并抄送发运局(封发局)。

(5) 对由于外因(非邮件自身原因)造成的水湿、油污情况,实物按上述相关处理要求进行处理。如在接卸环节发现,应向发运局和承运局发验,并抄送收寄局;如在开拆环节发现,应向封发局发验,并抄送收寄局。

2. 破损邮件

邮件处理中心如发现邮件包装损坏或有拆动痕迹,应拍照留证,复称重量,并根据称重和内件情况按以下规定处理。

(1) 如复称重量与网上重量相符,重新包装和加固邮件后实物继续发往前程。向收寄局发验,接卸环节发现的,抄送发运局和承运局;开拆环节发现的,抄送封发局。

(2) 如复称重量与网上重量不符,重新包装和加固邮件后实物继续发往前程。接卸环节发现的,向发运局或承运局发验(解车封志完好验发运局、解车封志不完好验承运局),并抄送收寄局;开拆环节发现的,向封发局发验,并抄送收寄局。

3. 损毁邮件

邮件接收时完好,因邮件处理中心操作不当造成邮件损毁的情况,由处理中心启动赔偿程序,进行赔偿。

对于运输途中意外损毁的邮件,处理中心须拍照留证,根据实际情况,参照集团公司《指挥调度手册》中"一级干线邮路运行途中发生重大异常状况"的处理规定进行处理。由发运局按规定上报,扫描规格完好的邮件继续发往前程,并向承运局发验,抄送收寄局和发运局,验单关联路单和每个损毁邮件。

4. 面单脱落邮件

邮件处理中心在卸车、开拆作业过程中发现面单脱落的邮件,要及时在车厢内或者邮袋内查看,查找是否有遗落的面单,具体应按下列规定处理。

(1) 如找到遗落面单,应与实物核对无误后,重新粘贴面单并进行加固,之后根据面单信息核对,邮件继续发往前程。

(2) 如未找到面单但邮件实物上写有邮件号码,根据邮件号码查询网上信息。如网上收寄重量和实物重量相符,或网上收件人信息与实物上的收件人信息相符,则按实物上的邮件号码补打并粘贴邮件条码,拍照留证,邮件继续发往前程,并向收寄局发验,抄送发运局(封发局)。

(3) 如未找到面单且邮件实物上没有书写邮件号码,但写有收件人地址信息,应从对应路单或清单的少件邮件中进行查找。如能找到对应邮件,拍照留证后,按原邮件号码补打并粘贴邮件条码,邮件实物继续发往前程;如在少件邮件中无法找到对应邮件,则补打一个新的邮件号码,并粘贴邮件条码,处理中心按照实物地址信息进行补录,拍照留证后,邮件继续发往前程,同时向收寄局发验,抄送发运局(封发局)。

(4) 如未找到面单且邮件实物上没有书写邮件号码,也没有书写收件人地址,从对应路单或清单的少件邮件中进行查找。如能找到对应邮件,则在实物上书写收件人信息并补打粘贴条码后,拍照留证,邮件发往前程,同时向收寄局发验,抄送发运局(封发局),否则按无着邮件交相关部门处理。

5. 实物信息与网上信息不一致邮件

邮件处理中心发现实物寄达地市信息和网上寄达地市信息不一致的邮件,应按下列规定处理。

(1) 扫描邮件后,如提示为撤单邮件,则双线划销面单上的收件人地址,拍照留证,邮件退回寄件人。

(2) 扫描邮件后,如未提示为撤单邮件,则确认为网上收寄信息和面单收寄信息不一致,需按照面单上的收件人全地址信息进行改址操作,拍照留证,邮件继续发往前程,并向收寄局发验。

(3) 扫描邮件后,如未提示为撤单邮件,则确认为网上收寄信息和面单收寄信息不一致,且系统为退件,需双线划销原收件人地址,拍照留证,并向原投递局发验。

(4) 如邮件上有改退批条,扫描邮件后确认为退回邮件,且系统未做退件处理,需核对原收件人地址是否已双线划销,并在系统内进行"撤单"处理,拍照留证,向原投递局发验。

航空邮件在分拣封发处理过程中如果发现邮件信息与实物不符的情况时,应按下列规定处理。

(1) 对总包邮件接收和勾核过程中发现的各种不符情节,如非航方责任,则向发运局发验;如有航方出具的"事故签证",要以此为依据对造成的邮件丢失、损毁等后果向航方索赔。

(2) 寄达通航局要在接收总包邮件后发验,验达局要在验单发出后查明情况,答复发验局。

6. 无网上收寄信息邮件

邮件处理中心发现的无网上收寄信息邮件,应送交指定接收部门。

7. 邮件地址不详的邮件

邮件处理中心发现邮件地址书写不详、网上信息不全且无法根据地址信息分拣到下一环节的邮件(含挂信和条码化平信)时,按下列规定处理。

(1) 如果是出口局发现的邮件,应将实物退回原收寄机构,并向收寄局发验。

(2) 如果是进口局发现的或无法准确判断进出口的邮件,将面单上的收件人信息用双划线划销。有联系方式的邮件,联系用户确认,无法查实信息的邮件,拍照留证后,退回封发局处理,并向收寄局发验。

8. 条码无法识读邮件

邮件处理中心发现扫描设备无法识读的邮件时,按以下规定处理。

（1）出口局发现的邮件，若个别邮件条码不清，则手工录入条码，并补打新条码粘贴覆盖原条码，邮件发往前程；如发现批量邮件条码不能扫描识读，一律拒收或退回收寄部门，向收寄局发验。

（2）进口局发现的邮件，应手工录入条码，并补打新条码粘贴覆盖原条码，邮件继续发往前程，向收寄局发验。

9. 一件多单邮件

邮件处理中心发现的一件多单邮件（邮件实物上贴有两个及两个以上面单），按以下规定处理。

（1）出口局发现的邮件，拍照留证，邮件实物一律拒收或留存由收寄部门自取，并向收寄局发验，同时抄送发运局（封发局）。

（2）进口局发现的邮件，拍照留证，核对邮件进口路单信息、面单信息、网上信息、实物、称重方式等，如确认实物和其中一张面单的关系对应，则将另一面单划销条码，邮件按最后确认的面单地址发往前程，并向收寄局发验，同时抄送发运局（封发局）。

10. 重号邮件

邮件处理中心发现的重号邮件（多个邮件粘贴相同号码的面单），按以下规定处理。

（1）出口局发现的邮件，拍照留证，邮件一律拒收或退回收寄部门，向收寄局发验。

（2）进口局发现的邮件，若重号邮件属于同一收寄局，拍照留证，其中一件邮件继续发往前程，其余邮件留存，并向收寄局发验。

11. 安检问题邮件

邮件处理中心发现的各类安检问题邮件，按下列规定进行处理。

（1）出口局安检处理后，发现内件物品不符合邮寄规定（包括临时规定）需退回收件人的邮件，在邮件面单上标注"安检退回"红色字样，退回收寄局，由收寄局联系用户取回邮件。

（2）出口局安检处理后，发现内件物品不符合邮寄规定、需扣留待查的邮件，邮件实物留存或交相关部门进行处理。

（3）进口局安检处理后，发现内件物品不符合临时会议或活动期间邮寄规定、需要暂存待发的邮件，邮件实物留存，待会议或活动结束后继续发往前程。

（4）进口局（中转）接卸处理过程中，发现出口局未按规定进行安检的总包和邮件，邮件实物由进口局进行安检处理，逐袋、逐件拍照留证并登记总包和邮件信息，将相关信息上报集团公司。

（5）安检抽检的邮件，处理中心人员须与安检人员进行交接手续。

12. 多次往返邮件

邮件处理中心发现的落入问题邮件格口（收容格口）或扫描中提示多次往返的邮件，依照处理要求及操作规范，正确处理问题邮件后发往前程，同时向收寄局发验。

13. 空包件

邮件处理中心发现的疑似"空包件"（只有包装而没有实质内物的邮件或者极轻邮件），如为出口局发现的，应及时与收寄局联系核实，经查实的"空包件"应及时退回收寄局处理，并将相关信息报告给服务监督检查部门；如为进口局发现的，拍照留证后邮件发往下一环节，并将相关信息报告给服务监督检查部门。

第三节 陆运邮件处理中心典型生产作业流程

一、陆运邮件处理中心整体生产作业流程

邮件处理中心生产作业流程设计的总原则是快进快出,高效运转。目前,快递包裹成为最主要的寄递物品之一。因此,邮件处理中心的流程设计将以快递包裹处理为主进行优化。图3-10为陆运邮件处理中心总体作业流程。具体遵循以下原则。

1. 进出分流设计的原则。一般来说,处理中心为长方形,进处理中心的邮件应与出处理中心的邮件在流向上避免相互干扰。如中间进,则四角出,或者四角进,中间出。
2. 实行邮件大件走,小件集包的流水作业处理模式,尽可能做到邮件不落地。
3. 在邮件处理中心实行一次分拣扫描,取消接收扫描和装发扫描,提高分拣效率。
4. 实行车等邮件,原则上先到先分,分好就装,装好就发。

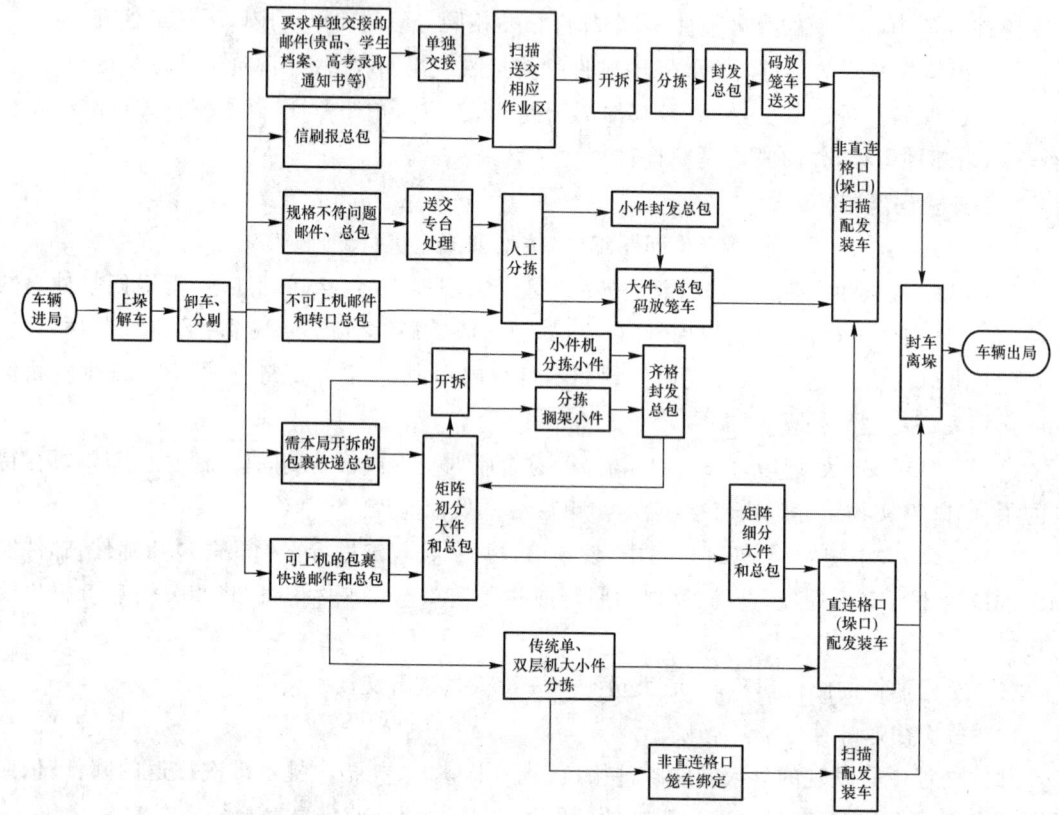

图3-10 陆运邮件处理中心总体作业流程

通过图3-10可以看出,在邮件处理中心,邮件处理的主要过程包括:解车、卸车、分刷、矩阵初分、矩阵细分、小件机分拣、装发等,同时对于普服邮件、贵品邮件、规格不符异常邮件等进行人工处理。

二、典型作业流程及操作规范

本部分以典型邮件处理中心的生产作业流程为主,按照邮件从进局到出局的生产过程,对相关环节的流程和规范进行描述。

1. 解车

对进局车辆,在接卸垛口通过派车单号或车牌号、车厢码获取路单信息,处理人员验视车门施封情况,并核对派车单、车牌、车封号码。如遇有网上车牌、车封信息与实际不符,车门(含侧门)、车身有明显的撬动痕迹的情况,应做好登记并及时向上逐级报备。之后扫描派车单或车厢条码执行解车操作,系统自动下载路单信息。车门施封不完好的,解车扫描时系统标注车封异常信息。解车完成后准备卸车,处理人员需要确保垛口门开启,在车辆倒至预定卸车垛口后,打开车门,并进行有效的固定。不允许在车辆未到达垛口时提前进行解车。

2. 卸车

打开车门进行卸车作业,处理人员应根据车厢内邮件装载情况,开启卸车胶带机,并调整伸缩皮带至适当的位置。根据后续作业模式将车厢内外走邮件和总包摆放至胶带机皮带上向外传输。卸车时面单和总包袋牌应尽量朝上(利用顶扫设备进行卸车扫描时应保证面单和袋牌朝上),保证后续环节的设备能有效识读并方便人工分拣。

(1) 若后续采取双层(单层)分拣机全自动供件模式:散件外走邮件(含可上机总包)要逐件摆放,总包袋口顺着皮带运行方向逐袋摆放。若后续采取双层(单层)分拣机人工供件模式:根据外走邮件和总包大小,可多件(袋)邮件同时摆放至胶带机,也可单件(袋)邮件摆放至胶带机。若后续采取自动矩阵分拣模式:散件外走邮件(含可上机总包)要有间隔地逐件摆放,总包袋口顺着皮带运行方向逐袋摆放。若后续采取人工矩阵分拣模式:邮件摆放至胶带机时,保证邮件和总包靠近工位端传输。

(2) 在搬动邮件的同时要验视邮件和总包规格,若搬动时发现明显超重邮件(搬取时感觉较为吃力),则暂时存放在车内,后续单独卸车按异形邮件处理。对于体积较大的邮件和总包,靠近胶带机的手放置在邮件上方(总包袋口前方),另一只手放置在邮件下方(总包袋口后方),双手抓取并向胶带机方向拖拽邮件。搬至靠近胶带机上方时,靠后的手推送实物并松手,靠前的手控制实物方向,将邮件(或总包袋口朝前或朝后)平稳摆放至胶带机上向外传输。对于体积较小的邮件,可单手拿取后,面单朝上放至胶带机上传输。

(3) 对于封装较差的包裹、"红杯"或"红杯水"等易碎邮件,要做到轻拿轻放,确保邮件规格完好。

(4) 邮件或总包脱手时离皮带面不超过 30 cm,易碎邮件脱手时离皮带面不超过 10 cm。单人卸车时,邮件和总包要摆放在皮带的中部;一左一右双人卸车时,邮件和总包要均匀地摆放在皮带的两侧。长方体邮件(含一个方向长、另一个方向短的其他形状邮件),长边不超过胶带机宽度时,长边要与胶带机运行方向垂直摆放;长边超过胶带机宽度时,要顺着皮带运行方向摆放。不可利用卸车皮带传输的异形邮件,扫描勾核后临时放置在垛口对应的笼车内,及时盘驳至异形处理区进行处理。需要分刞的邮件摆放在近分刞工位端。

(5) 卸车时有面交要求的邮件需要按照专门的操作要求进行。首先,面交邮件必须确保单独交接,专人接收。交接时必须进行验收,查数交接,并进行实物与信息的核对,检查总包(包装)及袋牌等是否完好。其次,面交邮件的交接双方在交接路单上签字确认,批注详情。如有异常，向上一环节缮发验单。最后，所有的面交邮件在进行内部交接时，应进行双人眼同查数交接。如果发现邮件（总包）有破损、油污、水湿等异常情况，将异常邮件单独存放，面交邮件的异常情况要及时上报管理人员。

3. 邮件分剔

邮件分剔环节需要根据本处理中心的生产工艺情况，将邮件按照不可上矩阵分拣的邮件和总包、可上矩阵分拣的邮件和总包、可上分拣机的散件和需本局开拆的总包等几类进行分剔和传输。

邮件分剔

（1）对于使用矩阵加小件分拣机设备的情况，邮件应按照需在单独作业区处理的邮件（普服邮件和贵品等）、不可上矩阵分拣的散件和总包、小件机分拣的小件散件和需本局开拆的总包、可上矩阵分拣的邮件和总包邮袋等几类进行分剔和传输。

（2）对于使用包状类邮件双层（单层）分拣机设备的情况，邮件应按照需在单独作业区处理的邮件（普服邮件和贵品等）、不可上机分拣的散件和总包、可上机分拣的散件和总包进行分剔和传输。

（3）翻动邮件和总包，查看邮件封装方式和尺寸规格，可上机外走散件和总包直接卸车。

（4）不可上机处理的外走邮件〔超大，最长边超过分拣机处理最大尺寸；超重，单件重量大于35 kg；外包装带钉子等锋利物品或者有绳头等，三角形、圆柱形、球形等不规则形状的邮件；"红杯""红杯水"等易碎邮件；零散空邮袋、超轻（超薄）件等其他不适合上机处理的邮件〕和不可上机且无须本局开拆处理的总包从卸车皮带上取下，进行扫描勾核后，按来源车次送至相应场地进行处理。

（5）各类问题邮件应扫描勾核后按来源车次单独交专台处理。需在单独作业区处理的邮件，应扫描勾核后按来源车次送交专区处理。

4. 矩阵初分

矩阵初分根据设备工艺可以分为自动矩阵初分和人工矩阵初分。自动矩阵初分是指配备自动摆轮等设备的处理中心通过设备自动处理，将邮件输送至对应细分路向、开拆平台。人工矩阵初分指在矩阵线和回流线上人工对卸车线卸下的总包和邮件进行扫描分拣，使其落入对应的细分线上。

对于自动矩阵初分，在制订分拣方案时，要保证各个细分线的邮件量相对均衡，邮件量大的邮路可设置双格口；同时需要根据场地工艺配备情况，合理利用矩阵初分落地线，可根据需要将其作为异形件、需单独处理邮件、收容或拒识邮件的格口。

5. 开拆作业

开拆作业的对象是需在本处理中心开拆处理的包裹类邮件。处理场地设置开拆作业区的，在作业区进行开拆；处理场地未设置开拆作业区的，直接在车厢内或卸车口进行总包开拆；贵品、高考录取通知书等总包须专人在指定区域开拆。

开拆时一手抓取袋口，另一只手翻动袋牌，查看袋牌寄达局和邮件种类，确认是否属本局开拆，须本局开拆的进行开拆处理，开拆时严禁损坏邮袋。应该根据不同的邮袋封口方式进行正确的开拆作业：对于缝包机封口的总包，在开拆时先将打包线区分好双线和单线，单线面对处理人员，在单线右边，用剪刀在袋口附近剪断打包线（也可以用手解开），抓住线端拉拽即可开拆邮袋，将邮件倒出；对于拉链袋封口的总包，在开拆时将拉链拉开后将邮件倒出；对于手携扎袋器封口的总包，在开拆时用剪刀或开拆钳将塑料绳扣剪断后将邮件倒出。

如总包采用可循环邮袋封装，袋牌放置在透明窗内，开拆总包时要将透明窗内的袋牌取出,将袋牌单独存放。邮袋开拆后双手抓住袋角向上提,倒出邮件,并用三角撑袋法查看袋内有无遗漏邮件。贵品、高考录取通知书等总包须专人在指定区域逐袋扫描开拆、逐件扫描勾核。

总包开拆后的邮件,按可上机邮件、不可上机邮件进行分剔处理。

6. 平信分拣封发

平信分拣封发是指对平常信函邮件进行开拆、分拣、封发处理,并将封发总包邮件和信息交发运的环节,其处理过程如下。

(1) 总包接收

接收上一环节交送的平常邮件总包,下载总包信息并核对总包数量。

(2) 总包开拆

查看袋牌寄达局和邮件种类,确认无误后解开袋口倒出邮件,使用三角撑袋法查看袋内是否有遗留邮件,并整理邮袋,放至指定位置。

(3) 分拣

如使用信函自动分拣机,要先对信函状邮件进行整理,保持邮件顺头顺面和平整,再由机器自动完成分拣落格。落入收容格口的信函要转为人工分拣处理。

人工分拣时先按照台席进行粗分,再按照寄达局格口细分。处理人员根据平常函件省内、省际、本口经转关系并按照邮件封面书写的收件人地址信息和邮政编码进行分拣作业;信函状邮件分拣入格时,应保持顺头顺面。

(4) 称重

人工分拣在粗分作业和细分作业前需进行称重作业。

(5) 捆把

邮件分妥后,如使用信盒封装,直接装入信盒;否则应捆扎成把。捆把厚度不超过 10 cm,机器捆扎的厚度可以放宽至 15 cm。捆把时,把签放在捆把上面,并把最后一封信的封面朝外,捆绳要扎牢,并保证信件完好无损。

(6) 封装

封装时要一袋一清、查看袋牌与内件是否一致。通过信盒盛装的信函可以平放或竖直放置于信盒内。装满后,按照信盒的折叠封装方法进行封装,并用塑料绳扣穿过信盒顶部和正面的封扎孔,拴挂袋牌后进行封扎。

采用方底邮袋通过手携扎袋器封袋时,扎袋塑扣位置距袋内邮件不超过 10 cm,捆扎紧度以塑扣不能捋下为准;通过手持缝包机封袋时,袋牌透明窗朝外,一手提起邮袋封口,另一手持握缝包机进行封袋,保证缝口单排线与袋牌透明窗在同一面,同时确保邮件不会被缝包机缝住导致破损。

采用 L02 拉链邮袋封袋时,装完邮件后将袋口的双头拉链拉实合并,将拉链头根部的 2 处圆孔对齐,拉好拉链后需使用塑料封扎带穿入圆孔封扎牢固;同时注意平信封发应优先使用信盒。

(7) 容器绑定

如使用条码容器盛装平信,还应将袋牌条码与容器条码进行绑定。

(8) 扫描生成总包信息

扫描总包袋牌,生成配发信息。

(9) 封装规格检查

检查封志、袋身、袋牌的完整情况。

(10) 邮件送交

确认邮件信息和实物数量一致,发送配发信息后按路向送交到指定位置,点数交接。

7. 挂信(条码平信)分拣封发

挂信(条码平信)分拣封发是指对挂号信函(含条码平信)邮件进行开拆、分拣、封发处理,并将封发总包邮件和信息交发运的环节,其处理过程如下。

(1) 总包接收

接收上一环节交送的给据邮件总包,下载总包信息并核对总包数量。

(2) 总包开拆

查看袋牌寄达局和邮件种类,确认无误后解开袋口倒出邮件,使用三角撑袋法查看袋内是否有遗留邮件,并清点邮件数量,整理邮袋,放至指定位置。

(3) 勾核

点数发现实物数量和清单不符时,需要对邮件逐件进行扫描勾核。

(4) 分拣

人工分拣时先按照台席进行粗分,再按照寄达局格口细分。处理人员根据省内、省际、本口经转关系并按照邮件封面书写的收件人地址信息和邮政编码进行分拣作业;信函状邮件分拣入格时,应保持顺头顺面。

(5) 扫描封发

对格口内邮件逐件进行扫描封发,同时做好回执、退回、试投邮件进行备注,封发完毕生成总包袋牌。

(6) 挂信捆把

扫描封发后的邮件,按接收局捆扎成40封一捆并捆扎牢固,不足40封另成一捆。

(7) 封装

挂信的封装要求和平信一致,封发也应优先使用信盒。

(8) 容器绑定

如使用条码容器盛装挂信,还应将袋牌条码与容器条码进行绑定。

(9) 扫描配发

生成配发信息。

(10) 封装规格检查

检查封志、袋身、袋牌的完整情况。

(11) 邮件送交

确认邮件信息和实物数量一致,发送配发信息后按路向送交到指定位置,点数交接。

8. 平常印刷品分拣封发

平常印刷品的分拣封发是指对平常印刷品邮件进行开拆、分拣、封发处理,并将封发总包邮件和信息交发运的环节,其处理过程如下。

(1) 总包接收

接收上一环节交送的平常邮件总包,下载总包信息并核对总包数量。

(2) 总包开拆

查看袋牌寄达局和邮件种类,确认无误后解开袋口倒出邮件,使用三角撑袋法查看袋内是否有遗留邮件,并整理邮袋,放至指定位置。

(3) 分拣

人工分拣时先按照台席进行粗分,再按照寄达局格口细分。处理人员根据平常函件省内、省际、本口经转关系并按照邮件封面书写的收件人地址信息和邮政编码进行分拣作业。

(4) 称重

人工分拣在粗分作业和细分作业前需进行称重作业。

平常印刷品在称重完成后还需要进行封装、容器绑定、扫描生成总包信息、封装规格检查、邮件送交等处理步骤,这些步骤均与平常信函的处理步骤类似,不再详述。

9. 包状类邮件包裹分拣机分拣

包状类邮件包裹分拣机分拣是指包状类邮件(包括挂号印刷品)通过单层(双层)包裹分拣机进行机器分拣作业,在供件环节通过人工摆件或自动供件,利用包裹分拣机 OBR 进行邮件条码识读供件或者人工扫描供件,机器自动分拣入格,整个分拣过程如图 3-11 所示。包裹分拣机自动分拣是根据分拣方案确定邮件落入哪个对应的格口,控制系统根据物理格口号控制邮件落入对应格口的实现过程。分拣方案是分拣机完成分拣作业的重要依据,为保证分拣机效率的发挥,在制订分拣方案的时候分拣机两端格口的邮件量应尽量平均;淡季时不设重复格口,可细分到投递部和网格,保证分拣深度;旺季时在两端设置邮件量大的重复格口,可分拣到投递部,提高分拣效率。

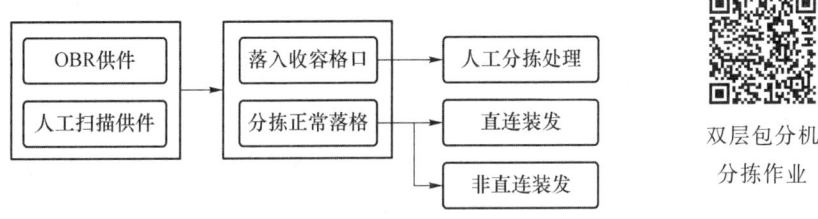

图 3-11 包裹分拣机邮件分拣过程示意图

对于落入直连格口的邮件直接装车配发处理,需要开启胶带机,并调整至适当位置,将伸缩机上落入直发格口的邮件搬至车厢内,整齐堆码。当车辆即将装满时,进行锁格操作,并进行配发操作。已落格配发的邮件无法装发,要对无法装发的邮件进行扫描取消配发,确保实物和信息一致。锁格后落格的邮件装发完成后要立即解锁格口,缩短锁格时间,避免应落入该格口的邮件落入收容格口。

对于落入非直连格口的邮件进行笼车绑定〔笼车绑定是指包裹分拣机非直连格口落格,扫描非直连格口(物理格口号)邮件摆放入笼车,同时将邮件信息与笼车条码绑定〕,之后做非直连装发处理。在邮件码放至笼车的过程中,当笼车即将装满或需装发时进行"锁格"操作,迅速更换笼车,并及时解除锁格。邮件码放至笼车时,重件、大件放下部,小件、轻件放上部;硬质包装邮件放外层,软质包装邮件放内侧;长方体或正方体等形状较规则的邮件有序叠放。

落入收容格口的邮件包括无信息、无物理格口、拒识、锁格超时等情况,如因锁格超时落入收容格口,邮件可以传回供包机二次供件;因其他原因落入收容格口的邮件,落后传输到人工分拣区进行后续处理。

10. 包状类邮件小件机分拣与集包封发

包状类邮件小件机分拣与集包封发在小件分拣机供包环节利用快手扫描邮件条码进行供件,如无供包台,则配备简易小件机,人工将邮件摆放至分拣机小车上,利用 OBR 识读邮件条码供件。供件后机器自动分拣,邮件落格,落格邮件进行齐格自动封发。目前由于小件机设备的配置不同,因此集包封发流程也有所区别。

(1) 自动打印袋牌模式下的集包封发

格口检测满格后设备自动锁格并报警,处理人员要及时检查邮袋是否已满袋。如果满袋,按下分拣机齐格按钮,打印机自动打印袋牌。如果未满袋,要及时整理邮袋,并进行人工解锁格口,继续落格。

取下满袋邮袋挪至格口一侧,及时换上空袋并进行人工解锁格口,继续落格。将总包袋牌朝外装入可循环邮袋透明窗内,保持袋牌平整,并进行容器绑定。

如采用缝包机封袋,袋牌透明窗朝外,一手提起邮袋封口,另一手持握缝包机进行封袋,保证缝口单排线与袋牌透明窗在同一面;如采用拉链封袋,拉上拉链,确保拉链锁止。将封装好的总包推入出袋线。

(2) 人工打印袋牌模式下的集包封发

格口检测满格后设备自动锁格并报警,处理人员要及时检查邮袋是否已满袋。如果满袋,按下分拣机齐格按钮。如果未满袋,要及时整理邮袋,并进行人工解锁格口,继续落格。

取下满袋邮袋挪至格口一侧,及时换上空袋并进行人工解锁格口,继续落格。已满袋邮袋使用 PDA 扫描物理格口号进行齐格封发,对应的打印机同步打印袋牌。将总包袋牌朝外装入可循环邮袋透明窗内,保持袋牌平整,并进行容器绑定。采用缝包机封袋或者采用拉链袋封袋后将封装好的总包推入出袋线。

(3) 预制袋牌模式下的集包封发

格口检测满格后设备自动锁格并报警,处理人员要及时检查邮袋是否已满袋。如果满袋,按下分拣机齐格按钮。如果未满袋,要及时整理邮袋,并进行人工解锁格口,继续落格。

取下满袋邮袋挪至格口一侧,及时换上放置好预制袋牌的空袋(总包袋牌朝外,保持袋牌平整),并进行人工解锁格口,继续落格。已满袋邮袋使用 PDA 扫描物理格口号进行齐格封发,扫描预制袋牌和容器条码进行绑定。同样,采用缝包机封袋或者采用拉链袋封袋后将封装好的总包推入出袋线。

(4) RFID 齐格模式下的集包封发

格口检测满格后设备自动锁格并报警,处理人员要及时检查邮袋是否已满袋。如果满袋,按下分拣机齐格按钮,打印机自动打印袋牌。如果未满袋,要及时整理邮袋,并进行人工解锁格口,继续落格。

取下满袋邮袋挪至格口一侧,及时换上 RFID 空袋,RFID 标签对准格口上的 RFID 识读器,确保识读成功,并进行人工解锁格口,继续落格。将总包袋牌朝外装入可循环邮袋透明窗内,保持袋牌平整。同样,采用缝包机封袋或者采用拉链袋封袋后将封装好的总包推入出袋线。

11. 矩阵细分

矩阵细分是指对矩阵初分传输来的邮件进行自动矩阵细分落格或者人工细分分拣,使其落入对应装车格口。自动矩阵细分时,收容格口落格的邮件由处理人员盘运至装车垛口进行装发或二次上机分拣。人工矩阵细分则由处理人员站在矩阵线两侧(或单侧),按照各自负责的路向范围,根据邮件上的袋牌(标签)或者分拣码,从胶带机上拣选对应路向的邮件,没有分拣码的邮件按地址拣选。如利用分拨扫描设备时,处理人员按照对应屏幕的提示信息拣选邮件。

12. 装发

按照直连格口落格邮件和非直连格口落格邮件,装发可以分为直连装发和非直连装发两种情况。

(1) 直连装发

直连装发是指对双层分拣机或细分矩阵的直连格口落格邮件直接进行装车配发的处理,其具体过程如下。

车辆到达垛口时,开始装车,处理人员根据包裹分拣机运行情况,开启胶带机,并调整伸缩皮带至适当的位置。

车厢内码放邮件。搬取胶带机传输过来的邮件,摆放至车厢内,整齐堆码,保证车辆的装载率。邮件装车时从车厢里面逐层码高后向外堆码,大件和重件尽量摆在最下层,小件摆在中层,"红杯"及"红杯水"邮件摆在最上层。对于装载不满的车厢,邮件应沿车头到车尾方向由高到低进行均匀堆码摆放。严禁单侧装载,否则会影响行车安全。

锁格配发,当车辆即将装满或即将达到计划发车时间点时,处理人员要提前告知现场调度,进行锁格操作,并进行直连配发操作。

已落格配发但无法装车的邮件,要进行扫描取消配发,确保实物和信息一致。

(2) 非直连装发

非直连装发是指将分拣机非直连格口落格邮件及手工处理邮件盘运至装车垛口进行装发。

车辆到达垛口时,开始装车。处理人员利用PDA的"扫描配发"功能,扫描邮件条码或总包袋牌、笼车条码。

邮件搬至胶带机,将笼车摆放至合适位置,抓取邮件和邮袋总包,靠近胶带机的手在邮件前上方(总包抓取袋口),另一只手在邮件后下方(总包袋口后方),双手抓取并向胶带机方向拖拽邮件。搬至靠近胶带机上方时,靠后的手推送实物并松手,靠前的手控制实物方向,将邮件平稳摆放至胶带机上向车内传输。封装规格较差的包裹、"红杯"或"红杯水"邮件等易碎邮件,要做到轻拿轻放,确保邮件规格完好。邮件和总包脱手时离皮带面不超过 30 cm,易碎邮件脱手时离皮带面不超过 10 cm。

邮件码放至车厢内,车内人员面向皮带偏车门方向站在胶带机旁边,观察胶带机上传出的邮件和总包。根据车内装载情况,双手顺着皮带传输方向抓取传来的邮件和总包,一手在前(总包抓取袋口),另一只手在后,将邮件或总包摆放至车内合适位置。

装发过程中车外人员和车内人员要相互配合,协调作业。邮件装车时,从车厢里面逐层码高后向外堆码,大件和重件尽量码放在最下层,小件码放在中层,"红杯"及"红杯水"等易碎邮件码放在最上层。对于装载不满的车厢,顺着车尾方向,邮件在车厢内的堆放高度由高到低进行码放,严禁侧装,否则会影响行车安全。

13. 封车

封车是指邮件装发完成后,对待发车辆进行封车操作,并完成信息封车作业。装车完成,对该车对应的路单信息确认无误后,通知驾驶员驶离垛口,处理人员与驾押人员一起,对车门眼同施封。利用PDA扫描派车单条码或者车厢码进行封车作业。对于甩挂车厢邮路,可直接使用PDA扫描甩挂车厢码,先实行预封车,待甩挂车头派车到位后再扫描派车单进行实际封车操作。

第四节　航空邮件处理中心典型生产作业流程

一、航空邮件处理中心整体生产作业流程

邮政航空网络布局采用"集散+直达"的模式组织,以南京集散中心为核心,组成以邮航集散为主、民航为辅,衔接陆运中心的网状航空邮路组织。各航空邮件处理中心集航空网络节点、分拣中心、国际国内邮件集散为"三位一体",依托航空运输资源,利用邮政陆运网络,完成航空邮件的运输和处理环节任务。邮政航空网是中国邮政普遍服务的重要组成部分和普遍服务赋能载体。作为航空网络的重要节点,航空邮件中心的作业场地可以分为航方场地、空侧场地和陆侧场地。

航方场地是航空货运公司承运邮政总包的处理场地。通常分为3个生产区域,即航空公司货库外交接区、航空公司货库内处理区和航空邮件停机坪装卸区。

空侧场地通过航空邮路与通航局进行总包交换。出港与邮航、民航办理航空安检、装箱打板、称重制单、配载发运等,进港与邮航、民航办理邮件接收、邮件提取等,场内进行航班解车、拆箱拆板、扫描勾核、本转剥离、邮路发运等工作。

陆侧场地进行国内进出口邮件接收、开拆、分拣、集包、封发、配发、封车等工作。按照邮件发运路向,航空发运与航空安检环节衔接;陆运发运与一干火车邮路、陆运邮路,二干邮路、市趟邮路等邮路衔接。

航空邮件处理中心陆侧场地的作业流程与陆运邮件处理中心的流程类似,这里主要介绍空侧场地的典型作业流程及操作规范。

二、典型作业流程及操作规范

(一) 解车(航空)

解车(航空)是指对进局航班〔邮航集装器(板)民航航空斗〕,接收到邮件实物时,实施解车作业。在交接区域通过航班号获取路单信息,验视邮航集装器(板)封装及航空斗车上总包的异常情况,卸斗装盘、拆箱拆板,开始接卸邮件。解车等于总包接收开始,用于界定航空中心空侧场地的作业开始。

航空邮件运输可以采用邮航航班或者民航航班,针对这两种不同航班的解车作业是不同的。如果是邮航航班,需在邮航航班落地后,拉出机坪,与邮航办理邮件交接,同时进行解车,并记录交接时间。如果解车对象是民航航班,则需民航航班的代理出具"提货单"后,进行解车操作,准确记录航班落地时间和邮件交接时间,根据"提货单"对到港总包邮件逐一进行实物接收。当然,无论哪种航班的解车接收都应按规定严格验视进口接收集装器的封志和总包的封志、绳扣、袋身。

(二) 分拣

航空邮件处理中心的分拣环节与陆运邮件处理中心的分拣环节类似,分拣封发好的邮件如何交航空运输,是航空邮件处理中心一个独有的处理环节,即"总包交航"。

(三) 总包交航

总包交航是指对交航邮件的总包发运,根据后续承担运输的是民航航班还是邮航航班,交航邮件可以分为交发民航的邮件和交发邮航的邮件,其交航过程有所不同。

1. 交发民航的邮件,各通航局应根据航班频次,分批逐航班与代理公司交接,应在预定航班起飞前的规定时间内办理交接手续。

2. 交发邮航的邮件,应根据航班计划和频次与邮航公司交接,可以实施散件和总包运输;要做到及时装运,不错装、漏装,确保总包发运路向无误。

3. 邮件交航时要按航班堆位逐一卸车并安检,确认安检完毕,邮件装机后按不同交接对象,在航班起飞后进行封车操作。

4. 邮件交发后,航空转运部门需安排专人对交航后的邮件进行监控。

5. 文件总包需集中装入集装器,若与其他邮件混装时应左右分开码放,并将文件总包码放于表层和外侧位置,确保后续环节的处理速度。

6. 对于安检退回的不合格邮件,航站应改发陆运或按相关规定处理,并通知和发验相关收寄局,不得将安检不合格邮件二次交航安检。

7. 处理人员与航方交接完毕后将航方签字的路单交回。

在总包交航后,如因航班取消、运能限制等情况,邮件需要改发新航班或者退回处理中心,这一过程称为"拉邮处理",也就是由邮方交接人员或货代人员对当频次未按照原航班发往前程的总包进行扫描的流程,邮方接收航空公司退回的总包、邮件时需要与航方共同点数交接,从而保证发运信息与实物的一致性。

(四) 安检不合格邮件处理

安检不合格邮件处理是指下述情况下对安检不合格邮件进行的处理:一是具备总包开拆条件的安检现场,须由邮方操作人员直接开拆安检不合格总包,将无法上航邮件取出后,其他邮件重封总包,赶发有效航班,安检不合格邮件带回处理机构改发陆运;二是不具备现场开拆条件的场地,可将安检不合格总包直接送回航空处理中心改发陆运处理。

1. 安检总包直接退回

(1) 对于不具备总包开拆条件的安检现场,安检不合格总包需带回处理中心进行后续处理。

(2) 对于交货运代理发运的航空邮件,交接人员使用 PDA 的"安检不合格"功能扫描总包条码,在信息系统进行不合格标记。系统自动在双方已确认的预装车路向信息中剔除安检不合格总包信息。

(3) 自主航空邮件的安检不合格操作:交接人员使用 PDA 的"安检不合格"功能扫描总包/邮件条码,在信息系统进行不合格标记。信息系统自动在路单信息中剔除安检不合格总包/邮件信息。

2. 安检总包不合格开拆操作

使用"安检不合格"功能扫描总包袋牌,再扫描不合格内件条码,重新生成总包信息,安检不合格内件自动从总包清单中剔除。

(五) 封车(航空)

封车(航空)是指待航班起飞后完成信息封车作业。处理人员在航班起飞后的规定时间内通过 PDA 或 PC 端输入航班号,确认路单信息,封车发送,应注意需要在航班起飞后 30 分钟内进行信息封车操作。

三、贵品邮件的分拣封发作业流程

(一) 贵品邮件概述

国内贵品邮件分拣作业要求

"贵品邮件"主要指"内件价值大、安全保障程度高、时限要求快"的物品及文件(如客户在寄递的时候进行价值声明,其价值在2千(含)至5万元(含)之间)。易碎易损物品(如琉璃、玻璃制物品)、玉雕木雕等容易毁损的雕塑品、生鲜易腐物品(如水分易蒸发的贵重药材)等不属于贵品邮件。一般处理中心常见的贵品邮件有高考录取通知书、学生档案等。

(二) 贵品邮件分拣封发处理

贵品邮件除比照现行标准快件邮件的正常处理规范外,须进行优先处理、优先发运。处理中心要安排"贵品邮件"接收、开拆、分拣、封发台席,安排专人负责处理。相关人员的上岗情况需严格记录备查。

贵品邮件的各处理环节要严格执行邮件面交制度,在全覆盖、无死角监控专用区域内,双人作业。贵品邮件不得上机分拣,应由人工进行处理,要严格执行单独分拣、单独封发制度,并逐件扫描勾核,总包要加挂"贵品"标识牌,严禁外走封发。具体作业要求如下:

1. 总包接收

贵品邮件(如高考录取通知书、学生档案等)应在全覆盖、无死角监控专用区域内双人作业,逐袋扫描交接。

2. 开拆

(1) 核对袋牌寄达局和邮件种类,进行开拆处理。

(2) 贵品邮件应在全覆盖、无死角监控专用区域内双人开拆作业。

(3) 一手抓取袋口,另一只手翻动袋牌,查看袋牌寄达局和邮件种类,确认是否属本局开拆。对须本局开拆的邮件进行开拆处理。

(4) 开拆时,解开袋口,总包袋牌放入回收篮,将邮件倒出,使用三角撑袋法查看袋内是否有遗漏邮件,并整理邮袋,放至固定位置。

3. 分拣

(1) 处理人员按照邮件上的名址信息分拣,或者使用PDA扫描邮件条码,依据PDA的提示进行分拣入格。分拣邮件时应做到匀速分拣,目随件放,准确入格。

(2) 入格邮件应码放整齐,面单方向保持一致,顺头顺面。

(3) 使用分拣格架等,应按批注地址进行入格操作。

4. 封发

(1) 封发前应先准备好空邮袋、封扎带,如需要拴挂指定双袋牌,需提前准好。封发时,条码袋牌在上,标识袋牌在下。

(2) 逐件扫描邮件条码,封发打印总包袋牌(袋牌应字迹清晰,无缺陷),进行"三核对",即核对路向、寄达局和袋牌是否相符,并进行查数,整理装袋。

(3) 将袋牌固定于邮袋指定位置,同时拴挂相应的贵品种类标识牌,进行封袋。

(4) 贵品邮件应在全覆盖、无死角监控专用区域内双人封发作业。

(5) 如使用条码容器盛装贵品邮件,还应将袋牌条码与容器条码进行绑定。

5. 交下一环节

（1）将封发完毕的总包按车次或路向分堆码放，归堆待发。
（2）需要暂存的邮件，按邮路发运计划和路向进行并堆，待发运。
（3）根据发运计划，及时送交指定区域或由转运人员定时提取。
（4）贵品邮件应在全覆盖、无死角监控专用区域内双人作业。

第五节　南京集散中心典型生产作业流程

一、南京集散中心整体生产作业流程

南京集散中心位于江宁区禄口国际机场西南侧，占地面积 80 万平方米，是航空枢纽、分拣中心、国际国内速递物流邮件集散"三位一体"的现代化邮件快速集散中心。南京集散中心是自主航空快速集散网的邮件处理核心平台，负责约 50% 的全国航空速递处理量。中心采用国际先进的分拣和自动传输系统，进行网络化、自动化分拣，采用大件物品散装和小件物品袋装的运输方式。

南京集散中心以"打造行业一流邮件处理中心"为战略目标，工艺设备采用国际先进的分拣和自动传输系统，邮件处理现场实施大面积立体作业，邮件处理过程实施大集中、全信息、多稽核，采用的 DLP 大屏幕数字显示系统有效地提高了邮运生产调度信息化管理应用水平，邮件装卸、分拣、安检等实现了空地一体化运作，邮件分拣流程所需时间大为缩短，极大地增强了邮政速递的竞争能力。目前，南京集散中心接卸邮航航班 23 架，通达 29 个通航局，进口干线汽车邮路 48 条，出口干线汽车邮路 41 条，覆盖 24 个省市，日处理邮件峰值近 65 万件，形成了一个以南京为中心，可直接分拣到全国 479 个投递区的快递航空邮运网络。

南京集散中心作业区分为陆侧作业区、空侧作业区和扁平件作业区，其中扁平件作业区利用全自动扁平件分拣机，主要处理文件型 EMS 邮件；陆侧作业区主要接发干线汽车邮路，其邮件处理过程与陆运邮件处理中心的邮件处理过程类似；空侧作业区主要接发邮政自有航空（邮航）航班的邮件运输，不接发其他民航航班邮件运输，因此南京集散中心空侧邮件处理过程与航空邮件处理中心的邮件处理过程有所不同。这里主要介绍一下南京集散中心空侧作业区与航空邮件处理中心不同的作业流程及操作规范。

二、典型作业流程及操作规范

（一）接收解车

接收解车是指对南京集散中心接卸的航空邮路，在航班落地后，接收到邮件实物时，实施解车作业。其要求如下。

航班进港后，由航方引导航班进入规定停机位和组织邮件卸机，并将邮件按规定交接路向的门洞（垛口）与集散中心处理人员进行交接。

处理人员根据集装器的交接时间核对航班信息。检查板签信息，核对航班路向，并检查封扣是否完好。将核对完毕的集装器推至掏箱区域的卡槽位，固定集装器后准备掏箱。集装器封扣不完好的情况要在交接单和系统中进行标注。

(二) 掏箱分剔

掏箱分剔是在解车后直接接收航空集装容器,将集装容器拖至作业区进行处理,是南京集散中心特有的作业流程。掏箱分剔就是指接收到集装器后,对集装器进行掏箱操作。先按照文件和物品进行初步分剔,再对物品按照可上机分拣和不可上机分拣的邮件和总包进行分剔和传输。

掏箱分剔时先解除集装器上的封扣,将集装器正面的网锁松开,再将箱帘下的锁扣以"先中间、后两边"的方式,依次打开集装器,符合上机标准的物品、经转文件总包放置上层传输皮带,直接传送至人工供件台供件。文件类塑料袋放入下层传输皮带,传输至末端后,文件类塑料袋总包装入内部周转盒,传送至相应的处理区处理。邮袋、非标邮件及大件同样放入下层传输皮带,传输至末端后转人工处理或摆轮设备处理。

通过以上描述可以看出掏箱分剔具体的作业要求与陆运邮件处理中心的卸车作业和分剔作业类似。

(三) 总包开拆

南京集散中心陆侧邮件分剔后需先进行安检再开拆,空侧邮件直接进行总包开拆,也就是陆运邮件卸车后通过胶带机传送至邮件安检区,过安检机安检,进入安全区。

陆运侧邮件经安检机安检后,不符合安全规定的邮件码放到笼车内暂存,由人工集中改为陆运。经过安检机检验合格的邮袋、塑料袋和散件进入隔离网内的安全区后,由人工开拆邮袋、拣选塑料袋,邮件被分为物品类邮件和文件类邮件。物品类邮件经胶带输送机系统送往分拣区。文件类邮件的塑料袋装信盒,经信盒输送线传输到文件类邮件分拣区,分配到各扁平件分拣机上。

(四) 航空邮件装箱封发

航空邮件装箱封发是指对于南京集散中心出口赶发邮航的邮件,采用人工装箱封发作业。对需装箱的邮件,按照路向格口逐件进行扫描抄登后装箱,或进行齐格封发后装箱。对需装袋的邮件,使用预制袋牌齐格或者齐格后打印袋牌,处理人员对邮袋进行封装并拴挂总包袋牌后装箱。

封袋前,要对邮袋周边及现场作业区域进行检查,确保所有扫描抄登邮件及时全部入袋。将邮袋和外走件装入集装器内,当集装器内的邮件装满时进行封箱操作,箱内所有邮件形成汇封信息,并对集装器拴挂汇封总包袋牌。只允许绑定同一汇封路向格口内的邮件装入同一汇封箱。

(五) 空侧邮件装发

空侧邮件装发是指南京集散中心航空交接集装器,由航空公司完成装机作业,将集装器推至地秤上称重,按键采集集装器重量后打印板签,在截邮点前交接给邮航进行装机。

南集处理中心空侧邮件装发

【案例一】

绿色邮政"十四五"发展规划发布

中国邮政集团有限公司印发《绿色邮政"十四五"发展规划》,全面回顾了绿色邮政建设行动(2018—2020年)成果,综合分析企业发展环境,阐明了绿色邮政在未来5年的发展方向和目标,提出到2025年成为"绿色包装推动者、绿色运输践行者、绿色金融倡导者",形成绿色邮政生态化发展的新格局,成为行业绿色发展的"第一方阵",明确了10大重点任务和26项措施,以更好地服务"六维共生"新邮政发展格局构建,为美丽中国建设贡献邮政力量。

规划指出,在"十三五"期间,中国邮政全面启动"绿色行动",开展绿色包装、绿色运输和绿色金融三大工程,开展绿色电商、绿色建筑等示范行动,持续完善绿色发展体系。其中,在绿色包装方面,降低包装耗材,推广绿色低碳包装材料,绿色包装的资源集约化水平得到显著提升;在绿色运输方面,大力推进运输节能,积极变革运输方式,环境守护型绿色运输模式初步建立;在绿色金融方面,创新金融服务产品,完善绿色金融服务体系,邮政绿色金融得到快速发展。

规划强调,"十四五"时期,邮政企业绿色发展处于机遇与挑战并存的重要时期。从外部环境来看,政策指明了绿色发展方向,邮政企业的绿色高质量发展仍处于重要的战略机遇期。同时,监管要求的提升,对邮政企业落实行业生态环保要求,推动绿色发展工作提出了更高标准。与行业领先企业相比,邮政企业绿色发展的部分领域仍有待对标提升。从自身环境来看,邮政企业具备独特的资源禀赋、品牌影响力、网络资源及业务协同等优势。科技创新驱动仍待强化,科技成果转化推广尚需因地制宜,强化引导和支撑。

"十四五"时期,绿色邮政建设将坚持"生态优先,绿色发展;创新驱动,标准引领;全面推进,重点突破;板块协同,共享发展"的发展原则,拓展绿色低碳高质量发展路径,深化绿色包装治理,完善绿色运输体系,创新绿色金融发展,构建绿色发展生态,致力于到2025年成为"绿色包装推动者、绿色运输践行者、绿色金融倡导者"。届时,中国邮政将实现重要绿色发展指标达到或优于国家标准,绿色发展体系基本完善,形成绿色邮政生态化发展的新格局,成为行业绿色发展的"第一方阵"的发展目标。

聚焦绿色低碳循环发展模式转型,规划从"深入推进绿色包装工程,系统完善包装治理体系""加速推动绿色运输工程,全面构建绿色运输体系""积极推进绿色金融工程,塑造邮政企业绿色发展生态""持续推动国土绿化行动,构建爱绿植绿护绿机制"四个方面,提出了10大重点任务和26项措施。一是持续推进包装减量化与绿色化,提升包装治理水平。持续推进包装减量化,贯彻科学规范操作;持续推进绿色采购,推广使用绿色认证包装材料;减少电商快件二次包装,防治过度包装;加强塑料污染治理,逐步禁用不可降解塑料。二是加速推动包装循环利用,融入循环经济体系。完善循环回收利用体系,融入社会循环体系;扩大应用范围与场景,推广可循环包装产品。三是创新绿色包装技术,强化规范化、标准化建设。推进包装技术革新,加强绿色包装的研究和试点;加强绿色包装标准化工作,加快包装绿色化;严格快递操作规范,推广与新型包装技术相配套的操作和处理标准。四是改善运输方式与运能结构,大力发展绿色运输。推广使用新能源和清洁能源车辆,优化运能结构;优化航空运力配置,强化绿色技术支持。五是创新运输组织方式,优化运输作业效率。优化运输组织模式,提升运输集约化运营程度;创新末端投递模式,丰富智能应用场景;推进绿色网点、处理中心建设,提升建筑的绿色化水平;加速智能运输技术应用,提高运输效率和提升管理水平。六是丰富创新金融产品服务,完善绿色金融服务体系。推进绿色产品和业务创新,加大绿色信贷投放力度;构建绿色保险产品体系,突出保险保障;推广数字人民币,打造便捷多元的服务场景。七是强化绿色低碳投资导向,支撑绿色产业经济发展。加大对绿色低碳循环经济的支持,优化资源配置与管理。八是增强科技赋能,推动金融科技与绿色金融融合发展。运用新科技手段,强化风险管理能力;发展电子化金融服务,推广低碳环保服务方式。九是履行国企责任,积极服务国家重大需求。紧跟绿色发展区域政策,建设绿色发展先行区;促进服务乡村振兴、长三角一体化等重点国家战略的绿色发展;构建企业主导、政府支持的绿色发展新格局。十是开展形式多样的义务植树活动,科学推动国土绿化行动。丰富义务植树尽责形式,继续组织开展义务植树活动;不断丰富活动组织形式,扎实推动国土绿化行动。

思考: 你认为根据邮件生产作业过程,邮件处理中心可采取哪些方面的措施来做到绿色发展,成为绿色邮政处理中心?

【案例二】

不拒收、不限流、不积压、不爆仓,中国邮政为什么能?

2019年11月11日全天中国邮政订单量超过1亿件,包裹快递收寄量达6 668万件,同比增长91.5%,邮政全网没有出现限收限流和积压现象。中国邮政集团有限公司董事长刘爱力曾表示,中国邮政要切实做到"四不"和"四确保",即不拒收、不限流、不积压、不爆仓;确保分拣处理系统运行畅通、确保信息系统畅通、确保运输畅通、确保人身安全,以高质量的服务真正彰显中国邮政行业"国家队"的形象。不拒收、不限流、不积压、不爆仓,中国邮政为什么能?

一、工艺流程改造,效率高

2019年"双十一"当天,浙江省邮政分公司邮件收寄量达1 611万件,江苏省邮政分公司邮件收寄量达973万件,运转平稳正常,未限流、未拒收、未积压……秘诀就在于推广集包作业、优化工艺流程、精心组织安排。前置集包作业就是在经营部将同一路向的符合集包规格的邮件进行装袋封发,直至寄达部门才对总包开拆,减少了分拣次数和重复作业,从而缩短全程传递时限。2019年"双十一"期间,浙江省义乌市邮政分公司每天有4个经营部对重点区域、重点地市建立集包格口,格口设置在200个左右,重点保障并加快了长三角和珠三角等重点路向、重点城市的邮件传递时效,为业务发展提供了强有力的支撑。

南京市邮政寄递事业部按照"收不限量,错峰入网"的原则,对有预售单款爆品的客户提供打包服务,并引导客户将货物储备在邮政的前置仓,压缩揽收驳运时长,释放运能,同时有效保障客户的发件量。结合发件规模、产品性质、流量流向等信息,利用长三角的价格和时限优势、签订时限承诺等多种方式,提供定制化综合物流服务方案,提升客户用邮体验及发件量。

2019年"双十一"期间,江西省南昌市邮政分公司南莲路集包中心的邮件处理量达到30万件/天,是平日的近4倍。为了提高效率,该中心采取了一系列改进举措。收寄一体机由8台增至18台,人员从60人一班/天增至200人一班/天,架设一条长约26 m的皮带机,将4条卸车伸缩皮带机与收寄一体机相连,这项流程改造将收寄效率提高了30%,节省成本达50万元。除此之外,专门为邮件量大的路向定制体积大、装载邮件更多的集包笼,也是升级处理流程的另一项重要内容。截至2019年11月10日,江西邮政快递包裹省际出口小件集包比例达100%,前置集包比例达91.65%,位列全国邮政第一。

四川邮政在2019年"双十一"期间,在收寄环节推行"前置为主、逐级进行"的集包原则,加大收寄直发力度,实行够量直发;加强处理场地能力建设,在节点处理中心及市州处理中心配置包裹分拣机及胶带辅助分拣线、集包笼等集包设备,成都地区的邮件处理能力达到300万件/日。

二、加大建设投入,能力强

中国邮政未雨绸缪,通过提前新建、改建一批重点邮件处理中心,全网日均处理能力新增2 600万件。

2019年"双十一"前夕,南京邮区中心局通过工程改造,提升了作业场地和整个场院的综合利用率。特别是"矩阵+小件分拣机"的新作业流程,让南京中心局业务承载能力从90万袋(件)/日提升到近130万袋(件)/日的新常量。11月11日,南京中心局运行平稳顺畅,保证了"快速+稳定"的时限要求。

江西南昌邮区中心局上线的"摆轮矩阵系统＋小件分拣机系统",占地面积 7 000 平方米,堪称"巨无霸"系统。在"巨无霸"上线前,所有邮件都依靠双层包分机来处理,日均处理量为 100 万件;"巨无霸"上线后,日均处理量可达 150 万件。

合肥邮区中心局加大新工艺、新设备的使用力度,采取"摆轮矩阵＋小件集包"的作业模式,启用 25 个直连卸车垛口和 4 个离线格口同步卸车,供包人员按照 3 秒 1 件的速度向传送带供包,邮件"疾驰"而过,大大地提高了作业效率。

华南陆路邮件处理中心是广州邮区中心局 2019 年新增的一个处理场地,配置了一套矩阵分拣设备、两台小件分拣机以及与之相配套的胶带机传输系统,采用集包分拣和散件分拣的作业模式,单日处理峰值可达 100 万袋(件)。

2019 年,湖南省邮政分公司启动长沙邮区中心局邮件处理中心集包作业工艺设备配备工程建设。设备改造后增加了 4 个卸车口、10 个直连装车口,可提升处理能力至 20 万件/天;新增集包台席 24 个,集包效率可达 3.6 万件/小时,确保了新设备在"双十一"期间形成生产能力。

三、科技赋能,让中国邮政快上加快

2019 年,邮政新一代寄递平台订单接入能力达到 2 530 万单/小时;收寄能力达到 2 753 万单/小时,是预定目标的 2.75 倍;中转处理能力达到 3 038 万单/小时,是预定目标的 1.5 倍;自动分拣机译码速度从 200 ms 缩短到 50 ms;云平台处于低载运行状态,资源充裕。

浙江省湖州市邮政分公司的智能无人投递车辆、自动驾驶常态化运邮路线以及日益成熟的"无人机"邮路在 2019 年的"双十一"战役中大显身手,让科技赋能助力包裹跑出"双十一"速度"。

在南京市玄武大道的南京邮区中心局的物流仓里,350 个"新员工"悄然"上岗"了。它们是最新一代的搬运机器人。这些"小黄人"的分拣效率为 1.2~1.5 万件/小时,是人工分拣效率的 1.5 倍以上。从 2019 年 10 月 16 日开始试运行到目前,已经进入到稳定的处理邮件的工作状态中。

青岛市邮政分公司添置了新的分拣"神器",设立 202 个格口,在邮件业务量饱和的状态下,每小时可以处理 12 000~15 000 件邮件。

浙江桐乡的自动驾驶邮车,大大地降低了常规邮路油料消耗及人工成本,改变了传统作业模式,创造了新的用邮需求。

流程优化、科技赋能,中国邮政寄递业务正在发生质的变化,全网提速效果显著,客户用邮体验进一步提升。

思考: 为了提高邮件处理效率,邮件处理中心采取了哪些优化处理流程的措施?这些流程优化满足了哪些邮件处理作业的实际需求?

【案例三】

科技赋能助力邮政发展

一、AGV 处理中心

中国邮政武汉 AGV 项目是快递行业首个创新性地使用双交叉带全功能快递智能 AGV 的分拣项目,使用智能 AGV 分拣机器人(如图 3-12 所示),采用立体规划、矩阵分布作业等先进技术和理念,实行立体式模块协同作业,在 2017 年"双十一"投产后得到行业内外的广泛关注,先后接待美国邮政、法国邮政等各国邮政参观调研。中国邮政晋江立式 AGV 是中国邮政第三代 AGV,实现了快递行业首个立式 AGV 无平台分拣作业场景(如图 3-13 所示),从卸车

三向分配,到 AGV 笼车搬运;从机械臂抓取供件,到自动扫描称重;从无平台化分拣,到格口自动发运,无一不体现出"智慧 EMS"的理念优势。

图 3-12　智能 AGV 分拣机器人　　　　　图 3-13　AGV 无平台分拣作业场景

二、自动驾驶货车

中国邮政在浙江省开通了行业内最早的两条真实环境 L4 级别自动驾驶常态化运行邮路,最高时速可达 90 km/h。自动驾驶货车(如图 3-14 所示)采用雷达加视觉双重传感技术,在邮路开通前已完成暴雨和夜晚等各种复杂情况测试。两条邮路共运行 200 多天,总运行里程超 100 万公里,共运行邮件 20 余万件。

图 3-14　自动驾驶货车

三、投递无人车

中国邮政投递无人车(如图 3-15 所示)主要应用于厂区、高校、开发区等,整套系统基于电子地图实现车辆的监控,车辆的位置、状态等信息实时在电子地图上显示。投递无人车目前已在湖北仙桃、浙江德清等地实地运行。

图 3-15　投递无人车

四、无人机

中国邮政水陆两栖中型支线无人机(如图3-16所示)载重量约250 kg,巡航速度约200 km/h,续航时间6 h,起飞距离约300 m。该无人机已于2019年5月29日成功完成从上海金山至浙江舟山嵊泗的运邮飞行。与此同时,中国邮政正积极投入到旋翼加固定翼大载重无人机的研制中,以适应我国不同地区的地形地貌。

图3-16　无人机

思考:你还知道哪些新技术、新设备应用于邮政生产?这些新技术、新设备对生产作业流程优化、处理时效提升发挥了怎样的效果?

【实践项目】

1. 完成快递包裹全流程处理过程示意图

- 任务目标

熟悉邮件收分运投全流程处理过程。

- 任务要求

(1) 结合第二章的学习,参考第四章、第五章的内容熟悉快递包裹业务全流程处理过程。

(2) 明确各个环节的主要作业内容。

(3) 明确各个环节的主要作业要求。

(4) 选择自己熟悉的一种绘图方式(EXCEL、PPT等均可),要求逻辑清晰、过程明确。

- 任务实施

(1) 小组合作,可以按照四大环节进行任务分工。

(2) 先呈现总流程,之后进行一级或者二级的细化,形成总体流程。

2. 高校校园快递包装回收利用途径分析

- 任务目标

理解快递绿色包装,初步探索快递包装的回收再利用途径。

- 任务要求

(1) 阅读《中国快递包装废弃物产生特征与管理现状研究报告》,体会下面这段话中的数字增长意味着什么。"2018年中国国内共消耗快递包装材料941万吨,而在2000年这个数字是2.07万吨,18年间增长了454倍。2018年,我国快递废弃物的填埋和焚烧带来了近14亿元的社会管理成本。2020年我国的快递量达到700亿件,人均快件从2000年的0.01件增长到2020年的约50件。"

(2) 查阅资料，了解快递绿色包装和快递包装回收重复利用的相关知识。

(3) 结合校园实际提出校园快递包装再利用的途径。

- 任务实施

(1) 查阅相关文献资料。

(2) 开展校园快递包装再利用现状调查。

(3) 提出自己关于校园快递包装再利用的方法，助力绿色邮政、绿色校园的实现。

第四章　邮件运输环节生产组织与运营管理

【企业背景】

　　邮件运输的基本任务是在合理、有效的基本要求下，综合利用各种运输工具，在各邮政枢纽、邮政局(所)之间，按照规定的路线、频次、时限，有计划地运输各类邮件。邮政运输组织应贯彻执行"及时、准确、经济、安全"的原则，采取最经济合理的方案，有效利用各种运输工具，及时准确、安全无误地完成邮件运输任务，提高运输经济效益。

　　邮件通过什么样的运输工具由甲地运送到乙地？针对不同的邮件如何选择不同的运输工具？不同的运输工具具有哪些不同的技术经济特点？不同的运输方式遵循什么样的原则？不同的运输方式如何组织生产作业？带着这些问题，我们走进本章的学习。

【岗位要求】

　　熟悉运输组织岗的工作内容，能初步编制邮路计划、邮件发运计划，编制各类生产作业计划，并能初步制定运输时限管理、组织原则、规章制度。

【学习目标】

- 了解邮件运输的任务、特点；
- 熟悉各种运输方式的技术经济特点；
- 理解公路邮运和铁路邮运、航空运邮的组织原则；
- 熟悉邮件发运计划分类和编制方法；
- 熟悉各种运输方式的作业规范；
- 树立爱岗敬业、负责的工作态度；
- 形成以劳动为荣，以懒惰为耻的劳动观点。

【思维导图】

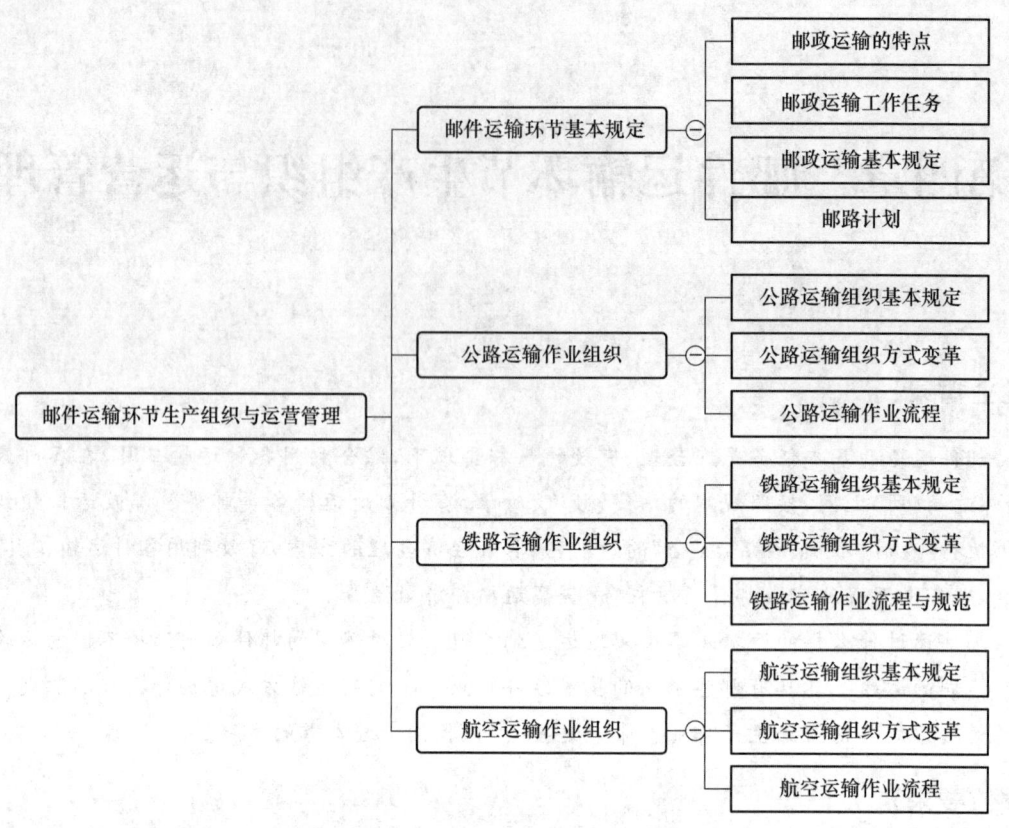

第一节　邮件运输环节基本规定

一、邮政运输的特点

邮政运输具有以下几个特点。

邮政运输概述

1. 全程全网性。邮政运输要依靠不同区域、不同类型及不同级别的邮政局（所）和邮路合作完成，相互之间需要有密切的协作，因此，也就需要一个统一的规划。

2. 时限性。邮件在传递过程中的各个环节都有严格的时限要求，邮件运输环节速度的快慢、质量的高低直接影响了整个邮件传递的质量和速度。

3. 被动性。由于客观条件的限制，除了部分自主开行的汽车邮路外，部分运输需要依托外部运输工具，不同程度地受到运行邮路、运行时间和停靠站点等的制约。

4. 连续不断性。邮政企业向用户提供的通信服务是常年不断的，双休日和节假日也不停止，因此，各生产环节以及各种邮运工具昼夜不停地运转，以保证邮件的传递。

5. 复杂性。邮政运输内外部环境错综复杂：从内部来说，邮件的种类繁多，时限要求不一，邮件的流量流向没有规律、不可控；从外部来说，邮运依靠交通工具，因此又受到交通状况、季节、气候等外部因素的影响。

二、邮政运输工作任务

要做好邮政运输组织,主要需要做好以下几个方面的工作。

1. 根据通信生产的需要,合理规划邮路。规划邮路时应符合"经转少,层次清,网络健全;速度快,效率高,畅通无阻和成本低廉"的要求,制订邮路规划方案,根据各方案,按照规定的时限和频次要求的速度、运输工具利用率、运输成本等主要指标的比较,选择最切实可行的方案。
2. 在邮路上选择适合邮件交接的机构,负责交接邮件。
3. 选择适合的运输工具,如选择其他运输部门的运输工具,需同相关部门商订运邮合同。各种运输工具的优缺点分析见表4-1。

表4-1　各种运输工具的优缺点分析

运输工具	优　点	缺　点	目前使用情况
火车	速度快、运量大、准班准时	受到邮路限制	1 500 km以上长距离运输
汽车	速度快、灵活、便于组织	运量受限、成本高	一级干线、二级干线及邮区内邮路
飞机	速度快	运量小、运价高、中途停落点少、易受天气影响	标准快递长距离运输
非机动(马班、步班、自行车)	使用范围大	运量小、速度慢、劳动强度大	县及县以下邮路
船舶	运量大、运费低	受海运、河道影响、速度慢,准班准点性差、受季节天气影响	基本上不使用

4. 为了有计划地运输邮件,要制订邮件发运计划。
5. 为了保证邮政运输的正常进行,要建立和执行各项邮运调度制度。
6. 根据运输任务、各种技术和劳动定额,合理配备各种运输工具、设备和人员,并对邮运工作人员和设备进行日常管理。

三、邮政运输基本规定

邮政运输是邮政通信的重要环节,承担全国邮政网络节点之间的邮件传递任务,应统一指挥调度、严密组织,综合利用各种运输工具,实施计划运输。为此,应遵循以下基本规定。

1. 邮政运输部门应按职责范围分别编制邮路计划,并根据邮件量合理安排运能,够量直达,科学串行,减少中转,提高运行的效率效益。
2. 邮路组开单位应严格按规定的邮路计划执行工作,在组织邮件运输时,以邮件的传递时限规定为依据,按照规定的路线、频次、时限,有计划地运输各类邮件。
3. 邮政企业应保障邮件运输过程中人员、邮件、运输工具等的安全。
4. 邮政企业应加强邮政运输工作的指挥调度,利用信息系统提供的数据科学地判断并分析各项邮运生产指标,提高邮运工作的预见能力和应变能力,提高各类运输工具空间利用率。

四、邮路计划

邮路基础管理

邮路计划可以分为邮路运行计划和邮路发运计划。邮路运行计划主要反映邮运车辆的运行情况,邮路运行计划包含运行时长、运行时刻、运行里程、交接站序、运行班期、邮路有效周期等。邮路发运计划是指通过邮路可以带运的邮件种类和带运范围,制订邮路运行计划后,根据邮件种类及带运范围再制订发运计划,二者相辅相成。

(一)邮路运行计划

集团公司可根据全网运行状况,对一级干线邮路的运行计划进行调整。各省分公司也可视情向集团提出调整申请,由集团审批调整。调整申请应至少包含如下内容:邮路名称、调整项目(如运行时长)、调整的原因、调整周期、带运邮件时限分析等。省内二级干线邮路及邮区内邮路运行计划调整的申报及审批流程,由各省分公司参照一级干线邮路运行计划制订并自行组织实施。

(二)邮路发运计划

邮路发运计划按邮件运输方式可划分为汽车邮路发运计划、铁路邮路发运计划等。按管理层级划分为:一级干线邮路发运计划、二级干线邮路发运计划、邮区内邮路发运计划。各级邮路发运计划,依照邮件经转关系进行编制。集团公司负责一级干线邮路发运计划的调整及一级、二级干线邮路发运计划的审批工作。各省分公司负责本省二级干线及邮区内邮路发运计划的调整工作。

(三)邮路发运计划的编制

集团公司负责组织干线邮路发运计划的编制及审批工作。一级干线邮路发运计划由集团公司负责编制。二级干线邮路发运计划由各省分公司负责编制,报集团公司审批通过后,方可执行。邮区内邮路发运计划由各省分公司负责编制及审批。

1. 一级干线邮路发运计划编制

一级干线邮路计划的编制原则为"时限优先、路由唯一、计划完整、动态调整"。

(1)时限优先。计划编制过程中,按照运营标准优先选择时限较快的线路确定邮件发运路由。

(2)路由唯一。以地市为单元,同一频次内该地市出口的省际邮件采用唯一路由发运(兼有铁路、航空邮路的路由除外)。

(3)计划完整。以地市为单元,该地市所有出口邮路的计划要通达全网所有一二级邮区中心。

(4)动态调整。在发运计划的实施过程中,集团公司会根据实际生产情况进行动态调整。

2. 二级干线邮路发运计划编制

二级干线邮路发运计划的编制原则须比照一级干线邮路发运计划编制原则,各省可根据实际情况,对省内邮路采用非唯一路由方式进行编制。

3. 邮区内邮路发运计划编制

各省应根据干线邮路发运计划,编制省内邮区内邮路的发运计划,实现与干线邮路计划的有效衔接。

4. 干线邮路发运计划编制注意事项

(1)干线邮路发运计划编制须依照固定邮件经转关系,经转关系的调整由集团公司确定,并与分拣封发关系保持一致。

（2）处理中心同址仓直发的邮件，须等同于本地市省际出口邮件，发运时与干线邮路发运计划保持一致。

（四）干线邮路发运计划调整

干线邮路发运计划调整的规定如下。

1. 集团公司负责组织干线邮路发运计划的调整及审批工作。

2. 集团公司可根据全网邮件流量流向、网络组织变化等情况，对一级干线邮路发运计划进行调整。

3. 各省分公司如需要对一级干线邮路发运计划进行调整，应按照如下程序进行申报。邮路发运省须至少提前2个工作日，以"调度请示"形式向集团公司提交调整申请。调整申请应至少涵盖如下内容：发运局、邮路名称、发运计划调整原因、计划调整方案、邮件时限变化分析等。集团公司对各省分公司上报的一级干线邮路发运计划调整申请，从局对时限、发运模式、处理压力、运行效益等维度进行审批。原则上，调整后局对间的时限不能慢于原局对间的时限。

4. 集团公司通过"调度通知"对一级干线邮路发运计划的调整进行确认，各省分公司自收到通知起，应同步调整发运局的分拣方案、作业组织等。一级干线邮路发运计划调整后，各省分公司应同步调整省内二级干线邮路及邮区邮路发运计划，确保计划紧密衔接。

5. 二级干线邮路发运计划由各省分公司根据实际情况调整，并报集团公司审批通过后，方可执行。

6. 邮区内邮路发运计划由各省分公司负责调整及审批。

（五）干线邮路发运计划信息维护

集团公司负责组织干线邮路发运计划的系统信息维护及下发工作。集团公司负责维护一级干线邮路发运计划并下发，以及审核、下发二级干线邮路发运计划。省分公司负责维护二级干线邮路发运计划，并上报集团审批。省分公司负责维护、审批本省邮区内邮路发运计划。发运计划维护应遵循以下原则。

1. 发运站序

发运计划维护时要选择具体的发运站，同一局有多个发运站时需分别维护。

2. 计划颗粒度

省际出口干线邮路，除直达某特定地市外，发运计划的寄达局必须是邮区中心，严禁维护到地市、县市等小颗粒度。省内进口干线邮路，寄达局可维护到地市、县市。邮区内邮路的发运计划，寄达局可维护到投递部。

3. 邮件种类

根据邮路实际运行组织情况选择寄达邮件种类，确保每一地市出口的各类邮件都有发运计划。

4. 计划一致性

同路向、不同频次的邮路发运计划须保持一致。

5. 多套计划

同一个发运站、邮路及卸交站可维护多套计划，即在不同的时间范围内，发运站通过邮路带运到卸交站的邮件寄达局可以不同，方便发运计划灵活切换。

(六)失效邮路计划的处置

如邮路(站序)失效或者站序被强制修改,则该邮路或站序上对应的发运计划相应地失效。已经失效或者冗余的发运计划,须做删除处理。

第二节　公路运输作业组织

一、公路运输组织基本规定

(一)邮路开通

集团公司负责一级干线邮路的开通管理,各省分公司负责省内二级干线邮路及邮区内邮路的开通管理,集团公司应根据全网运行状况开通一级干线邮路并下发指令实施。各省分公司也可根据本省网络运行状况向集团公司提出干线邮路的开通申请,由集团审批后,组开省负责组织实施。

1. 正班邮路的开通流程

各省分公司应充分研究本省邮件流量流向、运递时限、邮路运行成本等因素,申请组开一级干线正班邮路。需开通的一级干线正班邮路应按照如下程序进行申报审批。

(1)邮路组开省须至少提前10个工作日,向集团提交正式的书面开通申请。

(2)开通申请应至少包含如下内容:组开局、邮路组开原因、预计邮路带运量、开通时间、邮路名称、站序、运行时刻、里程、运行班期、自办/委办、邮件运输计划、邮件时限和运行效益分析等。

(3)集团公司将在收到申请后对干线正班邮路开通申请进行评估,完成审批后向申请省反馈结果。

(4)对于批准开通的干线正班邮路,集团公司将下发正式文件确认。

2. 临时邮路的开通审批流程

满足临时邮路开通条件的各省分公司可申请组开一级干线临时邮路。需开通的一级干线临时邮路应按照如下程序进行申报审批。

(1)邮路组开省须至少提前2个工作日,以"调度请示"的形式向集团提交开通申请。

(2)临时邮路组开申请应至少包含如下内容:组开单位、邮路组开原因、预计邮路带运量、开通周期、邮路名称、站序、运行时刻、里程、吨位、运行班期、自办/委办、邮件运输计划、邮件时限和运行效益分析等。

(3)集团公司将在收到申请后对一级干线临时邮路开通申请进行评估,完成审批后向申请省反馈结果。

(4)对于批准开通的一级干线临时邮路,集团将下发"调度通知"确认。

一级干线临时邮路每次审批组开的周期为30天,各省如需延期,如临时邮路固定运行时间连续超过60天,应改为正班邮路运行,邮路组开省应按正班邮路的规定进行申报审批。对于由临时改为正班的干线邮路,系统信息维护时要撤销临时邮路,并重新增添正班邮路信息。

省内二级干线邮路及邮区内邮路开通的申报及审批流程,由各省参照一级干线邮路运行计划制订并自行组织实施。集团公司负责一级干线邮路的系统信息维护;邮路组开省负责二级干线邮路的系统信息维护,并上报集团公司审批;各省分公司负责省内和邮区内邮路的系统信息维护及审批。

(二) 邮路撤销或停运

由于网络结构调整、路向邮件量减少、发运计划调整等原因,集团公司可对一级干线邮路进行撤销或临时停运。

1. 需要撤销或临时停运的干线邮路

对于需要撤销或临时停运的干线邮路,集团公司可根据邮路实际运行情况下发指令实施;邮路组开省也可向集团公司提出申请,由集团审批后,组开省负责组织实施。邮路组开省应充分研究和分析邮件的时限、邮路的成本等因素,对确需撤销的一级干线邮路应按照如下程序进行申报审批。

(1) 一级干线正班邮路须至少提前10个工作日,向集团提交正式书面撤销申请;一级干线临时邮路须至少提前2个工作日,以"调度请示"的形式向集团提交撤销申请。

(2) 撤销申请应至少包含如下内容:邮路名称、邮路代码、邮路撤销原因分析(时限、成本等)、拟撤销时间、该邮路带运邮件的计划调整方案等。

(3) 集团公司将在收到申请后进行评估,完成审批后向申请省反馈结果。

(4) 对于批准撤销的一级干线正班邮路,集团公司将下发正式文件确认;对于批准撤销的一级干线临时邮路,集团公司将下发"调度通知"确认。

2. 确需临时停运的一级干线邮路

对确需临时停运的一级干线邮路应按照如下程序进行申报审批。省内二级干线邮路和邮区内邮路撤销及临时停运的申报及审批流程,由各省参照以下规定制订并自行组织实施。

(1) 邮路组开省须至少提前2个工作日,以"调度请示"的形式向集团公司提交临时停运申请。

(2) 临时停运申请应至少包含如下内容:邮路名称、邮路代码、邮路临时停运原因分析、拟停运周期、该邮路带运邮件的计划调整方案等。

(3) 集团公司将在收到申请后进行评估,完成审批后向申请省反馈结果。

(4) 对于批准临时停运的一级干线邮路,集团将下发"调度通知"确认。

(三) 干线汽车邮路运行基本规定

干线汽车邮路运行的基本规定如下。

1. 根据快递包裹运营标准中的一、二级干线邮路运行时速标准,紧密衔接进出口作业频次和有效投递频次,制定干线邮路到开时间。

2. 干线汽车邮路实行定点、定线、定班、定时运行,确保邮件运输时限。一、二级干线邮路承担局必须使用条码派车单进行派车管理和执行封车解车操作;市趟邮路使用PDA扫描凭证条码袋牌,执行封车解车操作。

3. 承担干线汽车邮路邮件运输任务的车辆,必须使用封闭厢式汽车或甩挂车厢,所有运邮车辆必须配备卫星定位系统。

4. 干线汽车邮路实行随局管理制度。邮件运达指定地点后,车辆驾押人员要服从接卸单位的现场管理,将车辆停放到指定地点后,甩挂车辆要按规定进行换厢作业。邮路终到局应负责安排好驾押人员的食宿和车辆停放等问题。

5. 承担机要邮件干线汽车运输任务时,机要邮件人员配备、安防设施配备及相关的保密要求和业务处理，必须符合《机要通信业务处理规则》相关规定。

6. 一、二级干线汽车邮路外包企业必须从集团级、省级两级外包企业名录中选择。各省分公司通过招标方式选择承运合作企业，并与之分签合同，承担邮件干线运输任务。集团公司每年对"入围企业"进行考核评价，优胜劣汰。各省分公司要做好外包企业的运邮监督检查和评价考核工作，切实规范外包企业运邮行为。

7. 根据流水化、散件化、车等邮件的作业特点，干线汽车邮路运行按"固定路向、准点发车"原则组织邮件运输。在生产旺季或突发情况下，集团指挥调度中心按照"装满即发、够量直达"原则灵活、动态地调度。

二、公路运输组织方式变革

为了深化干线运输改革，解决干线运输组织柔性不足，运输管控精细化不足的问题，推动干线运输效率、效益、效能持续提升，支撑业务发展、促进市场拓展，推动并深化干线运输组织多样化、干线运能管理集中化、干线运行管控精细化，持续提升干线运输运行效率、运输效益、管理效能，构建并完善柔性敏捷、管控集中、管理高效的寄递网立体运输网络，深度融入国家综合立体交通网，公路运输组织应从以下几个方面进行改革和优化。

（一）实行多样化运输

结合邮政寄递运输网络实际，按照"航陆分层、优势互补、综合利用"原则对干线运输网络组织进行优化，实现多种运输方式联运、航陆运输资源互为补充、深度融合的运输组织架构。

1. 改革汽车邮路组开模式，围绕市场构建优势线路

（1）围绕市场，组开直达邮路

重点围绕够量市场，对竞争对手量大直开而邮政量小且没有时限优势的线路要逐条对比，本着能力适度超前的原则，组开直达邮路。原则上，日均装载量达到70%（12吨车型，下同）的够量线路开通直达邮路；对于邮政量大且时限好的品牌线路，加密现行省际干线邮路频次，夯实品牌优势；对于已经开行的临时邮路，原则上全部转为逐日运行的正班邮路。调整省际干线邮路必须"局到局"的组开方式，组开从客户端（揽投部、仓库、"田间地头"等）直接发车的省际干线邮路。

对于有多个省际中心的省份，为了衔接省际邮件进口和省内邮件互寄，要组开本省内各省际中心之间的直达邮路。

（2）打破行政区划，开通顺向邮路

打破行政区划，按照顺向经转的原则，优化干线邮路组织。依据流量流向，围绕邮件运输里程最短这一目标，重新优化局间的全程路由设置。通过开通跨区域经转节点间的直达邮路，加快整体邮件全程时限。

以西北区域经转关系为例，可设立以西安为中心的西北区域经转网络，各地市、县出口邮件由本省省会出口调整为顺向邻近省际中心直接出口。

（3）改革尾量组织模式，实行尾量汇集

通过"出口集中发运"和"跨省集散进口"的方式解决省际中心的尾量出口，稳定时限水平。在全网设置无锡、廊坊、西安等省际（区域）尾量汇集点，承担尾量集散功能。各省要在本省选定出口尾量汇集节点，省内二级干线尾量邮路采取循环、串行等方式出口汇集发运。尾量大的省要增开省际出口尾量专频邮路。

(4) 扩大开通多点串行邮路

按照顺向发运原则,组开省际邮路"一装两卸""两装一卸"邮路。"两装"和"两卸"局以同一省份为主,跨省为辅,原则上两个串行局间的距离不超过单程总运输里程的10%,以减少车辆空驶里程,降低运输成本。出口路向,采用"省内两装,终到一卸"的方式组织邮路;进口路向,采用"发运一装,省内两卸"的方式组织邮路。

(5) 扩大定制运输组织范围

通过开通定制运输邮路,解决农产品及批量邮件的运输需求。针对有特殊要求的批量邮件(如生鲜等)制定个性化运营方案,开通定制运输邮路。

2. 大力推进交邮运输合作

加大交邮合作的推进力度,以站点合作和线路合作为主要内容,着重解决县级以下地区运输频次少和运输时限不稳定的问题。做好乡镇运输服务站建设工作,可利用客运公交带运邮件。

3. 综合利用各种运输方式,实施多式联运

运输距离是选择运输方式的基本依据。800 km以上的距离,建立以邮政航空运输为骨干力量,民航经济航班为补充力量的特快运输网络;500～800 km的距离,建立以高铁为主要力量的特快运输网络;500 km以下的距离,建立以汽车运输为核心力量的特快运输网络。邮航运行异常的情况下,集团公司将统筹调度民航、高铁、陆运汽车运力作应急补充,启动应急响应机制,实现多种运输方式协同配合,互为补充,确保邮件的全程时限。

(二) 改革运行管理机制

结合企业实际,陆运聚焦于车次运行管理,航空运输聚焦于陆航衔接可控管理,建立以信息系统为基础支撑的航陆一体的干线运输精细化管控机制。

1. 深化干线邮路运行计划集中编制改革

集团负责省际中心间的邮路运行计划编制、开通/撤销、发运计划维护、到发时刻调整,自主航空邮路的开通/撤销、发运计划维护、起降时刻调整,民航邮路的发运计划维护。

统一设定干线运输到开卡口时间点,各省严格落实卡口时间,优化调整省内线路,做好省际、省内线路衔接,保障邮件的全程时限。

2. 深化"小改大"改革

全面深化并实施干线运输"小车改大车"改革,对于单程里程大于600 km的省际线路和20吨以下车型(或车厢容积低于85 m³的车型)同频次内发班多于2班次的线路,实施"小车改大车"。全网要利用好车辆运行管控平台的"小换大监控"功能,逐车次监控车辆发班数量和车辆车型情况,及时调整和优化派车计划。

3. 深化"单改双"改革

往返业务量基本对等,运输成本匹配,返程运输到发时刻合理衔接内部处理频次的邮路分批次调整为往返邮路。

4. 持续提升陆运装载率

逐步实施重量装载率和空间装载率并行的装载率考核模式。充分利用信息系统,加快推广智能运力匹配功能,强化收寄量和到达邮件量的预测分析,选择量能匹配车型;强化资费收入和运输成本分析,提升单车装载效益。

5. 推进航陆有机衔接

建立航陆衔接转换机制。强化航空运能、高铁运能、干线汽车运能集中管控和统一调配,综合利用多种运输资源。集团公司定期发布邮航运行预警指令,建立并持续完善邮航航班异常应急处理机制,确保航陆互转邮件时限稳定。各省将衔接航空的邮路纳入省分公司指挥调度中心统一管控,并落实集团公司指令,快速响应和转换运输方式。

补齐民航航班进口提取频次,严控航陆交接时长。各通航局要加强现场管理,安排专人专班对民航库区进行定时巡场,北京、上海、广州、深圳的民航航班平均进口提取时长不超过120分钟,其余通航城市的民航航班平均进口提取时长不超过90分钟,杜绝民航邮件在库区长时间滞留,确保邮件的全程时限。

三、公路运输作业流程

(一)自办派车

自办派车用于干线汽车邮路(含一级干线邮路、二级干线邮路)、邮区内邮路(含市趟、盘驳、支线邮路),由自办驾驶员及车辆执行运输任务。自办派车流程如图4-1所示,操作规范和注意事项如下。

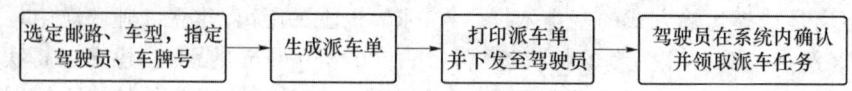

图4-1 自办派车流程

1. 操作规范

(1)干线汽车邮路(自办)派车,由派车管理人员在系统内按派车车型、车牌号、驾驶员、派车日期或派车计划进行派车,并打印派车单,完成派车操作。

(2)邮区内邮路(自办)派车,由邮政派车管理人员在系统内逐班次完成派车操作,或制订排班计划后由驾驶员领取派车任务完成派车操作,并打印派车单。

(3)驾驶员在系统内确认车辆、邮路、发车日期是否与实际相符,领取派车任务。

2. 注意事项

(1)干线邮路派车时要求卫星定位设备状态正常,卫星定位设备状态为离线、失步的车辆需业务人员点击确认后才能使用,卫星定位设备状态为未安装或故障的车辆不能使用。

(2)封车前可对派车单进行删除,重新派车。

(二)委办派车

干线汽车邮路(含一级干线邮路、二级干线邮路)、邮区内邮路(含市趟、盘驳、支线、农村邮路)由签订合同的委办公司执行运输任务,指定委办公司、委办驾驶员和车辆。委办派车流程如图4-2所示,操作规范和注意事项如下。

委办派车

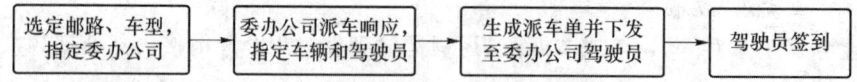

图4-2 委办派车流程

1. 操作规范

(1)委办正班派车由派车管理人员在系统内发布派车任务,可按委办车辆和委办驾驶人员进行派车,委办公司管理人员通过系统进行派车响应。派车管理人员核实派车响应信息是否与实际相符,再打印派车单。

(2)委办加班派车由派车管理人员在智能运力匹配系统进行量能匹配,选定车型和委办公司进行派车,核实派车响应信息是否与实际相符,再打印派车单。

(3) 委办驾驶员需使用"中邮助手"App内的签到功能进行签到,表明委办车辆已到达装车场地,可执行装车任务。

2. 注意事项

(1) 委办公司的运输合同信息应在车管平台进行正确维护,合同信息应与对应邮路信息一致。

(2) 在车管平台创建委办公司账号的所属机构应与邮路承担单位保持一致,否则委办公司接收不到派车任务。

(3) 干线邮路委办派车对车辆、驾驶员、卫星定位设备的审核要求与自办干线邮路派车一致。

(4) 派车员电话号码默认为新一代寄递平台登录人的电话号码,用于接收派车进度短信。

(5) 派车类型、车牌号、驾驶员、派车日期在信息系统中为必输入项。其中车牌号在选择后系统自动关联委办公司,之后才可以选择驾驶员,且只展示该委办公司下的驾驶员。

(6) 干线邮路派车时要求卫星定位设备状态正常,卫星定位设备状态为离线、失步的车辆需业务人员点击确认后才能使用,卫星定位设备状态为未安装或故障的车辆不能使用。

(7) 派车管理人员只能对本机构及下属机构承担的邮路进行派车。对于非本机构或非下属机构承担的邮路,派车管理人员不能直接进行派车,应报邮路组开单位进行派车。

(8) 封车前可对派车单进行删除、重新派车。

(三)车辆出发

车辆出发是指执行邮件运输任务的汽车从邮件处理中心离开或执行邮件运输任务的汽车从揽投中心离开。车辆出发流程如图4-3所示,作业规范如下。

车辆出发

图4-3 车辆出发流程

(1) 车辆出发前驾驶员要做好各项准备工作,并确保卫星定位系统工作正常。

(2) 车辆出发前要进行出车前检查,检查内容包括车外观及附属设施、发动机、制动器、车轮及轮胎、照明、信号指示装置及仪表项等,记录并将检查结果保存到系统中。

(3) 驾驶员接收封车指令后,应立即驶离作业场地。

(四)车辆在途

车辆在途是指汽车从上一个交接点出发至下一个交接点执行邮件运输任务。车辆在途流程如图4-4所示,操作规范和注意事项如下。

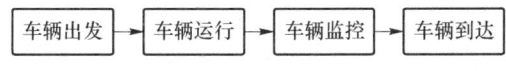

图4-4 车辆在途流程

1. 操作规范

(1) 驾驶员要按照规定的行驶线路、运行时间完成邮件运输任务。系统通过车载卫星定位装置记录车辆实时位置,形成在途轨迹。

(2) 驾驶员通过"司机"App记录车辆实时位置,形成在途轨迹。

(3) 遇影响准点运行及安全行驶的情况应及时报备。

2. 注意事项

（1）如遇交通拥堵、极端天气、交通管制、交通事故、车辆着火等异常事件，驾驶员应通过"司机"App上传异常事件描述以及相关证据信息。

（2）偏离邮路、异常停驻、违规驾驶等异常事件由系统自动采集。

（五）车辆到达

车辆到达是指执行邮件运输任务的汽车到达邮件处理中心或寄递揽投部。车辆到达作业流程如图4-5所示，操作规范和注意事项如下。

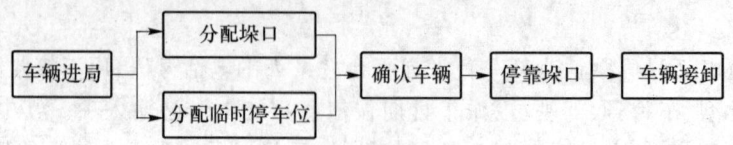

图4-5 车辆到达流程

1. 操作规范

（1）车辆到达有场院系统的邮件处理中心

1）院门抬杆系统自动识别车辆，系统自动按排队规则预分配垛口。

2）当前分配垛口空闲时，通知驾驶员直接上垛。

3）当前分配垛口不可用时，系统分配临时停车位，等待接收上垛指令。

4）当前分配垛口空闲可用时，通知临时停车位等待车辆上垛。

车辆到达

5）遇有分配垛口需要调整时，需人工在系统内进行调整垛口信息，车辆再停靠相应垛口。

（2）车辆到达无场院系统的邮件处理中心

邮件处理中心的工作人员对到达车辆进行进局扫描操作，根据垛口空闲情况人工指定停靠垛口或停车位。

（3）车辆到达寄递揽投部

车辆到达寄递揽投部指定作业位置，驾驶员在"司机"App内进行到站确认。

2. 注意事项

（1）对于车辆到达时间，当多种采集方式并存时，以卫星定位装置系统记录的时间优先作为到达信息。

（2）卫星定位装置信息无法采集时，系统以其他最早采集的时间作为到达信息。

（3）进局车辆与派车单信息不符时，邮件处理中心的操作人员应在场院系统卸车签到模块修改实际车辆信息。

（六）归班处理

汽车邮路（含一级干线邮路、二级干线邮路、区内邮路）自办车辆，由驾驶员/押运员在车辆执行运输任务返程结束后，进行汽车邮路归班处理。归班处理作业流程如图4-6所示，操作规范如下。

图4-6 归班处理作业流程

（1）在邮路运输任务返程结束后，驾驶员/押运员使用"司机"App扫描车牌进行收车检查，填报仪表里程、油量使用百分比、过路过桥费、执行车辆产生的其他费用，并对收车检查项目进行确认。

(2) 如果检查项目出现异常,可对具体异常项目进行选择、简单描述或拍照上传,利用 App 自动记录收车检查时间、地点。

(3) 收车检查完毕,自动解除车辆和任务的绑定,形成归班数据。

(4) 车管人员在新一代寄递平台审核确认归班数据,完成归班处理。

(5) 驾驶员应及时将派车单送交相关部门整理归档,并驾驶车辆停靠至指定的停车位。

第三节　铁路运输作业组织

一、铁路运输组织基本规定

铁路运输组织基本规定如下。

1. 为减少邮件等待和局站盘驳时间,原则上不开通 1 500 km 以内的一级干线铁道邮路。已经取消火车接发功能的转运站,不再恢复干线铁道邮路邮件交接任务。

2. 利用自备邮车运邮时,要与铁路部门协调邮政车编挂和邮件装卸等事宜,向所属铁路局申请办理押运员免费乘车证和视导证,与地面局协商解决押运人员的住宿和休息。

3. 租用行邮专列、行包专列运邮时,邮路始发、终到及沿途局要与铁路基地站协调邮件装卸作业和邮车进出车站等工作,做好基地站与邮件处理中心、物流集散中心之间的局站运输准备工作。

4. 租用行李车运邮时,邮路组开省负责与铁路方签订运输合同,协调铁路部门落实两端局站台或"门到门"邮件交接工作。

二、铁路运输组织方式变革

(一) 改革高铁运邮组织方式

1. 加大高铁运邮推进力度

以实现"次晨达"和"次日递"为目标,在 800 km 范围内将高铁作为航空运输的补充力量,在"邮航未覆盖、民航早晚航班未覆盖""折角、迂回运输"以及"全程陆运无法保障次日递效果"的市场全力推进高铁运邮工作。根据实际情况,先期在北京、河南、湖北、陕西、贵州、江西等地推进高铁运邮,逐步推广到长三角、珠三角、东三省等区域。

高铁运输应以总包进行交接,根据邮件量和带运范围开通省会、地市间(含邻省)的直达邮路,减少在省会或区域集散中心的经转次数。高铁邮路组开局要组织将 15 点前收寄的特快邮件赶发高铁列车出口,提升特快邮件次日上午递率。出口省根据高铁带运范围调整分拣封发关系,增加分拣深度;进口省对于高铁进口邮件,通过总包交接、专频拉运,直接进入同城网络,原则上不再进入处理中心处理。

2. 改革高铁运邮交接作业模式

将邮件进口由出口省负责协调调整为进口省到站自提,缩短邮件提取时长。

3. 加大高铁运邮网业联动

加大高铁确认车、高铁载客动车组列车、高铁预留车厢的使用力度,制定专项营销方案。

对已开通高铁路向,要加大市场营销力度,开展专线营销;对够量市场,建立时限优势;具备高铁运邮条件时,要使用合适的高铁运力,开通新的高铁线路。

(二)推进高铁运能集中管控

1. 对高铁运能实行集中规划、集中洽谈、指定开行,着力提升高铁应用效果。按照"适度超前、支撑经营"原则,对市场潜力大、时限要求和业务量适合的重点够量市场线路,指定开行高铁运邮线路。

2. 与中铁快运总部进行总对总商谈干线指导价格,采取"统谈分签"的模式进行运能采购。各省要逐线路与中铁快运分公司沟通具体运价,签订运邮合同,快速推进高铁邮路开通运行。

3. 探索启动重点省际高铁线路集中包仓采购。采用"集团统签合同,统一支付运费,内部清分结算"的模式,集中采购高铁运能。按照"用者付费"的原则,与使用省进行内部结算。

三、铁路运输作业流程与规范

(一)火车派车

火车派车是指干线铁路邮路(自办)运输任务开始前,进行干线铁路邮路(自办)派车,并指定押运员。火车派车作业流程如图 4-7 所示,操作规范和注意事项如下。

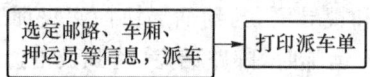

图 4-7 火车派车作业流程

1. 操作规范

干线铁路邮路(自办)派车时,由派车管理人员在系统内根据邮路相关信息、车厢相关信息、押运员相关信息、出班日期完成派车操作。

2. 注意事项

(1)每条火车邮路每个发班日期仅可派车一次。

(2)编挂位置、班组、押运员等项目可修改。

(3)火车封车前可删除派车单。

(4)若列车出现晚点或中铁快运公司未能按约定时间将邮件交于邮政,应提前至少 1 小时告知进口局邮政人员,确认运力情况、邮件状态、到达时刻等信息,做好后续邮件交接准备。

(二)火车接卸

火车接卸是指接发人员按照对应的火车邮路,在火车进站停靠站台后,与站台接收人员进行邮件交接作业。火车站台交接的作业流程如图 4-8 所示。火车代理交接的作业流程如图 4-9 所示。具体作业规范和注意事项如下。

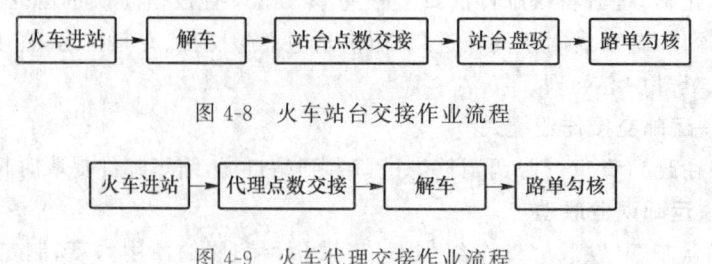

图 4-8 火车站台交接作业流程

图 4-9 火车代理交接作业流程

火车接卸

1. 作业规范

（1）接卸人员应按规定的接发时间到达相应的站台位置，提前做好接车准备。火车晚点时要加强与站方的联系，防止漏接。接到进站预报时，接发人员、空拖车及装车邮件应先于车到达站台。

（2）对所接卸的火车应在确认进站后实施解车操作，不得提前解车。

（3）火车停稳后应立即接卸邮件，应按照"先卸后装""特快优先"的原则进行。

（4）押运人员与站台接发人员站台作业时，在车门处点数、验视邮件规格。

（5）在接车时间充分的情况下，接卸邮件时，接收人员要高声唱数，押运员盯数，发现问题要当即纠正，邮件数字要当面点验清楚。

（6）面交邮件应严格执行面交手续。

（7）押运员检查车厢内有无遗落邮件。

（8）邮件顺利接卸完毕后，双方办理交接手续。接发人员审核卸车邮件总路单及附单是否完整、齐全、符合要求，并同邮件接卸人员核对接卸邮件数目，查看站台及车下有无遗落邮件，核对和查看无误后在卸车邮件总路单上签收。

（9）接卸的邮件要及时拉运回库，转运人员要随车看护。

（10）利用高铁运输的邮件，采用站到站服务模式时，邮件应在列车到站后30分钟内在双方指定地点完成邮件交接，当日达邮件应在列车到站后20分钟内在双方指定地点完成交接；针对"门到门"服务模式，应在列车到站后在双方约定的时间内将邮件送至进口局邮件处理中心。

2. 注意事项

（1）交接时，问题邮件应及时在路单或交接单上进行批注。在扫描勾核后，对破损、水湿等异常类的邮件，当班业务管理人员及处理人员要按总包类异常、邮件类异常在系统中进行异常提交、发验。

（2）站台盘驳时，火车应按照站台要求限速行驶。

（三）火车装发

装发火车邮路时，将邮件拉上站台候车，火车到站后组织邮件装发，装车完毕与车上人员办理交接。装发高铁邮路时，将邮件在指定地点交中铁货运人员点数交接，由中铁货运人员组织将邮件送上站台装车。火车装发作业流程如图4-10所示，作业规范和注意事项如下。

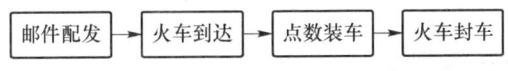

图4-10 火车装发作业流程

火车装发

1. 普通火车装发作业规范

（1）邮件处理完成后，装车人员使用PDA对发运邮路逐件（袋、拖笼）扫描，按邮路计划生成路单信息。

（2）火车到达后要在邮件交接总路单上批注到达时间。

（3）面交邮件要单独交接。

（4）交接双方交接邮件时实行点数交接，即按装卸堆位点数、记数，并与邮件交接总路单对数。

（5）点数工作由接发人员负责高声唱数，押运员负责监数。

（6）待发车辆装车结束后，押运人员在邮件交接总路单上签收。

2. 高铁装发作业规范

（1）邮件在处理时应进行安检，封袋加挂安检袋牌。处理完成后，装发人员使用 PDA 对发运邮路逐件（袋、拖笼）扫描，按邮路计划生成路单信息。

（2）与高铁代理办理交接前，应发送预封车路单信息。

（3）利用高铁运输的邮件，应提前 60 分钟（当日达邮件应为 40 分钟）送交至交接站（行李房），由中铁方对邮件进行逐袋安检，准备装车。

（4）交接人员应按品名清单交接并签字确认，确认单双方各留存一份。

（5）高铁代理回传拉邮信息后，邮政企业再进行实际封车，发送路单信息。

3. 注意事项

（1）遇有接收或发运邮件数目不符的情况，时间允许时应进行复数，不能复数的应批注交接总路单。

（2）安检不合格的总包邮件，应整袋退回上一环节；应注意信息同步修改配发。

（3）上站台后未能实际装车的邮件，要进行扫描取消配发。

（4）对货运代理装车的情况，邮政方要确认代理拉邮信息后再实际封车。

（四）火车押运

火车押运是指自办铁路运输过程中押运员对带运邮件进行看管，如有多个卸交点，车内分堆并交接。火车押运作业流程如图 4-11 所示，操作规范如下。

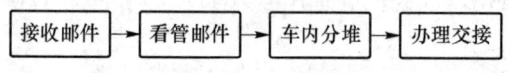

图 4-11 火车押运作业流程

（1）火车押运员派车出班前应打印派车单，领取出乘押运免费乘车证和生活用品等，检查生产、办公用品和出乘各类证照是否齐全。

（2）押运途中，押运人员按卸交站分堆点数邮件，验视规格。

（3）火车到站后与接发人员办理交接。

第四节　航空运输作业组织

一、航空运输组织基本规定

航空邮路是指利用航空运邮工具，按规定途径、班期在邮政速递物流生产机构之间运输邮件的路线。

（一）航空邮路划分

1. 按邮路级别分为一级航空邮路和二级航空邮路

（1）一级航空邮路是指省际组开的航空邮路。

（2）二级航空邮路是指省内组开的航空邮路。

2. 按组开单位分为自办航空邮路和委办航空邮路

（1）自办航空邮路是利用自主航空运能运输邮件的邮路。

（2）委办航空邮路是利用普通民航航班运输邮件的邮路。

(二) 航空邮路开通

1. 航空邮路开通的原则

(1) 原则上通过航空邮路发运的标准特快专递邮件全程时限标准不应超过 2 天。

(2) 同等条件下,陆运邮路与航空邮路时限相同时,原则上不予开通航空邮路。

(3) 航空邮路开通,须有与之匹配的航班计划,通过航空承运商代转的虚拟邮路,原则上不予开通。

(4) 开通邮航邮路的,再行开通民航邮路,如发运频次和全程时限与邮航邮路相同时,原则上不应对自主航班的载运率造成较大影响。

2. 航空邮路发运计划编制原则

航空邮路发运计划编制要确保编制的计划合理、有效,应做到以下几点。

(1) 发运计划编制应符合航空邮件总包经转关系,涉及航转陆时,要符合经转局的陆运总包经转关系;

(2) 符合特快专递邮件分拣封发关系设置;

(3) 符合特快邮件时限频次规定;

(4) 根据经转局的经转能力。

3. 航空邮路开通流程

(1) 邮路开通申请

各省在本省通航局开通航空邮路时,应对开通邮路的时限、成本进行详细的分析,并与相关省进行沟通协调,确定后以正式文件的形式上报公司总部调度室,上报内容必须包括以下内容。

1) 开通航空邮路的原因和目标;

2) 开通航空邮路所对应航班的基本情况,包括航班号、航班运行时刻、航班运行班期、航班运力、航班运价;

3) 航空邮路的发运计划;

4) 开通后的时限分析。

上述内容必须完备详细,否则不予开通航班邮路。

(2) 邮路开通审核和下发

上级部门对各省上报情况进行审核,通过后将在信息系统中增加相应的航空邮路、发运计划和航班计划,并下发调度通知。各省要根据调度通知要求,在规定的时间开通相关邮路。

(三) 航班计划编制

航班计划是指与航空邮路相匹配的具体航班。航班计划的主要内容包括:航班号、航空公司、始发港、终到港、班期、起飞时间、降落时间、载运量等信息。一条航空邮路可以匹配多个航班计划。同一航班计划仅能匹配一条航空邮路。航班计划根据其对应的航空邮路,按业务种类分为标准航班计划、经济航班计划;按属性分为邮航航班计划和民航航班计划。

通航局分为邮航通达局和其他干线通航局。邮航通达局是指开通邮航邮路的局;其他干线通航局是指开通民航邮路且经公司总部批准的局。

1. 航班计划编制原则

(1) 航班计划编制应符合特快邮件时限频次规定;

(2) 航班计划的运行班期原则上为逐日班;

(3) 航班计划的运能应满足出口和转口业务量需求;

(4) 航班计划应充分利用直航航班。

2. 航班计划编制流程

（1）航空改点期间流程

集团通过信息系统下发民航点单信息，各省要在2日内，根据本省选用航班情况，完成航班点单修改和确认工作，并上报集团。集团核定后，将下发航班计划，各省要在2日内完成航班计划正备选设置和航班计划修正工作。集团将在新航季开始前，正式下发航班计划。

（2）日常航班计划调整

各省日常需对航班计划进行增减或修改时，必须以规定格式填报《航班计划维护申请表》，集团审核确认后，将在信息系统中进行相应的调整，下发各省执行。

（3）备选航班计划编制

备选航班主要用于正选航班异常或旺季期间运能不足时选用，设置数量要控制在合理的范围内。

（四）航班计划使用

1. 标准航班计划的使用

（1）严格执行时限频次规定

1）邮件出口

对于11点前收寄或12点前专趟揽收的特快邮件，日均出口量1.5万件以上的发运局必须选择6个小时以后的有效航班计划进行发运；日均出口量1.5万件以下的发运局必须选择5个小时以后的有效航班计划进行发运。

对于营业终了收寄的特快邮件，日均出口量1.5万件以上的发运局必须选择6个小时以后的有效航班计划进行发运；日均出口量1.5万件以下的发运局必须选择5个小时以后的有效航班计划进行发运。

2）总包经转

联航时限为同一机场5小时，同一城市两个机场为7小时。航转陆时限：北京、上海、广州三局为5小时，其他局为4小时。陆转航时限：北京、上海、广州三局为5小时，其他局为4小时。

（2）严格按航班计划运能配发

各通航局使用标准航班计划前，应与航空承运商确认相关航班的运能情况，并以此为依据配发邮件，确保邮件按计划航班发运，实物与信息匹配。

2. 备选航班计划的使用

（1）备选航班计划的使用必须上报公司总部，经总部批准、下发计划后方能使用。

（2）遇旺季等邮件量猛增时，各通航局可选取适用的备选航班，上报公司总部网运和质量监控部，待总部批准并下发计划后，可在规定时间段内使用备选航班。

二、航空运输组织方式变革

（一）改革航空资源调配机制，优化航空网络节点布局

持续加强航空网络能力投入，优化自主航空网络布局，动态增撤自主航空邮路，将优质航空资源向特快专递市场投放，扩充特快优势线路。

1. 增撤自主航空邮路

增加自主航空运能：对于出口的单个路向特快业务量日均超过8吨或者1万件的特快够量市场，开通自主航空邮路。

撤减自主航空运能:对于出口邮航航班装载率连续3个月低于40%,且返程航班装载率连续3个月低于60%的现有自主航空邮路,视情撤销自主航空邮路。

2. 拉直串行自主航空邮路

提高直达航线占比,保障特快邮件时限稳定性。原则上串行通航点发运量超过日均6吨的线路要进行拉直,机型安排根据实际业务量进行动态调整。

3. 优化自主邮航航班运行时刻

对邮航航班运行时刻进行优化调整。对于出口局,原则上以衔接南京集散中心有效处理频次为基础,倒排起飞时刻,推迟邮航航班起飞时间,支撑前端揽收。对于进口局,要以提升邮件当日妥投率为目标,根据飞机落地时间组织投递。延误不超过2小时的邮航航班,要组织小夜班投递频次。

4. 拓展民航早晚航班使用范围

对民航早晚航班资源进行全面梳理,确保使用584个优质民航晚航班和881个民航早航班,全面落实特快邮件发运计划,通航局出口早晚航班使用率应稳定在90%以上,保障特快邮件多频次发运。15点前收寄的特快邮件应赶发民航晚航班,确保次晨达;错过邮航频次后收寄的特快邮件赶发次日民航早航班,确保次日递。

(二)推进航空运能管控机制改革

在逐步增加自主航空运能的基础上,启动现有邮航包舱结算政策调整和改革工作,同步完善民航运能保障机制。

1. 改革邮航包舱政策及运费结算机制

对标行业通行做法,对邮航航班包舱和运费结算机制进行优化调整,对省分公司,要建立并完善与航班载运率挂钩的阶梯价格结算机制;对邮政航空公司,要建立与邮航航班准点率挂钩的考核机制。

2. 试行民航包舱集采

对于重点够量市场,集团统一采购民航运能。在"散舱采购"基础上,增加"包舱采购",固定民航舱位,锁定运能,打造时限优势线路。各省分公司要结合当地实际,对集团采购以外的运能做好补充采购工作。同等条件下,民航运力采购向"南航""国航"和"东航"等大型航空公司倾斜,提高运力集中度和议价能力。

三、航空运输作业流程

(一)飞机出发

飞机出发是指执行邮件运输任务的飞机离港。飞机出发的操作规范如下。

(1)各通航局对使用的计划航班,要逐一进行运能运量监控。从航空承运商处每日获取订舱量,掌握每个航班机型、实际载运能力情况,合理配发邮件,避免因配发量与运能不符导致的邮件发运失控。

(2)各通航局应与航空承运商建立航空邮件运输情况沟通、反馈机制,在指定航班起飞20分钟内,要与航空承运商逐航班确认邮件发出状态,对于航班晚点的情况,要与航空承运商确认准确的起飞时间,并于航班起飞后再次确认信息;计划航班起飞后及时向航空承运商索要漏发及未发出邮件的明细。

(3)各通航局巡场人员须根据本局航班计划和各路向实际交航量逐航班进行巡场,并监督航空承运商文明作业,杜绝野蛮装卸。巡场过程中需按班次填写巡场记录。

(4) 各通航局须安排专人每2小时查看一次验单信息,对多件、少件验单要及时查找邮件下落,查找问题原因。

(5) 始发通航局每日通过综合信息平台的总包安全到达监控功能,监控本局出口未及时到达的总包。

(二) 飞机到达

飞机到达是指执行邮件运输任务的飞机到港。飞机到达的操作规范如下。

(1) 寄达通航局承担航班落地后邮件质量方面的主要责任,应采取有效措施协调航方,确保邮件安全、准时交接。

(2) 寄达通航局要依据进口航班计划,通过信息系统,实时监控进口航班邮件预告,根据航班计划落地时刻,逐航班向航空承运商确认进口邮件状态。

(3) 巡场人员需根据邮路信息,按交接频次对库区进行巡场,遇航班落地1小时,邮件仍滞留航方库区的情况,要及时与航方取得联系,及时协调邮件的交接和拉运。

【案例一】

"丝路电商"邮政班列"天山号"首发

2021年11月26日,满载着国际邮件、跨境电商包裹的"丝路电商"邮政班列"天山号"从乌西货场首发开行。这标志着新疆邮政在提升跨境电商寄递服务能力,拓展国际运邮渠道上迈上了新台阶。乌鲁木齐市委常委木合亚提·努尔木哈买提和自治区商务厅党组成员、副厅长何国庆出席并致辞。"丝路电商"邮政班列"天山号"开行,是中国邮政集团有限公司践行"一带一路"国家战略,落实习近平总书记第三次"一带一路"建设座谈会重要讲话精神的具体行动,是新疆邮政助力加快丝绸之路经济带核心区建设的生动实践,是推进新疆融入以国内大循环为主体、国内国际双循环相互促进的新发展格局体现的国有企业的担当与作为。

在各级人民政府的关心下,在自治区商务厅、自治区工信厅、乌鲁木齐海关、自治区邮政管理局、中国铁路乌鲁木齐局集团有限公司等各级单位的支持与帮助下,新疆邮政公司联手新时速运递有限责任公司,于2021年11月26日起正式开通"丝路电商"邮政班列"天山号"(乌鲁木齐—阿拉木图),首发班列共50节集装箱,总货值约2 950万元,货重约600吨。

新疆邮政公司致力于践行"一带一路"国家战略,助力服务地方经济发展,全力组织好"丝路电商"邮政班列"天山号"运营,实现开行常态化,为新疆跨境电商提供新的通道与服务。新疆邮政公司将进一步发挥新疆口岸的铁路运能和乌鲁木齐中欧班列集结中心的优势,构建现代物流体系,提升跨境物流能力,全力支持新疆跨境电商向规模化、产业化发展,并助力社会各界做好出口防疫物资和生活用品寄递的保障性通道。

思考: 邮政运输是如何服务于国家"一带一路"发展战略的?

【案例二】

中国邮政如何全面构建绿色运输体系

运输是物流活动中最主要的活动,但同时也是物流作业耗用资源、污染和破坏环境的重要方面。运输过程中产生的尾气、噪声,可能出现的能源浪费等都对绿色物流管理提出了"课题"。如何实现绿色运输,保证运输与社会经济和资源环境之间的和谐发展,实现运输的可持续发展模式已成为我国物流业发展的重要内容。中国邮政在绿色运输方面进行了全方位的推进。

一、改善运输方式与运能结构,大力发展绿色运输

推广使用新能源和清洁能源车辆,优化运能结构。重点地区新增和更新的车辆全部使用新能源或清洁能源车辆。城市建成区新增和更新的轻型邮政生产车辆中,新能源车辆或达到国六排放标准的清洁能源车辆的比例超过60%,新增和更新的燃油车辆必须达到国六及以上排放标准;加快淘汰老旧燃油车辆,严控超标排放。

二、优化航空运力配置,强化绿色技术支持

科学采购不同机型的全货机,并强化软件支持,通过不同运输方案提高效率;应用节能技术,通过根据预测业载动态调配机型、截弯取直和关断辅助动力装置等多项节能减排措施减少燃油消耗。

三、创新运输组织方式,优化运输作业效率

(1) 优化运输组织模式,提升运输集约化运营程度

持续推广干线邮路的甩挂运输模式,强化邮路运行管理,推行邮路交叉套跑,采取长短途相结合的方式,加大干线往返邮路的甩挂运输比例,降低单位邮件的燃油消耗与污染物排放,促进整体运输效率的提升。统筹运输资源,探索通过邮快合作、交邮合作等方式,开展统一配送、集约配送等集约化组织方式,提升集约运输和共配比例。

(2) 创新末端投递模式,丰富智能应用场景

创新末端投递模式,推广应用智能快件箱,尝试应用无人机、无人车等新型智能设备设施,不断丰富应用场景,逐步提升应用比例。

(3) 推进绿色网点、处理中心建设,提升建筑的绿色化水平

推动邮政企业在新建和改造网点、处理中心的过程中,注重绿色设计、施工和运行,在土地节约集约利用、设施设备工艺节能环保高效、太阳能光伏发电、能源管理等方面全面提升绿色化水平,优先在北京、河北、辽宁、江苏、浙江、河南、湖南、广东、四川、陕西十省(市)推行绿色分拨中心、绿色网点建设试点,打造绿色建设模式。

(4) 加速智能运输技术应用,提升运输效率和管理水平

完善信息系统和智能优化算法。综合邮件流量流向等因素优化干支线行车路线和班次,运用地址归集、数据可视化等技术,大力推广智能运力匹配系统,提高车辆调度的科学性,提高运能使用率,实现量(邮件)能(运能)匹配,实施无纸化运输交接。

思考:中国邮政是如何构建绿色运输体系的?

【实践项目】

以石家庄邮区中心为节点,制订从石家庄到成都的快递包裹邮件发运计划。

• 任务目标

结合实际寄递过程,熟悉邮路发运计划的组成要素。

• 任务要求

(1) 了解一级干线邮路站序的设置。

(2) 了解快递包裹运营标准。

(3) 独立完成。

• 任务实施

(1) 查询邮路运行计划。

(2) 根据邮路运行计划进行编制。

第五章　邮件投递环节生产组织与运营管理

【企业背景】

　　邮件投递是整个邮政生产过程的最后一个环节。邮件投递的生产过程是将各类进口邮件，按照规定的时限频次，通过邮政投递网络投交给指定收件人的过程。投递是邮政通信网的末端，直接与用户接触，属于高接触型服务作业，并且接触面更广、更深入，是邮政联系千家万户的纽带，是社会了解和认识邮政的重要途径。邮政投递环节有哪些基本规定？又是如何开展生产运营和管理的？带着这些问题，我们走进本章的学习。

【岗位要求】

　　熟悉邮件投递员的岗位工作内容，掌握邮件投递操作技能和管理规范。

【学习目标】

- 熟悉投递基本流程和内容的相关知识；
- 掌握邮件投递管理要求的相关知识；
- 掌握投递服务规范和要求的相关知识；
- 规范地进行普邮投递和包快邮件投递；
- 引导学生树立责任意识、底线意识、劳动意识，养成严谨的工作态度；
- 培育学生拥有邮政情怀、甘于奉献的良好品质，以及认真钻研业务、创新发展的意识。

【思维导图】

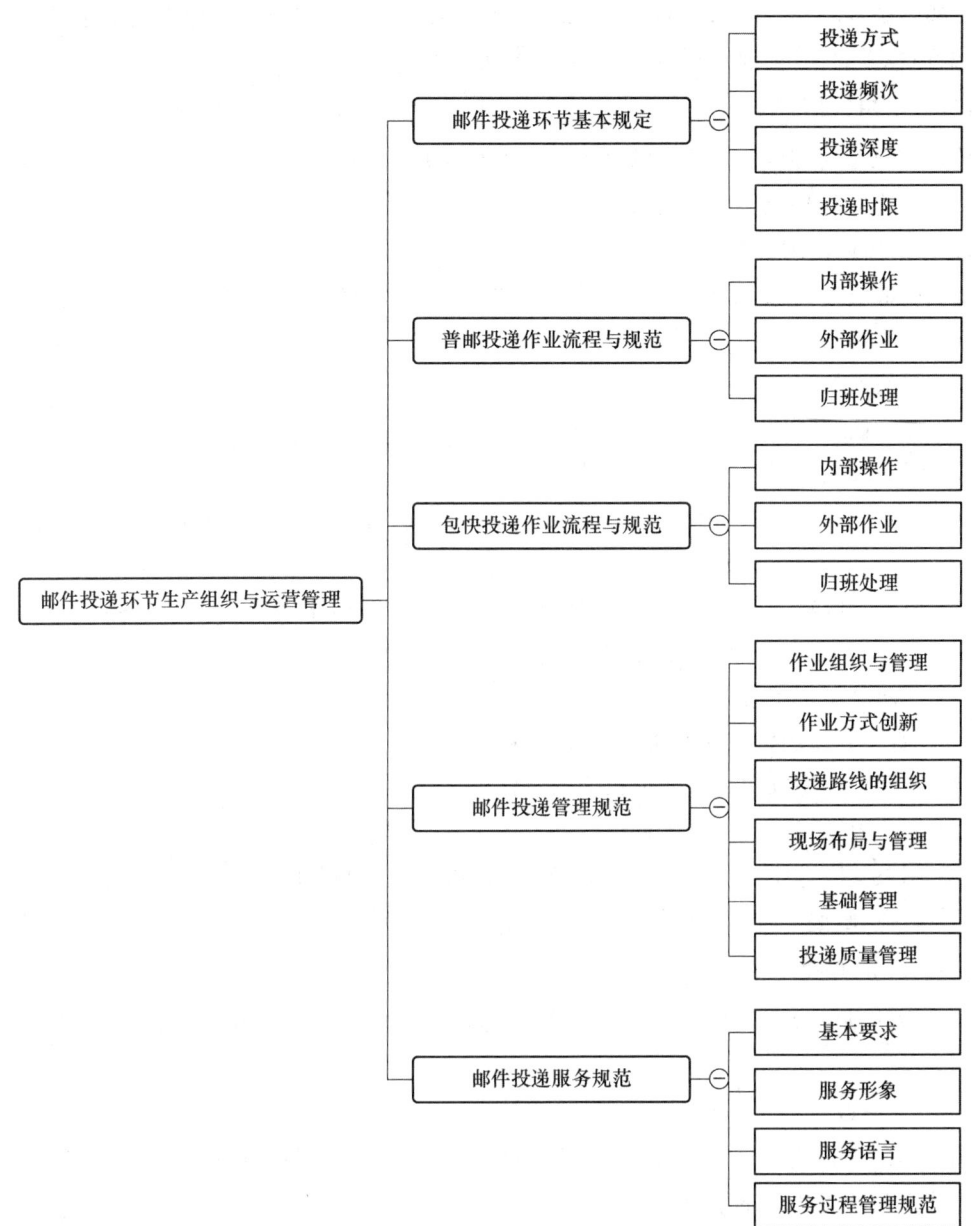

第一节　邮件投递环节基本规定

一、投递方式

邮件的投递方式主要包括按址投递、用户领取和与用户协商的约定方式。

（一）按址投递

按址投递是按照邮件（报刊）封面上书写（与订户约定）的地址将邮件投交收件人的方式。

按址投递的邮件有：信件、印刷品（单件重量不超过5 kg）、普通包裹（单件重量不超过10 kg）、报刊、快递包裹、特快专递、取款通知单等各类通知单。

（二）用户领取

用户领取是由邮政营业机构或者投递生产机构保管邮件，并通知收件人到指定邮政营业机构或投递生产机构领取邮件的方式。

1. 用户领取的邮件

（1）重量超过5 kg的乡镇人民政府所在地及乡镇其他地区的包裹。

（2）保价信函。

（3）邮政汇款。

（4）存局候领邮件。

（5）无法投入信报箱的平常印刷品。

（6）单包不符、封皮或者内件破损，重量短少或者有拆动嫌疑，需要收件人会同拆验的普通邮件。

（7）由于补收资费等其他原因需要收件人办理手续的邮件。

（8）其他不具备按址投递条件的邮件。

（9）集团公司规定可由用户领取的邮件。

2. 具有下列情况之一的按址投递邮件，可改为用户领取

（1）经两个投递频次无法按址投交的邮件。

（2）用户要求自行领取的邮件。

（3）相关政府部门（如海关、公安等）规定或提出要求的邮件。

（4）破损、水湿、油污等不适合按址投递的邮件。

（三）约定方式

约定方式是邮政企业与用户协商后，按协商的方式实现邮件投递，包括存局自取、代投自提等方式。

1. 存局自取

用户与邮政企业约定其进口邮件存放在营业网点或投递网点，由其定期自行领取。存局自取方式一般适用于以下情况。

（1）邮政投递人员无法按址投递的军政保密单位。

（2）企业事业单位不肯接收的邮件。

（3）因临时搬迁尚未固定通信地址的单位或个人。

（4）由于客观原因未申请到地方主管部门核发的门牌号码、采用临时地址通信的单位，如施工现场等。

（5）物业或安保管理单位拒绝邮政投递人员入内正常投递作业的情况。

2. 代投自提

代投自提是邮政企业与用户协商后将邮件送达最靠近收件人地址的智能包裹柜、自有或加盟的代投自提网点，由收件人自行到智能包裹柜、相关代投自提网点提取邮件的一种方式。

二、投递频次

投递频次就是一个投递部每天向其服务范围内的收件人按址投递邮件的次数。投递频次是投递服务质量方面的重要指标。合理确定投递频次将会在确保邮件全程传递时限、提高投递工作质量和提高劳动生产率，以及提高对用户的服务水平等几个方面发挥重要的作用。

邮政普遍服务标准规定邮件投递频次应满足以下要求：

(1) 城市每天不应少于1次；

(2) 乡镇人民政府所在地每周不应少于5次；

(3) 农村地区每周不应少于3次；

(4) 交通不便的边远地区，应按照国务院邮政管理部门制定的标准执行。

收件人有特殊需要时，应在签订书面协议后，按双方约定的时间投递；约投挂号、同城大宗账单、快递包裹、特快专递等邮件执行集团公司的相关规定投递。

三、投递深度

投递深度是指邮政企业投递邮件时应达到的程度。投递深度是反映邮政投递能力的主要指标，更是邮政服务水平的重要标志，也是邮政企业参与市场竞争的关键条件。各类邮件投递深度如下。

(一) 信件

1. 城市

(1) 如收件人地址为单位地址，按下列情况投递。

1) 投交到单位设在地面层、院门口的收发室或指定的接收邮件人员。

2) 如多个单位同在一幢楼或一个院内，投交到地面层入口处指定的统一收发室，或投交到单位分设在地面层的指定接收邮件处。

3) 如多个单位同在一幢楼或一个院内，并已在地面层入口处设有指定的统一收发室，但其中有要求分户投递的单位，应到相关投递部门办理分户投递手续后，方可投交到地面层约定地点。

(2) 如收件人地址为住宅楼房，按下列情况投递。

1) 如设有收发室或物业代收，投交到收发室或物业。

2) 如设有信报箱（群、间），平常信件实行插箱投递。

3) 无收发室、物业等机构代收且未设信报箱（群、间）的平常信件，按与用户协商的指定位置进行投递。

4) 无收发室、物业等机构代收的给据信件，按与用户协商的指定位置进行投递。

(3) 如收件人地址为平房、院落，按下列情况投递。

1) 按门牌号码投递到户。

2) 如设有收发室，投交到收发室。

3) 如设有信报箱（群、间），平常信件实行插箱投递。

(4) 寄交船舶的邮件，投递到船舶隶属单位的收发室。

(5) 如用户有停投、存局自取等特殊需求，双方签订书面协议，按照约定投递。

(6) 约投挂号邮件按邮件封面书写的收件人具体地址投递；对符合集团公司相关规定且

收件人要求自取、投放智能柜的邮件,可按用户要求进行投递。

2. 农村

乡镇人民政府所在地邮件的投递深度,应等同于城市邮件的投递深度。农村地区的邮件应投递到村邮站或其他接收邮件的场所。农村约投挂号邮件的投递深度按照集团公司的相关规定执行。

（二）印刷品

印刷品的投递深度按信件的投递深度规定执行。无法插入信报箱或重量超过 5 kg 的住宅用户的印刷品,改为用户领取。

（三）报刊

报刊的投递深度按信件的投递深度规定执行。

（四）包裹

1. 城市

（1）如收件人是个人,按邮件封面书写的收件人具体地址投递。可投交他人、收发室、物业、智能包裹柜、代投点、自提点,并通知收件人及时领取。

（2）如收件人是单位名称,可投交收发室,有联系电话的要及时电话告知相关收件人。

（3）如收件地址是签订妥投协议的单位或者封闭管理的部队、学校、厂矿等,可将邮件直接投交协议地点。

2. 农村

（1）乡镇人民政府所在地,按照邮件封面书写的收件人具体地址进行投递。

（2）乡镇人民政府所在地以外的其他地区,单件重量在 5 kg 及以下的邮件,可投递到村邮站、村委会等邮件代收点,并电话联系收件人及时领取。单件重量在 5 kg 以上的邮件,要在邮件到达乡镇邮政营业网点的当天及时电话通知收件人到邮政营业网点窗口领取。

（五）特快专递邮件

县及县以上城市、乡镇人民政府所在地,按邮件封面书写的收件人具体地址投递。在电话联系征得收件人同意后,可投交他人、收发室、物业、智能包裹柜、代投点、自提点等。农村行政村地区,可投递到村邮站、村委会等邮件代收点,并电话联系收件人及时领取。如有特殊规定,按相关规定执行。

（六）隔离区邮件

隔离（如因防疫、抗灾、重大活动等原因）地区的邮件应投递到有关预防控制部门指定的地点或场所,并在其指导下采取相应的安检防护措施。

四、投递时限

投递时限是指邮件当天投递不应当超过的最大时间限度,它是作业基本时限的重要内容之一。投递时限是根据进口邮件到达时间和业务量的大小,以及全局各个作业环节的具体情况来确定的。

进口邮件在投递作业时限上应注意:邮件投递应严格执行投递作业计划,保证邮件投递时限。每班次的投递作业时限内外比例原则上应控制在 1:3,并尽可能缩短内部作业时间,延长外部作业时间。国家法定节假日、休息日照常投递。如有单位提出节假日和休息日不需要投送邮件,必须由该单位开具证明,方可将邮件留到法定节假日或休息日后第一个工作日投出。

(一) 信函、印刷品投递时限

根据地市各收寄、投递机构所在行政区域,将收寄、投递机构服务范围划分为4类:A类地区,城市城区范围内投递机构;B类地区,城市城郊范围内投递机构;C类地区,县城城区范围内投递机构;D类地区,乡镇农村范围投递机构。信函、印刷品的投递时限要求根据上述地区的不同有所差异。

1. A类地区

上午投递频次:7:00前交投递部的信函当日13:00前投递完毕;印刷品次日13:00前投递完毕。

下午投递频次:14:30前交投递部的信函,当天投递完毕;印刷品次日投递完毕。

二类城市只设一个投递频次,要求14:30前交投递部的信函,当天投递完毕;印刷品次日投递完毕。

2. B类、C类地区

14:30前交投递部的信函,当天投递完毕;印刷品次日投递完毕。

3. D类地区

在投递工作日12:00前到达乡镇支局的信函,乡镇政府所在地范围内的,当日投递;行政村范围内,能赶发当日投递的,应当日投递,无法赶发当日投递的,最迟在下一个有效班期投递完毕。印刷品可比信函晚1天完成投递。

(二) 快递包裹投递时限

各类投递机构设置2个标准投递频次和1个特定投递频次,具体如下。

1. 0630频次:06:30前到达投递机构,出班时间不晚于主要竞争对手,13:00之前投递完毕。

2. 1430频次:14:30前到达投递机构,15:30/16:00出班,当日投递完毕。

3. 1600频次:具备条件的地市,可根据实际情况增加特定投递频次,16:00前到达投递机构,17:00/17:30出班(服务范围为住宅区的机构可延至18:00出班),当日投递完毕。

(三) 特快专递投递时限

各类投递机构设置4个标准投递频次,具体如下。

1. 0630频次:6:30前到达投递机构,出班时间不晚于主要竞争对手,10:30之前投递完毕(上午仅一个0630投递频次的,可延至13:00之前投递完毕)。

2. 0930频次:9:30前到达投递机构,10:30/11:00出班,13:00之前投递完毕。

3. 1430频次:14:30前到达投递机构,15:30/16:00出班,18:00之前投递完毕。

4. 1600频次:16:00前到达投递机构,17:00/17:30出班(服务范围为住宅区的机构可延至18:00出班),当日投递完毕。

第二节　普邮投递作业流程与规范

一、内部操作

邮政投递的内部操作是指邮件在投递前,按照规定的作业程序在投递生产机构内完成的业务处理工作。它是为了使邮件能够顺利进行外部投递而做的必要准备。邮件投递内部操作流程如图 5-1 所示。

邮件投递的内部操作是一项集体作业。投递员应按照投递生产机构负责人的指令实施作业，做到"五统一"，即指挥调度统一，操作程序统一，规格标准统一，作业时间统一，用品用具统一。

投递内部操作要根据邮件投递规定的时限并结合实际合理分工、科学组织，各道工序之间既要做到紧密衔接、相互配合，又要做到段落清晰、责任明确，尽可能缩短内部作业时长，为外部作业赢得更多的时间。

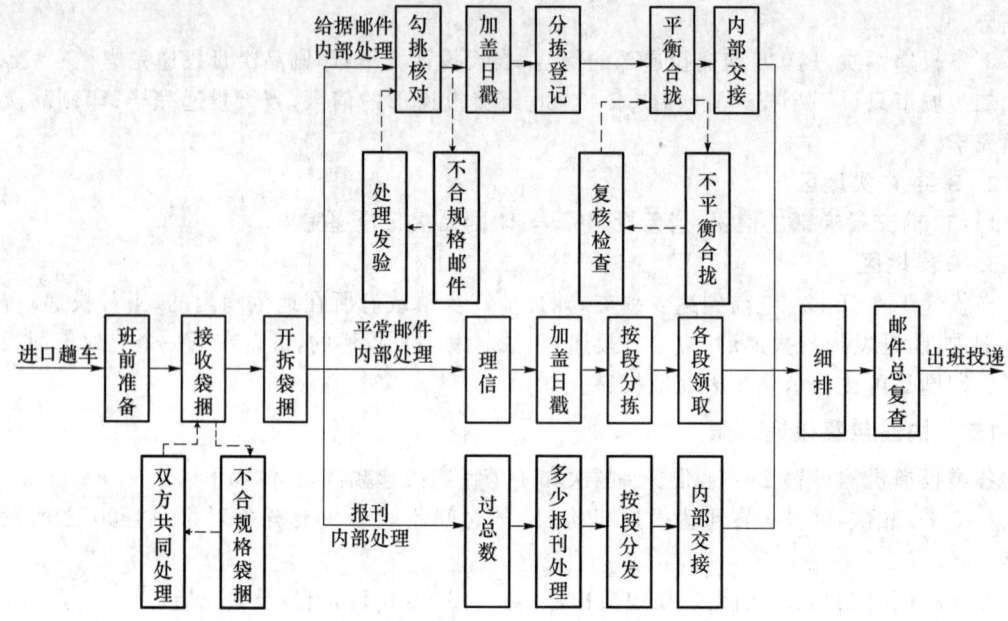

图 5-1　邮件投递内部操作流程

（一）班前准备

班前准备时应重点注意保证现场整洁、用品用具齐备、信息系统正常，并召开班会。

1. 上岗准备

投递人员需提前 10～15 分钟到岗签到；投递人员应仪容仪表整洁、端庄大方，应穿标志服、佩戴工号牌。

2. 用品用具准备

（1）内部处理人员应做的准备如下。

1）准备投递日戳/过戳机戳头。按日、班次更换或调整投递日戳字钉，并在日戳打印簿规定位置上加盖一个端正、清晰的戳样，加盖经手人名章，经检查人员检查无误签章后，方可使用。

2）备好油墨盒、印台、名章、胶皮垫、胶指套、圆珠笔、复写纸、剪刀和纸绳等。如配备过戳机，则提前检查设备状况。

3）向主管人员领取再投邮件，双方做好交接，确认无误后放入分拣格口。

4）如有销票任务，则更换好日戳字钉，备好销票用具。

5）接车人员根据投递作业计划表，提前做好接收邮件准备。

（2）投递员应做的准备如下。

1）检查投递交通工具性能是否完好。

2) 准备信报兜(前把兜、后架兜)和挂号背兜等,并根据天气情况准备雨具。
3) 领取信报箱钥匙。
4) 如集中保管车辆,需向车辆保管人员领取钥匙和相关证件。
5) 如负责兼开筒(箱),应向主管人员领取开筒(箱)钥匙,准备好捆绳、盛装筒(箱)邮件的专用容器。

3. 召开班会

班组长组织召开班会告知当天班组作业的相关事项。

(二) 接 收

1. 准备工作

根据运输趟车各频次运行到达时间,投递部要提前10分钟做好接车准备。

2. 解车

趟车到达指定卸车地点,内勤人员核对派车单、车牌、车封号码,进行卸车接收作业。

3. 总包接收

总包接收应按以下要求操作:卸车时应轻拿轻放、大不压小、重不压轻;点数总包数量,分堆码放;卸车同时验看邮件容器是否完好。邮件袋的规格标准包括袋牌、绳扣、铅志、袋身和重量等5个方面。若发现不合规格的情况应及时进行处理,内勤人员在派车单上批注到达时间、异常情况,签章交趟车驾驶员;对当频进口邮件多、少件及相关水湿、油污、破损等异常情况进行登记,单独放置待后续处理。

(三) 开 拆

开拆主要包括开拆报捆、刊袋、平常邮件袋和给据邮件袋(套)4个方面的内容。

1. 开拆平常邮件袋

开拆平常邮件袋时,应先拆平信袋,后拆平刷袋;在靠近铅志处剪断一股绳,避免损伤铅志,剪坏袋牌和邮袋;将袋内邮件倒在工作台上,并用三角撑袋法检查袋内有无遗留邮件;检查邮袋内倒出的邮件是否为本局投递;国际平信袋应由专人开拆处理。

2. 开拆给据邮件袋(套)

总包开拆前要在信息系统扫描总包条形码,接收总包后,在信息系统核对邮件信息,逐件接收。发现信息与实物不符、不合规格的邮件,剔出暂放一旁,待勾挑核对结束后,按相关规定处理。给据邮件袋(套)的开拆工作应由专人负责,不能进行集体作业;拆下的袋牌、铅志和空袋要单独放在一起,以备内件不符时清查;在拆出的邮件中找出"封发邮件清单(邮1201)",按照清单登列的邮件号码、收寄局名、件数等节目逐件勾挑核对。同时,验视邮件封装规格标准,核对过程中遇单、物不符或不合规格标准问题,可暂放一旁,按有关规定处理;如相符,要在清单指定位置加盖投递日戳和经手人名章;在"进口给据邮件平衡合拢交接登记簿(邮1429)"上的相关栏内登记清单号码和邮件件数;开拆时要一袋一清,不可同时开拆多袋后一起处理,防止出现问题时责任不清。

3. 开拆报捆

报捆开拆前,首先要核对报签上所写数量与报纸分发表上应到的总份数是否相符,并登记收到日期,核对无误后才能开拆。开拆报捆后,报皮布要按生产作业现场定置管理要求放在指定地点。报纸开拆后必须先过总数,并且要拆一捆过一捆。过总数时应贯彻"先整后零"的原则,即先过整捆,后过零数。数报的方法一般是右手持报,左手点数。左手点数又可分为从右向左的"中指拨报法"和从左向右的"五指并用数报法"两种。

(1) 从右向左的"中指拨报法"

1) 数报前应先将报纸蹾齐,齐边(有折缝的一边)向右平放在前方工作台上,以与台边构成10°角为宜,如图5-2(a)所示,然后以左手的拇指在上、四指在下捏住左下角,以右手的拇指在上、四指在下捏住齐边右下角,数报时,要数报纸的齐边,这样点数时回弹的力量大,同时齐边比较整齐,点数时也看得清楚。

2) 继续上述动作,右手拇指放松,四指将报纸由齐边右下角提起约7 cm,然后右手拇指向里,四指向左翻腕,把报纸捻成扇面形。扇面形的左上角比毛边超出3~7 cm,不宜过大或过小,如图5-2(b)所示。扇面过大,会降低报纸恢复平放状态的弹力,点起数来也比较费力;扇面过小,每张报纸的间隔太密,不易点数清楚。

3) 数报时,左手由左下角移至扇面形的中上部,以中指为主拨报点数,以食指随后核数。一拨为5份。每拨一次,右手食指随左手中指插入已数过的报缝内再核点一次,拇指随左手中指的移动向右推报,中指、无名指、小指托住数过的报纸。过数时要看清、数准,每拨一次(5份),默念点拨次数,如图5-2(c)所示。如果一次误拨4份,不要单另补拨一份,可在下一次拨6份,用凑数法凑成10份。

4) 每沓报纸点至末尾10~15份时,左手的中指、无名指即可同时点数,并稍插入每个5份报缝内,以减少拨报次数;同时以小指勾住最后一份报纸的齐边向右弹,加速报纸恢复平放状态;右手四指同时翻至报纸右下角的下面,准备放报,如图5-2(d)所示。

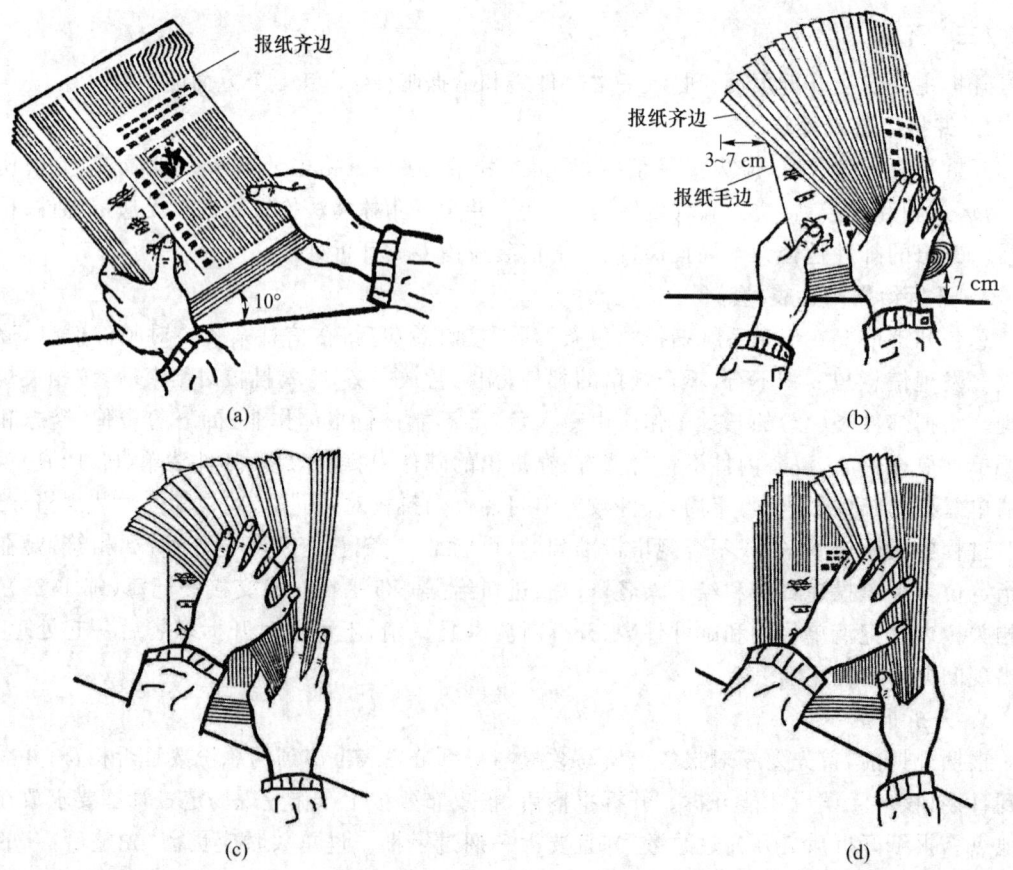

图 5-2 中指拨报法

(2) 从左向右的"五指并用数报法"

1) 数报前同样将报纸从右向左捻成扇面形,扇面的长度为 35 cm 左右。扇面形翻起后,右手四指向手心内弯并下压报纸,拇指同时向上翻按,使右手捏的报角翘起,扇面成平形固定不动。如图 5-3(a)所示。

2) 数报时,左手掌心向下,五指适当分开稍弯曲,从扇面的左上方开始,先以小指点数第一个 5 份,然后以无名指、中指、食指及拇指顺序接连点数,拇指原处不动,手腕略向外转,再以无名指、中指、食指、拇指点数。当第二次用无名指点数后,便用中指、食指、拇指点数。点数时眼睛要先看准报数,然后各手指按下点数。如图 5-3(b)所示。

3) 数到最后一个 5 份时,左手再向右转,四指尖向右翻向齐边中部的下面;同时,右手放松,使报纸弹回平放桌面,左手拿起报沓向左转腕准备放报。如图 5-3(c)所示。

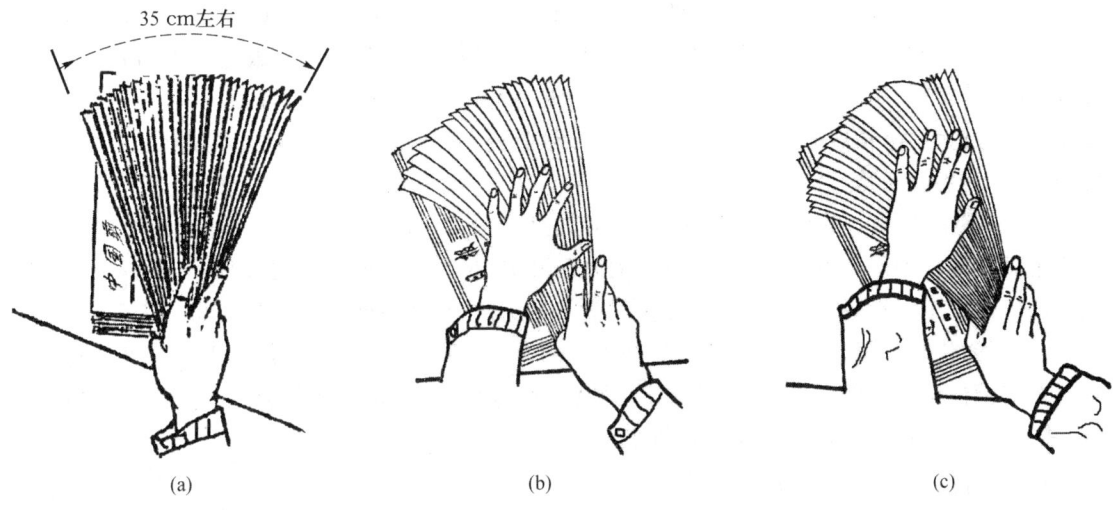

图 5-3 五指并用数报法

已数好的整沓报纸都要与前一次数过的整沓报纸交叉成十字码放,报头朝上,注意放稳,以防塌散。整数报纸过完数后,开始过零数报纸。全部过完数后与报纸分发表上的总数进行核对,相符后即可按段分发报纸。

4. 开拆刊袋

拆开期刊袋后,应将袋牌、袋绳、铅志单独放置在固定位置或专用容器内。用三角撑袋法检查袋内有无遗漏期刊,按定置管理要求将空袋整齐码放在固定位置。用剪刀剪断捆刊绳,将剪下的绳和期刊包装皮放在固定位置。期刊拆捆后注意保持捆中码放的顺序,按种类逐个抽出夹在期刊中的刊签。抽出刊签后,要核对接收局名,并按照刊签登列的报刊代号、刊名、期数与实际发来的期刊进行核对。核对无误后,登记收到的时间。

拆出的期刊要与期刊分发表进行核对,确保刊签所列册数、实发册数与期刊分发表上的应分册数相符。期刊过数须一种一种进行;过完数的期刊要整齐码放在工作台面上,为分发做准备。

(四)加盖投递日戳

投递日戳是投递生产机构处理邮件使用的邮政日戳。投递日戳表示邮件到达的日期和投递生产机构名。用户可以通过收寄、投递两个日戳了解邮件的全程传递时限。

1. 加盖投递日戳的规定

进口邮件必须当班逐件加盖投递日戳,做到无遗漏。投递日戳应加盖在邮件规定的位置,并要保证清晰。

(1) 平、挂信函应在信封背面加盖日戳,不准盖在所贴邮票上。

(2) 明信片在空白处加盖日戳,不得加盖在文字,或美术明信片的图案上。

(3) 印刷品在空白处加盖日戳。

(4) 各种"领取邮件通知单(邮 1402)"在规定位置加盖日戳。

(5) 遇有邮票漏销的情况,可用日戳边滚销或用笔划销,不得用投递日戳盖销。

2. 投递日戳的加盖方法

(1) 手工过戳。挑出较大、较厚和不能使用过戳机的信件,与开拆出的平刷放在一起,并整理好以备手工过戳。手工过戳时,两手要协同动作,一手过戳,一手搂(捻)信。待过日戳的信件要先理齐,顺头顺面,平放在过戳台的胶垫上,胶垫的弹性应以保证戳迹清晰为宜。过戳时,两眼看准邮件,手眼协调配合。手握日戳要端平,一般是一戳一墨或两戳一墨,起落力度要适度,力量过大容易损毁邮件,力量太小则易导致戳迹不清或不全。为防止漏盖,手上可戴专用胶指套,逐件将信捻开。

(2) 过戳机过戳。使用过戳机过戳时,应先挑出较大、较厚和不能使用过戳机的信件;根据要过戳的邮件的厚度调整好过戳机;启动电源开关,将顺头顺面理好的邮件不间断放置在过戳机的传输带上;过完投递日戳的邮件自动落入一侧的容器中;使用过戳机应由两人配合操作为宜,一人操作过戳机,另一人随时将过好戳的信件蹾齐理顺、放置在工作台上待分拣,并将尚未过戳的信件运至过戳机旁;信件全部过戳完毕后,操作人员记录下"计数器"显示的过戳件数,并检查现场有无遗落邮件;关闭过戳机电源,拔下插头。

(五)按段分发(拣)邮件

1. 分发报纸

(1) 可使用屏幕进行分发或按报刊分发簿信息分发报纸。

(2) 报纸分发过程中,一种分发完后,再分发另一种,不允许多种报纸混合交叉分发。

(3) 先取整百,后配零头,按各道段顺序分发,分好的报纸分别放入对应的格口内。

(4) 在分发报纸零头时,如出现单张情况,将单张对折放在分好报纸的最上边再放入格口。

(5) 不同种类的报纸分发完毕放入格口时,应掉头、齐边与毛边交叉码放。

(6) 如遇报纸短少时,在"多/少报刊处理情况登记簿"上备注缺报的段别。

2. 分发期刊

(1) 分发期刊时,先分开数小的大本,后分开数大的小本,期刊入格后要码放平稳,以免滑落串格。

(2) 每种期刊分完后,若出现多余或短缺情况,立即逐段复查,保证分入格口的期刊准确无误。

(3) 全部分发完毕后,使用信息系统的,打印"期刊投递清单",并与各道段投递员进行交接;没有使用信息系统的,夹入"投递卡(邮发 009 第三联)",填写"投递卡交接簿(邮发 021)",与各道段投递员进行交接。

(4) 如遇期刊短少时,在"多/少报刊处理情况登记簿"上备注缺刊的段别。

3．分拣平常邮件

平常邮件分拣应按以下方法操作。

(1) 将待分平常邮件整齐码放在分拣台上。

(2) 分拣人员戴好胶指套。

(3) 左手持信(持信量因人而异,一般持信1次约40件),放在拇指和食指之间,即虎口上,置于胸前。

(4) 分拣时,双手配合操作,左手拇指紧压信件,稍用力向右下角推开第一封信;右手接信,一边看信件封面上的地址,一边将信放入格中,并保持格内信件理齐,顺头顺面。

(5) 右手投信入格时,拇指与食指稍用力搓捻信角,防止出现信件夹带或双张。

(6) 当右手接过左手最后一封信件投入格口时,左手随即又拿起一把信件,连续不断地分拣,直至分拣完毕。

(7) 分拣时发现异常情况邮件,挑出放在专门格口里。

(8) 全部分拣完毕,按道段拿走格口内的信件并理齐后,巡视工作现场,看有无漏分、遗落的邮件。

4．分拣给据邮件

给据邮件分拣操作的方法与平常邮件分拣操作方法相同。各类给据邮件分拣完毕后,要逐段进行复核,检查有无误分,将按段分拣后的给据邮件逐段打印投递邮件清单,并做好平衡合拢工作。

(六) 内部交接

1．平常邮件交接

领取平常邮件时,投递员在分拣格口领取,不属于本道段的邮件,交由分拣员重新分拣。

2．给据邮件交接

领取给据邮件时,交接双方当面核对投递清单上的邮件数量和道段编号,再检查领取的邮件封皮是否完好,如有异常,将邮件交分拣人员处理。如发现投递清单上的邮件数量和所属道段有误,由投递员和分拣人员双人一起重新清点邮件、修改投递清单,修改处由分拣员签章确认,并在信息系统上修改。投递员进行核对,确认无误后,在投递员出班交接表上签章。

3．报纸交接

领取报纸时,核对报纸种类,点清总数,发现多报或少报时,由投递员和分发员双人一起重新清点。如遇缺报时,分发员要与投递员说明情况,投递员在"多/少报刊处理情况登记簿"上签章。

4．期刊交接

领取期刊时,交接双方当面核对期刊种类、名称、代号与报刊投递清单或投递卡交接簿节目是否相符,点清期刊份数,并在期刊份数栏内勾挑。发现多/少刊时,由投递员和分发员一起重新点清,修改期刊投递清单或投递卡交接簿,修改处由分发员签章确认。如遇缺刊时,分发员要与投递员说明情况,投递员在"多/少报刊处理情况登记簿"上签章。

核对期刊无误后,投递员在期刊投递清单上签章,一份带出,一份留存。

(七) 细排邮件

1．排信

排信按照分堆、细排和复核的顺序进行。平常邮件和给据邮件要分开来排。

细排邮件

(1) 分堆

分堆应按以下要求操作。

1) 将理好的邮件按规定投递路线顺序和收件人分布情况,进行分堆。

2) 把一条段道分为若干小段,每个小段内的邮件放一堆,形成堆位。

3) 堆位数量以 6～8 堆为宜,最多不超过 10 堆。

4) 分堆时可根据邮件多少、路程长短、交通条件、操作方便等因素进行设计。堆位可按街道名称、门牌号码、机关大户或特殊需要划分。

5) 堆位应固定,排列顺序自左向右,上下两排,上排大户堆,下排小户堆。

6) 邮件分堆应按如下要求操作。①站立操作。左手持信,拇指在上将信件逐件向前推出;右手取信,边捻边分入相应堆中。②准确看清邮件封面上的地址资料。邮件封面上的收件人地址要一眼看到底;机关单位看清全称,注意区分近似易混的名址;退回邮件看准下角和批条;大件印刷品注意防止夹带。③欠资、破损、违章夹寄等邮件另放一堆,交相关人员处理。④漏销票要用日戳滚销或用笔划销。⑤错分段道邮件及时交给相关段道。

7) 分堆完毕,清理现场,检查地面有无遗落邮件。

(2) 细排

1) 细排平常邮件应按以下要求操作。

① 按照粗分顺序和投递路线,以工作台为基准由前向后逐堆细排。

② 每堆均先排零户,零户排好后再逐户穿插大户;大件印刷品以便单放,最后以排入卡片代替;边穿插、边复查。

③ 排好一堆放一堆,逐堆由左向右排列,便于最后合堆。

④ 领取邮件通知单细排时可以和平常邮件一起排序,或排完平常邮件后再插入通知单。

2) 细排给据邮件应按以下要求操作。

① 给据邮件细排方法与平常邮件相同。

② 根据投递清单上的签收位置顺序,在给据邮件右上角用铅笔写上投递清单顺序号后,按投递路线地址对本投递段的邮件进行排序。

③ 排序完毕,复核一遍,检查有无错排、遗留。

(3) 复核

信件排完后,按照投递行走路线逐户逐件地进行复核,按以下要求操作。

1) 先查零散户,再查大户,最后查印刷品。

2) 复核的重点:有无加盖日戳或印迹不清;有无错分段道的邮件;有无给据邮件混入平常邮件内;有无未处理的其他邮件。

3) 点数平常邮件数量,临段双人交叉复合后,据实填写投递人员原始记录表。

2. 排报

排报,又称配报,是以订户为单位,将其所订的各种报纸依据"报纸投递表"(俗称"报路子")配在一起,按投递路线的行走顺序进行排列,以便外部投递。排报的方法有"一户多报"法和"一报多户"法两种。

(1) "一户多报"法

"一户多报"法适于报纸种类少、数量不多的投递段。具体操作如下。

1) 将数完总数的各种报纸摆在工作台的前面,报头朝左,齐边向右。

2) 把其中最主要的或订户最多的一种报纸(如《人民日报》或本省日报)作为面报,摆在工作台当中。

3) 将本段"报纸投递表"放在工作台的右边。排报时,按订户的各种报纸份数顺序,左手揭开面报,右手从桌前方提取应分的报纸放入面报内,折边向右。

4) 排好一户后,在报头空白处简批户名或地址门牌(也称"号报头")后放在左边。

5) 按投递顺序逐户排报,直至操作完毕。

(2) "一报多户"法

"一报多户"法适于报纸种类多、数量大的投递段。具体操作如下。

1) 每一种报纸均按照报纸投递表上的机关大户和零户数字顺序配报。

2) 排报时,要按机关大户的报纸份数顺序,每一户放在一个固定位置。

3) 分完一种报纸再分另一种报纸,不同报纸要调头码放,以示区别。

4) 排报完毕后,要在报头空白处简批户名或地址门牌。

3. 排刊

排刊时要用铅笔或不干胶在期刊内页上方空白处简写或粘贴收件人姓名或地址。细排期刊按以下要求操作:按照投递路线排刊;将排好投递顺序的期刊依次夹入排好顺序的报纸内;将大户单位的期刊与报纸配齐,复核后牢固捆扎。

(八)出班准备

1. 出班前总复核

投递员出班投递前,进行总复核,检查所处理的各类邮件报刊是否符合规格,是否按投递路线排好顺序,有无漏排和误排现象,或其他质量问题;出班前检查格口、工作台上和工作台下,应无遗漏邮件、投递清单;投递部管理人员要对投递员平常邮件统计量进行抽查。

2. 装袋装车

装袋装车应按以下要求操作:

1) 将平常邮件、报刊按与投递线路相反的顺序装袋装车,后投的先装,先投的后装;

2) 给据邮件放在挂号背兜内,随身携带进行投递,不与平常邮件、报刊混装;

3) 大户单位的期刊随报纸一并捆扎装袋装车;

4) 数量大的报刊和印刷品按固定位置或顺序装入邮袋内,或固定在车架上,报头向外,齐口向上;

5) 投递员出班时,将物品型邮件装上小推车和机动车时,应小心轻放,保证邮件完好。

二、外部作业

投递人员自邮政投递生产机构出发起,在投递路线中与用户办理邮件点交以及开取信筒(箱)等兼取工作,到邮件全部投完返回邮政投递生产机构止,这一过程称为外部作业(投递)。

(一)各类邮件的投交手续

1. 平常函件

(1) 投交单位的平常函件

投交单位的平常函件,投交时,应由收发员或单位指定人员接收,无须签收,但要逐件点交,核对收件单位的全址、全名。遇有封面书写不清的信件,要与收发员核对无误后再投交。点交平信时,应随手捻捏信件,并查看邮件反面,以防上下信件粘连在一起。发现夹杂有其他单位、用户的邮件时,应立即拣出并设法投送。对本局试投或查询的信件,应向收发员询问,无此收件人的则当班带回；需留查的，则请收发员代询；查无结果的，要在下一班带回。投交完毕后，应检查投交地点，查看有无遗漏或误投的邮件。

（2）投交住宅用户的平常函件

到达收件人门前，应核对邮件封面地址，并称呼收件人全名，告知其有来信。利用等候时间，复核应投邮件，以防误投。与收件人见面后，应当面再问一次姓名，与函件上的收信人姓名相符后才能投交，无须收件人签收。如邮件封面上写有两个收件人姓名时，可投交其中的任何一人；如收件人家中无人，可由邻居代收，但不要交给儿童代转。如与收件人签订妥投协议书，应按协议书规定的方式投交邮件。

对装有信报箱的情况，平房住户邮件应逐件仔细复核后再投入信报箱，同时称呼收件人姓名并报出住户门牌号码，通知其邮件已到；楼房住户的邮件，一律投到每一单元地面层所装设的信报箱内或住宅区的信报箱群内。对规格尺寸较大的平刷，投箱时要妥善放入，避免损坏邮件。

2. 普通给据邮件

（1）投交单位的普通给据邮件

1）投交时，应经单位收发员逐件验视、核对并点准件数后，在投递邮件清单相关栏内加盖单位公章或收发专用章。

2）投递大宗给据邮件时，应把投递大宗邮件清单中的一份随给据邮件投交给收件单位，另一份由单位收发人员当面点清邮件后盖章签收，由投递员收回存档备查。

3）邮件全部点交完毕，投递员要与收发人员核对所投邮件的总件数，以防漏签。

4）如接收单位没有收发专用章，应请单位尽快刻制规定式样的收发专用章用于接收邮件。此前，相关邮件可加盖单位公章或单位内部部门的公章以示妥收，也可由单位指定的收件人签章。

（2）投交住宅用户的普通给据邮件

1）由收件人在"投递邮件清单（邮1401）"上签章。

2）如由他人代收，除在"投递邮件清单（邮1401）"上签章外，还应批注代收人与收件人关系及代收人有效身份证件名称、号码。

3）如收件人不在，又无他人代收时，应当场填发"通知便条"，投递员签名并批注日期，邮件再投；邮件投出时，可与用户协商签订《邮件妥投/停投/接转代投协议书》，明确定位妥投地点。

4）如经两次班仍未投出，投递员应当场填发"领取邮件通知单（邮1402）"，在"领取邮件通知单（邮1402）"的"投递通知单日戳"处签名并注明日期，邮件改为用户自取。

5）收件人具备信报箱且确保安全的情况下，投递员与收件人签订插箱投递协议后，实行插箱投递，"投递邮件清单（邮1401）"相关栏内注明"插箱"字样。

6）投交领取邮件通知单、汇款通知单和领取欠资邮件通知单、邮件催领单时，投递员应做到"两介绍"，即介绍领取邮件、汇款的邮局地址和营业时间；介绍应办的手续和应携带的证件、名章。对于欠资邮件，还应告知补费的原因和应补的费用。

3. 协议给据邮件

协议给据邮件主要特指同城或区域账单类邮件，如银企对账单。其投交手续除满足签订的合同或协议规定的投递手续外，还应符合下列要求。

（1）如投交指定收件人，应核实收件人身份；核实无误后，按邮政企业与用户签订的合同中规定的手续投交。

(2) 如收件人不在,但有收件人电话,应电话联系收件人。如收件人同意他人代收,投递员应核实代收人的有效身份,由代收人在"投递清单"上签章、签时,并批注身份证件号码、与代收人关系后,邮件投交代收人;如收件人不同意代收,应预约下次投递时间、投交方式,邮件再投。

(3) 如收件人不在,且预留电话联系不上、联系电话错误或无联系电话,应给收件人留填妥的"通知便条",通知下次投递的时间及联系电话,邮件再投。

(4) 如非邮政原因造成无法投递,按邮政企业与用户签订的合同中的规定处理。

(5) 遇有回执的协议给据函件时,应约定收取回执时间,并按邮政企业与用户签订的合同中规定的时限,处理手续收取回执。

4. 约投挂信

(1) 投递前,应电话通知收件人预计的投递时间,投递员应在预定时间内按收件人地址进行投递;电话联系不上收件人时,应按收件人地址上门投递。

(2) 投递员到达投交地点时,应电话联系收件人,告知其在约定位置领取邮件。投交时,应核实收件人身份,由收件人在邮件投递清单上签名,注明签收日期、时间、有效身份证件名称与号码。

(3) 遇收件人本人不在时,可由其委托的代收人签收。邮件投交时,投递员应核实代收人身份,并在邮件投递清单上批注签收日期、时间、代收人与收件人关系、原收件人有效身份证件名称与号码、代收人有效身份证件名称与号码。

(4) 因故被用户拒收时,应由收件人和投递员在投递清单上共同签字确认、注明原因,并将邮件退回。收件人拒签或电话联系表示拒收时,应做好批注。

(5) 根据收件人的要求投交单位收发室或物业时,由收发人员或物业人员在邮件投递清单上签名或加盖收发专用章,并注明签收日期、时间,投递人员不得代签。

(6) 对投交单位收发室或物业的邮件,投递员应随时跟踪了解投交情况,如停留时间在3天以上,应再次与收件人联系或与收发室、物业商议,投递后7日内仍无法投达收件人手中时,应将邮件退回。

(7) 无收件人有效联系电话或电话联系不到收件人时,应按照地址上门投递。相关邮件如经过两次按址投递仍未投交,应填发预约投递通知单(也可以催领通知单代替),注明投递人员手机号码,收件人与投递人员取得联系后,投递人员上门投递。如预约投递通知单发出5日内收件人仍未与投递人员联系,应立即退回。严禁将约投挂信改为局内投交(即窗投)。

5. 报纸

(1) 投交单位用户报纸时,应会同单位收发员复核报纸的种类、总数,核对无误后再投交。发现种类、数量不符时,应进行查找,当即纠正。遇有单位报纸的种类、份数增减变动或报纸脱期时,应及时通知单位收发员。

(2) 投交住宅用户报纸时,无须签收,但要当面核实报名、点准份数。设有信报箱的,应实行插箱投递;与订户有约定的,应按约定方式(时间、地点)投交;第一次投送新订户报纸时,实行首日签证制度,即必须与订户当面核对订户的住址、姓名、报纸种类、份数、起报日期、投交方式等内容。

6. 期刊

(1) 投交单位用户期刊时,应按卡投刊或投递清单,与单位收发员分别按种类逐一点交、签收。点交时，要唱刊名、份数，并由收发员在刊卡指定位置盖章签收，或在投递清单对应的报刊名称前勾挑，全部确认无误后签收。用刊卡投交时，每签完一种，投递员应立即将刊卡收回。投交合刊期刊时，应通知收发员合刊情况。一个单位的期刊全部投交完毕时，投递员要汇总核对，验视各张刊卡或投递清单有无漏签、戳迹模糊情况。核对无误后，将刊卡或投递清单收回。

（2）投交住宅用户期刊时，应按刊卡或报刊投递清单书写的地址投交。投交时，应核对户名、刊名、期数、份数。核对无误后，将期刊点交给订户，并请订户在刊卡背面指定位置或报刊投递清单"用户名章"栏内盖章签收。对设有信报箱的订户，可将期刊直接投入信报箱，在刊卡或报刊投递清单的签收栏内加注"投箱"字样，并加盖投递员名章。

（二）开取邮政筒箱

1. 出班准备

（1）领取信筒（箱）钥匙。开箱人员应向信筒（箱）钥匙保管人员领取信筒（箱）钥匙，并按开筒（箱）的顺序逐个检查信筒（箱）钥匙是否齐全。

（2）准备好信兜、捆绳或开箱盛装信件的专用容器，并认真检查信兜、信袋，不得有 2 cm 以上的破洞、裂口，以免邮件丢失。

（3）检查所使用的车辆，保证车况良好。

2. 开取信筒（箱）

（1）开箱人员要按规定的频次、时间出局，沿着开箱路线顺序开取每一个信筒（箱）。

（2）严格按照信筒（箱）上标注的时间开取，不准提前或滞后。

（3）开箱前，应验看信筒（箱）有无破裂、损毁或门锁被撬等异常情况。

（4）开箱时，一只手将专用盛信容器撑开，另一只手伸入信筒（箱）内，把信件理齐后装入信袋。

（5）每开完一个信筒（箱），都要坚持"三看"。一看投信口，检查有无塞堵信件；二看箱四壁，检查有无粘附信件；三看箱底盘，检查箱内有无遗留信件。

（6）将信筒（箱）门锁好并试拉一下，看门锁是否有效，检查信筒（箱）周围地面有无遗落信件。若发现门锁失灵，应粘贴写有"暂停使用"字样的字条告示公众，封闭投信口，回局后要立即报请修理。

（7）开箱时，遇有寄件人要求将信件撤回或更改收件人地址、姓名时，必须请寄件人携带本人有效身份证件在指定时间内到开箱局办理手续，不得将信件随意交出。

（8）开箱途中不得接受他人要求将信件私自交给其阅看的请求。

（9）禁止将开箱取出的信件带回私人家中、宿舍或与工作无关的其他场所。

（10）信筒（箱）内预设固封编号印模监控筒（箱）兼取情况时，开箱人员要将筒（箱）印模打印在规定单式上（投递员兼取的，可将印模打印在投递邮件清单上）。

（11）开完最后一个信筒（箱），要按开箱顺序检查信件盛装容器，看有无漏开的信筒（箱），如有漏开的应当班补开。

3. 开出信件的处理

将信筒（箱）邮件点数后，按规定时限交营业处理。

三、归班处理

（一）归班前检查

投递员在归班前检查时发现的差错，须当班予以纠正，不得拖延或隐瞒。由此造成归班逾限时,要如实向投递生产机构负责人报告。

1. 未投出邮件检查

(1) 归班前,投递员应仔细检查投递车辆上、信报兜内、挂号背兜(夹)内有无漏投邮件。

(2) 对再投、转退等未投出的邮件,检查是否已准确批注了原因。

2. 投递清单批注检查

(1) 检查各类投递邮件清单、刊卡上有无收件人漏签章情况。

(2) 查看签章是否正确、清晰。

(3) 检查非本人签收的邮件有无漏批注关系及代领人身份证件号码的情况。

(4) 特快专递邮件还要检查有无漏签时情况。

(5) 查核有无误投情况;核对投递邮件清单上收件人的签收是否正确。

3. 开筒(箱)工作检查

(1) 检查开取筒(箱)的钥匙是否有丢失。

(2) 检查是否有漏开取的筒(箱),对使用筒(箱)印模监控的筒(箱),应检查筒(箱)印模是否加盖齐全,印模字迹是否清晰可辨。

4. 交回邮件的检查

检查交给内部处理人员的未投出邮件是否已准确批注了原因。

(二) 未投出邮件的处理

1. 再投邮件的处理

(1) 邮件再投的原因

再投邮件是指进口邮件当班因故未能投出,需下个班次再行投递的邮件。通常,邮件再投的原因有以下几种。

1) 收件人外出:指收件人本人不在,又无合法的邮件代收人。

2) 收件人迁移,新址待查:指邮件按址投递时原址无此收件人(或单位),经知情人(或单位)提示,收件人(或单位)已迁移至新地址,需下班按址查访投递。原则上,待查的"新址"应有明确目标,即收件人(或单位)的新迁大致地点,并且此"新址"应在本段投递范围之内。

3) 原址查无此人,下一班再问:指邮件所书地址无此收件人,疑是地址错误,需下次班到有关单位(如街道、社区管委会或公安户籍部门)进行查找。

4) 其他原因。①收件人无证件,不能确认身份:指投递员投递邮件时,相关收件人不能提供有效身份证明,又无他人佐证,投递员在无法确定收件人身份时,通知收件人备好有效身份证件,于下次班再行投递。②地址欠详,待查投:指邮件原书地址不详细,投递员于本班规定的投递时限内没有投出,改为下次班继续查找投递。

(2) 业务规定

当班未投出而需再次投递的邮件,必须当班在邮件封面上粘贴"再投邮件批条(邮1410)"(粘贴方法如图5-4所示),批注再投原因后予以妥善保管,待下班继续投递。

(3) 批条的使用规范

1) 勾画批条再投原因时,必须符合实际情况。凡属第1条~第3条原因的,应在项目数字上画"√"。如属其他原因,应在数字"4"后画"√",并批注"其他"字样。

2) 投递员归班后,取出再投邮件批条,在批条规定位置清晰加盖当班投递日戳和投递员名章,并在批条左侧涂抹胶水,牢固粘贴在邮件封面的左上角,覆盖邮政编码框,但不得粘住收件人名址。

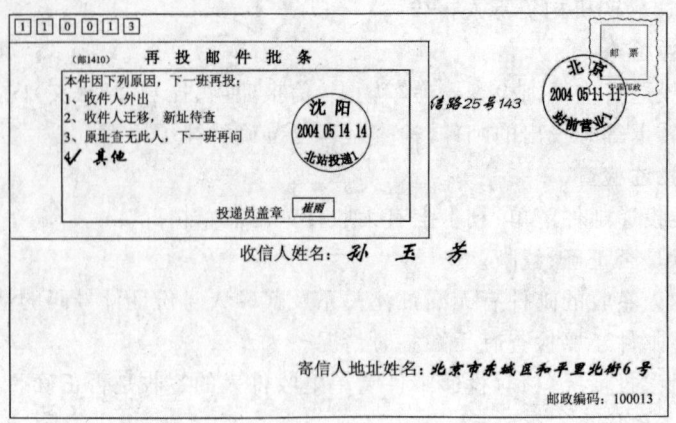

图 5-4　再投邮件批条粘贴方法

3）如一件邮件经两次再投，则每次班都必须粘贴再投邮件批条，并办理有关手续。批条按班次逐个在邮件封面上继续粘贴，粘贴时注意不要覆盖住上次班批注项目，以便日后查询。

2. 改寄邮件的处理

（1）邮件改寄的原因

改寄邮件是指因特殊原因需改投邮件原书地址以外的本埠其他地址或改寄外埠地址的邮件。邮件改寄的原因通常有以下几种。

1）寄件人申请。寄件人向收寄局提出申请，要求将其邮寄的给据邮件改寄新址。收寄局受理申请后，以传真或信息系统提示等形式通知投递生产机构办理。

2）收件人迁至已知新址。收件人在邮局办理邮件改寄业务，其各类邮件均由相关投递生产机构负责改寄收件人所迁新址。

3）收件人要求。已按原书地址投递的邮件，应收件人要求，将邮件改寄其他地址的其他收件人。

（2）业务规定

1）寄件人申请改寄时，投递生产机构收到收寄局发来的"撤回或更改通知书（邮1607）"后，及时拣出相关邮件，按通知书上的（信息系统提示的）寄件人指明地址改寄；收件人申请改寄时，按收件人提供的地址改寄。

2）对需要办理改寄的邮件，应在邮件封面粘贴"改退批条（邮1407）"（如图5-5所示），批明改寄地址后办理相关改寄手续。

3）约投挂信不办理改寄。

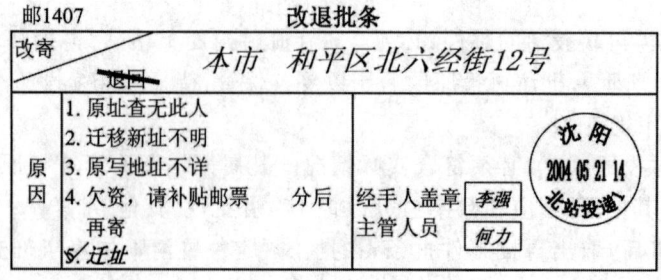

图 5-5　改退批条

（3）批条的使用规范

1）将改退批条上栏印制的"退回"字样用笔画销,以表示邮件改寄,然后在上栏画销的"退回"后写明改寄的详细通信地址,如图5-6所示。

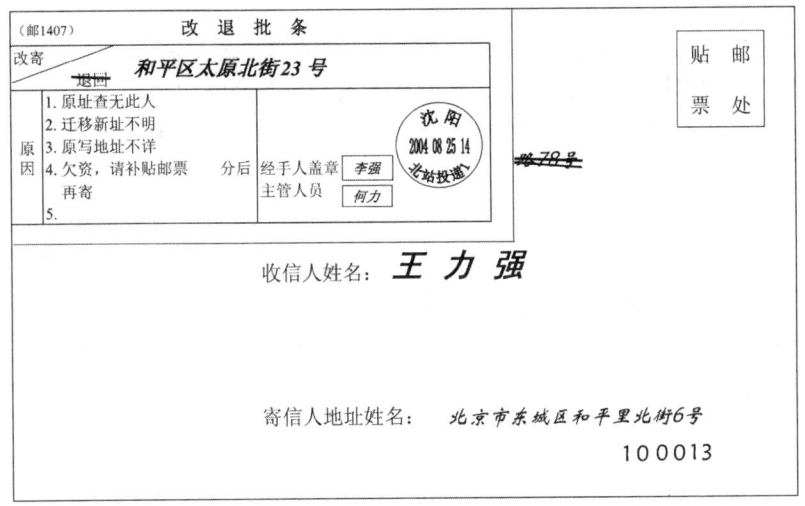

图 5-6　画销"退回"并写明改寄新地址

2）视邮件改寄的原因,在第5条原因的数字上画"√",并在其后进行批注。

① 寄件人申请改寄的,批注"寄件人申请"字样。

② 收件人因地址迁移已预先在邮局办理邮件迁移改寄的,批注"迁址"字样。

③ 已按邮件原书地址投递,应收件人要求改寄新址的,批注"收件人申请"字样。

3）批注好的改退批条,要在批条规定位置清晰加盖当班投递日戳和经手人名章,并在批条左侧涂抹胶水,牢固地粘贴在邮件封面的左上角,覆盖邮政编码框,但不得粘住收件人名址。

3．退回邮件的处理

退回邮件是指已按邮件原书地址投递,因故无法投交,或者因其他原因无须投递,应办理相关手续退回寄件人的邮件。邮件退回的原因一般分为无法投递和邮件撤回两种。对需要办理退回的邮件,应在邮件封面粘贴"改退批条（邮1407）",批明退回原因后办理相关退回手续。

（1）邮件退回的原因

1）无法投递

邮政企业对无法投递的邮件,应当退回寄件人（寄件人有声明的除外）。进口邮件有下列情况之一的,视为无法投递邮件。

① 收件人地址书写不详或者错误,且无法通过邮件附加电话或短信等方式联系到收件人。

② 原书地址无该收件人,且无法通过邮件附加电话或短信等方式联系到收件人。

③ 收件人迁移新址不明,且无法通过邮件附加电话或短信等方式联系到收件人。

④ 收件人是已经撤销的单位,且无合法的代收单位。

⑤ 收件人死亡,且无继承人或代收人。

⑥ 收件人拒收邮件或者拒付应付的费用。

⑦ 用户领取邮件的保管期满,收件人仍未领取。

⑧ 其他原因导致邮件无法投递。

2) 邮件撤回

寄件人向收寄局提出申请,要求撤回其邮寄的给据邮件。收寄局受理申请后,以传真或信息系统提示等形式通知投递生产机构办理。已在收寄局发出的平常邮件不受理撤回业务。

(2) 业务规定

对需要办理退回的邮件,应在邮件封面粘贴"改退批条(邮1407)",批明退回原因后办理相关退回手续。各类邮件均退回寄件人,其中寄件人在包裹详情单上声明抛弃的,应作为无着邮件处理。对于寄件人申请撤回的邮件,投递生产机构收到收寄局发来的"撤回或更改通知书"后应及时退回。

(3) 批条的使用规范

1) 退回批条地址的填写规范如下。为避免归班后忘记邮件改退原因而处理不准确,投递员在投递过程中遇邮件需改寄、退回时,应当即在改退批条上进行批注,批条可于归班后进行粘贴。批注时,将改退批条上栏印制的"改寄"字样用笔画销,在"退回"字后写明退回寄件人所在地的省、市(县)名称。

① 退回地的省(自治区、直辖市)名称可以简写,如:内蒙古自治区可简写为"内蒙古",上海市可简写为"申"或"沪"。

② 退回地的县(市)名称也可以简写,如:辽宁省康平县可简写为"辽宁 康平",山东省日照市可简写为"鲁 日照"。

③ 退回地为省会城市、首府城市的,可省略省、自治区名称,直接书写省会城市名称,如:湖南省长沙市可简写为"长沙",广西壮族自治区南宁市可简写为"南宁"。

④ 约投挂信邮件退回时,应按照信封右下角的落款地址退回,信封正面落款位置另有注明退信地址的除外。

2) 根据邮件退回的原因,在改退批条上选择批注。改退批条上注明的退回原因及表述的内容如下。

① 原址查无此人:指已按邮件封面书写地址进行投递,但没有此收件人。此批注只限于住宅用户邮件。对单位邮件,如其内部无此收件人情况,由单位收发部门另外出具批条注明,不能由投递员代为批注。

② 迁移新址不明:指收件人(或单位)原住邮件封面书写地址处所,但现已搬迁,且不知道迁移后的确切地址。此批注适用于地址正确,即地址(处所)仍然存在,只是收件人或单位这一主体搬迁的情况。

③ 原写地址不详:指邮件封面书写地址不准确,一般情况是由于寄件人粗心大意漏写明细,或寄件人写错收件人地址。例如:只写明街路名称,但漏写了具体门牌号码;交住宅楼房的邮件只写明住宅楼号,但漏写了单元、楼层、房间号码;等等。

④ 空白栏:用于批注上述原因中未表述完全的原因。例如:原址查无此单位;收件人拒收;收件人死亡,无合法代收人;原址动迁;等等。无论批注何原因,必须做到准确无误,批注的字迹要规范、清晰。

3) 改退批条批注后应加盖经手人名章,送主管人员审核签章。审核无误后,在批条右侧规定位置加盖当班投递日戳。处理好的改退批条用胶水涂抹左侧,将其牢固粘贴在退回邮件封面的左上角处,覆盖邮政编码框,但不得粘住收件人名址。

4) 保价信函不贴改退批条,直接在邮件封面上批注并送交主管人员检查盖章后予以退回。

(三) 归班交接

投递员归班后应对妥投邮件整理投递清单,审核签章情况;对未妥投邮件实物进行整理,根据情况做再投、改寄、退回等处理,并与内勤人员进行交接。投递归班交接应按以下要求操作。

1. 向内部处理人员交回投出邮件的详情单、投递清单、未妥投邮件、收回回执、退件、信筒(箱)钥匙,内部处理人员查核签收。

2. 内勤人员与机构内所有投递员交接完毕后,在信息系统内进行日终平衡合拢操作,实现当天投递员带出投递的各类邮件与归班交接的各类邮件的平衡。

3. 内勤人员对妥投邮件投递清单按规定进行业务档案的理订。

4. 内勤人员对未妥投邮件根据投递员批条进行分类处理:(1)再投邮件交专人保管,按预约日期交投递员下段投递;(2)转退邮件按频次及时进行退转封发操作。

第三节 包快投递作业流程与规范

一、内部操作

(一) 班前准备

1. 上班签到

揽投员应按照规定时间到岗,到岗后及时签到。

2. 参加班前会

揽投员应接受当班负责人布置的工作,安排好当日工作。

3. 准备用品用具

(1)内部处理人员应准备的用品用具包括日戳、内场PDA、外场PDA、POS机、签字笔、卷尺、裁纸刀、抹布;零钱、发票;单式和包装材料,包括详情单、封套、包装箱、包装辅助材料、胶带。

(2)揽投员应准备的用品用具包括背包、手机、外场PDA、POS机、签字笔、长尾夹、裁纸刀、胶带、抹布、鞋套;单式;名片;零钱和发票。

4. 检查设备、车辆

(1)内部处理人员应检查电脑、打印机、扫描枪、扫描仪、打包机、电子秤、验钞机、传真机等设备。

(2)揽投员应检查车辆证件和自身驾驶证件是否齐全、有效,检查车况是否正常,重点检查机油、汽油、水、车灯、轮胎、制动器、车锁、电瓶等。

(二) 接收邮件

1. 接运准备

在趟车到达之前,内部处理人员对分拣场地进行检查、清理。

2. 验看车封

趟车到达后,内勤人员与趟车司机眼同对车门封志完好程度进行验看,如封志完好,剪断趟车门封志并留存;如封志异常,应及时上报值班人员,并缮发验单。

3. PDA 解车

使用 PDA 扫描封车牌，记录趟车到达时间和查看总包数量。

4. 接收邮件

（1）内勤人员组织揽投员协助卸车、搬运邮件至生产现场。在卸车、搬运的过程中，遵循轻拿轻放、大不压小、重不压轻的装卸原则，严禁野蛮装卸，禁止拖、抛、踩、踢等任何损害邮件的行为。

（2）点数交接。点数总包数量及外走散件数量，查看是否与预告信息数量相符。

（3）接收邮件时重点验看袋身、重量、袋牌、铅志、绳扣。发现实物与信息不符时，在进口路单上批注并共同签章，向封发部门缮发验单并随验单附寄邮袋、铅志、袋牌和绳扣作证。

（4）交接完毕后，检查趟车车厢及接收现场有无遗漏。

（三）开拆总包

1. 使用内场 PDA 扫描总包袋牌或邮件号码接收开拆邮件。
2. 待总包开拆点数完毕后，查看实物数量是否与进口预告信息数量相符。
3. 异常情况及其处理要求如下。

（1）总包内件数目不符。处理要求：第一时间电话联系封发部门进行查找，并缮发验单，随验单附寄空袋、铅志、袋牌和绳扣作证。

（2）总包内邮件有破损、水湿、污染、带验试投等。处理要求：由操作人员交主管人员，在双人眼同条件下进行复重、内件清点、拍照、代封、登记等处理后，按规定当频缮发验单，连同邮袋、袋牌、绳扣、铅志作为附件随验单发封发部门，并保存好相关验单。

对于经过上述处理后的邮件，由内勤人员通过电话或揽投员以邮件投递告知单的方式告知收件人邮件出现异常情况，经收件人确认无异议的安排试投，如收件人有异议，请其到营业机构协商解决。

（四）分拣道段

1. 揽投员共同参与邮件分拣，从进口邮件中把本段的邮件拣出，发现不属于本段的邮件，应分拣给相应道段的揽投员。
2. 遇到无法确认是否为本道段的邮件，需将邮件交给内勤或营业部负责人帮助确认。
3. 对于不能直接判断归属道段的邮件，可通过 PDA 的"辅助下段"功能，扫描邮件号，根据提示进行分拣道段的操作。

（五）细排邮件

1. 将法院、检察院专递邮件清晰加盖当班日戳。
2. 将邮件按照零散客户与大宗客户区分。
3. 按照投递点先后顺序排道。揽投员可根据投递工作经验，对邮件进行排序，也可在扫描下段后参照 PDA 上的"投递路线规划"功能，对当班邮件进行排序。
4. 在细排过程中若邮件详情单脱落和字迹模糊，需补填一份"邮政速递物流邮件投递替单"，要求字迹清晰、项目齐全，视作详情单使用。若邮件收件人地址或所在单位名称有误、不清、不详、不全，揽投员应先根据邮件详情单上的联系人电话确认名址信息后再投递；如电话号码不全、不清、错误时，应及时交内勤人员核查（可通过生产系统确认名址信息）；若邮件有拆动、破损、水湿、污染、重量短少等情况，应及时交内勤人员处理，内勤人员确认可试投的邮件，应按要求上门试投。

（六）分拣下段

分拣下段是指对邮件按段道分拣后，揽投员对段道内的邮件进行下段扫描的操作。

1. 揽投员使用 PDA 终端对邮件逐件进行扫描下段处理。
2. 系统触发预约短信。为了提升客户体验，特快专递邮件下段后，系统将自动触发预约短信，告知客户邮件状态及投递时间，揽投员应及时出班投递邮件，确保投递时限和使客户拥有良好的体验。

（七）转封存局

1. 计划转封处理

对于需按计划正常转发给其他机构的邮件，内勤人员应当频进行封发发运处理。

2. 错分邮件处理

对于错分到本揽投部的邮件，内勤人员应进行封发发运处理。

3. 存局邮件处理

（1）对于无衔接投递频次的进口邮件，内勤人员应逐件扫描邮件进行存局处理。

（2）对于节假日期间不接收邮件的单位，内勤人员应逐件扫描邮件进行存局处理。

（3）对于邮件发生异常情况，不能带出投递的情况，内勤人员应逐件扫描邮件进行存局操作。

（八）进口平衡合拢

进口平衡合拢是指内勤人员通过投递解车后续的下段、转封、存局等逐件扫描邮件的操作，与批量确认投递解车信息进行邮件信息和实物的核对，完成平衡合拢。

（九）邮件装袋、装车

根据投递线路将邮件依次装袋或装车，文件类或可以装入背包内的物品类邮件必须装入背包，随身携带；不能装入背包的物品类邮件，放入车箱，箱体上锁，以确保邮件的安全。揽投员将邮件装车完毕后，做好班后"三净"（桌面净、地面净、格口净）工作。

二、外部作业

揽投员出班投递环节操作顺序：按邮件排序路线上门投递→到达邮件地址后投交收件人签收→收回详情单存联→投递信息反馈→按邮件排序投递下一邮件直至全部邮件投完。

（一）投递时限

1. 当频进口邮件应在本频次投递截止时间点之前完成投递。
2. 节假日邮件投递。节假日期间，对有人签收的邮件应按时限要求正常投递。对收件地址是政府机关或企事业单位，揽投员根据日常投递经验判断可能无人签收的邮件，经内勤人员或揽投部指定，通过短信告知客户，在客户确认投递方式后，按要求投递；严禁在未得到客户确认的情况下延时投递。

（二）投递要求

1. 投递邮件时要按址投递上门，认真复核点交，做到"收投相见"。
2. 他人代收的邮件，在代签收前应征得收件人同意。
3. 在预约投递时收件人要求改址的邮件，改址后的新地址仅限于同一城市范围内。
4. 为提高投递效率，对于不确定是否有人签收的邮件，必须在投递前电话预约，电话无法

特殊邮件投递
处理要求

联系的应按址上门投递。

5. 高考录取通知书及寄件客户有个性化要求的邮件,需按要求进行拍照,采集收件人签收后投递局存联等操作。

(三) 上门投递

1. 检查外包装

入户投递前将邮件取出,检查外包装是否完好。遇邮件有脏污时,宜用抹布将邮件表面擦拭干净。

2. 待投邮件保管

投递邮件时,应锁好车辆及箱体,装有邮件的背包必须随身携带。如有不能随身携带的邮件,在确保邮件安全的前提下,应将车辆停放在本人可视范围内、监控器可视范围内或委托保安及值班人员代为看管。

3. 按门铃/敲门

到达客户门口时,认真核对地址,轻按门铃(或者适度敲门3下),若无回应,间隔3秒再按/再敲。见到客户后应主动、礼貌地打招呼。未经允许不宜进入客户家中,原则上在客户门外投递邮件,若客户邀请,可进入门内一侧投递邮件,除非客户要求搬运邮件,否则揽投员不宜进入客户房间内部。

进入客户门内前,应穿着自备的清洁鞋套。如遇雨天,应自带塑料袋将随身携带的雨具收好。不可以随意就座或翻动客户的任何物品。

4. 妥投签收

(1) 核实收件人身份

1) 投递邮件时,如本人签收,应核实收件人本人身份,如他人代收,应同时核实代收人身份;可通过姓名、证件、电话、地址等方式核实收件人及代收人身份。

2) 法院、检察专递邮件必须验视有效身份证件,包括:居民身份证、临时居民身份证、户口簿、中国人民解放军军人身份证件、中国人民武装警察身份证件、港澳居民来往内地通行证、台湾居民来往大陆通行证、外国公民护照等。

(2) 客户签名、批注签收时间,批注代收关系

投递人员核实收件人身份后,请收件人在详情单指定位置签名(章)(收发室签收的在详情单指定位置盖"收发章"),批注签收时间。如他人代收,应批注收件人和代收人的关系。要求字迹清晰、可辨认。

(3) 投递邮件时客户提出开箱验货

如投递邮件时客户提出开箱验货,要请收件人签收后方可开箱验货。揽投员应主动配合客户从包装封口处打开外包装(不能破坏外包装盒),请客户验看内件。对内件有包装的邮件,应礼貌地提醒客户不能打开内件包装。

5. 收回详情单投递局存联

(1) 待客户签收后应将详情单"投递局存联"收回,作为妥投凭证,热敏面单邮件采用PDA电子签名或使用拍照采集真迹功能采集了投递签收真迹的邮件,可不收回投递局签收存联。

(2) 法院专递、检察专递应将"投递局存联"和"名址联"一并收回。

6. 收回增值服务所需资料、代收货款、收件人付费邮费

(1) 返单、法院专递邮件、检察专递邮件

1) 返单、检察专递邮件

揽投员应会同收件人检查签收的返单资料是否完全准确(检查返单份数及内容与反向邮

件详情单上的要求是否一致),并将"回执联"收回,需要签字的应检查相应的字迹是否清晰,如果不清晰应请客户修改清晰。

将客户签收并检查完毕的单据(对于格式单返单,是正向邮件的"寄件人存"联;对于检察专递邮件,是正向邮件的"回执联")眼同装入特快专递封套(由投递局提供)并封口,粘贴反向邮件详情单;请收件人在"寄件人签署"一栏签字确认,扫描反向邮件详情单号码。

2)法院专递邮件

对于法院专递邮件,应将"回执联"撤下带回处理。

(2)代收货款邮件

对于代收货款邮件,要按照详情单上的金额收回款项,如 PDA 信息与详情单金额不相同时,要以详情单大写金额为准。

(3)收件人付费邮件

对于收件人付费邮件,要按照详情单上的"投递应收寄递费"如实收费,开具邮费发票。如 PDA 信息与详情单金额不相同时,要以详情单书写金额为准。

7. 录入妥投信息

邮件妥投后,揽投员应立即在 PDA 上准确录入妥投信息。

8. 短信告知客户邮件签收情况

所有非本人签收的、妥投的快递包裹和特快专递邮件,反馈妥投信息后,系统会及时触发短信告知收件人本人签收情况,并提示收件人本人尽快领回邮件。

9. 催投邮件处理

揽投员接到催投电话后,应对催投邮件进行优先投递,立即联系收件人约定上门投递时间,按照约定时间及时上门投递,确保客户满意。

10. 未妥投邮件处理

(1)上门投递时,如收件人不在,应及时使用 PDA 中的"预约投递"功能拨打电话联系收件人,确认邮件代收人或约定再投时间。

(2)上门无法投递,且电话联系不上收件人、寄件人的,或未书写寄、收件人电话或电话错误及上门投递无人签收,造成无法投递而需要再次投递的邮件,应贴"领取邮件通知单","领取邮件通知单"应逐项填写清楚,贴于客户住址门上(容易让客户看到,且不影响美观的位置)或信报箱上,未投邮件应放在揽投部(不得放在邮政公司网点或车上、员工宿舍及其他场所),联系电话要留揽投部的固定电话。若收件人要求上门投递,要按约定时间上门投递。

(3)如当天应投邮件因特殊情况(如干线、趟班延误)在当天最后一频仍未投,应当天拨打电话联系收件人征求其意见,客户要求当日必须投递的邮件,揽投部要组织小夜班当日完成投递;如客户提出更改投递地址,应提醒客户小夜班投递只能投递原地址,改址后时限会有延迟;如客户要求延迟投递,应按照与收件人约定的时间安排投递,并在"再投批条"上详细批注与客户沟通的情况,便于公司检查,邮件信息应如实批注未妥投原因,禁止在系统中反馈"妥投"。

(4)对于检察、法院专递邮件,投递单位要在邮件到达投递单位的 5 个工作日内,按照详情单上的送达地址投送至少 3 次(每次未能投递成功需要在详情单上批注上门投递时间和未妥投原因)。如投送 3 次均未能送达,且通过电话或其他联系方式无法通知到送达人,应当在邮件上粘贴"改退批条",注明退回理由,在规定日期内退回收寄局处理。

三、归班处理

(一) 归班整理

1. 妥投详情单、增值服务所需资料处理

(1) 将妥投邮件详情单投递局存联按频次、邮件种类整理,确保签收及批注规范、清晰,确保妥投实物与 PDA 内的妥投信息数据一致。

(2) 将法院专递邮件的"回执联"按频次整理,及时反馈给原收寄机构。将"回执联"汇总登列在法院专递回执交接簿上(可以电脑打印),一式二份。一份留存,一份随"回执联"及时寄回原收寄局在"法院专递"邮件详情单上标注的地址(在详情单上寄件人单位名称下方)。

(3) 将检察专递邮件的"回执联"反向邮件做收寄信息处理,当频次或当天寄回原收寄机构。

(4) 将返单邮件的反向邮件做收寄信息处理,当频次或当天寄回原收寄机构。

2. 未妥投邮件处理

(1) 将未妥投邮件实物与 PDA 内的未妥投信息数据核对一致。

(2) 将再投和改退邮件分堆码放。

(3) 首次投递时确认投递地址无人,确实无法联系到收件人、寄件人的邮件,或与收件人或寄件人联系确认后需再投的邮件,应粘贴"再投批条",在批条上详细批注再投原因并签章签认。

(4) 揽投部改退邮件,必须由揽投部经理指定人员处理,并认真核实改退原因。

对"原写地址查无此单位或收件人"且无法联系上"收件人、寄件人"等无法投递的邮件,应由内勤人员在系统上认真核查收件人、寄件人地址及联系方式,努力"复活"邮件,杜绝因字迹不清、收件人暂时联系不上等因素误退。

对确实要改退的邮件,应粘贴"改退批条",在批条上详细批注改退原因。收件人要求改址的邮件在反馈信息的同时必须录入收件人的详细新址,揽投部内勤人员及经理要认真审核改退原因,切实确认无法联系到收件人、寄件人时再签署批条,并分别签章确认,不得由揽投员直接签署改退。改退邮件处理手续与普通邮件相同。

退件时限要求:对再投邮件自发出领取邮件通知单之日起,本市邮件存局 5 天,国内邮件存局 12 天,超过保存天数的邮件,退回寄件人;特殊项目及特殊业务邮件不在以上保存时间范围内。

(二) 归班交接

1. 揽投员将当频妥投详情单及未妥投邮件实物与 PDA 内信息核对一致后与内勤人员进行交接。内勤人员与机构内所有揽投员交接完毕后,在系统内进行日终平衡合拢操作,实现当天揽投员带出投递的各类邮件与归班交接的各类邮件的平衡。

对未妥投邮件进行实物交接时,内勤人员应认真检查未投邮件的包装、核实批注原因和信息反馈情况,确保邮件包装正常,批注原因准确、详细,信息反馈情况及时、准确。如有问题要及时与揽投员核实,及时妥善处理。

2. 对妥投邮件详情单按规定进行业务档案的理订。

3. 对未妥投邮件,根据揽投员批条进行分类处理:再投邮件交专人保管,按预约日期交揽投员下段投递;转退邮件按频次及时进行退转封发操作。

(三)归班缴款

1. 揽投员将当日投递所收款项(现金、POS 刷卡凭证)与邮件实物及 PDA 缴款信息核对一致。
2. 内勤人员按照财务制度,及时、准确地收缴投递账款,严禁超额留存,严禁贪污、挪用和截留,确保账款准确、安全收缴。
3. 揽投员在 PDA 上进行缴款操作,内勤人员核对缴款金额无误后,打印缴款单(两联),经双方签字确认后,一联交揽投员,一联作为资金归集凭证。

(四)平衡合拢

当天工作结束时,确保当频及当天数据信息全部上传成功后,揽投人员退出 PDA 登录。内勤人员与全部揽投人员归班交接后,确保实现当天各类邮件在各处理环节间交接数量的平衡合拢。

第四节 邮件投递管理规范

一、作业组织与管理

1. 确定投递制式

城市按址投递制度根据城市的规模分为集中投递制和分散投递制两种。集中投递制是指全市邮件、报刊的投递都集中由邮件处理中心负责的投递制度。在集中投递制下,投递员集中工作,有利于组织和管理,并且可以减少转趟的频次。集中投递制的缺点是:投递员从邮件处理中心到投递段的空白行程长,不利于投递时限的完成;投递员远离投递段和居民区,不利于提高服务质量;邮件报刊不能利用机动车运送。

分散投递制是在一个城市内划分若干个投递区,投递区内设投递局,负责邮件的接收和投递。投递局一般设在投递区的中心部位,因此,投递员到投递段的距离相对较短,节约空行时间。由于投递区内又设若干投递段,缩短了投递服务半径,有利于延伸服务,提高服务质量。

2. 划分投递区

投递区是在分散投递制下,一个投递局负责投递邮件的范围。中小城市采用集中投递制时,只有一个投递区;较大城市采用分散投递制时,则要划分多个投递区。

(1)投递区划分考虑的因素

划分投递区要考虑市区面积、行政区划、市区地形、交通情况、局所分布、人口密度、用邮状况及投递业务量等因素。一个城市应划分多少个投递区,主要由该城市的市区面积和地形、局所分布情况及投递业务量 3 个重要因素决定。每个投递区的范围不宜过大,过大会增加投递人员从投递局到投递段的无效行程;投递区过小会增加分拣和转趟运输工作量。

为保证投递质量,投递区一经划定就要相对稳定,不宜经常做大的变动。投递局要选在交通地理位置适中的局所,要有利于投递段的划分和投递路线的组划,尽量减少空白行程,加快投递作业速度,还要有内部作业场地,方便市区转趟运输。

(2)划分投递区的步骤

划分投递区的步骤如下。

1）划区，就是圈定投递区域。一个投递区的范围要与邮政编码相结合，可以不受行政的限制，一个投递区的大小，一般以 20 个段为宜。个别地区因受自然条件限制，可以适当地增多或减少。

2）选点，就是选定投递点。在一个投递区内，如果设有几个邮局（所），要选定位置比较适中，场地比较宽敞，而且交通比较便利的局作为投递点为宜。但在城市的边沿地区，由于城市建设不断加快，邮政机构设置较少，因此，根据情况把每个邮局都选作投递点，甚至邮政所也可以作为投递点。

3）定界，就是确定投递界限。在选定投递点后，就要进一步确定投递界线。在划界时，要求界限清楚、明确，既要便于投递，也要便于分拣，并尽量利用明显的自然条件和主要干线街道划界。

3. 划分投递段

投递段是指投递员投递邮件的范围，一个标准的投递段，就是投递员的工作定额。在一个投递区内，一般应设置若干个投递段来完成本投递区域的邮件、报刊投递任务。如果机关单位较多，业务量较大，而影响投递效率和投递安全时，还可以组织机关大户专段。

（1）投递段的划分依据

投递段的划分主要依据以下几方面。

1）投递频次、时限和投递员工时的规定。

2）机关、团体、企业、学校等单位的分布情况及用邮情况。

3）劳动定额标准。

4）投递业务量的分布。

5）交通、地形和街道的状况。

6）住宅建设等情况。

（2）划分投递段的基本要求

划分投递段的基本要求如下。

1）每段每班应配备一个投递员。

2）投递段的划分，必须保证投递员能在规定的投递时限内完成投递任务。

3）保证每个投递员的工时得到充分的利用。

4）投递段的工作负荷基本平衡，避免劳逸不均。

5）投递段的起点，应尽可能从靠近投递局的地方划起，力求减少无效行程。

6）段之间界限清楚，避免交错，互相跨越。

7）农村投递段的划分除考虑路程等因素外，还应考虑其各项邮政业务和多种服务的开发潜力。

（3）划分投递段的步骤

划分投递段可分为测算、规划、调试和定案 4 个步骤。

1）测算

首先，分析全投递区机关、单位的分布情况，各条街道邮件、报刊的投递量，区内地形和地区特点，房屋建筑的特点以及投递员的工作条件等。其次，统计各段的投递业务量、投递户数和行走里程等资料。最后，按照定额标准核算出本区内共应划分的投递段数和每个段应增减的比例。

2）规划

根据测算结果，拟订划段的初步规划方案，确定本区内的道段数以及对各个投递段的划法。然后对初步规划方案进行讨论,修改后通过。

3) 调试

对通过后的划段方案,定期进行一次或几次试跑和调整,并在调试以前,做好人员调配,要求投递员和分发员掌握新的道段规格,以保证调试工作顺利进行。

4) 定案

划段方案经过进一步的调试、修正,并报相关部门批准后,即可定为正式的规划方案。在方案正式实施前,还应做好各项准备工作,如调整人员,画出新的投递道段图,划定各段界限,确定各段投递路线的走法,写出邮件分拣规格,做出报刊分发表,做好报刊卡片变段、变数和抄登报纸投递簿等工作。图5-7为某市投递段道示意图。

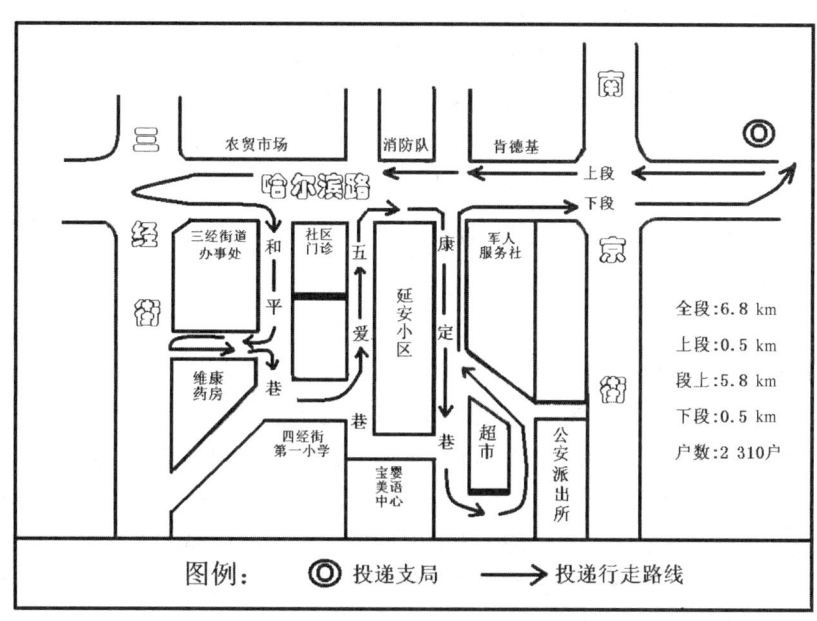

图5-7 某市投递段道示意图(3段)

二、作业方式创新

揽投网作为寄递服务的"最初一公里和最后一公里",是寄递业务发展的重要核心竞争力。邮政揽投网必须加快改革创新步伐,解决存在的问题,才能更好地支撑和促进寄递业务发展。

(一)改革投递方式,释放揽投能力

1. 推进"快包自提+甩点直投"

(1) 建设邮政品牌自提点,提高快包自提率

提高快递包裹自提率是释放特快专递揽投能力的有效措施,各地邮政企业要重点在居民区、大专院校、商厦、写字楼、工业园区等快递包裹投递集中的区域选择社区超市、便利店、便民服务站、邮政支局(所)、邮乐购站建设邮政自提点。邮政自提点要统一品牌和形象标识(名称统一为"邮政综合便民服务站"),统一使用邮政包裹自提系统;各地邮政企业要与不同类型的自提点分别签订服务协议;根据不同区域的自提业务量不同,并考虑市场价格和竞争情况,分别确定结算单价并结算服务费用,降低投递成本;同时要充分利用社会品牌自提点和智能包裹

柜。2021年年底前全国快递包裹自提率达到45%以上。

(2) 对自提量较大的自提点"集包甩点直投"

针对城市快递包裹自提量较大的自提点,各地要因地制宜,采取以下3种模式进行"集包甩点直投"。一是设立若干区域自提直投中心,分别覆盖若干揽投部,将自提量较大的自提点划归自提直投中心集中处理投递;处理中心增设自提直投中心分拣格口进行直分直封;自提直投中心对自提点分拣集包,组织汽车专线甩点直投。二是利用处理中心的场地和分拣设备,对自提量特大的大专院校等自提点单设分拣格口进行直分直封,交由市趟或组织汽车专线进行甩点直投。三是在揽投部将自提量较大的自提点从普通道段分离出来,交由汽车道段进行甩点直投,提高投递效率,减轻揽投员的投递压力。

2. 推行"大户+大件汽车直投"

机关单位等大客户的函件报刊投递量占比达60%,将大客户的函件报刊和特快、快包,以及20 kg以上、体积较大的大件、重件从普通揽投道段分离,交揽投部汽车道段集中直投,有条件的城市可设立大户大件直投部(可与自提直投中心合二为一),组织汽车直投,进一步提高投递效率,减轻揽投员的投递压力,增加营揽时间。

(二) 改革作业模式,提高揽投效率效益

1. 从"道段单兵+多次往返"转变为"网格团队+中转接驳"

(1) 推进网格化作业

揽投部要根据揽投业务量和客户分布,划小生产经营单元,将相邻的5条左右揽投道段组成揽投网格,相应的5名左右揽投员组成网格团队。选拔业务能力强的揽投员作为网格团队长,根据揽收、投递业务量统筹调配人员、动态排班、灵活组织揽投作业。综合揽投部网格团队要对特快、快包、普邮进行综合揽投,优先保证特快、报纸时限要求,要利用投递普邮的机会了解客户寄递需求,以投促揽。要全面掌握网格内的客户类型和用邮需求,对网格内业务量和市场潜力大的机关单位、商厦、写字楼、大专院校、集群市场要提高驻点率,提高揽收响应速度。不具备驻点条件的,由揽投员使用营销码对商厦、写字楼内的客户进行扫码营销。对政务区、商务区协议客户实行专人揽投,按约定的时间及时上门揽收。对一般区域现费散户实行揽投合一,确保接到派揽订单后10分钟内拨打电话联系客户,1小时内上门揽收。一类城市A类地区15条(含)道段以上的揽投部网格化率二季度末要达到65%,三季度末要达到80%,四季度末要达到90%。其他区域揽投部也要根据实际情况积极推进实施。

(2) 实行中转接驳

对有3个及3个以上包裹快递邮件进口频次的揽投部,一频次以后的进口邮件,由内部作业人员或网格团队中指定一人回班,按网格或道段分拣、集包,由汽车道段人员或网格团队指定人员,按约定时间盘驳至网格、道段内的交接点;揽投员在交接点领取邮件继续投递,同时揽收的邮件交盘驳车辆带回揽投部进行集中收寄、封发处理,节省了揽投员多次往返揽投部的路程和时间,增加了有效揽投作业时间。

2. 推进邮区中心直接分拣到网格

配置小件分拣机的邮件处理中心,要充分利用小件机分拣格口资源,将进口包裹快递邮件直接分拣到投递量大的网格,并按网格集包封发到揽投部,减少揽投部内部处理时间,增加揽投作业时间。有条件的可由邮件处理中心直送投递量大的网格,减少交接转运层级,进一步缩短投递时限。

(三) 改革组网模式，统筹利用资源，突出特快服务品质

统筹特快、快包、普邮时限质量标准，优先确保特快专递揽投时限，保障普遍服务投递质量，根据不同区域不同的业务结构、揽投业务量、邮件密度和市场潜力科学组织混合揽投、分层揽投、分网揽投作业。在保证各类邮件时限质量的基础上，充分考虑揽投资源的综合利用。

1. A类地区(地市城区)、B类地区(城郊)、C类地区(县城区)

(1) A类地区的核心区域：特快市场规模大、商厦写字楼密集、分网后道段日均特快揽投量能达到80件以上且达到80件的相邻道段能达到10条以上的区域作为核心区域，单独设立特快揽投部，实行特快专网揽投。

(2) A类地区非核心区域及B类、C类地区：应以设立综合揽投部为主，特快、快包、普邮在同一个揽投部统筹进行揽投作业组织；同一个揽投部分场地作业的，对揽投资源要统一管理、综合利用。以突出和保证特快揽投时限为核心，组织混合道段揽投或设置特快专段分层揽投：一是混合揽投，当特快、快包、普邮在同一个道段混合揽投能保证特快邮件时限时，可实行混合道段揽投；二是特快专段揽投，当特快、快包、普邮在同一个道段混合揽投影响特快邮件时限时，或在特快业务量较大的区域，应设置特快专段实行分层揽投。

2. D类地区(乡镇农村)

特快、快包、普邮在同一个乡镇邮政支局(所)统筹进行揽投作业组织，特快、快包、普邮在同一条道段混合投递。

要结合邮政"县乡村三级快递物流体系"建设，全面推进农村揽投网优化升级。一是打造开放的乡镇邮政支局(所)，叠加邮政包裹快递自提和社会快件代收、自提服务。二是村邮站、邮乐购站要叠加邮政包裹快递和社会快件代收代投自提服务，打造村级邮政综合便民服务站。三是统筹财政部的服务三农补贴、邮政企业自有资金投入、"私车公助"等方式，推进农村投递汽车化，优化投递线路，增强投递能力。四是乡镇政府所在地的快递包裹实行"对标投递"。快递包裹对标社会快递公司，社会快递公司在乡镇按址投递的，邮政快递包裹要按址投递；社会快递公司通知收件人到网点自取的，邮政快递包裹可通知收件人到乡镇支局(所)自取。对乡镇党政机关等大客户，以及根据敏感客户名单，对不接受自提服务的客户仍要按址投递。特快专递及普服邮件(普通包裹、函件、报刊)在乡镇政府所在地按址投递服务标准不变。各地要积极争取当地行业监管部门的支持，对标社会快递公司，加强过程管控，确保邮政快递包裹投递不低于当地行业服务水平。五是行政村快递包裹实行"甩点投递"。快递包裹按行政村分拣集包，甩点投交村级便民服务站(含村邮站、邮乐购站)。特快专递及普服邮件在行政村的投递服务标准不变。六是推进"邮快合作"。各地邮政企业要与当地社会快递企业以互惠互利为原则，签订邮快合作协议，依托邮政"县乡村三级快递物流体系"，有偿代运、代投社会快件下乡进村，打造开放共享的配送平台。

三、投递路线的组织

(一) 城市投递路线的组织

投递路线设计

投递路线是投递员投送邮件所行走的路线，也是投递局连接用户的空间距离。组织投递路线的原则是：以服务用户为中心，以时限要求为依据，高效、低耗地组织投递路线。

1. 城市投递路线组织应考虑的因素

城市投递路线组织要考虑下列因素。

(1) 保证重点用户的优先投递,也就是把党政机关、工厂、学校等安排在去程。

(2) 每个投递段的投递路线起点,应尽量靠近投递局,避免串段。

(3) 街道宽、邮件量大的街道,靠路的一边走;街道窄、邮件量小、车流量小的街道,则可以两边穿梭行走。

外部投递应坚持统一投递路线。统一投递路线是担任该段投递任务的每个投递员都应统一行走的投递路线。统一投递路线不仅是外部投递必须遵循的投递路线,而且是投递员投递邮件、报刊内部处理作业的重要依据。

2. 城市投递路线的组织方法

(1) 绘制投递道段详图。图中要画出街道分布的图形,注明门牌号码及机关单位的名称,以充分掌握投递道段的情况。

(2) 选择里程最短的投递路线。

(3) 统一段内投递路线的去程和返程。在里程最短和费时最少的前提下,把机关、工厂、学校所在的地区作为去程,如果机关、工厂、学校比较分散,则把性质最为重要的邮政客户安排在去程,以保证重点用户邮件接收的及时性。对于没有机关单位的地段,应考虑把邮件较为密集的地区作为去程,以缩短多数用户收到报刊、邮件的时间。

(4) 把选定的统一投递路线写成资料,并标注在道段图上。

3. 城市投递路线的走法

要依据段内道路的具体情况,灵活选择投递行走路线,做到既经济合理,又便于监督检查。投递路线按照走法分为3种。

(1) 直行路线,是指单侧行走,即靠路的一侧行走。这种走法适于街道较宽、房屋集中、人车稠密、邮件量大的地段。如图5-8所示。

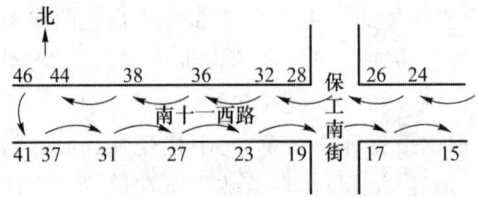

图5-8 直行路线

(2) 对侧穿行路线,是指走"之"字形路,即沿着路的两侧穿梭行走。这种走法适于街道较窄、人车稀少、邮件量小的地段。如图5-9所示。

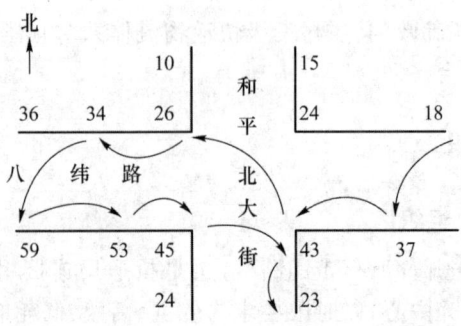

图5-9 对侧穿行路线

(3) 混合路线,即对于道路情况较为复杂的地段,可采取两种路线混合行走。如图5-10所示。

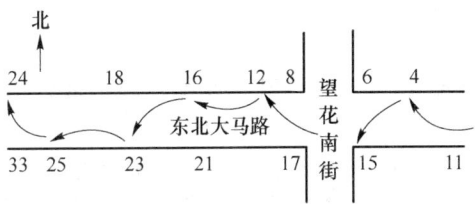

图5-10 混合路线

4. 城市投递路线的延伸

随着时代的迅猛发展,城市范围不仅在面积上向外扩充,而且在空间上不断立体化,服务人口剧增,社会用邮需求发生了变化。这对城市投递完成普遍服务提出了更高的要求。面对庞大的服务范围和服务人口,邮政仅利用自身的投递队伍来完全实现邮件绝对意义上的投递到户,是难以保证的。因此,中国邮政提出了三进服务网点工程,即进校园、进商厦、进社区。将三进服务网点与投递网相结合,解决邮政投递"最后一公里"问题。社区投递的加盟,可以发挥社区接近用户的优势,实现接力投递,增加投递深度,完善投递网的功能。

(二)农村投递路线的组织

1. 农村投递的特点

(1) 地面广大,居民分散

大部分居民集中居住在大小不等的自然村里,部分居民住所则较为分散,有的居民甚至没有固定住地,长期生活在移动中。这种居住地的不同通常表现在不同的地区,例如,沿海和平原地区,人们一般居住在大小不等的村庄里且人口密度较大;在山区和边远的省区,这里的居民则更多地表现为较为分散的居住特征;而牧区的居民则长期生活和劳动在移动中,他们基本是居无定所的。

(2) 交通和自然条件复杂

农村和偏远地区的交通情况是各具特点的。例如,山区行车不便只能步行;湖泊和河流附近只能依靠舟船;草原和沙漠地区以牲畜代步;而平原地区则依靠自行车和摩托车作为交通工具。在自然条件方面,受酷暑、严寒、干燥、降水和大风等气候的影响,特别是遇到洪水泛滥、大雪封山等自然灾害时通行条件就越发困难。

(3) 邮件流量参差不齐

影响农村和偏远地区邮件流量的主要因素是地方经济的制约、人群素质的因素和人口相对密度的影响等。

2. 农村投递路线的组织方法

(1) 摸清情况,分析资料

县分公司管理者首先要摸清当地用邮、交通、自然条件和居民居住情况,综合汇总后得到组织农村投递区域和路线的依据。

(2) 分析研究,进行规划

根据本县的各种原始资料图和其他调查资料,认真审核现行农村投递网的组织建设中存在的缺点和问题。不合理的投递局所和投递路线的设置应及时更新和调整,以适应当前本县邮政投递网的运行需要。

规划投递路线时,首先要考虑本道段(地界、段道)的投递重点户,这些重点户一般要安排在去程的位置,以保证重点户的用邮需求。再根据已经掌握的详细资料,绘制本道段的平面图,优化选择投递总里程最短、点交联系点最多、道路通行条件最好的投递路线。这样就能加快邮件的传递速度。

(3) 测定试走,修正定案

新的投递行走路线规划完毕,应详细绘制投递邮路图。组织相关乡邮员(投递员)进行充分讨论,听取修正意见,参考合理意见对路线再次进行修改。对于变动较大和新规划的投递路线,应当先经过投递路线的试走和测定。待所有投递路线全部定案后,由县分公司指派专人绘制全县邮路和投递路线图,作为本县的暂行邮路和投递跑行路线标准,同时也作为今后研究和指导本县邮政投递的重要依据。

(4) 做好新邮路和投递路线的实施准备

新规划的邮路和投递路线在实施之前,还应当做好一些前期准备工作。例如,调整和配备运送邮件的车辆和人员以适应新规划的邮路的运行;合理调配乡邮员和其他辅助人员;制订每条农村投递路线单班时间表;将投递路线图交送相关邮件分拣部门和相关发行员,以便他们能按照新的规格分拣和封发邮件和报刊;将新的邮路和投递路线图及相关投递时间表的变动情况一并交上级主管部门审批,以便他们掌握和使用,上级主管部门也依照此变动情况随时对投递等相关部门进行监督检查。最后确定日期,正式实行新的邮路和投递路线。

3. 农村投递路线的组织

农村投递路线是指以投递局所为中心,连接各村庄、信报转接点以及各类邮政用户的投递邮件、报刊路线。农村投递路线应以投递局所为中心,选择串联村庄多、重复路线少、距离近、路面好的投递路线,本着先重点、兼顾一般的原则,按照先机关团体单位,后行政村居民的顺序进行,确保重点用户的用邮。

农村投递路线的组织形式有3种。

(1) 直线型

直线型投递路线是从起点到终点,去程和返程都沿着一条路线行走。它的优点是迅速;缺点是联系点少,服务面小,往返重复路程多,成本投入大,即人力、物力消耗大。直线型投递路线如图5-11所示。

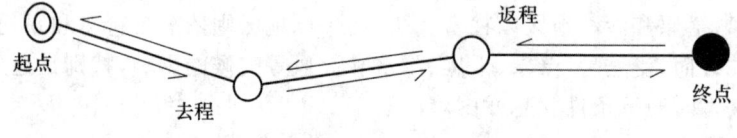

图5-11 直线型投递路线

(2) 环型

环型投递路线是从起点经绕行又回到原起点的投递路线。它的优点是联系点多、服务面广、用人少、效率高;缺点是不如直线型路线快,特别是环型路的末端用户。环型投递路线如图5-12所示。

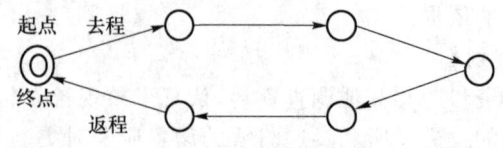

图5-12 环型投递路线

(3) 直环混合型

直环混合型投递路线是既有直线型,又有环型的直环混合路线。在不能全部组织环型路线时,可采用这种形式,在保证投递时限的前提下,尽可能增加环型部分。直环混合型投递路线如图 5-13 所示。

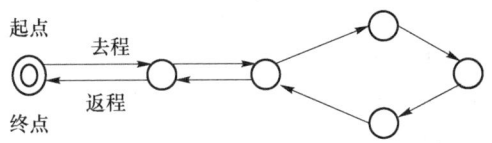

图 5-13　直环混合型投递路线

农村投递路线是农村投递网的重要组成部分。由于农村地形复杂、交通不发达、居民分散,实行统一的投递深度是不切实际的,必须因地制宜,尽可能地方便用户。在企业成本投入最小的前提下,利用社会力量,实现邮件的接力传递,实现服务效应的最大化。同时,可以开发投递员的服务项目,在普遍服务的基础上实现增值。

(三) 邮政筒箱开取的生产组织

1. 筒箱的设置

筒箱一般要设在居民较集中的地区和街道上,设在主要的交通路口、公共场所(如车站、码头、机场、商场、宾馆等)和主要的机关、企业、厂矿和学校等处,以及邮政局(所)和代办所门前。

筒箱的设置工作,应指定专人负责。筒箱管理人员要掌握筒箱的设置情况,设立专簿登记筒箱的设置地点、日期,以及筹办有关筒箱的增、减、迁、换等变动事项。

安装好的筒箱应保持整洁完好,门锁要灵敏有效,筒箱的钥匙应配备正副两把,由专人保管,防止丢失。

2. 开箱的组织形式

(1) 集中开箱制

实行集中开箱制的城市,开箱工作由市分公司统一组织完成。市分公司集中组织开箱工作,这样就造成开箱路线过长,影响开箱的时限,同时也造成开箱人员劳动强度过高,所以,集中开箱制比较适宜中小城市。

集中开箱制的优点是:直接将邮件带到市分公司处理,减少了邮件的传递过程,加快了邮件的处理和发寄,便于提高邮件的传递速度。

(2) 分散开箱制

实行分散开箱制的城市,开箱工作是由各个邮政支局(所)指派的专人开取本辖区的筒箱。这样就避免了开箱路程过长所造成的影响时限等问题。分散开箱制比较适宜较大的城市。

开箱取回的函件,经过处理后,发交趟车送交市分公司统一处理。

(3) 兼职开箱

农村地区或偏远地区,用邮相对较少,筒箱的设置也比较少,所以乡邮员(投递员)可以做兼开筒箱的工作。这样可以节省劳动成本,也能满足筒箱开取的时限要求。

开箱的频次和时限要严格地按照国家邮政局规定的开箱频次和时限进行。

3. 开箱路线的组织

(1) 开箱路线的种类

1) 环型路线:由开箱局出发后,沿着一条闭合的曲线单向行走,最后又回到开箱局。

2) 直线型路线:由开箱局出发后,沿着直线路线运行,最后又按照原路返回开箱局。

3) 环直混合型路线：由开箱局出发后，采用环型和直线型交替行走的方式开箱，但行走时，要尽量扩大环型部分，减少直线型部分，以减少迂回路程。

（2）组划开箱路线的原则

1) 保证开箱的时限与频次；

2) 保证开箱的质量；

3) 合理组合开箱路线，尽可能地减少空程；

4) 合理地安排开箱人员，提高劳动生产率。

（四）人员配备和排班管理

1. 核定人员编制

邮政投递岗位主要包括投递分拣分发岗位、投递岗位、生产主管岗位及质检统计岗位。各岗位人员编制标准如下。

投递分拣分发岗位和投递岗位按照作业分定员，其中投递分拣分发岗位月定额标准为 8 600 分每人每月，普通邮件城市投递岗位月定额标准为 9 100 分每人每月，农村投递岗位按投递里程定员，开筒（箱）取信按工时定员，即按每月工作 166.64 小时配备 1 人。投递部未配备管理人员的，生产主管岗位和质检统计岗位的定员标准按邮政投递岗位定员人数的 8% 计算；投递部配备管理人员的，质检统计岗位的定员标准按邮政投递岗位定员人数的 5% 计算。备员按投递岗位生产定员总人数的 2% 配备。

2. 确定生产座席

生产座席，就是常说的工作台。确定生产座席的方法如下。

（1）分发座席

分发座席的数目，要根据分发办法和工作量的大小来确定。在一般情况下，可以按照 3 条流水作业线确定为 3 个生产座席，即平信分拣台、给据邮件分拣台和报刊分拣台。

在工作量较小或人员较少的情况下，如果不能实现上述安排，就可以确定挂号分拣台和报刊分拣台两个工作台，而将平信分拣工作交由投递员进行集体分拣作业。

在工作量较大或人员较多的情况下，也可以将报刊分拣台分开，设立报纸分拣和杂志分拣两个工作台。

（2）投递座席

投递座席的数目按段设置，一段一个座席，并按投递段号顺序编列座席专号。

3. 确定班组的组织形式

班组组织应从有利于加强协作，合理使用劳动力，提高劳动生产率出发，根据具体的生产条件来选择相应的劳动组织形式。作业组（又称工作组），是在劳动分工的基础上，为完成某项工作而将相互协作的有关工人组织在一起的劳动集体。在作业组内，每个工人都有明确的分工和职责，并由组长负责全组工作，保证全组成员的工作相互协调。投递生产中根据工作内容划分为发行组、邮件分发组和投递组。发行组负责全投递区内用户的报刊订阅工作，邮件分发组负责全投递区内各类邮件的接收、内部处理和分拣到投递段的工作，投递组负责全投递区内用户邮件的投递工作。

4. 安排投递班次

投递班次是根据投递频次、时限的规定所做的具体工作安排。通过合理地安排投递班次，可以保证把投递频次、时限的规定贯彻落实到日常投递工作中去。在安排投递班次时，一般要做好以下几项工作。

(1) 投递班次安排的原则

投递班次安排,要根据以下各项原则,进行综合研究而定。

1) 要贯彻投递频次、时限的有关规定;

2) 要衔接进口邮件、报刊到达本市时间和本市报纸的出版时间;

3) 要考虑机关单位和居民用户的一般用邮习惯和对邮件、报纸的某些特殊需要。

(2) 具体安排投递出班时刻和每班投递内容

1) 在每天投递两次以上的地方,上午、下午都要组织投递。具体出班时刻要结合当地早报出版时间和运邮工具或趟班到达时刻而定。每班投递内容,要看运到的邮件、报刊种类,再按照需要赶班投递的规定进行安排。对于应该当班投递的各类邮件、报刊等,根据揽投部类型可在当班内混合投递。

2) 在每天投递一次的地方,上午或下午出班均可。具体出班时刻,要根据主要运邮工具或趟班到达的时刻而定。当班投递的内容,也要按照规定,将应该赶班投递的邮件、报刊全部混合投递。

四、现场布局与管理

(一) 外部现场

投递生产机构的外部现场管理应符合以下要求。

1. 按照集团公司的规定设置局所名称牌。城区投递生产机构的名称统称为"××邮政投递部";农村营投合一的局所名称统称为"××邮政支局(所)";独立的农村投递生产机构统称为"××邮政投递部"。

2. 临街的投递部按照集团公司的规定可设置店招,文字为"中国邮政"。

3. 投递车辆应在指定地点有序排放。有条件的投递生产机构可设置存车棚。

4. 投递生产机构的外墙、门窗和外部设施应清洁、完好,不得有污损、涂画。

5. 具有营业功能的投递生产机构门前应设置邮政信筒(箱),标志明显,并保持日常清洁。

6. 悬挂的标语、旗帜等宣传用品应整洁有序,涉及的工作结束后应及时清除宣传用品,恢复原貌。

(二) 内部现场

1. 功能区设置

揽投部根据揽收、投递业务量,应合理设置作业场地各功能分区及面积,包括生产作业区、综合管理区、员工生活区、停车及充电区等功能区域,并采用标识牌等方式展示。

生产作业区包括包裹快递营业服务区、邮件交接封发及容器堆放区、普邮分拣区、包裹快递分拣区、投递员作业台席区、再投存局邮件暂存区和物料间。

综合管理区包括揽投部经理室、客户接待及业务洽谈室、会议室(活动室)、档案管理及微机室等。

员工生活区可分为更衣室、卫生间、浴室、休息室、职工小家等。

停车及充电区可供汽车、电动三轮车、摩托车、电动自行车和手持智能终端等揽投车辆、设备停放、充电。

2. 内部现场管理要求

(1) 封闭作业,不允许投递生产机构以外的人员进入生产作业区域。外来人员进入时,应按地市邮政企业的安全保卫规定实行登记。

（2）室内应布局合理、光线充足，装饰色调以"白、灰"为主，墙面以"白色"为基调，地面以"灰色"为基调。生产作业区的墙壁不得粘贴或悬挂其他物品。荣誉称号等各类牌匾、奖状、奖杯等，应悬挂或放置在主任室或非生产区域。

（3）物品实行定置管理。

（4）生产作业区应合理布局。物流宜截弯取直，减少中间环节，缩短流程。人流宜减少往返运动，缩短行程，去掉不必要的重复动作和工序。

（5）每日应做到"四无""四固定""五干净"。"四无"指无灰尘、无纸屑、无杂物、无异味；"四固定"指用品、用具、邮件、私人物品存放位置要固定；"五干净"指地面干净、台面干净、墙面干净、门窗干净、设备干净。

（6）严禁吸烟。

3. 看板管理

利用电子看板或固定位置粘贴等方式，展示规章制度和现场定置图、生产作业信息、服务质量完成情况、局务公开等内容，实现动态管理和精细化管理。场地较大的投递部应设置邮政投递生产作业计划、邮政投递生产作业管理制度、邮政投递服务规范、邮政投递部各岗位职责、投递服务五条禁令和现场"6S"管理制度、现场定置图等看板。场地较小的投递部应设置邮政投递生产作业计划、邮政投递服务规范、投递服务五条禁令等看板；具有投递功能的农村邮政支局（所）应设置邮政投递服务规范、邮政投递五条禁令等看板。

4. 用品用具管理

投递生产机构的用品用具管理应符合以下要求。

（1）人员离开操作台席时，应将邮政日戳、邮政夹钳放回抽屉或锁入柜内，钥匙随人走。

（2）袋牌、袋绳、铅志、业务单式应按类别分别存放在业务用品柜指定位置。

（3）空袋对折，露出"中国邮政"字样和型号，并按型号分类存放于指定区域。

（4）空信盒应在指定位置按同一方向、同一高度（1.3～1.65 m）依次排列。

（5）计算机设备的安置场地应注意防火、防水、防静电，避免震动，确保接地正常。

（6）作业终了、平衡合拢后，废弃的单式、袋牌等应及时放入废物箱。用铅志封装的，应设专业箱予以收纳，定期回收。

（7）报废的用品、设备应及时搬离现场。不能及时搬离的，应加注明显标识，以示报废。

五、基础管理

（一）管理簿册

1. 种类

管理簿册的种类主要有以下几种。

（1）管理工作日志

管理工作日志是记录投递生产机构每日生产、工作中发生的各类问题的簿册，其内容包括人员出勤、班组生产作业和监督检查情况；重要事项及来电、来文情况；来信、来访、来电登记及处理情况；班组晨会情况。

（2）会议记录簿

会议记录簿是记录投递生产机构业务学习、质量分析等会议的簿册。

(3) 综合台账

综合台账是记录投递生产机构综合基础资料的簿册,其内容包括:基础数据原表、兼取筒(箱)原表、邮政生产用品用具配发原表、投递人员信息原表、重点用户服务原表。

(4) 签到簿

签到簿是记录投递生产机构工作人员出勤情况的簿册。

2. 使用规定

(1) 填写

《管理工作日志》应由投递生产机构负责人每日据实填写;《签到簿》应由投递生产机构的工作人员每日据实填写;《会议记录簿》《综合台账》《住宅楼房原簿》应由投递生产机构负责人或指定人员依据实际情况的变化据实填写。

(2) 调审

投递生产机构的业务主管部门每半年调审或实地检查不少于一次。

(3) 保管

投递生产机构自行保管簿册。《管理工作日志》《签到簿》的保管期限为两年。保管期满,报主管部门批准后,监督销毁。处理情况做好记录,处理人员签证,记录应保管两年。《会议记录簿》《综合台账》《住宅楼房原簿》长期有效,由投递生产机构自行保管。投递生产机构撤销时,应上交至上一级主管部门。

(4) 应用

随着信息技术的应用和推广,目前中国邮政集团有限公司的信息系统已基本实现管理簿册的电子化、信息化操作。

(二) 生产原始记录

1. 种类

生产原始记录主要包括《日戳打印簿》《进口查单登记簿》《进口验单登记簿》《多/少报刊处理情况登记簿》《疑难邮件处理情况登记簿》《邮件妥投/停投/接转代投协议书》《投递工作检查工具总表》《外部跟段检查记录表》等。

2. 使用规定

(1) 填写

投递生产机构应指定人员据实填写。

(2) 调审

投递生产机构的主管部门每半年调审或实地检查不少于一次。

(3) 保管

《日戳打印簿》《进口查单登记簿》《进口验单登记簿》按邮件业务档案管理。《疑难邮件处理情况登记簿》长期有效,由投递生产机构自行保管。《多/少报刊处理情况登记簿》《投递工作检查工具总表》《外部跟段检查记录表》有效期为两年,由投递生产机构自行保管。保管期满,报主管部门批准后,监督销毁。处理情况做好记录,处理人员签证,此记录应保管两年。《邮件妥投/停投/接转代投协议书》由揽投部按协议有效保管,过期协议报主管部门批准后,监督销毁。

(4) 应用

随着信息技术的应用和推广,以上各类簿册可逐步实现电子化、信息化和数据采集的自动化。

（三）通邮管理

各市级邮政企业应当公布办理邮件投递手续的登记地点和电话号码。

1. 通邮条件

新建的企业事业单位、居民住宅，应由企业事业单位、居民住宅管理单位到当地邮政企业或者其分支机构办理邮件投递登记手续；单位更改名称、收件人变更地址，应事先通知当地邮政企业或者其分支机构，也可办理邮件改寄新址手续。具备下列条件者，邮政企业应予以登记，并自登记之日起1周内安排投递。

（1）具备邮政车辆和邮政服务人员的通行条件。

（2）有公安机关统一编制的门牌号数。

（3）已设置信报箱、邮政包裹柜或者接收邮件的场所。

（4）按规定需要办理中外文名称登记并已办妥手续的。

2. 通邮处理

邮政企业或者分支机构受理邮件投递登记手续时，应按下列规定处理。

（1）由用户填写《住宅楼房申请投递表》一式两份。

（2）投递部门应对要求投递邮件的用户是否具备投递条件进行初步审核，核实情况在《住宅楼房申请投递表》相关栏内详细写明后报上级主管部门审核。

（3）上级主管部门审核同意后将《住宅楼房申请投递表》一份留存，一份发投递部门。

3. 未通邮处理

新建的企业事业单位、居民住宅，不具备邮件投递条件时，应按下列规定处理。

（1）由当地邮政企业商请其产权单位或者物业管理部门解决存在的问题。如协商未果，应向当地邮政管理部门报告协调解决。

（2）对确实无法投递的邮件，可粘贴（加盖）"改退批条"，或在印有改退批条的信封上批注"不具备投递条件"原因，按无法投递邮件处理。

（四）班会制度

揽投部应严格落实日常班会制度，并做好班会记录。

1. 晨会（班前会）

每天第一频次出班前由揽投部经理组织召开全员晨会，每次10分钟左右，主要内容包括：

（1）检查揽投员的工装穿着、工号牌佩戴、仪容仪表；

（2）传达上级的业务通知和文件精神；

（3）对前一日散户揽收及时成功率、及时妥投率、投递信息实时反馈、平衡合拢等运行质量情况进行通报和分析总结；

（4）对前一日协同客服工单处理情况进行通报和分析总结；

（5）提醒揽投员做好出班三净（格口净、桌面净、地面净）；

（6）提醒员工注意邮件安全和行车安全；

（7）给揽投员鼓劲加油，让揽投员心情顺畅、精神饱满地出班作业，保持良好的服务态度。

2. 学习班会

学习班会由揽投部经理组织全员召开，主要内容包括：对重要文件和业务通知进行学习，对本周经营任务、投递服务质量、揽收情况进行分析总结，组织团队成员对营揽投技能进行交流学习。

3. 总结班会

总结班会每月一次,由揽投部经理组织全员召开,主要内容包括:总结揽投部本月经营任务、运营指标、服务质量、安全生产完成情况,对各揽投员的营销业绩、工作绩效进行通报,布置下月生产经营重点工作要求,开展营揽投技能交流培训。

(五)业务资金管理

严格的业务资金管理,要注意做好以下工作。

(1) 认真遵守邮政企业相关财务管理制度。

(2) 建立投递生产机构业务资金管理流程,严密交接、复核、上缴程序。

1) 安排专人负责向投递员发放或收回现金,内部交接要有严格的手续,分清责任段落。

2) 投递员每日归班要及时缴纳收回现金及代送现金相关收款人签字的收据。

3) 缴款或缴回收据前要核对相关票据与金额,做到账实相符。

4) 对投递员收回的款项,要按有关规定及时上缴,做到账目平衡,单据项目填写要齐全、清晰。

5) 报刊退赔款的管理应符合专款专用、账款分管的要求。

6) 投递人员离岗、离职前,投递生产机构应对其涉及的业务资金进行核实确认,确保足额缴清。

7) 不允许私设账户,不允许截留业务资金。款项收取应遵循收款人、开票人分离互控的原则。

8) 投递作业现场不得留存现金过夜。

(3) 投递员随身携带的业务资金保管应符合下列要求。

1) 携带现金及有价证券、重要票据上段投递,应将现金及有价证券、重要票据放入专门的夹(包)内,置于随身挂号背兜内或邮政标志服内的衣袋里。

2) 应检查装有现金夹的衣袋或挂号背兜有无破损、漏洞,装有现金夹的衣袋或背兜盖应盖严扣好。

3) 装有现金、票据的包夹不应放置个人物品或其他业务单据。包夹内的现金、票据分格层放置,如条件允许,现金应零、整分别放置。

4) 应会鉴别人民币真伪。有条件的可随身携带便携式验钞器。

5) 向用户收款时,应按先收款、后付收据的顺序处理。

6) 向用户退款时,应确认收款人身份,再与用户当面点清款项。

7) 归班后,应将现金和相关票据上缴。

(4) 重要票据应视同现金保存、管理。

(六)业务章戳管理

1. 投递日戳

投递日戳的管理应符合下列要求。

(1) 投递日戳刻发给投递生产机构使用,用于盖印在进口邮件的封皮、投递业务单据及批条上。

(2) 投递日戳(包括过戳机戳头)应保持字迹清晰。如有磨损,应及时请领更换。

(3) 应由主管人员或指定专人专柜(抽屉)保管。

(4) 应执行签领手续,使用完毕后应交回主管人员或指定人员保管。

(5) 根据作业计划更换字钉,不允许提前更换或倒换日期使用。每次更换字钉后,均应在"日戳打印簿"上加盖清晰戳印,经主管人员检查无误后方可使用。

(6) 发现日戳丢失、损毁时,应立即报告主管领导和上一级部门处理。

(7) 充分利用新技术,推广应用数码式、电子式投递日戳。

2. 其他戳记

(1) 每个投递生产机构应至少配备一套投递生产用的"再投""改寄""退回""插箱""停投""自取"等业务戳记。

(2) 每个投递人员应配备名章或工号戳。

(3) 业务戳记应放在指定位置,由投递生产机构专人负责保管、维护。

(4) 员工名章或工号戳由员工本人保管,不得外借。

(5) 根据磨损程度,应及时请领、更换戳记。

六、投递质量管理

(一)投递服务质量

投递服务质量

投递服务质量有狭义与广义之分。狭义的投递服务质量仅指投递作业质量,而广义的投递服务质量在狭义投递服务质量的基础上还涵盖了邮政投递服务水平。

1. 邮政投递服务水平

邮政投递服务水平主要反映某区域的邮政企业为用户提供邮件投递服务的能力,通常可用城市道段段均服务户数、投递网点服务半径、城市道段段均日投频次、农村道段段均周投递班次等指标来评价。上述指标在应用时,应综合考虑该地域的经济发展、交通状况、自然状况、居民结构等外界不受企业影响或支配的因素后,方可实施综合评定。

(1) 城市道段段均服务户数

原则上段均服务户数越低表示人均享受的服务水平越高,但城市道段段均服务户数仅是相对数,应用时必须要同时着重考虑该投递机构的作业组织模式(如机动车道段配比等因素)、对比机构的外部环境等多重因素。其计算公式是:

$$城市道段段均服务户数 = (某投递机构服务区域内的居民户数 + 企业户数) / 该投递机构的道段数量$$

(2) 投递网点服务半径

原则上通过投递网点服务半径可以从一定程度上了解、评价当地邮政企业响应服务的时间。服务半径长,投递员外部作业时间较长,响应时间即长;服务半径短,投递员外部作业时间较短,响应时间即短。

(3) 城市道段段均日投频次

城市道段段均日投频次越多,表示该区域用户享受的邮政投递服务水平越高;反之则低。其计算公式为:

$$城市道段段均日投频次 = \sum (投递段 \times 日投递频次) / 投递段数量$$

(4) 农村道段段均周投递班次

农村道段段均周投递班次越高,表示该农村区域用户享受的邮政投递服务水平越高,当其达到周投递班次 7 次时,基本上可以称之为达到最低城市投递服务水平。其计算公式类似于城市道段段均日投递频次计算公式。

2. 邮政投递作业质量

邮政投递作业质量用以反映某类邮件或某个工序的工作质量。目前,依托集团公司信息系统可实时测算快递包裹、约投挂信等重点邮件的作业质量情况。

(1) 接收及时率

投递网点在重点邮件到达两小时内,通过投递系统完成接收的邮件数量占比(非工作时间到达的,进口时点顺延至下一个有效投递班次)即为接收及时率,其计算公式如下。

接收及时率=(及时接收的重点邮件数量/进口的重点邮件总数)×100%

(2) 及时投递率

及时投递率是指城市投递网点当日 7:00 前进口的上午投递、15:00 前进口的当日投递,并分别于 16:00、24:00 前录入投递信息的邮件量占比;农村投递网点从接收进口邮件起,在两个班期内投递,并反馈投递信息的重点业务邮件数量占比。其计算公式如下。

及时投递率=(及时投递的重点业务邮件数量/进口的重点业务邮件总数)×100%

1) 城市 15:00 以后进口的,次日上午投递。

2) 未维护投递频次(班期)计划的道段,城市按日投两频,农村按照逐日班考核。

3) 反馈投递信息指在投递系统中批注妥投、退回、再投、存局、转窗投、转他局、投交代投点、自提点或智能包裹柜等信息。

4) 农村数据统计不含代投速递邮件中的超大、超重及代收货款邮件。

(3) 城市当日妥投率

城市当日妥投率是指县及县以上城市 14:30 前进口的当日妥投,并于 24:00 前反馈妥投信息的重点业务邮件数量占比。其计算公式如下。

城市当日妥投率=(当日妥投的重点业务邮件数量/当日进口的重点业务邮件总数)×100%

1) 如邮件在法定节假日和双休日进口到投递网点且收件人地址为单位,并确认单位休息,录入相关邮件条码信息,系统向收件人发送下一工作日进行投递的短信,邮件按下一工作日计算当日妥投率。

2) 反馈妥投信息指在投递系统中批注妥投、退回、投交代投点、自提点或智能包裹柜等信息的邮件;当日进口、当日妥投邮件中均不含系统中批注为"转局"的邮件。

(4) 城市三日内妥投率

城市三日内妥投率是指县及县以上城市投递部进口的重点业务邮件,三日内完成妥投,并反馈妥投信息的重点业务邮件数量占比。其计算公式如下。

城市三日内妥投率=(三日内妥投的重点业务邮件数量/进口的重点业务邮件总数)×100%

(5) 农村及时妥投率

农村及时妥投率是指农村投递网点从接收进口邮件起,两个班期内妥投,并反馈妥投信息的重点业务邮件数量占比。其计算公式如下。

农村及时妥投率=(及时妥投的重点业务邮件数量/进口的重点业务邮件总数)×100%

(6) 重点业务邮件妥投时长

重点业务邮件妥投时长指投递网点从重点业务邮件进口到完成妥投,并反馈妥投信息的平均时长,按城市、城郊、农村分区域统计。其计算公式如下。

重点业务邮件妥投时长=(进口重点业务邮件妥投时长之和/进口重点业务邮件总数)×100%

(7) 投递信息实时反馈率

投递信息实时反馈率指投递人员在邮件投递一小时内通过 PDA、智能手机反馈邮件投递信息的邮件量占比。其计算公式如下。
投递信息实时反馈率＝(实时反馈投递信息的重点业务邮件数量/进口的重点业务邮件总数)×100%

(8) 虚假信息

虚假信息指不及时接收邮件信息,在邮件完成妥投前反馈妥投信息,以及反馈的信息与实际签收信息不符。

(二) 投递环节通信质量管理

1. 投递环节通信质量指标

(1) 通信事故的具体指标

1) 邮件散件一次丧失损毁,给据邮件 50 件以上,平常邮件 300 件以上。

2) 邮件丧失损毁造成恶劣影响,指引起诉讼或造成经济损失 200 元以上的情况,其中包括因误投漏投造成时效性经济损失。

3) 邮件误退转造成恶劣影响。误退转的情况包括:由于投递员的工作失误而退转;批转的新址有误。

(2) 主要差错的具体指标

1) 丢失各类邮件散件,且当班未能找回或未能当班补救;

2) 农村邮路脱班;

3) 误投、漏投邮件、报刊;

4) 当班投递的邮件、报刊未能在当班投出造成延误;

5) 退转的邮件未按照规定的时限退转造成延误;

6) 因投递员工作失误造成误退转;

7) 丢失杂志投递卡,影响当班杂志投递;

8) 漏开信箱、信筒,或虽开取却未能按照规定时限交发;

(3) 一般差错的指标

一般差错的指标,要根据当地投递的具体情况自定。

在投递质量管理中,通信事故、主要差错要列入质量考核中,此类情况发生后要进行登记并对相关人员给予相应的处罚。此外,还要及时向相关上级主管部门报告。上级主管部门对投递质量进行检查时,差错登记也是质量考核的主要指标。

一般差错为班组内部现场质量考核指标,不需要向上级主管部门报告。一般差错标准是为了提高工作质量,避免主要差错和通信事故的发生而确定的。所以,为了保障通信质量,必须减少一般差错的发生。

2. 投递工作质量的控制措施

邮政投递工作质量的控制措施,主要从以下 5 个方面着手。

(1) 邮政投递通信质量,要坚持"预防为主,严格控制"的方针

坚持"预防为主"的方针,就是把质量管理工作的重点从"事后把关"转移到"事先预防"上来。把要发生的质量问题消灭在萌芽阶段,做到防患于未然。这就要求员工严格自律,严格按照邮政通信作业组织管理规定的操作手续处理邮件、报刊,严把邮件、报刊处理质量关,以确保通信质量。

(2) 建立明确的质量责任制度

建立质量责任制度,就是要明确规定各级人员在保证通信质量中所应承担的责任和权限。

从横向看,要划清各个生产环节的责任段落,明确质量要求,规定检查把关措施,做到有问题能及时找到责任人并及时解决。从纵向看,从生产班组到主管领导,对出现的质量问题,该由谁负责任,也要明确地作出规定,把通信质量的直接责任同管理责任紧密地结合起来。

（3）加强业务监督检查

加强业务监督检查,也是保证通信质量的一项重要措施。各级邮政投递管理部门要设立各级业务监督检查人员,并规定检查项目、检查周期、检查数量和检查方法。各级业务监督检查人员要尽职尽责地搞好本职工作,把监督检查作为预防质量问题发生的重要手段,形成制度,长期执行。

（4）建立质量信息反馈系统

建立质量信息反馈系统,加强投递质量分析研究工作,以不断地提高通信质量。各级邮政投递主管部门,应及时掌握以下3个信息的收集:

1）查单、验单反映的情况;

2）检查人员发现的问题;

3）用户的申告信息。

要规定各种信息的收集方法,制订定期的反馈制度,并指定专人分析研究,定期提出提高质量的措施。

（5）加强作业现场的安全管理

为了保证安全生产和提高通信质量,必须加强现场的作业管理。对处理、储存邮件的场地,要根据条件,尽量做到封闭作业,无关人员不得随便出入。中间休息和下班后,对存放邮件的场地要予以封闭或派专人看管。建立严格的生产作业秩序,也是提高通信质量,避免通信事故发生的有效措施。

（三）投递工作质量的检查

邮政投递的作业种类繁多,作业程序复杂多变。这给投递质量的检查工作带来一定的难度,所以,检查必须在投递工作进行过程中和在完成后进行。这样,就要求邮政投递质量检查部门和人员,必须按照有关规定进行定时间、定方法、定项目、定数量和定措施的检查,以确保邮政投递通信质量。

1. 投递工作质量检查的方式

（1）自查与互查

1）自查是指投递生产人员在邮件内部操作结束、出班准备、每户点交投递完毕、归班前及归班后等5个阶段例行的自我检查。

2）互查是指投递员之间（一般由两条投递段相邻的投递员结成固定的对子）、投递员与分拣员、分发员之间就对方的邮件处理情况进行的相互检查。互查的目的在于堵塞自查环节存在的漏洞,主要检查投递员或分拣员、分发员在自查阶段凭印象而忽略的质量问题,是对自查工作质量的进一步强化。

（2）专职检查与用户抽查

1）专职检查是指投递生产机构负责人、专职或兼职的投递检查员对投递综合质量进行的检查。专职检查是投递质量检查的主要方式,也是投递检查工作的重点。

2）用户抽查是指投递生产机构长或投递检查员用试信、征询意见函及电话等办法对投递工作质量进行的了解与检查,也可以通过分期、分批召开不同类型的用户座谈会进行调查。

2. 投递工作质量检查的内容

(1) 内部作业质量检查

内部作业质量检查的内容如下。

1) 投递日戳加盖是否清晰。

2) 有无未发现的欠资邮件和漏销邮票的邮件。

3) 邮件有无破损、拆动痕迹等异常情况。

4) 当班余缺、破损报刊及报刊随赠品是否及时处理。

5) 出班后作业台席及现场有无遗漏邮件。

6) 出班前、归班后是否做到平衡合拢。

7) 有特殊要求的邮件(如高考录取通知书、法院专递等)是否单独处理、单独存放;停投、再投、存局邮件是否上架入柜专人妥善保管。再投邮件次日是否及时出库下段。

8) 投递邮件清单、邮件详情单签收联等的签章是否符合规定。有无漏签收,系统信息反馈与签收是否一致。

9) 再投邮件、改退邮件、无着邮件的处理手续是否符合规定。

10) 代收货款邮件、收件人付费邮件等归班后是否按规定及时缴款。

11) 揽收收寄邮件及转退邮件是否按规定时限、频次封发出口。

12) 管理簿册、台账、生产原始记录、各类协议是否齐全、完整。

13) 设施设备、用品用具、车辆定置定位管理制度是否落实到位。

14) 信息系统的操作是否准确规范,各项运营质量指标是否达标。

(2) 外部揽投质量检查

外部揽投质量检查的内容如下。

1) 具备投递条件的住宅,是否按规定期限通邮。

2) 投递频次、时限、深度是否符合质量标准规定;按址投递的邮件,有无错投和乱扔乱放。

3) 是否落实外勤(普邮投递)监控制度、平函跟段检查制度、接转点检查制度。

4) 各类邮件投交、签收手续是否符合规定;是否按照要求在系统反馈投递信息。

5) 揽收收寄是否符合散户派揽及协议客户约定的服务时限要求规定;是否符合资费标准;是否落实收寄验视制度、实名收寄制度;是否收寄超大、超重、异型等超规格邮件;是否进行规范包装,合理选择适应的包装箱及衬垫物,确保内件牢固、不晃动。

6) 揽投过程中有无违反邮件规章制度和通信纪律情况,有无捎、转、带邮件现象。

7) 揽投过程中的邮件和人身安全规定执行情况。

8) 揽投作业中的揽投员行为举止、服务用语是否符合规定。

9) 是否及时督导收发室、物业、自提点等邮件接转人员及时转投邮件报刊或通知客户领取。需转退邮件和逾期未领邮件是否及时收回。

10) 归班时,揽投车厢、驾驶室、背包、信报兜内有无遗留邮件报刊。

3. 重点检查项目

投递工作检查除日常检查外,亦可根据不同时期、不同作业需求在一定时期内实施重点强化检查。通常检查形式表现为重点邮件检查、重点区域检查、重点环节检查。

(1) 重点邮件检查

集团公司、省分公司、市分公司三个层面可有效结合各自层级的业务拓展,集中在某时段对某类重点邮件实施检查,例如对新开办业务实施重点检查。快递包裹、约投挂信两类业务均是集团公司为进入商务邮件投递市场而开办的新型增值业务,为确保其寄递质量,集团公司将快递包裹、约投挂信等邮件列为重点邮件,对各省、各重点地市实施作业质量全流程管控,定期通报作业时限、投交手续、电话预约、当日妥投率、三日妥投率等关键性指标。如在某类邮件投递质量出现波动时,可实施重点检查(如不定期组织平信质量检查)。

(2) 重点区域检查

为确保各类邮件的投递质量,邮政投递业务部门、视检部门可不定期对某类重点区域实施重点检查,如对平函类邮件,可重点针对单位、收发室、物业接发点实施检查,重点检查接转代投质量、转退邮件清退质量、接转代投协议签订情况等;对商务类邮件,可重点针对业务量集中的区域,对其作业组织、交接手续、电话预约等情况实施检查等。

(3) 重点环节检查

经过梳理作业流程、分析各类质量事故成因,以重点工序为着眼点,实施重点工序、重点环节检查,可较快提升整体作业质量。例如针对用户反映强烈的快递包裹投递信息虚假的反馈,可采用现场监控、档案调审、查阅电话记录等多种方式实施综合性关键环节检查,确保国内小包信息反馈质量。

(四) 投递服务五条禁令

为进一步加强投递服务质量管理,警示投递人员遵纪守法,集团公司制订了《邮政投递服务五条禁令》。

1. 严禁私拆、隐匿、毁弃邮件报刊;
2. 严禁擅自扣留、停投邮件报刊;
3. 严禁积压、延误邮件报刊;
4. 严禁乱投、乱放邮件报刊;
5. 严禁泄露邮件和客户信息。

投递人员如违反邮政投递服务五条禁令,触犯法律的要移送司法机关处理,并依据相关规定,严肃处理相关责任人和相关领导。邮政企业主动检查发现问题并做好善后工作,未造成社会影响的,除对直接责任人进行处理外,对相关领导可免予处理;被邮政以外的部门、人员发现,并造成社会影响的,对相关领导要进行处理;出现问题后隐瞒不报、迟报、擅自处理,并造成社会影响的,要加重处理。

(五) 包裹快递投递"五确保、五严禁"

1. 确保"电话联系,按址投递",严禁未经收件人同意投交他人代收。
2. 确保实时准确反馈投递信息,严禁提前或归班集中反馈。
3. 确保投交手续符合规定,严禁违规投交、签收邮件。
4. 确保投递频次、时限达标,严禁不按投递频次投递。
5. 确保再投、退回处理规范,严禁未经审核随意退回邮件。

第五节　邮件投递服务规范

一、基本要求

(一) 原则

1. 投递人员要遵循"迅速、准确、安全、方便"的服务方针,践行"人民邮政为人民"的服务理念。
2. 投递人员要遵守法律法规、社会公德、职业道德和各项规章制度,热爱邮政事业,爱岗敬业,不断学习服务技能,努力提高服务水平。
3. 投递人员应具备良好的素质,注重行为举止,不断提高自身修养,展现邮政人良好的精神风貌。
4. 投递人员应对客户提供主动、周到、耐心的服务,服务中要体现自然、真诚、友好。

(二) 服务理念

服务理念为:用户是亲人。

(三) 服务标准

投递人员提供的投递服务应符合以下要求:真诚问候每一位用户;主动了解用户的需求;保持主动热情的态度;提供迅速准确的服务;耐心解答用户的询问;虚心接受用户的意见;关注有特殊需要的用户;主动为用户排忧解难。

(四) 主动性服务

1. 指引手势

(1) 指示方向时,上身略向前倾,手臂由下而上从身前自然划过,与身体成45度夹角,手臂伸直,五指自然并拢,掌心向上,以肘关节为轴指示目标方向,用目光配合手势所指示方向。

(2) 手势范围在腰部以上、下颌以下距身体约30厘米的距离,五指自然并拢。

2. 来去有声

(1) 迎接用户时,应采用起身、欠身、点头、鞠躬、打招呼等方式。
(2) 站立迎接用户时,应面向用户,稍微欠身,同时送出欢迎语或问候语。
(3) 坐着迎接用户时,应起身后欠身或点头,同时送出欢迎语或问候语。
(4) 行走时与用户相遇,应暂停脚步,与用户点头示意。目光与用户对视时,应送出欢迎语或问候语。
(5) 用户进入投递现场时,应送出欢迎语或问候语。
(6) 用户离开投递现场时,应送出道别语。

3. 接递物品

(1) 接递物品时,以双手正面递物。
(2) 接递笔时,笔尖应侧向自己。
(3) 接收用户的物品或资料时,应向用户致谢。

4. 尊称用户

(1) 为用户提供服务时,应根据用户的性别、年龄,称呼"先生""小姐""女士"等。

(2) 为用户提供服务时,若已经获知用户姓氏,应尊称其姓氏。

5. 问有答声

(1) 对用户的提问,及时、准确、耐心地解答。

(2) 回答完用户的问题后,采用"我刚刚的解释,你满意吗?"或"请问还有其他疑问吗?"等用语,确认用户是否理解、认可。

(3) 回答用户问题,遇其他用户插问时,应视情况处理。插问用户比较着急时,应采用"先生(女士、小姐),你看这位先生(女士、小姐)比较着急,耽误您几分钟时间,我先帮他解决一下,好吗?请您稍等。"等安抚用语。插问用户不急时,应采用"先生(女士或小姐),请您稍等,我会尽快帮助您的。"等安抚用语。

6. 暂离致歉

(1) 提供投递服务时,需暂时离开取邮件、资料或业务单式,应采用"请稍等,我帮您取件。"或"请稍等,我去开取业务单式。"等用语,向用户说明原因。

(2) 提供投递服务中,在暂离后回到用户面前时,应采用"谢谢你的等待。"或"让您久等了。"等用语,向用户表示感谢。

7. 唱收唱付

(1) 与用户发生现金交易,收款时,应唱收"收你××元,请稍候。"等用语,与用户当面确认。

(2) 需要找零时,应唱付"收您××元,找您××元,请收好。"等用语,与用户当面确认。

8. 主动问候

(1) 用户进入投递现场时,附近投递人员应采用"您好,请问有什么需要帮忙的吗?"等礼貌用语,主动询问用户,并告知或引导用户到相应区域。

(2) 用户进入投递现场后,站在用户附近的投递人员应微笑,并主动向用户问候"您好。"

(3) 遇多批次用户到投递现场,等候时间超过10分钟时,负责接待的投递人员应视用户情绪主动采用"对不起,让您久等了。请问有什么需要帮忙的吗?"等用语,向用户表示歉意。

(4) 遇领导或外来人员参观投递现场,在参观人员接近时(1.5 m),投递人员应起立,并主动问候"您好,欢迎指导。"正在内部作业时,点头微笑示意即可,不可停止工作。

(5) 遇用户离开投递现场时,就近(1.5 m)的投递人员应主动面向用户,采用"再见,欢迎下次光临。"等用语,微笑地与用户告别。

9. 主动介绍

(1) 提供投递服务时,投递人员应主动向用户介绍邮政业务知识,包括新业务、报刊特点、资费、时限、优惠等信息。

(2) 提供投递服务,遇用户对某邮政业务表现出兴趣时,应主动向其详尽地介绍业务信息。

10. 主动关怀

(1) 用户办理完涉及投递的业务后,投递人员应主动采用"请问您还有什么需要?"或"请问您对我们的服务有何意见?"等用语询问用户。

(2) 用户离开时,投递人员应采用"谢谢××先生(小姐),请慢走。"等用语向用户告别。

(3) 遇特殊节假日,可使用"新年好""节日快乐"等个性化祝福用语。

11. 确认需求

(1) 未清楚用户需求时,应采用"请问您办理什么业务?"或"请问有什么可帮到您的?"等用语,主动询问用户。

(2) 为用户服务结束时,应采用"您的业务已受理完毕。请问还有什么可帮您的?"等用语来确认用户是否还有其他需求。

12. 鞠躬问候

(1) 鞠躬时,应从心底里发出向对方表示感谢和尊重的意念,从而体现在行动上,给对方留下诚恳、真实的印象。

(2) 表示感谢、回礼时,行 15 度鞠躬礼;遇尊贵用户来访时,行 30 度鞠躬礼。行礼时面对用户,并拢双脚,视线由对方脸上落至自己的脚前 1.5 m 处(15 度礼)或脚前 1 m 处(30 度礼)。

二、服务形象

(一) 仪容

1. 男投递人员

男投递人员的日常仪容应符合以下要求:保持头发、身体和口腔气味清洁,避免牙齿留有食渍;保持面部清洁,不得留胡须,平视时鼻毛不能露于鼻孔外;保持手部的清洁,不留长指甲,指甲长度不超过 2 mm;不染发(黑色除外),不光头,不留长发(前不掩额、侧不盖耳、后不触衣领)。

2. 女投递人员

女投递人员的日常仪容应符合以下要求:保持头发、身体和口腔气味清洁,避免牙齿留有食渍;保持面部清洁,不得留胡须,平视时鼻毛不能露于鼻孔外;保持手部的清洁,不留长指甲,指甲长度不超过 2 mm;不得染浅色头发,长发要盘起并用发夹固定在脑后,短发合拢在耳后;不涂有色指甲油;保持淡妆(浅唇膏、少粉底、轻描眉),不应在岗位上补妆。

(二) 仪表

投递人员的仪表应符合以下要求。

(1) 按照地市邮政企业规定的邮政标志服换装时间实施季节性换装,杜绝不换装或同机构换装不齐;

(2) 工作期间,应穿邮政标志服,佩戴工号牌(卡),衣着整洁,纽扣齐全;

(3) 不得佩戴装饰性很强的装饰物、标记和吉祥物;

(4) 手腕部除手表外不得戴有其他装饰物,手指不能佩戴造型奇异的戒指,佩戴戒指数量不超过一枚;

(5) 女士佩戴耳钉数量不应超过一对,式样以素色耳钉为宜,佩戴的项链不应露于颈外;

(6) 工作期间不得使用香水;

(7) 鞋帽色调应同着装协调,不应穿拖鞋,女士不穿高跟鞋;

(8) 信报兜等随身携带的投递工具应整洁、不陈旧、不破损。

(三) 站立

投递人员站立时应符合以下要求。

(1) 双眼平视前方,下颌微微内收,颈部挺直;

(2) 双肩自然放松端平,收腹挺胸,但不显僵硬;

(3) 双臂自然下垂,处于身体两侧,男投递员右手轻握左手的腕部,自然放在小腹前,女投递员右手叠加在左手上,自然放在小腹前;

(4) 男投递员脚跟并拢,脚呈"V"字形分开,两脚尖间距为约一个拳头的宽度,或双脚平行分开,与肩同宽,女投递员两脚呈"丁"字形站立。

(四) 行走

投递人员行走时应符合以下要求。
(1) 目视前方,方向明确;
(2) 身体协调,姿势稳健;
(3) 步伐从容,步态平衡,步幅适中,步速均匀,走成直线;
(4) 不可将任何物品夹在腋下行走;
(5) 上下楼梯时应靠右行;
(6) 投递现场内禁止奔跑(紧急情况下除外);
(7) 与用户并排行进时,投递人员应居于用户左侧;
(8) 居前引导用户行进时,投递人员应居于用户左前方约1 m的位置;
(9) 行进中与用户交谈时,应将头部、上身转向用户;
(10) 陪同、引导用户或参观人员时,投递人员的行进速度应与其相协调;
(11) 经过拐角、台阶或楼梯时,应及时关照提醒用户留意。

(五) 眼神

投递人员的眼神应符合以下要求。
(1) 直视对方,同时避免让对方感到压力时,请用双眼看着对方的任意一只眼;
(2) 交谈时,视线不要离开对方;
(3) 面对用户时,避免眼珠不停地转动和不停地急速眨眼。

(六) 微笑

投递人员的微笑应符合以下要求。
(1) 注视对方;
(2) 对方进入视线范围时,向对方自然微笑,微笑以至多露出八颗牙为准;
(3) 微笑的口形为发"七"或"茄"音的口形。

(七) 手势

投递人员的手势应符合以下要求。
(1) 与用户交谈时,除需指示用户行动外,不应使用手势;
(2) 不可用手摆弄物品、衣服、头发等;
(3) 不可用手敲桌台和玻璃提醒用户;
(4) 传递邮件、业务单式时,应双手递接,将正面向着对方;
(5) 不得使用摆手或摇头表示"不清楚""不知道"等意思;
(6) 除非用户示意,不应主动与用户握手。

(八) 面部表情

投递人员的面部表情应符合以下要求。
(1) 面部表情应充分表现出热心、细心、快乐、自信;
(2) 表情亲切自然而不紧张拘泥;
(3) 神态真诚、热情而不过分亲昵。

三、服务语言

（一）声音运用

（1）声调应进入高音区，显示有朝气，便于控制音量和语气。

（2）音量应视用户音量而定，不应音量过轻。

（3）语气轻柔、和缓。

（4）语速适中，每分钟应保持在120个字左右。

（二）语言选择

（1）根据用户的语言习惯，正确使用普通话或方言。

（2）解答用户疑难问题时，应用简单易懂的语言，尽量不使用专业术语。

（3）当用户面，询问其他同事问题时应使用用户能听懂的语言。

（三）称呼用语

（1）男士称"先生"，未婚妇女称"小姐"。无法确认用户婚姻状况时，年轻者称"小姐"，年纪稍长者应称"女士"。

（2）知道用户姓氏时，应用"××先生（小姐、女士）"。

（3）对第三者，应称"那位先生（小姐、女士）"。

（四）礼貌用语

（1）十字礼貌用语：您好、请、谢谢、对不起、再见。

（2）欢迎语：您好，欢迎光临。

（3）问候语：您好、早上好、下午好或晚上好。

（4）祝福语：祝您生日快乐、祝您节日快乐。

（5）道别语：再见、请慢走、请走好。

（6）征询语：需要我的帮助吗？请问您有什么需要？我可以帮忙吗？请问您办理什么业务？我的解释您满意吗？

（7）应答语：好的、是的、马上就好、很高兴能为您好服务、我会尽量按照您的要求去做、这是我们应该做的、不要紧、没关系。

（8）致歉语：对不起、很抱歉、请您谅解、这是我们的工作疏忽。

（9）指示语：请这边走、请往左（右）边拐。

（五）服务忌语

邮政投递服务的常用忌语如下。

（1）不行、不知道；

（2）找领导去（你找我也没用），要解决就找领导去；

（3）你懂不懂，不知道就别说了；

（4）这是规定，就不行；

（5）不能赔就是不能赔，没有为什么，这是规矩；

（6）没到上班时间，急什么；

（7）着什么急，没看我正忙着呢吗；

（8）业务单式上写着呢，自己看；

(9) 有意见,告去(你可以投诉,尽管去投诉好了);
(10) 刚才不是和您说过了吗,怎么还问;
(11) 快下班了,明天再来吧;
(12) 你问我,我问谁/我解决不了;
(13) 眼睛睁大点,看清楚了再写;
(14) 邮政不是你家开的,说怎样就怎样;
(15) 电脑坏了,我有什么办法;
(16) 别在这里吵;
(17) 说了这么多遍还不明白;
(18) 人不在,等一会儿;
(19) 没身份证件不能办,你吵什么;
(20) 这问题我们不清楚,要投诉,打11185电话;
(21) 现在才说,干嘛不早说;
(22) 我们一向是这样的;
(23) 这是公司规定的,我也没办法。

四、服务过程管理规范

(一) 外部投递

1. 基本要求

(1) 敲门

敲门时,力度应适当,不能用掌拍、拳擂。按门铃应有间歇,待第一声门铃响起后,3秒后才可按第二下。按防盗门密码时,应准确,不能随便碰按、错按。敲门、按铃应以三次为限,不能有应不等,或常按不已。敲门、按铃时,如有人应答,应清晰、简短、礼貌地向用户问候,"您好,我是××邮政局的投递员。"

(2) 入室

注重登门礼节,在得到准许后,方可进入。室内无人,不能擅自入室,避免误会。对接待人员、收发人员应有礼节问候和礼貌致意。

(3) 交谈

与用户交谈时,应注意使用礼节用语和手势,简要说明来意。交谈中不应问及私事。与用户发生纠纷时,不能对用户无礼。遇不能自行解决或解释的问题,应采用"请原谅,此事我无权决定,请按××规定办理。"等礼节用语表示歉意。

(4) 办理业务

投递人员办理业务时应符合以下要求。

1) 投递人员应专注公务、不浮躁。处理业务时不应东张西望,更不应对室内人和物妄加评判。

2) 递送邮件时,应双手递上,同时向用户清晰地说出"这是您的邮件,请出示身份证签收"。(操作前,应先请用户出示有效身份证,再请用户签收。)

3) 待用户验视邮件外观没有问题后,用礼节手势递上业务单据、笔,采用"请您在这签名。"等礼节性语言,指引用户在单据指定位置签名或盖章;

4) 用户签字或盖章时,投递人员应站立一旁,保持礼节距离,恭候签毕。用户签毕后,应采用"谢谢合作!"或"谢谢!欢迎您再次使用邮政服务!"等语言表示感谢。

(5) 告别

正确使用"再见""打扰了"等告别礼节用语。告别时,应先面向用户退半步,然后转身离开。离开之前应为用户轻轻地关上门。

(6) 拥挤地方

投递人员在人多拥挤的地方,应礼节性地进退避让。乘用电梯时,不能抢上抢下,入梯内要面朝梯门。手中邮件,应双手抱持。非特大、特重邮件不能随意搁置在梯内地面或拖出拖进。

2. 注意事项

(1) 如用户要求在指定的特殊地点(如室外、饮食场所等)投递时,应在保证邮件安全、人身安全的情况下提供投递服务。

(2) 自始至终正确地使用各种礼貌用语,并应时常保持微笑。

(3) 投递地址是私人住宅时,没有用户允许,不应进入室内。

(4) 如能明确投递物品是祝贺性质或节日礼品的,可在用户签收后说祝贺词,如"祝您××快乐!再见。"

(5) 投交单位用户的邮件时,应主动协助收发室(门卫)将邮件分门别类堆放,并婉言提醒收发员及时将邮件转交收件人,以免耽误收件时间。

(6) 注意五禁:一是禁索取小费、红包或其他物品;二是禁讲服务忌语;三是禁上门服务时目光游离、四处张望;四是禁仪态不端、站姿不正;五是禁服务中大声说笑、动作随便。

(二) 电话受理

1. 提供投递服务期间,服务电话应保持正常开通,有专人负责。
2. 服务电话应在铃响30秒内(三声以内)接听。
3. 接听时,应根据用户需求使用合适的语言(普通话或方言),采用"您好,这里是××投递部。"或"您好!请问有什么可以帮您?"等礼貌用语应答,不得与用户发生争执或强行挂断来电。对接听的电话内容应及时、准确地记录。
4. 电话通知或预约投递时,应使用"我是××投递部,请问您是××先生(小姐或女士)吗?这里有您的××邮件,请问您什么时候在家接收?"等礼节语言。如投递人员自定投递时间时,应以商询口吻说:"我们在××时间送到府上,可以吗?"不应责令用户必须何时接收。电话约定后,应按时投递。
5. 接听投诉或查询电话时,应符合以下要求。

(1) 主动采用"您好,××邮政局,××为您服务。"等礼节性语言向用户问好。

(2) 可以立即回复的,请用户稍作等待后立即将查到的信息回复。无法立即回复的,做好解释,与用户明确传真、电子邮件或电话等回复方式,详细做好事项记录。

6. 结束通话时,采用"谢谢,欢迎您再次使用邮政服务,再见!"等礼节语言与用户告别。确认用户挂机后,再挂断电话。

7. 接听找人电话时,应采用"他在,请稍候。"或"他不在,需转达吗?"等礼节性语言,确保回答清楚明白,不应放置电话,长时间不作回应。

(三) 投诉受理

1. 投递服务投诉分为解决问题的投诉、纯粹发泄式投诉、为了某种期待的投诉、因邮政服务欠缺产生的投诉等 4 种。

2. 投递服务投诉性质的识别标准如下。

（1）理由充分、愤怒中带有理智，眼神充满自信和坚定——解决问题的投诉；

（2）愤怒、理由简单而反复，意见不明确，眼神飘忽不定——纯粹发泄式投诉；

（3）期待的眼神，无愤怒感，大多自我说明，常用好的对比——为了某种期待的投诉；

（4）阐述情况、善意提醒，或在短时间内出现批量投诉——因邮政服务欠缺产生的投诉。

3. 应对现场投诉的基本方式如下。

（1）邀请用户到主任室或休息室，安抚用户的情绪——所有投诉；

（2）倾听，认同，并表达改善之意，及时处理与回复——解决问题的投诉；

（3）倾听——纯粹发泄式投诉；

（4）认同并表达改善之意——为了某种期待或因邮政服务欠缺产生的投诉。

4. 现场投诉处理的步骤如下。

（1）稳定投诉用户情绪，应在第一时间将用户邀请到主任室或休息室，不应在投递生产作业现场内接待；

（2）耐心聆听用户意见，留意用户面部、身体语言上的暗示，详细记录用户陈述；

（3）用户叙述完毕后，不应直接反驳用户观点，应采用"我明白您的意思。"或"可不可以这样理解。"等礼节性语言，重复用户观点，确定没有误解；

（4）采用"我们可以一起商量下，看能不能帮助您。"等礼节性语言，真诚表达愿意为用户提供帮助的意愿，如投诉由用户情绪等原因引起，应更多地运用倾听技巧加以劝慰、说服；

（5）客观分析用户观点，找出用户的真正需要，采用"我有些资料（建议），或许能帮助您。"等语言，并以一些资料、数据做出分析，提出建议，帮助用户解决问题；

（6）确实存在的问题，应立即解决；

（7）投诉无法现场解决时，应明确告知用户回复时间；

（8）当用户提出的特殊需求需征求上级意见时，应采用"对不起，您的问题比较特殊，我需要请示后才能答复您。"等礼节性语言，告知用户等待，待上级答复后，应及时回复用户；

（9）投诉处理完毕，向用户致谢或致歉，真诚感谢用户的理解；

（10）遇升级投诉倾向的时候，应及时向上级上报。

（四）业务咨询

（1）主动采用"您好，请问有什么可以帮您的吗？"等问候语。

（2）回答用户咨询时应尽可能详细，不应假设用户已明白自己的意思。

（3）对有争议的事项应耐心地向用户说明。

（4）主动询问用户是否还有其他问题，而不是仅仅回答用户问题。

（5）用肯定的态度感谢用户的支持和关怀。

（6）对于用户的提问及时答复。

（7）根据用户情况，向用户推介新业务。

（8）不能及时回复时，应告知用户回复时间。

【案例一】

签收不清留隐患

李老师在重庆的女儿急需学历证明，李老师急忙到邮局用特快专递将学历证明寄了出去。可半个月后女儿打来电话称还没有收到。为此李老师专门到邮局查询并要求邮局提供收件人签收情况的复印件。

几天后李老师收到了邮局寄来的签收情况复印件，但是他怎么也看不清楚签收人的名字，而且李老师敢肯定字迹不是女儿的。于是李老师又让邮局的人员辨认，结果工作人员也辨认不出签收的名字。之后，投递局多次与收件单位交涉，但一直也没有结果。大家分析可能是投递员当时根本没检查签名是否正确清晰就把邮件交给了签收人，造成他人冒领。之后的调查证实了大家的分析是正确的。

思考：对于特快专递邮件的签收是如何规定的？

【案例二】

"一拖一挂 N"投递模式，积极应对投递旺季生产

小寨投递部位于陕西省西安市南郊商业、文化教育区域，区域内商业发达，高校遍布。投递服务面积约 60 平方千米，服务人口近百万，现有投递段道 59 条（普邮段 40 条，机关段 3 条，专投段 16 条），投递人员及内部处理人员 79 人，投递作业场地 410 平方米，快递包裹日均投递量 3 300 余件，2017 年春节旺季期间，快递包裹日均投递量 5 844 件，日投递峰值达到 9 078 件，投递生产场地、人员配置远低于集团公司标准。

在现有投递生产条件下，旺季期间投递场地、人员不足等问题更加突出，需要采取有效措施科学解码，解决旺季投递能力不足问题，确保旺季投递生产运行顺畅、质量平稳。

小寨投递部有效挖掘、整合内外投递资源，内部实施分场地转换清场作业，外部实施"一拖一挂 N"穿插投递作业模式，利用机动车辆实施区域内邮件的转趟盘驳，借助"快递员助手"软件，有效提高投递生产效率，保障旺季期间投递服务质量，切实提升投递能力。

一、内部处理

1. 分场地轮换作业，轮换清场。为提高场地使用率，确保不同进口频次邮件有序处理，避免邮件场内二次搬运转手，在投递内部处理时，分场地轮换作业、堆放不同班次进口邮件，轮换处理清场，确保实现班进班清，高效利用生产处理场地。

2. 实行邮件卸车、分拣、下段一条龙作业处理。趟车进口后，接车人员接卸邮件的同时，分拣人员对邮件进行分堆、下段处理，邮件卸车完毕，邮件分堆、下段同时到位，投递人员随装车处理完毕，确保接卸、分拣、下段、装车无缝对接，有效提高内部处理效率。

3. 内、外部作业人员协作配合，各环节衔接有序。邮件下段结束后，内部处理人员协助投递人员将邮件装车处理，迅速清场的同时，投递人员及时出班投递，实现投递人员随时归班随即可装件出班投递。

4. 当日进口邮件当日全部处理完毕。晚上三次趟车和加车邮件进口后，内部处理人员确保当晚完成对所有邮件的分拣下段处理，次日早班待投邮件装车存放，库存邮件及时清场，减少库存邮件占用场地的同时，确保投递员次日到岗后直接出班投递。

二、外部投递

1. 实施"一拖一挂 N"投递作业模式,区域内穿插投递作业,即一辆机动投递车与一辆电动三轮车相关联,下挂 N 条普邮段道,实行区域内穿插投递作业。机动车负责较远区域和大件邮件的投递工作,电动三轮车负责线路环绕小区和单位邮件投递,对机动车和电动三轮车无法进入的小区或道路通行困难的区域,由普邮段道的电动自行车进行邮件投递。

2. 实施区域内邮件转趟盘驳,提高邮件投递效率。对投递量集中区域,安排机动车每3个小时对投递穿插作业区域的机动车、三轮车和自行车区域进行邮件盘驳转运,减少段道内投递车辆空驶里程,确保邮件快速出清,提升外部投递作业效率。

3. 动态调整投递区域,实施撒点、驻点投递。根据邮件进口量,动态划分、调整投递区域,及时调整、补充投递力量,实施帮扶人员撒点、驻点投递作业,动员家属力量分片承包投递。

4. 借助社会资源渠道力量,提升末端投递能力。积极与院校内小麦公社、乐收物流平台等社会力量合作,加强与陕西师范大学后勤集团、中海凯旋门门面房小哈管家、华城国际小南门联合100超市等连锁店合作,大力发挥便民驿站代投点渠道力量,实行"邮政直投+接转点转投+通知用户领取"末端投递模式。

5. 应用信息化手段。根据区域特点,针对院校、商业区等邮件量集中区域,推广使用"快递员助手"App,实现拨打电话和群发短信等功能,投递员外部投递效率明显提高。

三、质量管控

1. 做好投递量预测监控。根据每日投递预警量提前制订投递作业计划,确保投递部人员组织、各项投递应对措施提前准备到位。

2. 加强过程管控,实施日通报、日激励。每日综合考评投递量和质量指标,市分公司主管领导对排名前三的投递部发放微信红包进行奖励,投递部对综合考评前三名的投递员发放微信红包奖励。

3. 规范工单处理。投递部按市分公司制订下发的工单处理规范模板,统一工单回复处理口径,做好客服售后工作。

思考: 谈谈你对"一拖一挂 N"投递模式的理解和认识。

【案例三】

春风十里,不如看"你"

——江苏省南京市分公司"邮礼有矩"规范化投递服务示范教学纪实

"投递员是百年邮政普遍服务百姓的一张名片,坚持做一名合格的南京邮政人……"2017年7月上旬,"邮礼有矩"南京邮政规范化投递服务示范视频教学片在江苏省南京市邮政分公司微信平台"宁邮微刊"上再次推出,阅读量不断攀升,不仅得到全员的广泛关注和投递员的积极互动,更为南京市分公司"服务质量月"系列专题活动画上了圆满的句号。

厚积薄发成首创。规范化服务对于实物投递平台快速发展的今天,是重中之重,更是立足之本。一直以来,针对投递服务规范的视频教学几乎空白。2017年3月中旬,南京培训中心多次开会讨论,经过大家的头脑风暴,最终讨论出制作既贴近投递生产实际,又符合投递服务规范,且便于复制自学的培训教学视频,这样不仅便于投递员在工作中随时运用、反复巩固,也使新员工在接受入职培训时有规可循。思路确定后,培训中心从针对投递服务规范需求的设计入手,在各个投递部和投递员中进行实践与调研,积累、梳理、分析投递员实际需求,以简单、易学、好操作为原则,在与南京市分公司投递局共同探讨服务现状的基础上,创新性地将投递规范化服务载入视频教学制作,以期通过反复学习演练和持续巩固,实现学以致用、行与思共促进的效果,全面提升投递人员规范化服务水平。

原汁原味加原创。从3月下旬提出构思设想,到4月上旬完成视频制作,短短15天时间,没有可以参考的模板和可以借鉴的范本,培训中心摸索着完成了脚本撰写、专业人员审核把关、验证修改、编辑分镜头、挑选演员、确定拍摄场地、准备服装、确认参演人员的一系列准备工作。

"您好,我是邮政中央门投递部投递员小郎,请问您是姜女士吗?您的快递包裹已到,预计10点左右为您送到。请问您在办公室吗?"投递员小郎正在与客户电话预约上门投递快递包裹的时间。征得客户同意后,小郎说:"好的,一会儿为您送到,再见。"随后,按照预约时间,小郎准时来到客户办公室:"您好,请问您是姜女士吗?早上和您预约过上门投递的。"确认客户后,小郎双手递上包裹说:"这是您的包裹,请验视。"客户签收完毕,小郎面带微笑说:"谢谢,欢迎您再次使用邮政业务。"……这是拍摄脚本的其中一个片段,在完成准备工作后的连续10天,培训中心自编自导自演,完成了视频教学片拍摄、同期收音、配音录制及后期剪辑制作工作,将其命名为"邮礼有矩"南京邮政规范化投递服务示范视频教学片。

"邮礼有矩"通过展现投递前的准备工作和投递中的服务过程,将规范的投递服务礼仪创新性地用情景演示出来,点明了服务要点,将服务话术的方法贯穿在教学片中,辅以错误动作展示,反复强化理论和实际。扮演片中投递员和客户的演员均为投递员,身边的投递员演绎投递日常工作中的服务礼仪,会让员工在感同身受的同时觉得这些规范自己也可以做得到,会产生潜移默化的效果。

边学边做边促能。4月1日,南京市分公司启动了2017年"服务质量月"系列专题活动,"邮礼有矩"犹如一场及时雨,第一时间送到投递员手中,简洁明了的呈现方式、有针对性的视频切入点,在方便投递员自学的同时,更在企业内部树立了以客户为中心的服务理念。在"服务质量月"专题活动启动大会召开当天,"邮礼有矩"被当作专题培训材料下发,便于各单位充分利用晨夕会、班前会、集中会议等组织投递员学习巩固。"视频教学U盘一拿到,各分局就及时下发各投递部,要求每天滚动播出,看到身边人成了视频主角,投递员们都特别愿意学。"南京市分公司投递局龙蟠分局局长苏鹏说。"无论你是新手还是老手,视频教学都是受欢迎的形式,不受时间限制,学习内容又很直观,又方便又实用。"龙蟠分局仙林投递部投递员唐骏说。

5月初,收获了良好效果的"邮礼有矩"又以服务形象、服务语言、班前准备、外部投递为不同主题制作了微信版,在"宁邮微刊"一经推出便得到了南京邮政投递员的广泛好评。"春风十里不如看你,天天关注明白道理。'邮礼有矩'人人夸赞,服务周到千家万户""满意只有起点,服务永无止境""认真学习,学以致用""选择邮政是我一生中最重要的决定"……互动留言热烈,一时间,规范服务成了南京邮政员工口中的热门话题。与此同时,为不断巩固学习效果,培训中心还在"宁邮微刊"上同步推出了规范化投递服务知识竞答活动,参与者随机选择3道试题回答,形式新颖、参与度强的互动活动进一步提高了员工的关注度和参与度,仅5月19日一天,就有3 230人次参与答题。培训中心制作的"邮礼有矩"开创了全新的培训方式,进一步提升了南京市分公司的整体投递服务质量。

思考:该案例带给你什么启示?

【实践项目】

1. 根据本章内容完成普通邮件投递的流程图

• 任务目标

熟练掌握普邮投递的作业流程,掌握操作要点。

• 任务要求

根据本章第二节内容,画出普邮投递的作业流程图。流程图应涵盖普邮投递主要工作环节和重点操作内容,力求简明完整,便于理解。

• 任务实施

上网搜集并学习流程图的画法及要求,在熟练掌握课程内容的基础上可使用画图软件或手工画出普邮投递流程图。

2. 根据本章内容完成包快邮件投递的流程图

• 任务目标

熟练掌握包快邮件投递的作业流程,掌握操作要点。

• 任务要求

根据本章第三节内容,画出包快邮件投递的作业流程图,流程图要涵盖包快投递主要工作环节和重点操作内容,力求简明完整,便于理解。

• 任务实施

上网搜集并学习流程图的画法及要求,在熟练掌握课程内容的基础上可使用画图软件或手工画出包快邮件投递流程图。

3. 根据本章第四节内容制作一段邮政投递服务规范的视频或微课

• 任务目标

熟练掌握邮政投递服务规范和要求。

• 任务要求

选取邮政投递服务规范中某一个方面,使用微课制作软件制作或现场拍摄等形式完成,时长为3~5分钟。

• 任务实施

2~3名学生为一组,明确责任分工,确定实践项目的完成形式,撰写脚本,根据职责,分工小组成员共同完成任务。

第六章　邮政报刊发行生产组织与运营管理

【企业背景】

报刊发行业务是邮政的传统业务之一,根据《中华人民共和国邮政法》规定,邮政企业为报刊社、出版社和广大读者提供报刊发行服务。报刊发行业务的基本方式为订阅和零售。随着新媒体的快速发展,传统报刊发行业务也在进行积极转型,拓展了数字媒体的发行业务、图书发行业务;发行渠道也拓展了网上订阅、微信订阅、手机订阅等多种电子化发行渠道。

面临疫情影响和财政紧缩的严峻形势,面临纸媒萧条的现状,邮政企业攻坚克难、融合创新,报刊业务规模持续稳步增长。各项工作成效明显,高质量完成了党和国家交给邮政的传递党的声音的任务,有力地支撑了党和国家新闻传媒事业的发展。

同学们,你了解报刊发行业务的性质、特点,以及报刊发行业务的各环节业务处理流程和管理规定吗?带着这些问题,我们进入本章的学习。

【岗位要求】

熟悉邮政报刊分拣员岗位工作内容,掌握邮政报刊发行的作业流程和业务管理。

【学习目标】

- 掌握报刊发行的常用术语和基础知识;
- 掌握报刊发行业务组织机构的职能;
- 熟悉并掌握报刊发行业务的处理流程;
- 初步具备畅销报刊发行组织的能力;
- 具备报刊业务资金的基础管理能力;
- 具备数字引领意识,具备站在行业角度思考业务发展的职业意识;
- 具备责任意识、底线意识、劳动意识,养成严谨的工作态度。

【思维导图】

第六章 邮政报刊发行生产组织与运营管理

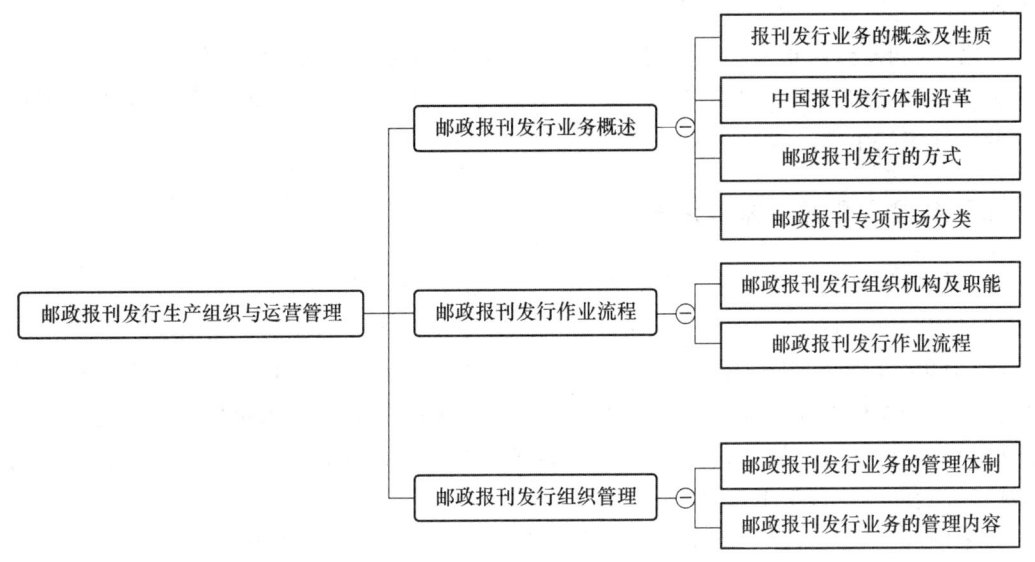

第一节 邮政报刊发行业务概述

一、报刊发行业务的概念及性质

报刊发行业务是邮政部门利用遍布全国的邮政通信网,利用联系用户广泛、传递迅速等特点,将编辑出版后的报纸、期刊与出版物,以订阅或零售的方式按期投递或销售给读者的业务。报刊是报纸和期刊(杂志)的简称,是传播知识和信息的载体,起着传媒作用。在我国,报刊是宣传党的纲领、路线、方针、政策的重要工具。在满足广大人民群众精神文化生活的需要方面,报刊起到了十分重要的作用。

报刊发行是报刊出版工作的重要组成部分,离开了报刊发行工作,报刊的一切作用将无法实现。在我国,报刊发行工作具有以下性质。

1. 政治性

报刊是为传播宣传党的纲领、路线、方针、政策,促进"两个文明"建设,满足广大人民需求服务的。

2. 计划性

报刊的收订、要数、分发、运输、投递等,都要根据报刊社的要求和企业生产全程全网的要求统筹规划,合理安排,联合作业,共同完成。

3. 时限性

要做好报刊发行工作,必须树立时间观念,特别是报纸、畅销报刊,时限性强,必须要求各个部门、环节协调一致,环环相扣,确保时限和质量。

4. 商业性

报刊发行是邮政企业中具有商品流通性质的一项业务,特别是报刊零售业务,更体现商业经营的性质。

总之,报刊发行是党和政府的宣传工作的组成部分,也是一项经济工作,是邮政企业的一项主要业务,具有邮政通信的一般性质。所以,既要按照邮政通信的规律操作,又要遵循商品流通的特性搞好生产经营。

二、中国报刊发行体制沿革

中国最早的报纸只在封建统治机构内部发行,由政府设置的邮驿传送,读者对象是分封在各地的皇族、官吏和封建王朝的上层人士。后来北京出现了一些报馆联合开办的报纸发行市场,通过报贩层层批发零售,有的直接投送预订户,有的设摊零售或沿街叫卖。杂志一般由书店经销。这种发行方式一直延续到解放初期。在中国革命根据地,报纸发行主要通过赤色邮政(交通局)传递。抗日战争和解放战争时期,各解放区先后成立邮、交、发三位一体的战时邮政,承担报刊的发行传送工作。

新中国的报刊发行体制大体经历了三个阶段:第一个阶段从新中国成立初期到20世纪80年代前期,"邮发合一"体制"一统天下";第二个阶段从1985年《洛阳日报》退出"邮发",自办发行开始,"邮发"和"自发"两种体制平分秋色,并存竞争;第三个阶段大约从90年代中期开始,出现了专业化的民营和外资发行公司,自此,报刊发行呈现了多渠道的态势。如今,随着文化体制改革的不断深入,以及市场经济的成熟和完善,我国的报刊体制越来越呈现多元化态势。

(一) 邮发合一

"邮发合一"是解放初期我国从苏联学来的一种发行模式,这种模式是把报纸发行工作交给邮局来做,把报纸的生产(编辑、印刷)和流通(发行)截然分开,把送信与送报捆在一起,把多家报刊捆在一起,把报刊的征订、发运和投递捆在一起,把批发和零售捆在一起。

中华人民共和国成立以后,根据"全国报纸经营会议"和"第一次全国人民邮政会议"决议,经中央批准,1950年2月,邮电部和国家新闻总署制定了《关于邮电局发行报纸暂行办法》,确定了我国的报纸交邮局发行的"邮发合一"方针。1950年2月13日,《人民日报》社率先与邮政总局签订协议,自3月1日起《人民日报》交邮局发行。1953年1月,在报纸实行"邮发合一"取得成效的基础上,中央又决定将新华书店和中国图书发行公司发行的定期出版的杂志全部交邮局发行。从此我国就正式开始了"邮发合一"的报刊发行体制,由此确定了邮政报刊发行的主渠道地位。自新中国成立到20世纪70年代,邮局的发行系统一直是我国报刊发行的唯一力量。

(二) 自办发行

随着社会经济形势的不断变化,"邮发合一"渐渐不能适应新的环境,尤其是党的十一届三中全会以后,全国的工作重点转移,计划经济体制向社会主义市场经济体制转变,给报刊的发行模式带来了一定的冲击。

首先,改革开放政策为新闻出版事业带来空前的繁荣,报纸的数量增多,品种由单一的机关报变为多品种、多层次的报纸,开张由四版变为八版、十六版直至几十版,内容特色更是日新月异。报刊之间的激烈竞争,对发行环节也提出了更高的要求。

其次,市场经济条件下,报刊社讲求经济核算,考虑成本、利润等一系列经济指标。而当时的"邮发合一"模式存在着资金回笼较慢的缺点,不利于报刊社积累资金,扩大再生产。为了满足新时期报刊发行的需求,报刊社开始自办发行,自设发行机构,直接办理本市、外埠读者订阅或零售批发。市内订户由报社雇用的送报员投送,外埠通过邮局按新闻纸邮寄。

尽管自办发行使报刊社自身利益得到保证,但它也有自身体制上的弱点和不足。自办发行之初,我国大部分报社的发行部门都很小,体系也不完整。例如,当时《光明日报》发行部16个人,与采编人员的比例是1:25,发行队伍力量薄弱,每到发行季节,记者、编辑都要带着发行任务,组织发行。这种亲力亲为的手工操作,并不能完全适应市场经济条件下的报刊业发展。并且,自办发行对报刊社的依附关系并没有改变,发行依然面临管理体制行政色彩浓厚、发展动力不足、运作机制不畅、创新意识不强、成本控制机制及效益评价机制不适应市场规律等困境,还有内部发行经营观念不强、激励方式单一、发行员工收入过低、队伍不够稳定、部分发行管理人员管理水平低下、职业发行经理缺乏等现实情况。因此,自办发行不能完全满足当时的市场需求。

(三)多渠道发行

随着市场经济的不断完善和新闻体制改革的逐渐深入,报业发行体制变革也随之进入了新时期,多种灵活的发行模式不断出现。

1. "邮发"和"自发"相互结合,扬长补短

"邮发"和"自发"相互结合主要是指邮政企业和报社共同商讨,在双方互惠互利的基础上,签订合约,根据市场经济下价值的原则,协调好双方的经济利益。报刊社和邮政企业因地制宜、因报制宜地制订出双方都能接受的发行费率,这是"报邮联合发行"的关键,如果在这一点上双方能达成共识,"联合发行"就有了成功的基础和前提。1998年,《深圳商报》与当地邮局签订了"联合发行合作协议",并且共同成立了"联合发行指挥部",以邮政企业为主,报社协助,开办了预约征订、跨区订阅、上门收订、现场收订、分期订阅等多种新的服务项目,报纸的发行量也因此获得全面增长,市内订户比上年增长了71.2%,外埠订户比上年增长了5.8倍。在和邮政企业重新合作的同时,报社也可以拓宽自办发行的路子,灵活地采取多种手段,因地制宜地发展发行模式。尤其是一些有经济实力的报业集团,可以由报业集团建立一个直接下属的发行总公司,再在各地建立起发行分公司,统一部署和管理此报业集团下的各家报纸发行;另外,报社还可以和银行合作,选中一家或几家全国联网的银行,委托它们在各地的营业网点设点收订报刊。随着互联网的发展,报社还可以利用网络,在网上征订报纸,然后委托商务站点进行投送。

2. 成立专业化的报刊发行公司

专业化的发行公司可以是同一地区的多家报社联合起来组建的,每家报社根据投入的多少,占有一定的股份。发行公司是一个独立的经济实体,它承担多家报社的发行任务。在各个城市兴起和发展自己的地方发行公司,再逐步将全国各城市的发行网连成一片,成立全国性的报刊发行中心。专业化的发行公司也可以由社会力量,甚至私人创建,它不属于任何报社,独立组建自己的发行网络,与各家报社签订合同,既可承担征订、投送业务,又可承担零售发行业务,使发行商业化、专业化和社会化,成为市场经济下的又一个新兴的服务行业。

3. 零售代理商的出现和发展

市场经济加剧了人口的流动性,尤其在人口密集的大城市,流动人口便成为了报纸零售的潜在对象。报社可以自行创建自身的零售队伍,在城市各点建立发行站,聘用人员上街零售报纸,也可以在社会上招聘零售代理商,与其签订合同,由其专门负责某一地区的报纸零售,零售商能和不同的报社签约,并自己组建零售点。

随着社会经济的不断发展,会出现出更多、更灵活、更合理的发行方式,报纸的发行体制也将不断地变化、更新,并会进一步促进报刊业的繁荣和发展。

三、邮政报刊发行的方式

邮政部门发行报刊采取订阅、零售、赠阅、贴报等方式,主要采取的是订阅和零售这两种基本方式。

(一) 订阅

报刊在出版前,读者到当地邮局(所)或单位报刊推广发行站或利用电话、网络等方式,选订自己所需要的报刊,并按照订期长短和订阅的种类、份数,一次性缴纳全部报刊款。邮政部门在收订后,向报刊社要数,取得报刊,然后逐期按址投递给订户。这种方式称为"订阅"。

社会的发展和技术的进步,特别是移动互联网的迅速发展,改变了消费者的阅读习惯,为顺应时代的发展潮流,邮政报刊发行除了要继续抓好窗口收订、上门收订、大客户营销等传统收订方式外,还应为客户提供"7×24 小时"线上订阅服务,实现"随时、随地"订阅报刊。

1. 网站订阅

网上订阅作为新兴渠道,正逐渐成为一种新的报刊订阅手段,已经受到了越来越多读者的欢迎,得到了报刊社的重视。它方便客户在网上快速地查找自己感兴趣的报刊,并能够实现快速订阅,极大地减少了投递员上门营销的工作量,提高了报刊的经营效益。

中国邮政订阅网(http://bk.11185.cn/)是以报刊在线订阅为核心,服务于邮政、报刊社、订阅客户三方的信息平台。网站提供了网上的报刊目录查询、订单受理、支付、退订、改址、续订等业务,其中,一报多址、一址多报和集订分送功能是邮政报刊订阅网的特色功能,也是提高报刊发行服务质量、深化邮政报刊发行服务手段的重要举措。

2. 手机订阅

手机订阅营销的互动性强,能够与广大群众进行有效的沟通,而且费用低,只要根据客户的需求,开发一个适合于本品牌的手机软件应用即可。通过手机客户端的开发,开拓市场渠道所产生的营销效果,是电视、报纸和网络所不能代替的。

3. 微信订阅

微信营销是网络经济时代企业营销模式的创新,是伴随着微信的"火热"产生的一种网络营销方式。微信不存在距离的限制,用户注册微信后,可与周围同样注册的"朋友"形成一种联系,用户订阅自己所需的信息,商家通过提供用户需要的信息,用点对点的营销方式推广自己的产品。

"微邮局"订报平台是邮政企业组织开发的报刊线上订阅平台,通过运用移动互联网思维,以多种形式吸引订阅粉丝,在一定的客户基础上,对报刊产品进行归类和介绍,不断完善和优化产品展现页面和订阅流程,打造"客户至上"的体验环境,通过多方位调集资源,开展线上订阅优惠、推荐有礼、积分换礼等活动,鼓励客户在互联网社交平台上进行分享、跟帖评论,开展互联网的口碑营销活动。同时,借助网络数据存储和捕捉技术,及时收集和整理读者线上活动的数据,包括读者上线浏览信息的时间、点击的产品、每次停留的时间等信息,开展数据营销活动,提高营销成功率。

(二) 零售

邮政部门向报刊社购进报刊,通过自办、委代办零售网点向读者销售报刊或由其自由选购,这种方式称为"零售"。

(三) 赠阅

邮局受报刊社的委托,将报刊社提供的报刊按址投送到指定的读者或单位,并向报刊社收取一定的发行费用,这种方式称为"赠阅"。

(四) 贴报

贴报是报社免费提供一定数量的报纸,由邮局指定专人在指定的地区进行张贴,供广大人民群众阅读,扩大宣传,满足人民群众看报的一种重要方式。

四、邮政报刊专项市场分类

(一) 党报党刊市场

党报党刊发行是党和国家交给邮政企业的一项政治任务。党报党刊是指中国共产党各级组织的机关报和刊物,是中国共产党的纲领、路线和政策的宣传工具。中国党报党刊有《人民日报》《光明日报》《经济日报》《新华每日电讯》《解放军报》《中国日报》《学习时报》《求是》《党建》《党建研究》《人民论坛》《马克思主义研究》《中国党政干部论坛》《党的文献》等。邮政应要积极对接宣传部、组织部,以及机关工委、教育工委和国资委,积极拓展非公企业订阅,确保党报党刊发行稳定。

(二) 行业报刊市场

行业报刊是年度收订的重要抓手。邮政企业要聚合行业主管部门行政力量、报刊社通联宣传力量、邮政企业服务力量,三位一体地建立协同发行机制,发挥省、市、县三级齿轮效应,逐级推进,明确目标,层层压实责任。要强化服务创新,提供多样、便捷的订阅方式,如阅读学习单、集订分送、大客户专用二维码等,大力发展机构客户订阅、系统垂直订阅市场。

(三) 中央直属报刊市场

目前,中央直属期刊共接办 15 种,对《中办通讯》《秘书工作》《中国纪检监察》等系统组织能力强、征订力度大的报刊,应主动协调召开发行会、下发文件布置征订工作,对上门收订、集中收订、名址整理及票据等方面的需求,安排要妥当,服务要及时。对《中国老年》《中国消防》《当代党员》等系统组织力度较为薄弱的中央直属期刊,要对照交邮初期发行数据,梳理流失客户,挽回老客户,拓展新客户,切实履行好邮政发行责任,兑现对刊社的承诺。

(四) 畅销报刊市场

畅销报刊是邮政企业在上万种邮发报刊中,根据发行量、市场认可程度和发展潜力等因素,通过推荐省数、期发量、上年增幅、流转额等 4 项指标计算分数,经过反复研究、精心筛选而产生的报刊,是中国邮政与中国主流大众媒体强强联合、共同打造的文化服务品牌。为此,应积极做大业务规模,打造精品期刊,不断更新迭代报刊产品,开展分类营销,加大科技赋能,打造中国邮政畅销报刊发行品牌,做大基础客户群体。

(五) 校园报刊市场

校园报刊市场是邮政报刊发行最重要的专项市场和最主要的业务增长点,目前全国约有400亿元的市场,邮政只占有23亿元,市场空间巨大。邮政应发挥主渠道优势,针对不同学生群体和学生的不同成长阶段进行精准营销,不断提高校园报刊发行市场占比。

(六) 军营报刊市场

军营及相关市场订阅基数大、覆盖群体广,涵盖现役军人、退役军人、警察、民兵、军事迷等细分人群,具有旺盛的文化需求,市场前景广阔。邮政企业应主动联系省级军营主管部门和省级军人退役事务厅,商洽报刊订阅事宜,争取统一推荐订阅,开展座谈会、联谊会、阅读分享会等活动营销模式,搭建沟通平台,促成报刊订阅。同时,还应发动社会各界开展向军人或军属赠阅书报刊等公益活动,实现规模性获客。另外,还可以联合报刊社开展记录军旅生活的活动,扩大基层官兵自费订阅量。

(七) 数媒产品市场

邮政企业应以企业文化建设、党建学习、员工培训福利、在线教育等市场需求为切入点,加强数媒产品研究,大力推进以复合发行、组合订阅、知识付费、有声图书墙、智能硬件等为主的邮政数字媒体产品发行。例如借助集团公司创新项目"党建有声图书墙"的落地实施,借助创新的机制动力,实现数媒发行模式的快速推广。发挥"纸媒+数媒"的联动作用,做好品牌报刊的复合发行和组合订阅,如"财新周刊+财新通""农村百事通+今日三农"等产品组合;继续做"大学娱通""混沌学园""喜马拉雅"等知识付费阅读产品的规模,进一步扩大邮政在数字发行领域的影响力。

第二节 邮政报刊发行作业流程

邮政报刊发行业务虽说是邮政的传统业务,但随着邮政报刊发行信息系统的不断完善和发展,业务流程也处在不断的优化和改造中。目前,邮政报刊发行业务的处理环节主要包括:报刊接办、宣传、收订、缴款、要数汇总、结算、通知印数、分发、运输、投递和零售。

报刊接办是一项职能性的工作,作为报刊邮发的起始环节,是代表邮政部门与报刊社、出版社联系协作的窗口。

报刊社委托邮政企业发行报刊,应提供国家新闻出版总署批准报刊出版的批文和省、自治区、直辖市新闻出版局核发的出版许可证以及报纸、期刊登记表。报刊社一般应在出版地邮政企业办理发行,如有特殊需要在出版地以外地区邮政企业办理发行,须报中国邮政集团有限公司审批。接办局报纸按月、杂志按季向报刊社提供该报刊在发行范围内的发行数量分布情况。邮政企业发行的报刊,除使用国家规定的国内统一刊号外,还需编列报刊邮发代号。

报刊接办后,就正式进入邮发渠道,邮政报刊发行业务处理流程如图6-1所示。

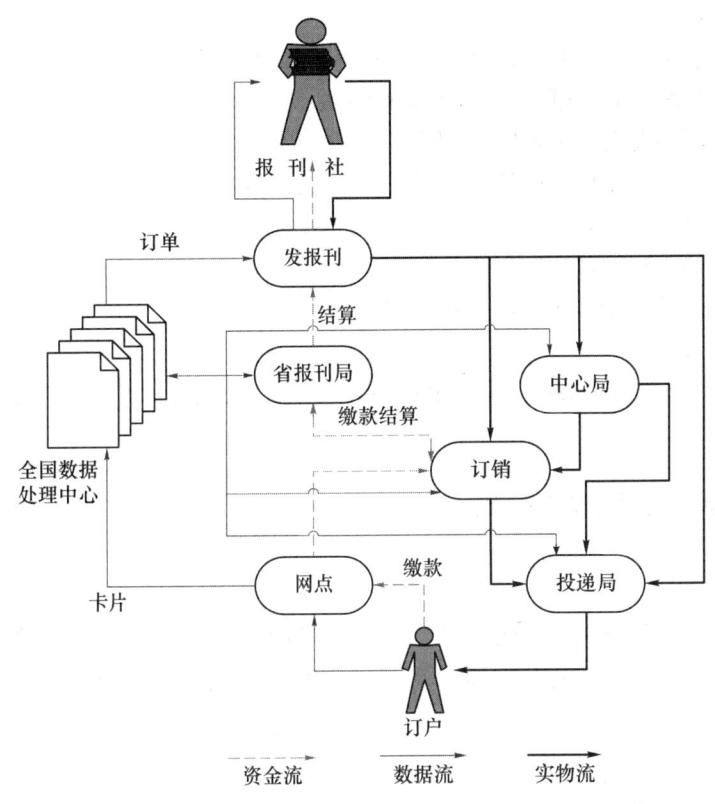

图 6-1　邮政报刊发行业务处理流程

发行组织机构及职责

一、邮政报刊发行组织机构及职能

邮发报刊的全部工作,根据业务角色不同,由网点、订销局、省报刊发行局、发报刊局和邮区中心局协作分工,共同完成。

1. 网点

网点是指办理报刊收订、退订、改寄、补退款、零售要数、缴款、验单、分发和投递的邮政网点,包括收订网点、投递网点和零售网点,其业务管理部门是订销局。

2. 订销局

各级市县邮政局,均承担办理发行报刊业务的收订、投递及零售任务,所以在发行业务处理过程中称作订销局。订销局的主要职责包括宣传、订阅审核、网点收订日结处理、账款管理、对账、结算、查验、分发和订销管理,它负责网点的缴款集中,向省分公司缴款结算和对网点的业务管理等工作。

3. 省报刊发行局

省报刊发行局主要完成业务审核、经营管理、会计结算管理等功能,其主要职责有:

(1) 要数审核,对全国中心计算的要数结果进行审核确认;

(2) 完成省分公司与订销局、省分公司与发报刊局及省际的报刊款结算;

(3) 对省分公司负责的报刊目录的变动进行审核处理;

(4) 集中管理长期报刊款。

4. 发报刊局

发报刊局是各省分公司根据各省报刊出版实际情况和发行需要,在报刊出版地设置的办理报刊发行的专门机构,发报刊局的主要职责包括:

(1) 具体负责与报刊社签订发行合同,接办报刊发行任务;
(2) 负责各省订单要数的审核,并进行变数处理和制签;
(3) 向报刊社通知印数;
(4) 向中心局或订销局分发报刊;
(5) 与省分公司及报刊社办理报刊款结算。

5. 邮区中心局

在邮政报刊发行系统中,中心局报刊分发部门主要完成报刊、图书接收、核对、分拣、封发、查验和发运的工作。

二、邮政报刊发行作业流程

(一) 宣传

为了扩大报刊发行量,在报刊集中收订期间,全国邮政报刊发行部门都会有针对性地组织报刊订阅的宣传活动。通过宣传,广大读者能够了解报刊的种类、报刊的内容、订阅办法、收订的时间等内容。

(二) 收订

除采取窗口收订、上门收订、报刊发行站(员)收订、网上收订、电话收订5种方式外,邮政企业还可根据需要委托社会其他单位或个人代办收订报刊。所有邮政收订窗口均可办理全省范围内的通订,订户地址在地址库中明确确认的情况下,可办理全国省际异地订阅。网上可受理全国范围内的订阅业务。

订户订阅报刊时应提交准确的投递地址和付款人名址。网上订阅网下取费的业务,付款人和收报人必须在同一省份,订单的起报日期以实际上门取费时双方确定的日期为准。网上订阅网下取费时,如投递局收到非本局投递范围内的上门取费信息,投递局业务处理人员应根据订户所在的实际投递局将"上门取费通知单"调整到正确的投递局。

网站订阅的报刊,到期均可在网站查询续订通知信息。客户可根据网站提供的续订通知在网站办理续订,也可凭订单查询号或续订通知单在邮政营业窗口办理。

(三) 要数汇总

报刊订销局在规定的时间内将收订的各类报刊,分类计算收订总份数,另加报刊零售数,填写报刊订单,向全国中心要数。

全国统版邮政报刊发行系统实施后,报刊要数关系也进行了相应的调整。目前,报刊收订(含邮发零售订货)数据实行全国数据中心集中存储和统一处理。发生变动时,全国数据中心对集中存储的数据进行统一处理,生成变动处理信息备查。遇变价、停刊、休刊时,还需对集中存储未要数的数据,分别生成报刊差价单、报刊补退款清单,通知有关单位办理结算,向订户办理补退款。

要数汇总由全国中心负责分类汇总。发报刊局负责按本地出版报刊(含分地发行、省内、地市县分公司)的要数时间,接收全国数据中心要数汇总。

(四) 通知印数

发报刊局负责按本地出版报刊(含分地发行、省内、地市县分公司)的要数时间,接收全国数据中心要数汇总,对每种报刊的省别、期别是否属于本局发行和分印供货范围进行审核。汇总印数处理时限为一天。

汇总生成本次总应发份数,包括订阅、零售、赠阅、贴报、零售加印等份数和报刊印数通知单,通知报刊社印数。

通知报刊社印数的时间为:报纸一般为出版前1天,日报、周六报、周五报为开印前;期刊的印数时间按邮发报刊出版详情登记表中签定的印数通知时间制定。

(五) 分发交运

报刊出版后,由出版单位或印刷厂将报刊送到发报刊局指定地点(或印刷地),经核对验收后,按订销局(中心局)所要份数进行点数分发,封装后邮运部门。

1. 发报刊局省际出口分发关系。
(1) 一类报刊对省际报刊直封局直封。
(2) 二类报刊对承担二类报刊分发功能的省际直封局直封。
2. 省际报刊直封局进口分发关系。

承担二类报刊分发功能的省际直封局承担其所辖的其他省际报刊直封局的进口报刊经转任务,在进口分发二类报刊时,对其经转的省际报刊直封局直封。

3. 零售公司组织的零售扩大加发报刊,对地市分公司直封。
4. 邮发报刊品种较少的邮区中心局或发报刊局对于期报、杂志可两天合封一次,报纸杂志合封的挂报纸袋牌。
5. 邮运部门按照报刊发运时限要求、发运车序,将报刊发运到各订销局。

(六) 进口报刊分发投递

订销局收到报刊后,经过进口分拣,投递员按报刊投递卡上的户名、地址,将报刊准确地投送给用户。

1. 投递部门负责维护段道信息、投递顺序及名址信息工作。
2. 订销局或网点制作"报刊投递清单(邮发单074)""总投递卡(邮发075)""分段投递卡(邮发076)""投递卡(邮发077)"和"投递卡交接簿(邮发078)",进行分发和投递工作。投递部门以段区为单位,分别按报刊种类、代号妥善保管投递卡。使用投递卡进行投递时,应注意及时打印增减卡片。
3. 投递员接收报刊时,必须当时核对报刊代号、名称、版面、份数。杂志应与分发人员办理签收。投递杂志需订户在投递卡(或投递清单)上签收,签收有困难时,由投递员批注备查。
4. 报刊投递可根据来报刊情况打印报刊投递清单进行投递,对于需同时投递较多种类报刊的用户,应使用"报刊大宗投递清单(邮发单079)"。
5. 报纸、期刊的投递频次和时限如下。

(1) 畅销报刊

省会城市当日5:00以前到站的报刊,赶发当日上午投递频次;当日上午10:00以前进口的,当日下午投递。一般城市当日7:00以前进口的报刊,当日上午投递;当日中午12:00以前进口的,当日下午投递。

(2) 普通报刊

直辖市、省会城市 10:00 以前到站的报纸,当日投递;24:00 以前到站的,次日上午投递。其他城市的进口报纸,6:00 以前到站的,当日上午投递;12:00 以前到站的,当日投递。期刊上午进口到投递生产机构,当日投递完毕;下午进口到投递生产机构,次日投递完毕。本市出版(分印)的日报当日 5:30 以前交齐的早报早投,对市区所有订户全部实行日报早投,当日上午 8:30 以前投递完毕。其他报纸当日 7:00 以前交齐发报刊局指定地点的,当日上午投递;当日 11:00 前交齐发报刊局指定地点的,当日下午投递。当地出版的午报、晚报当日投递。

(七) 零售

报刊零售就是邮政企业利用流动资金,向报刊社预购多种报刊,采取自办、委办零售网点等多种形式向读者出售,读者根据需要自由选购的一种报刊发行业务。报刊零售业务具有明显的商业性特点,因此其经营管理要符合商业经营管理工作的规律。报刊零售是报刊发行的基本方式之一,它和订阅相辅相成、互相补充。

报刊零售应当坚持以邮发为主、本地区为主;本着"扩大零售,发展委办,加强管理,方便群众"的原则,拓宽市场,提高社会效益和企业经济效益。合法开展零售报刊业务的经营,杜绝非法出版物及内容淫秽、格调低下、封建迷信等有关部门明令禁止的出版物的销售。

报刊零售主要分为包销和代销两种经营方式。包销需按订货款额结算,未销售报刊不退货。代销是指按实销结算,逾期未售出部分可以退货。

1. 报刊零售的销售方式

(1) 自销,指通过邮政自办网点面向读者销售的方式。

(2) 批销,指向持有合法经营证照的非邮政零售经营单位批量销售报刊,并签订报刊批销合同的方式。各级邮政报刊零售经营单位不得向本地区以外的非邮政单位批销报刊。

(3) 预约零售,指读者在邮政自办网点或邮政网店预约订购报刊,全额交款、货到后自取的销售方式。报刊零售经营人员应全额预收报刊款,全额上缴。

(4) 函购,指读者来函索购报刊,邮政报刊零售经营单位收到报刊款按址寄发的销售方式。邮寄费应由读者承担。

2. 报刊零售的上市时限

(1) 零售报刊配送,地级及以上城市每日不少于两个频次,县级城市每日不少于一个频次。集团公司确定的重点产品到站后应在第一时间内配送,量大时须临时增加配送频次。

(2) 市区范围内,零售报刊配送上市时限应做到:5:00 前到站的报刊,在零售网点营业前配送上市;12:00 前到站的报刊,当日下午配送上市。

(3) 配送时应与零售网点办理交接手续,签收单据集中存档管理。

3. 零售业务的处理环节

报刊零售的业务处理分为:进货、销货、存货三大部分,由订货、到货、发货、销售、退货、调拨、盘存、报损、结算等环节组成。

(八) 报刊款结算

报刊款是邮政企业经营报刊发行业务形成的业务资金。报刊款结算是邮政企业经营报刊业务中报刊款收缴、支付、分配的过程,是报刊业务的重要环节。

1. 一般报刊款结算

(1) 订销局与发报刊局之间的收入按照发行费率各自列收

1) 省际间订销局与发报刊局发行费率分成标准由集团公司制订;省内发行的报刊,订销局与发报刊局发行费率分成标准由省局确定。

2) 省际间订销局与发报刊局费率分成需要调整时,由省分公司上报集团公司审批。

3) 省内通订业务收投比例需要调整时,需报集团公司审批。

4) 零售报刊在邮政内部零售单位之间相互发货,按发行费率分成比例差额计列零售报刊收入。

(2) 省分公司与订销局报刊款结算

1) 省分公司按月制作"报刊缴款通知单"发送各订销局,同时制作"报刊缴款汇总通知单"交财务部门。

2) 订销局打印"报刊缴款通知单",并通知财务部门审核处理。

3) 省分公司根据订销局应缴报刊款及财务部门提供的订销局实缴报刊款按月生成"订销报刊款结算单",由订销局查询核对,发现不符时,应及时查找原因,进行调整。

4) "发行收入结算单"和"订销局报刊发行收入详情表"交财务部门,由财务部门审核后通知订销局列收。

5) 每月初,省分公司业务人员根据当月订销报刊应缴款、要数款、应付发报刊局报刊款,制成"省局报刊款结算单"交财务部门。

6) 对报刊变动补退款,省分公司业务部门将"报刊补退款清单"交财务部门。逾期未退报刊款应交财务部门处理。

(3) 省分公司与发报刊局报刊款结算

1) 发报刊局每月 3 日(遇节假日顺延)打印"发行报刊款汇总结算单",审核后交财务部门。

2) 省分公司每月 5 日前(遇节假日顺延)将各发报刊局的"应付发报刊局报刊款汇总清单(邮发 054)"交财务部门,财务部门应于 5 个工作日内向发报刊局拨付款。

3) 发报刊局将各省分公司的"发行报刊汇总结算单"与银行进账单进行核对,财务部门应于当月 20 日前通知业务部门,业务部门必须于当月 25 日前对拨款进行确认,发现不符,应于 30 天内与相关省分公司联系解决。核对无误的"发行报刊汇总结算单"应随同银行进账单一并作为财务部门的原始凭证进行账务处理。

4) 发报刊局查询"发行报刊款汇总结算单",与省分公司发生特殊处理费用抵扣款时,应查询"发行报刊款汇总结算单"应付款明细交财务部门列账。

(4) 发报刊局与报刊社间结算

1) 发报刊局业务部门于每月 5 日前提供"应付报刊社报刊款汇总结算单"交财务部门进行账务处理。

2) 发报刊局业务部门于每月 5 日前提供"拨付报刊社报刊款清单(报纸)",财务部门于 12 日前或按合同约定日期向报刊社拨付上月的报纸款,遇节假日顺延;需预付款的日报,按合同约定比例拨付当月整订报纸款,并结清上月余额。

3) 业务部门于杂志出版月当月最后一期送齐后的次日向财务部门提供"拨付报刊社报刊款清单(杂志)(邮发 056 乙)",财务部门按合同约定应于 3 日内向报刊社拨款。提前交付杂志时,如无协议约定,于出版月向报刊社拨款。

4) 零售扩大加发报刊,业务部门应于次月 12 日前结算上月报刊款,并向财务部门提供"拨付款清单"。财务部门应于 3 日内向报刊社拨款,遇节假日顺延。

5) 发报刊局在与报刊社结算时,根据报刊印数通知单,生成"发行报刊款结算清单",通知报刊社开具发票,发票交财务部门入账。

6) 发报刊局业务部门按月提供发报刊局"报刊收入计提清单"交财务部门列账。

(5) 省际间异地订阅结算

1) 省际间异地订阅报刊,订销局按规定将收订款全额上缴省分公司,收订省分公司按月全额上缴集团公司(在全国统一结算系统"发行报刊款汇总结算单"中作调入、调出处理),由集团公司负责按月对各省分公司异地订阅报刊款进行清分。

2) 投递省分公司按月查询"发行报刊款汇总结算单(JTJS006A)"并打印、盖章,交省分公司财务部门审核列账。

2. 全国统一结算

(1) 各省分公司向集团公司上缴报刊款

1) 各省报刊业务部门于每月 3 日前,查询打印"发行报刊款汇总结算单",审核签字盖章后交本省分公司财务部门,同时对省分公司拨付集团公司"发行报刊款清单"进行业务付款确认。

2) 省分公司财务部门每月 5 日前,按照"发行报刊款汇总结算单"款项向集团公司上缴已要数报刊结算款(扣除订销分成),同时对省分公司拨付集团公司"发行报刊款清单"进行财务付款确认。

3) 集团公司财务部门收到各省分公司来款后进行财务收款确认。

(2) 集团公司向报刊社结付报刊款

1) 集团公司业务部门每月 3 日前,将根据各发报刊局确认的报刊到货情况,打印"应付报刊社报刊款汇总结算单——集团结算"和"拨付报刊社报刊款汇总结算单——集团结算",并进行业务付款确认,同时转交集团公司财务部门。

2) 集团公司财务部门每月 5 日前根据"拨付报刊社报刊款汇总结算单——集团结算"款项及时向报刊社付款,同时作财务付款确认。

(3) 集团公司向各省分公司拨付发报刊收入

1) 集团公司业务部门每月 3 日前,生成"拨付发报刊局收入清单——集团结算",审核后进行业务付款确认,签字并盖章以后转交集团公司财务部门。

2) 集团公司财务部门每月 8 日前根据"拨付发报刊局收入清单"将发报刊收入拨付发报刊局所在省分公司,同时进行财务付款确认。

3) 省分公司业务部门每月 5 日前将"拨付发报刊局收入清单"交省分公司财务部门。省分公司财务部门据此核对集团公司来款,并进行财务收款确认,同时将发报刊收入拨付省内相关发报刊局,并进行财务付款确认。

3. 网上订阅报刊款结算

(1) 网站每月月末生成"网上订阅拨款清单(邮发 060 甲)"后,将"网上订阅拨款清单"交网站财务部门,财务部门据此每月 10 日前向各省指定专用账户拨款。所拨款额为当月各省实际发生的网上订阅在线支付款。

(2) 省分公司业务部门定期向本省订销局提供报刊缴款通知单,订销局将网站的"网上订阅拨款清单"与省分公司业务部门的报刊缴款通知单进行核对。

(3) 订销局每月月初查询本省"网站资金划拨清单",与本订销局当月日报单、省分公司业务部门下发的报刊缴款通知单核对无误后交财务人员。财务人员应于每月 15 日前将收款信息提供给业务人员。

(4) 网上订阅形成的订销收入由收报人所在订销局列收。

(5) 订销局"网上订阅报刊款登记簿"是全国报刊订阅网站的业务账簿,按年度设置,年度间不结转余额。

(6) 报刊款清分

1) 每月1日,全国报刊订阅网站生成各省订销局"网上订阅拨款清单"并交财务部门,由集团公司主管部门据此每月10日前向各省分公司统一划拨。

2) 各省订销局每月2日查询并打印"网上订阅拨款清单",与省分公司报刊缴款通知单进行核对,核对无误后交财务人员。

第三节　邮政报刊发行组织管理

一、邮政报刊发行业务的管理体制

邮政部门的报刊发行业务实行集中领导、分级管理,即中国邮政集团有限公司、省邮政分公司、市(县)分公司三级管理。中国邮政集团有限公司的专业管理部门是全国报刊发行业务的管理机构,负责制定有关报刊发行业务的方针、政策、规章制度;编制报刊发行工作发展规划、年度计划,并组织实施,确保计划的圆满完成;使用新技术,配备新设备,不断提高工作效率,确保工作质量;督促检查工作,总结交流经验。

省、市、自治区的专业管理机构是全省发行专业管理部门,负责全省发行业务的组织与管理,具体任务有:贯彻执行中国邮政集团有限公司制定的报刊发行业务方针政策和业务规章制度,进行市场调查,研究读者结构,制订全省报刊发行业务发展规划和年度计划,改进网点布局和服务方式;确定本省发报刊局,审批邮发报刊的接办,研究和制订报刊发行工作组织管理的各项措施;组织开展全省报刊宣传收订和零售工作,总结推广报刊发行工作的先进经验,组织业务监督检查;配合教育部门组织报刊发行专业人员在职培训,不断提高发行队伍的素质;办理全省汇总要数、账务结算工作,负责长期报刊款的管理。

市(县)分公司包括省会市分公司和省辖市分公司,除了必须要办理订阅、零售等具体业务外,省会市分公司或较大的省辖市分公司还承担接办当地出版或分印报刊的发行任务,具体做好接办、签订发行合同等工作。

二、邮政报刊发行业务的管理内容

(一) 报刊发运计划

报刊发行费和相关手续费

报刊发运计划要以市场需求为导向,加强发行、邮运、调度部门之间的协作配合,科学合理地组织报刊传递网络,压缩内部处理时间,加快报刊运递速度,进一步缩短零售与订阅报刊的运递时差,缩短重点地区畅销报刊的全程传递时限,以点带面,提升邮发报刊的市场竞争力。具体可按以下规定制订发运计划。

1. 根据运输情况制订发运路线表。

2. 根据订阅、零售、畅销报刊对运输时限的不同要求,按照实际需要编制或调整发运次序,确保订零同频次发运。结合报刊类别,确保干线邮件发运次序。

3. 发行部门要提前将各种报纸、期刊的发行量及发运路向等情况通知邮运调度部门,以使邮运调度部门制订合理的发运计划。

4. 在同一车站处理的转口报纸总包按轻件计划执行,必须赶发1小时后的有效车次。不同车站处理的转口报纸总包参照轻件总包规定的时限计划执行处理。

5. 发运计划要分报纸、期刊(杂志)编定。报纸通常按轻件优先发运,期刊(杂志)按重件统一安排发运。

6. 各级邮区中心局要做好《人民日报》《光明日报》《经济日报》《参考消息》等中央级重点报纸的运输协调工作,做到分发、运输紧密衔接,充分利用现有运能,确保报刊及时发运。各分印点局应加强与各报社的联系,保证分印报纸在规定时间内准时交报。

(二)进口报刊的分发作业管理

1. 接收进口报刊

(1)报刊进口分发部门接收报刊时,应根据总路单检查报刊袋、捆的件数,验明袋牌、标签后签收,并在总路单上批注时间。

(2)网上签收转运部门发来的进口报刊总包邮件信息。

(3)拆袋(捆),点份数,登记当班接收报刊的代号、期别、份数、报纸的版面,凡与报刊封发清单内容或规格不符的要报告当班管理人员,及时发验。开拆后的空袋、报皮要整理叠放,生产完毕集中存放在指定地点。

(4)在报刊发行信息系统中对签收的报刊总包信息执行批量开拆。

2. 分发

(1)在报刊要数系统内下载分发数据到报刊分发系统内。

(2)进口报刊分发之前,应清点细数并核对标签份数与分发显示系统数据或报刊分发表应发份数是否相符,发现不符时,应登记"报刊短缺登记簿(邮发表071)",根据"报刊短缺登记簿"进入查验流程。

(3)分发时要核对报刊的名称、期别、代号,分整捆和零数清点数字,按照报刊分发系统显示数据或报刊分发表进行实物分发,做到不错发,不窜格。捆扎时应将清单捆在报刊捆的正面。

(4)报刊分发应与投递、邮运班次紧密衔接。

3. 制作分发表

"报纸分发表(邮发单072)"和"杂志分发表(邮发单073)"简称报刊分发表,是手工点收、分发报刊的依据。分发时,应在相关分发表上登记报刊的收到日期和期别。

(1)根据卡片信息,按分发单位制作本局分发表。

(2)报刊分发表的总计份数,必须和本局报刊应发份数相符。

(3)贴报、赠报,应在分发表上注明。

(三)出口报刊的分发作业管理

1. 下载数据制作报签

在报刊要数系统内下载分发数据,按照数据制作报签或报刊条码袋牌。

2. 接收报刊

按规定时间接收报刊社交来的整批报刊。接收报刊应验看报刊代号、报刊名称、出版日

出口报刊分发作业管理

期、期别、开本、版面、开印时间、送交时间、送交份数、包装规格等,先点准整捆数,清点零数,收齐,并与报刊印数通知单核对相符后,办理签收手续。包装规格不符合规定时,应通知报刊社限期改进。

3. 分发

分发时核对报刊标签,根据报刊赶发时限,按车次顺序分发,做到准确无误。

(四) 一类(畅销)报刊的发行管理

1. 确定报刊封发基本单元的原则

集团公司按照统一的标准确定省际报刊订阅和零售直封局,作为省际报刊封发的基本单元。

(1) 各级邮区中心局、非邮区中心局的市(地)分公司(限本口)可作为订阅或零售的直封局。

(2) 县(市)分公司汇总所辖各报刊数量达到报纸 100 份,期刊(杂志)16 开本订阅数达到 50 份、32 开本达到 100 份的,可将其作为订阅直封局;汇总所辖各报刊零售点报刊每次批销数达到报纸 250 份,期刊(杂志)16 开本每次批销数达到 100 份、32 开本达到 250 份的,可将其作为零售直封局。

报刊经转不属于本省邮区中心局的县(市)分公司,可进行省际直封。根据接办合同规定,发报刊局必须及时接发报刊,并按照出口计划组织有效作业,减少报刊的出口封发滞留。

2. 出口封发环节

畅销报刊封成总包时,应按照畅销报刊与普通报刊分别封装。畅销报刊总包必须拴挂畅销报刊总包种类的条码袋牌,袋牌上标注"畅销刊"或"畅销报"字样。

3. 进口分拣环节

对于零售畅销报刊,应在进口转运时单独处理,就地分拣,不必再进入报刊分拣车间。在进口报刊处理中,应按照先分拣畅销报刊,再分拣普通报刊的原则进行分拣。

4. 投递配送环节

(1) 要在重点城市的城区部分,实行"信报分投"。对于信函和畅销报刊在同一投递网内运作的,不得采用报刊投递与普邮匹配投递频次。

(2) 在对"早报早投"设立专有投递频次的情况下,各分公司应优化作业组织,实现畅销报刊在本投递频次内的投递。

(3) 对于零售的畅销报刊要做到随到随分、随发随运,按时限要求及时上市;对于订阅的畅销报刊要按时限、频次的规定进行处理和投递。

(五) 报刊分地发行的管理

报刊分地发行的管理主要包括报刊分地发行点的建立、撤销,供货范围的调整以及相关的邮路组织、时限计划、费率管理、收支差额计划的调整、系统数据维护等工作。

选择和确定分地发行点时要本着合理布局、缩短邮程、减少经转、加快时限的原则。

分地发行点原则上设在二级以上邮区中心局,设立报刊分地发行点的邮政企业应具备以下条件。

(1) 具有较强的分发、封发和运输能力。

(2) 具有抵达相关供货单位的直达邮路,能使报刊传递时限明显缩短。

(3) 有利于促进分地发行报刊发行量的提高。

发行点实行分级审批管理,具体如下。

(1) 面向全国发行的邮发报刊新建、撤销发行点,调整供货范围等工作,统一由集团公司审批管理。

(2) 本省出版的报刊在省内调整分地发行点,由省分公司审批管理,一个月内报集团公司备案。

(六) 报刊款的管理

(1) 报刊款是邮政企业经营报刊发行业务形成的专用资金,是邮政企业结算中的专项业务资金。

(2) 各报刊收订网点和订销局收订、零售的报刊款,当天存入银行。订阅报刊款必须严格执行预订预收制度,不得赊订。

(3) 零售报刊要数全额缴款,省分公司要核定一定数额的周转金。零售报刊实行现金交易,货款两清,不得赊欠,转批报刊依照协议或合同规定按期缴款和结算,不得赊欠,确保资金安全。

(4) 报刊款全额集中到省分公司财务部门统一管理,业务部门按月提供拨付报刊款数据,财务部门保证报刊款项的及时拨付。业务部门与财务部门按月核对余额。

(5) 订销局、省分公司、发报刊局均应建立业务账簿,进行账款管理,并作为与财务部门对账的依据。

(七) 报刊发行业务的检查

1. 订销业务检查基本内容

(1) 报刊订阅方面

1) 宣传收订方面,检查报刊收订的组织工作、报刊目录的修订、报刊破订及预订预收制度的执行情况。

2) 业务管理方面,检查报刊费收据底联和空白报刊费收据管理和使用情况;检查订阅报刊缴款单与订阅报刊款日报单反映的缴款及少款补缴情况;省、县间结算账款的调整及相关表单处理是否正确等情况。如采用计算机进行业务管理,其数据汇总信息也应按上述要求核查,同时建立计算机开机密码登录制度,便于查明原因。

3) 账款管理方面,检查钱据分管,钱账分管,长期订阅款上缴省公司,专款专用等制度的执行情况;检查会计员对收款、缴款的审核情况;检查会计员与发行员按月核对订阅报刊款、报刊退款、差错补款余额的情况;检查报刊发行站活动费的提取和使用,以及各项手续费收缴情况。

4) 进口报刊方面,检查进口报刊分发表与卡片汇总数据是否一致,检查报刊短缺登记簿的登记情况。

5) 报刊投递方面,检查发行部门与投递部门之间的报纸点交、杂志签收;检查报刊投递时限、杂志投递签收等情况。

(2) 报刊零售方面

1) 业务管理方面,检查自办、委办网点管理情况,检查特发报刊的接办和处理;检查组织货源、宣传陈列、销售周期、批销范围、积存滞销、盘点、报损等情况。

2) 账款管理方面,检查自办、委办网点缴款、批销折扣、零售资金使用情况,以及是否及时结算;进行在途余额、库存余额的核对。

2. 发刊局检查的基本内容

1) 业务处理方面,检查汇总变数、制签、查验处理、补报刊、退款、报皮布管理等情况。

2) 报刊分发方面,检查报刊接收,分发包装、捆扎、封发规格,以及分发交运时限和交接验收。

3) 报刊封发质量和时限方面,检查直封规定报刊袋捆的封发规格;检查散件报刊的包装材料、封发规格、经驶线路,报刊社的交报交刊时限及规格和抽查情况记录;检查进出口报刊封发交运时限。

4) 账款管理方面,检查发报刊局与省分公司的账务往来,检查发报刊局与相关报刊社账务往来结算、拨付、报刊增版加张发行费计收情况及计收标准,以及是否及时结算和其他手续费的计收情况。

(八) 报刊投递质量的管理

报纸的投送质量标准同于普通信函投递质量标准,期刊投送质量标准比照挂号信的投递质量标准。如和用户有妥投协议约定,按协议约定投递;对竞争性报纸的投送,要采取相应的投递措施。对缺报短刊的用户,本埠报刊 3 日内补送,如不能补送,15 日内退款;外埠 15 日内补偿。但由于自然灾害或非人力所能防范的事故,以致报刊损毁时,邮政局不负补偿责任。

因特殊情况,确实投不出去的报刊,应批注原因,交专人保管待取,待取报刊时间为一个月。期满订户未领取的报刊,由市县分公司处理。由于印刷模糊、倒装、缺页、污染等情况,订户拒收的报刊,应退分发部门向发报刊局调换。

对于接受赠阅、集订分送等特殊服务的用户,投递部门在首次投递时,应向用户提供报刊投递通知单。邮政局(所)因报刊短缺暂时无法向订户投送时,要给订户投递报刊短缺通知单,向订户说明原因,承诺报刊补送或退款。

【案例一】

基于客户需求的邮政报刊发行与代理金融业务协同发展模式创新

近年来,报刊发行专业坚持稳中有升的发展总基调,围绕"阅读、学习、成长、价值、向上"的主题,树立"传承与创新并重"的发展理念,加快业务转型,实施科技赋能,提升服务质量,业务收入保持稳定增长。代理金融认真贯彻落实集团公司战略部署,坚持"质量第一、效益优先",强协同、拓渠道、搭场景、做生态、广引流,为客户提供线上线下一体化的"金融＋非金融"客户增值服务,打造邮政金融生态圈,实现高质量发展。

邮政报刊发行和代理金融专业与市场营销部门对接,争取综合营销资源支持,以报刊社系列产品、服务、项目、活动为主要抓手,制定报刊发行与代理金融两个专业的深度融合发展方案,方案重点如下。

(1) 报刊发行专业工作

1) 金融业务宣介

发挥报刊的专业媒体资源优势,一是协助金融专业接洽报刊社,商谈优惠政策,通过其报刊、网站及"两微一端"(微信、微博、App 客户端)做好宣传;二是通过报刊亭、报刊订阅网、微信订阅平台等报刊专业自有渠道扩大金融业务宣传。

2) 金融用户开发

协助金融专业进行客群开发。推介报刊机构大客户及其合作伙伴,争取代发工资等业务;总结、提升、推广湖北省分公司"红领巾邮局"等先进经验,对接融入校园报刊系列讲座、比赛、游学等活动,开发青少年在校学生及其家长亲友客群,办理邮政储蓄、助学贷款等业务;会商健康类报刊社,组织举办养生、保健大讲堂,开发办公一族、中老年群体,发展保险、储蓄业务;接洽参与高端期刊举办的论坛、年会和发布式等活动,开发企业家、高管、白领等精英人士客户,推介贷款、理财业务。

3)营销活动支持

总结、提升、推广重庆市分公司携手"课堂内外"杂志社推进报刊、金融专业深度融合发展的实践,主动对接金融专业,做好上游报刊社系列活动的介绍,说明活动内容、形式、参与人群与社会影响,争取政策、资源为金融专业营销活动提供支撑,联合金融专业开展系列营销活动。

(2)代理金融专业工作

1)优质书报刊宣传:有效利用代理金融网点场地资源,协同报刊专业建设书吧、报刊架、座椅背兜等设施,根据本地客群需求,主推书报刊集中展示推广方式,为金融用户提供书报刊试读、租借和购销等系列服务。

2)微信订阅推广:联合报刊专业组织做好金融员工的"微信订阅"培训,明确报刊订阅营销积分奖励政策,要求每一位金融员工主动关注"中国邮政"微信公众号(集团公司唯一官方服务号),点击"微商城"→"报刊订阅",注册成为报刊"微信订阅"营销员,通过微信社交营销报刊,随时查询自己的营销业绩。

3)积分兑换报刊:组织金融员工学习和熟悉本地报刊专业推荐的主推报刊,积极向金融客群做好宣传推介,鼓励客群使用金融积分兑换书报刊,部分替代"米面油"等传统的日常生活用品。

思考:邮政报刊发行与代理金融是如何协同发展的?

【实践项目】

针对某省公费订阅市场制订党报党刊每年一度的大收订方案。

- 任务目标

能联系本地实际,制订切实可行的大收订方案。

- 任务要求

(1)分析本地的党报党刊产品。

(2)分析产品的特点和客户分布。

(3)设计方案要条理清晰,具有一定的可实施性。

- 任务实施

(1)了解大收订后报的处理流程。

(2)分析方案推行过程中的主要问题会出现在哪些方面。

(3)方案设计完成后,提交教师进行审核,通过后可在同学中进行试推广,看是否可行,并进行调整和完善。

第七章　邮政企业生产指挥调度系统

【企业背景】

邮政系统每年运送数以亿计的各类邮件,为保证各类邮件有计划地、有条不紊地安全运送到目的地,邮政指挥调度中心作为"智慧大脑",起到了至关重要的作用。生产指挥调度系统每天都会分析新一代寄递平台的大数据,通过全网运行情况的实时显示,以及全网收寄量、处理量、投递量及干线运输可视化的显示,现场工作人员可根据不断滚动增长的数字进行智能分析并发布预警信息,视情况发出调度指令,以保证各生产作业场地有序地处理邮件。因此,生产指挥调度系统主要通过大数据准确判断全网各环节的运行状态,依靠人机交互界面实现可视化、高效能的智慧调度管理。

【岗位要求】

熟悉生产指挥调度岗和运行监控岗的岗位职责,熟悉邮政生产运行的实时指挥、调度、监控和管理的主要内容,组织安排干线汽车和市、郊转趟车的行驶路线、班期。同时,能对生产现场作业情况和生产运行质量、安全等生产运行情况进行监督。

【学习目标】

- 了解邮政生产指挥调度体系的机构设置和功能;
- 了解中国邮政集团公司指挥调度中心、省分公司指挥调度中心的职责;
- 熟悉邮政生产指挥调度制度;
- 熟悉邮政生产指挥调度人员日常监控的内容;
- 了解邮区中心生产指挥调度中心设置的岗位以及岗位职责;
- 熟悉邮政网运突发事件预防预警等级标准;
- 掌握邮政网运突发事件应急处置原则与措施;
- 树立全程全网的思政意识。

邮件处理中心指挥
调度系统功能

【思维导图】

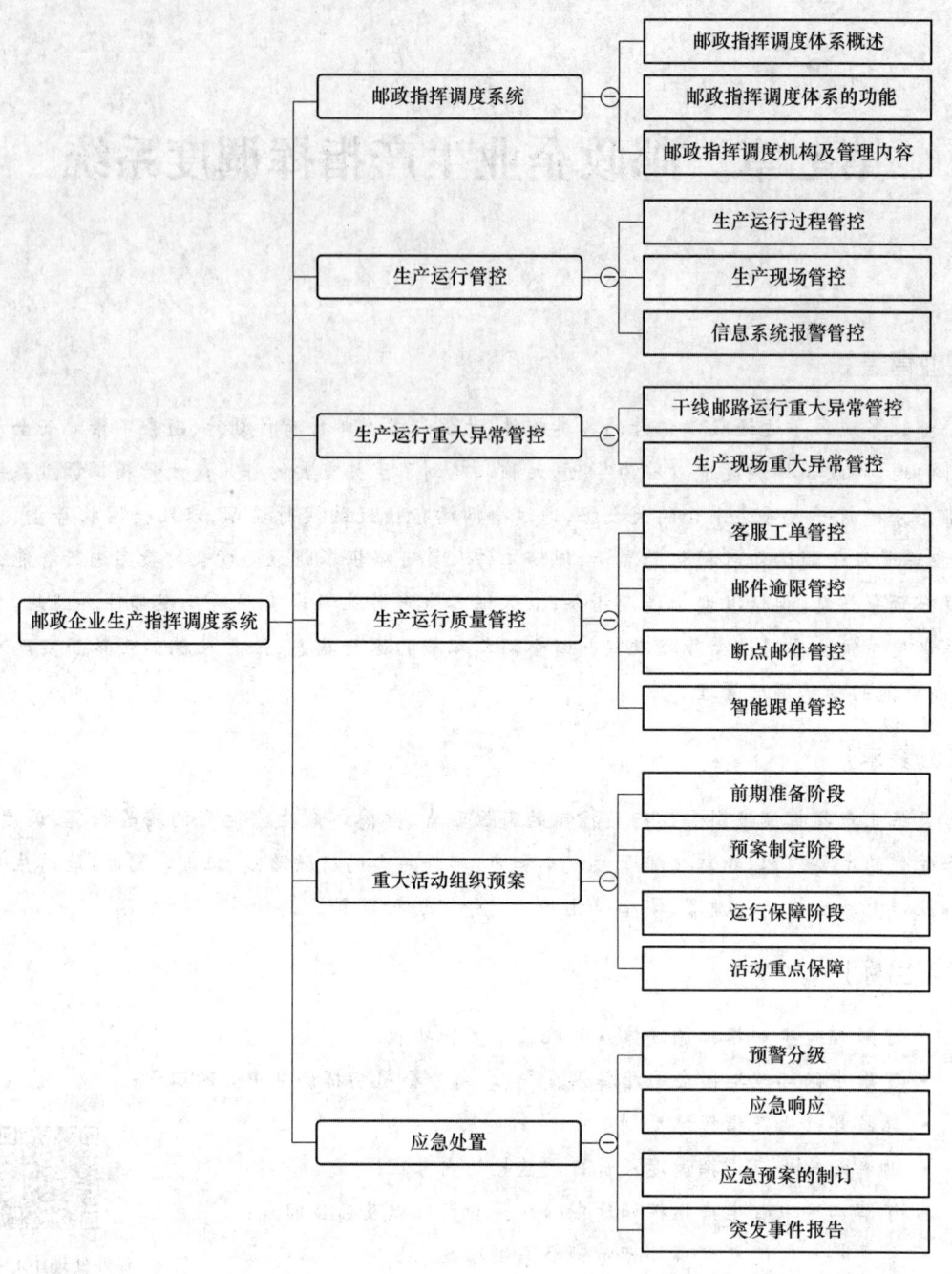

第一节　邮政指挥调度系统

一、邮政指挥调度体系概述

为深入打造"国内领先、世界一流"的邮政陆运网,增强网管网控能力,进一步促进寄递业务发展,中国邮政建立了统一的邮政陆运网指挥调度体系,并以集团中心和省中心为主体,实施两级指挥调度管理。

邮政生产指挥调度体系是邮政生产运行工作的基本保障。该体系通过编制各类邮件发运计划和内部作业计划,发布各项调度指令来指挥邮政生产;通过维护生产作业系统的基础数据和控制数据,来控制邮件的分发、发运和运输;通过实时的指挥调度,协调局际间及本局内部各环节间的生产作业关系,使全网生产和谐、通畅;通过随机和定期采集生产数据,对生产运行的相关数据和指标进行统计、核算、分析,为生产运行决策提供依据。

二、邮政指挥调度体系的功能

邮政指挥调度体系的功能包括以下五个方面:实时运行监控、动态指挥调度、重大任务组织、突发事件处理、客服工作支撑。邮政集团公司指挥调度中心、省邮政分公司指挥调度中心和一、二级邮区中心及地市网络运营中心分别承担全网范围、本省范围及本单位范围的上述功能。各省分公司指挥调度中心可叠加营业网点监控、安全生产监控等其他业务功能。

(一) 实时运行监控

依靠指挥调度系统、现场视频监控系统、卫星定位等系统对邮件收寄、内部处理、运输、投递等邮政陆运网各环节 7×24 小时全时段、全环节、全流程实时运行监控。

1. 实时监控邮件收寄、内部处理、运输和投递等各环节的生产运行情况。
2. 实时监控邮件运递全过程和邮路运行全程轨迹。
3. 实时监控各生产作业现场情况。
4. 实时监控各地天气、交通等关联信息。

(二) 动态指挥调度

利用大数据分析技术手段,预判邮政陆运网运行变化趋势,适时地对收寄、处理、运输、投递等全环节采取调整和干预措施,提出事后考核建议,实现"事前预警预告、事中动态干预、事后评估考核"。

1. 依据大数据分析结果,动态调整干线邮路运行组织、运输计划和生产作业安排。
2. 依据监控情况,对生产过程中的异常情况进行"实时干预,事中纠偏"。
3. 适时下达节点或区域邮件限收、限发指令。
4. 适时启动生产应急组织预案,并督导实施。

(三) 重大任务组织

提前制订运行组织方案,科学组织、协同配合,确保重大政治、经济、体育、文化活动及旺季期间,全网运行保持安全畅通。

1. 制订并组织实施重大任务及旺季运行保障方案。
2. 组织召开相关部门联席会议。
3. 根据实施情况,对运行保障方案进行动态调整。

(四) 突发事件处理

制订突发事件应急预案,建立突发事件应急响应机制,对突发事件进行及时有效的处置,不断提升指挥调度体系的快速反应能力,确保全网生产运行平稳可控。
1. 建立突发事件应急响应机制。
2. 制订和组织实施突发事件应急响应预案。
3. 实时掌握突发事件的最新发展事态,并及时、妥善地处置。

(五) 客服工作支撑

制订客户服务工作规范,建立客服部门的沟通联系机制,就客服支撑工作情况进行定期分析及通报,并及时采取必要的督促措施,不断改善客户体验。
1. 制订网运环节客户服务支撑工作规范。
2. 组织网运环节客户服务支撑工作的督导、培训。
3. 建立与相关单位和部门的沟通机制,及时通报影响客户体验的有关情况。
4. 督促整改影响客户体验的生产运行质量问题,并提出考核建议,不断改善客户体验。

三、邮政指挥调度机构及管理内容

邮政指挥调度体系实行覆盖全邮件种类的航空陆运网统一指挥调度、寄递全环节的集中管控。目前,我国邮政陆运网的指挥调度体系实行以集团指挥调度中心和省指挥调度中心为主体的两级指挥调度管理和以一、二级邮区中心和地市网络运营中心为主体的一级生产运行管控。

全网各级指挥调度机构协调一致,按照统一的工作规范对生产运行进行管控,立足全网统管统控,借助信息系统,建立快速反应的指挥调度体系,以实现全网高效生产运行。集团指挥中心的主要工作如下。

1. 干线计划管控

(1) 编制、维护一级干线邮路运输计划,并组织实施。
(2) 根据业务变化情况,动态调整一级干线邮路运输计划。
(3) 对陆运网、航空网实施统一计划管控。
(4) 审批二级干线邮路运输计划。

2. 生产运行过程管控

邮政生产指挥
调度制度

(1) 实时监控生产运行全过程。按照全流程、各环节的运营标准,实时发现生产运行异常情况。
(2) 纠偏生产异常情况。对生产异常情况进行督办,纠正生产偏差。
(3) 动态指挥调度。根据生产运行情况,动态调整全网运输、作业组织,确保全网生产运行平稳。
(4) 对生产运行全过程进行管控。对收寄、投递、分拣、运输的生产运行情况进行全过程管控,覆盖邮件全生命周期。

3. 重大任务组织

（1）制订并组织实施重大任务及旺季运行保障方案，保障重大政治、经济、体育、文化活动及旺季期间全网运行的安全畅通。

（2）组织召开重大任务保障期间的相关部门联席会议。

（3）根据实施情况，对运行保障方案进行动态调整。

4. 重点项目管控

（1）对事关全网、业务规模大、知名度高，及需要特别支撑的寄递项目进行专项管控。

（2）对客户需求进行准确分析，制订项目运行政策，统筹运行方案，实施项目管控。

（3）建立项目管控工作机制，各部门、各环节全程共同参与，实施项目全周期联合管控工作。

5. 网运生产环节客服工作支撑

（1）建立与相关单位和部门的沟通机制。

（2）向客服部门通报生产运行情况，为客户解释工作提供支持。

（3）督促整改影响客户体验的生产运行质量问题，不断改善客户体验。

第二节 生产运行管控

一、生产运行过程管控

生产运行管控是全过程管控，即管控工作覆盖生产运行的全过程、全环节。全过程管控按照事前数据分析、预测预报，事中过程监控、纠偏修正，事后考核评价，对生产运行进行管控。事前管控主要通过发布预测、预报信息，督促各环节做好生产准备工作。事中管控主要通过系统自动推送报警信息和督办信息，对生产过程中出现的偏差进行动态干预、修正。事后管控是指对生产作业完成情况进行考核评价，并修正生产作业计划，完善管理机制。生产运行过程管控的管控点、管控标准及措施见表7-1。

表7-1 过程管控点、管控标准及措施

管控点	管控标准	措施
生产数据预测	准确掌握进出口邮件流量流向、进出口车辆情况及处理量等内容	1. 通过信息系统查询相关数据，提前进行统计、分析和预测。 2. 发布预测预报信息，督促各环节做好生产准备工作
车辆安全检查	车辆的基本安全性能，如是否配备相应的灭火器、灯光是否完好等内容	1. 运输中心和委办运输公司每车检查，车辆安全检查登记率达到100%。 2. 相关人员检查登记表，抽查车辆情况
车辆进出围栏采集异常	进出围栏采集根据装有GPS的车辆在进出处理场地的电子围栏时能否采集上进出时间为判定依据，只采集到一方数据或未采集到数据判定为进出围栏采集异常	1. 每日管控此项数据。 2. 邮政自有车辆，及时联系相关厂家对设备进行维修或更换。 3. 委办公司车辆，及时通知委办公司对设备进行维修或更换。 4. 经常出现数据采集不全的情况时，根据相关要求督促委办公司进行整改，并进行考核

续表

管控点	管控标准	措施
车辆在途晚点	在途车辆预计无法按照规定的邮路运行计划时点到达交接站序时,应按照在途晚点启动相应的管控措施。 预计晚点时长＝预计到达时间－计划到达时间 判定方式如下: 1. 装有 GPS 的车辆:预计到达时间通过终端获取数据生成。 2. 未装 GPS 的车辆:通过入局信息采集操作进行推算。 3. 人工判断:驾驶员或邮路管控人员通过经验进行人工管控判定	核查车辆位置,及时联系驾驶员和承运单位,并判断是否属于重大异常事故。 1. 重大异常事故:按照应急事件处理流程进行上报处理。 2. 非重大异常事故:通知邮路卸交局,车辆晚点情况;及时上报省分公司说明车辆晚点原因;结合驾驶员的反馈情况,视情采取重派车辆盘驳邮件、调整行驶线路等措施
车辆异常停驻	按照相关系统判定标准,连续 2 小时,同时满足以下条件的,视为车辆在途异常停驻。 1. 车辆装载定位终端。 2. 车辆行驶速度在 5 km/h 以内,含停驻。 3. 行驶范围在 1 km 范围以内。 4. 距离卸交站 600 m 以上	参照车辆在途晚点的管控措施
车辆入局扫描管控	同时满足以下条件的,视为车辆未入局扫描。 1. 车辆有定位终端。 2. 车辆已经进入卸交局定位终端围栏。 3. 卸交局未执行入局扫描。 未入局扫描时长＝当前时间－入定位终端围栏时间	发现未入局扫描时长超过 10 分钟时,及时查明原因,立即整改并做入局扫描
车辆解车扫描管控	同时满足以下条件的,视为车辆未解车扫描。 1. 车辆已经入局扫描。 2. 卸交局未执行解车扫描。 已入局未解车时长＝当前时间－入局扫描时间	已入局未解车时长超过 2.5 小时(常量期,有特殊要求的按相关要求执行),查明是否存在车辆排队待卸情况。 1. 如存在排队待卸情况,须向省公司上报以下内容:待卸车辆数、车辆最长待卸时长、车辆待卸原因、生产运行是否存在异常。必要时以《调度请示》进行书面汇报。 2. 如不存在车辆排队待卸情况,视情督导本局相关部门完成解车扫描操作,及时调整作业组织方式,以提升车辆接卸效率
待卸车辆管控	卸交局待卸干线车辆数超过本局阈值(省会处理中心待卸车次超过 10 部、地市处理中心待卸车次超过 5 部的为阈值)。 待卸车辆数＝已入定位终端围栏未解车扫描车数＋已入局扫描未解车扫描车数	1. 了解待卸车原因,有无禁限行情况,判断生产现场是否存在积压滚存风险。 2. 督导本局相关部门提升车辆接卸效率。 3. 增开临时场地,提升车辆接卸能力;调整部分待卸车至其他场地接卸。 4. 向省指挥调度中心上报车辆排队待卸原因,采取处置措施,预计恢复时间。 5. 提出相关处置建议,动态调整在途车辆卸交站

续表

管控点	管控标准	措施
邮件及时发运管控	以车辆入局扫描时间为邮件到达时间,按照全程时限计划,系统自动比对出的发运频次	1. 了解邮件逾限原因,判断生产现场是否存在卸车、内部处理或装车不及时的情况,是否存在滚存风险。 2. 督导本局提升内部处理效率,及时调整作业组织,调整疏运车型,增加疏运频次
够量直发管控	带运邮件量达到邮路直开标准的路向	根据邮件流量流向,对达到开通直达邮路标准的路向,视情况申请新增直达邮路

二、生产现场管控

生产现场管控是一项非常重要的工作,主要内容如下。

1. 对生产现场进行实时指挥、调度、监控和管理。

2. 在生产现场实时指挥、协调生产,重点做好邮件封发、邮件盘运趟班、干线车辆发运以及本局承担的各级邮路运行等关键环节的现场监控和调度;重点做好各类限时邮件处理、发运的监控、管理工作;对卡口时段进出口邮件的送交、领取及赶发工作实时监控;对重点寄递项目进行专项管控。

3. 做好重点线路的监控工作,对于邮件发运量大的路向,提前组织运能,在发车前检查现场是否有遗留邮件,确保邮件及时赶发。

4. 通过现场检查,实时掌握生产运行情况,并加强与局内各环节、各相关单位之间的沟通、联系,及时解决影响生产的各类问题。

5. 实时关注预警报警信息,并根据相关信息动态调整生产作业,实现对生产运行实时、有效的管控。责任环节根据相关信息,做好查询上报工作,同时对相关内容做好管控,及时进行整改。

生产现场的管控点及具体内容见表 7-2。

表 7-2　生产现场管控点及具体内容

管控点	具体内容
生产各环节协同情况	卸车、供件、落格、装车等各环节邮件处理情况是否协同生产,均衡作业
岗位人员到位情况	开班前各岗位人员是否到位
邮件接卸、处理、装发情况	1. 装卸垛口、分拣机格口、异形件处理区、车内堆码等环节的生产作业情况。 2. 干线邮路是否做到"车等邮件";各级邮路是否做到按计划发运
车辆派发、发车情况	是否合理安排车型、组织加车,是否发车准点
垛口车辆到位情况	上一车辆提走后,下一车辆是否按要求及时到位
分拣机满格邮件及时处理情况	非直连格口操作人员、小件分拣机封袋人员是否及时处理
现场笼车调度及时情况	生产现场笼车是否按照路向堆位放置,是否及时装车
装车垛口邮件待发情况	装车垛口邮件是否及时装车,是否有应发邮件遗留
发运计划执行情况	是否按运营标准、时限、频次、发运计划和操作要求组织邮件发运

续 表

管控点	具体内容
普遍服务邮件	普遍服务邮件作业标准执行情况及交运情况
重点巡查	重点寄递项目的接发
重点邮路处理发运情况	是否按频次及时赶发,是否存在遗留邮件
卡口点进出口邮件情况	各级邮路各频次发运情况、卡口点前到达处理场地邮件处理情况
违规行为和违规事件情况	是否存在野蛮装卸处理邮件等现象
火车站台作业情况	站台作业条件是否满足安全生产需要、是否临时调整业务通知、火车运行是否准点、接卸作业是否完成等

三、信息系统报警管控

集团公司在全网生产运行管控中主要通过报警信息进行管控。

(一)报警信息的设置

1. 集团公司根据全网生产运行管控的需要,编制全网的报警信息,并维护阈值。
2. 各省可根据本省生产运行管控的需要,编制本省的报警信息,并维护阈值。
3. 报警信息及相应的阈值,将根据生产运行情况进行动态调整。

(二)报警信息的生成

生产运行报警信息主要通过两个方式生成。

1. 通过生产信息系统对生产数据进行采集与分析,实时自动生成报警信息,并通过信息系统进行推送。
2. 各级生成运行管控部门通过对生产数据的分析,适时编发报警信息,并通过相应的渠道进行发布。

报警信息将在各级指挥调度中心的屏幕进行展示,同时视情向相关责任人进行信息推送。

(三)报警信息的等级

1. 报警信息在集团公司和省分公司两个层面上,分别设置黄色报警、红色报警两类报警。
2. 集团公司、各省分公司根据各自管控的需求分别设置本层级内红色报警、黄色报警的触发阈值。

(四)报警信息处置

1. 各级管理人员须实时关注报警信息,并根据报警信息动态调整生产作业,实现对生产运行实时、有效的管控。
2. 省指挥调度中心须指定专人,实时监控系统推送的报警信息,根据报警信息,按照相应规程采取处置措施。

(五)报警信息解除

报警信息一般通过以下两个方式进行解除。

1. 系统自动解除

报警信息生成后,系统对该报警信息所示生产状况进行定时监控,当报警信息所示状况恢复正常时,系统将自动解除报警。

2. 人工处置解除

报警生成后,相关生产管控人员须对报警信息所示状况进行规范处置。处置完成后,按如下流程进行人工解除报警操作。

(1) 发送调度指令。在指挥调度系统报警界面,发送短信/调度任务单。

(2) 解除报警。在指挥调度系统报警界面,点击报警解除按钮,解除报警。

第三节　生产运行重大异常管控

一、干线邮路运行重大异常管控

(一) 干线汽车邮路重大异常状况界定

干线汽车邮路在运行途中发生如下情况之一者,视为发生"重大异常状况"。

1. 驾押人员死亡或严重受伤,无法继续承担本次邮件运输任务。
2. 机要等特品邮件丢失、损毁。
3. 车辆发生失火、失窃、损坏,无法继续完成本次邮件运输任务。
4. 发生交通事故,造成对方人员重伤或死亡。
5. 预计造成带运邮件丢失、损毁 50 袋(件)及以上。
6. 车辆发生故障、交通事故或因故被行政执法部门扣留,预计造成车辆晚点超 24 小时或无法继续执行邮件运输任务。
7. 干线汽车邮路发生临时停运、途中折返、绕行、异常停驻、预计晚点超过 12 小时及以上的情况。
8. 因台风、洪涝、地震等自然灾害,造成干线汽车无法继续执行运输任务。

(二) 省指挥调度中心处置规程

1. 事故发生 30 分钟内,电话简报集团指挥调度中心。简报内容须包括:车辆位置、重大异常的初步判断、信息来源。

2. 事故发生 1 小时内,完成以下工作。

(1) 指导邮路组开局进行处置,视情派人到现场进行处置。

(2) 协调事故发生地所在省,配合事故处置。

(3) 填报"干线邮路运行异常状况处理单",以"调度请示"形式报集团指调中心。

(4) 上报异常情况现场照片。

(5) 因台风、洪涝、地震等自然灾害造成的重大异常状况,视情采取以下措施:联系在途干线车辆司机、委办承运公司立即采取紧急避险措施;对涉及自然灾害的干线邮路减班、停班,并做好记录;向集团指挥调度中心申请涉及自然灾害的干线邮路临时停运,待集团审批通过后执行。

3. 事故发生 12 小时内,完成以下工作。

(1) 每 2 小时向集团指挥调度中心报告事故处置进展。

(2) 实时填写"干线邮路运行异常状况处理单",报集团指挥调度中心。

(3) 核查带运邮件清单,须包括邮件号码、邮件产品性质、邮件收寄省,并报集团指挥调度中心。

(4) 编发"生产情况告知函"，向邮路接卸省、本省内收寄部门、质量控制部门、客户服务部门等相关部门告知情况。

4. 事故发生24小时内，启动理赔工作，上报邮件损毁明细。

5. 事故发生一周内，完成以下工作。

(1) 以文字的形式详细上报事故的情况和处理方式。

(2) 上报相关部门出具的事故鉴定书，填写完整"干线邮路运行异常状况处理单"，并报送集团指挥调度中心。

(三) 集团指挥调度中心处置规程

1. 获悉信息10分钟内，确定基本情况，填写"干线邮路运行异常状况处理单"。

2. 获悉信息6小时内，完成以下工作。

(1) 督导责任省进行事故处置。

(2) 实时填写"干线邮路运行异常状况处理单"，报集团领导。

(3) 编发"生产运行情况告知函"，向相关部门通报情况。

(4) 因台风、洪涝、地震等自然灾害造成的重大异常状况，首先通知相关省指挥调度中心立即采取紧急避险措施，并编发"调度通知"进行动态调度，对涉及自然灾害的干线邮路临时停运。

(5) 视情编写"生产运行情况专报"，上报集团领导。

3. 一周内，查收省指挥调度中心文字详报。

4. 跟踪异常情况省指挥调度中心处置进度，实时填写"干线邮路运行异常状况处理单"。

5. 同时满足以下情况的，作结案处置：相关部门出具事故鉴定书、理赔工作基本结束。

二、生产现场重大异常管控

(一) 生产现场重大异常状况界定

处理作业现场发生如下情况之一，视为重大异常状况。

1. 生产作业人员死亡，或3人(含)以上重伤。

2. 机要邮件失窃、失密、损毁。

3. 现场失火、失窃、爆炸或有毒物质泄露，造成人员死亡、3人(含)以上重伤、50件(含)以上邮件损失。

4. 发现易燃、易爆、腐蚀性、有毒邮件。

5. 发生设备故障、信息系统故障或停电事故，造成或预计造成生产停滞12小时以上。

6. 现场因故被公安、消防、安全等有关部门封锁或临时管制，无法进行正常生产作业。

7. 遭到不法分子破坏、冲击、扰乱或因内部纠纷，严重影响生产作业秩序。

8. 因台风、洪涝、地震等自然灾害，造成生产设备、设施严重破坏或现场水淹，无法进行正常生产作业。

(二) 省指挥调度中心处置规程

1. 事故发生30分钟内，完成以下工作。

(1) 电话简报集团指调中心。简报内容须包括：事故简要经过、人员伤亡、设备受损、邮件损失、信息来源。

(2) 电话通报相关受到影响的生产单位。

2. 事故发生1小时内,完成以下工作。
(1) 指导生产单位进行处置。
(2) 填报"生产作业现场异常状况处理单",以"调度请示"形式报集团指调中心。
3. 事故发生12小时内,完成以下工作。
(1) 每2小时向集团指挥调度中心报告事故处置进展。
(2) 实时填写"生产作业现场异常状况处理单",报集团指挥调度中心。
(3) 编发"生产运行情况告知函",向本省内收寄部门、质量控制部门、客户服务部门等相关部门告知情况。
4. 事故发生24小时内,启动理赔工作,并上报邮件损毁明细。
5. 事故发生一周内,完成以下工作。
(1) 以文字的形式详细上报事故的情况和处理方式。
(2) 上报相关部门出具的事故鉴定书。
(3) 填写完整"生产作业现场异常状况处理单",并报送集团指挥调度中心。

(三) 集团指挥调度中心处置规程

1. 获悉信息10分钟内,确定基本情况,填写"生产作业现场异常状况处理单"。
2. 获悉信息6小时内,完成以下工作。
(1) 督导责任省进行事故处置。
(2) 实时填写"生产作业现场异常状况处理单",报集团领导。
(3) 编发"生产运行情况告知函",向相关部门通报情况。
(4) 视情编写"生产运行情况专报",上报集团领导。
3. 一周内,查收省指挥调度中心文字详报。
4. 跟踪省指挥调度中心的处置进度,实时填写"生产作业现场异常状况处理单"。
5. 同时满足以下情况的,作结案处置:相关部门出具事故鉴定书、理赔工作基本结束。

第四节 生产运行质量管控

一、客服工单管控

客服工单指邮政11183客服系统和主动客服通过"工单系统"下发的关联调度指令。
1. 各省指挥调度中心应指派专人负责本省客服工单的管控工作,主要内容如下。
(1) 每日(上午9:00)登录工单系统,查询昨日本省网运环节工单量、省内各地市网运环节工单量、重点生产单位工单量。
(2) 将昨日本省客服工单量数据填写入"调度日志"。
(3) 在本省内通报昨日客服工单情况。
(4) 针对如下状况,采取相应的措施。
1) 对工单量突增的生产机构进行督办。
2) 对工单量呈上升趋势的生产机构进行督办。
3) 实时发现可能影响客户体验的情况,视情编写"生产运行情况告知函",向省内相关机构通报,并抄报集团指挥调度中心。

2. 各省指挥调度中心每个季度应组织的活动如下。

(1) 重点机构负责人到省客服中心走访,了解客户投诉的重点问题。

(2) 省客服人员到重点生产单位参观,学习生产作业流程。

(3) 走访省内重点客户,了解客户需求。

3. 各省指挥调度中心应每月牵头召开客服工作联席会。联席会的参加单位主要有重点机构负责人、省服务质量部门、省客服部门等,联席会的主要内容如下。

(1) 联合分析省内存在的重点生产质量问题。

(2) 联合制订解决措施,及负责落实的牵头单位。

(3) 上期联席会确定工作的落实情况。

(4) 每次联席会均应进行记录,会议重点内容编入本省"指挥调度情况通报",并抄报集团指挥调度中心。

4. 集团指挥调度中心负责的工作如下。

(1) 每季度召开集团客服工作联席会。

(2) 每月汇总全网网运环节工单量情况,编发"指挥调度情况通报"。

(3) 定期分析重点省、重点机构存在的生产运行质量问题。

(4) 定期对工单量重点省、重点机构进行督办。

(5) 实时发现可能影响客户体验的情况,编发"生产运行情况告知函",向相关部门通报。

二、邮件逾限管控

邮件逾限是指邮件未按照全程计划频次发运。

1. 各省指挥调度中心应指派专人负责本省邮件逾限的管控工作,每天须完成如下工作。

(1) 每日(上午9:00)登录指挥调度系统,查询本省各邮件处理中心的逾限邮件量,重点关注逾限24小时以上的邮件量。

(2) 将本省逾限邮件量数据填写入"调度日志"。

(3) 在本省内通报邮件逾限情况。

(4) 针对如下状况,采取相应的措施。

1) 对邮件逾限量突出的生产机构进行督办。

2) 对邮件逾限量呈上升趋势的生产机构进行督办。

2. 各省指挥调度中心每月牵头召开省内"质量分析会",工作要求如下。

(1) 省内相关生产机构的主要负责人应参加会议。

(2) 通报本省邮件逾限的主要问题及重点机构。

(3) 会议的重点内容,应编入本省"指挥调度情况通报",并抄报集团指挥调度中心。

3. 集团指挥调度中心负责如下工作。

(1) 每月汇总、分析全网邮件逾限量,编发"指挥调度情况通报"。

(2) 定期对邮件逾限的重点省、重点机构进行督办。

三、断点邮件管控

断点邮件是指信息轨迹长时间无更新、信息轨迹中断的邮件。

1. 各省指挥调度中心应指派专人负责本省断点邮件的管控工作,每天须完成如下工作。
(1) 每日(上午 11:00)登录指挥调度系统,查询昨日本省、省内各地市、重点生产单位断点邮件量。
(2) 将本省断点邮件量数据填写入"调度日志"。
(3) 在本省内通报断点邮件量。
(4) 对断点邮件量突出或断点邮件量呈上升趋势的生产机构进行督办。
2. 各省指挥调度中心每月牵头召开省内"质量分析会",工作要求如下。
(1) 省内相关生产机构的主要负责人应参加会议。
(2) 通报本省断点邮件分布的主要地市及重点机构。
(3) 会议的重点内容,应编入本省"指挥调度情况通报",并抄报集团指挥调度中心。
3. 集团指挥调度中心负责如下工作。
(1) 每月汇总、分析全网断点邮件量,编发"指挥调度情况通报"。
(2) 定期对断点邮件重点省、重点机构进行督办。

四、智能跟单管控

智能跟单管控是指通过智能跟单系统,将邮件信息轨迹与全程时限计划进行比对,以实时发现异常的管控模式。

1. 指挥调度体系主要通过智能跟单系统中的以下指标对全网生产运行进行管控。
(1) 揽投部收寄后 25 小时未发运。
(2) 处理中心出口邮件 24 小时未发出。
(3) 处理中心进口邮件 24 小时未发出。
(4) 揽投部跨自然日未下段。
2. 各省指挥调度中心应指派专人负责本省的智能跟单管控工作,每天须完成如下工作。
(1) 每日(上午 14:00)登录智能跟单系统,查询当日本省、省内各地市、重点生产单位的智能跟单量。
(2) 将本省智能跟单邮件量数据填写入"调度日志"。
(3) 在本省内通报智能跟单邮件量。
(4) 对智能跟单量突出或智能跟单量呈上升趋势的生产机构进行督办。
3. 各省指挥调度中心每月牵头召开省内"质量分析会",工作要求如下。
(1) 省内相关生产机构的主要负责人应参加会议。
(2) 通报本省智能跟单的主要问题及重点机构。
(3) 会议的重点内容,应编入本省"指挥调度情况通报",并抄报集团指挥调度中心。
4. 各省指挥调度中心每季度牵头召开智能跟单协调会,工作要求如下。
(1) 协调会的参加单位应包括:省服务质量部门、重点机构负责人。
(2) 协调会的主要内容包含以下几方面。
1) 联合分析省内存在的重点生产质量问题。
2) 联合制订解决措施,及确定负责落实的牵头单位。
3) 上期协调会的确定工作的落实情况。
4) 协调会的内容应形成会议纪要,并抄报集团指挥调度中心。
5. 集团指挥调度中心负责如下工作。

(1) 每月汇总、分析智能跟单量,编发"指挥调度情况通报"。
(2) 定期对智能跟单重点省、重点机构进行督办。
(3) 每季度牵头召开集团智能跟单系统协调会,与集团服务质量部研商生产运行问题,并协调解决。

第五节　重大活动组织预案

一、前期准备阶段

重大活动包括但不限于生产旺季("双十一"、春节)、国家党政会议、世界文化活动等。活动举办地所在省应根据活动内容和活动要求,通过不同渠道,至少提前2~3个月的时间搜集和整理相关信息。

(一) 渠道

渠道包括报刊、电视、网络等公众媒体,当地政府、安全、交通及上级管理部门等。

(二) 内容

1. 活动举办的时间、地点。
2. 邮件安检措施、起止时间及涉及范围。
3. 是否采取交通管制,包括起止时间、管控区域、管控方式,以及对邮件运输及投递的影响。
4. 邮件处理中心(生产场地、营投网点)的正常生产作业是否会受到影响。

(三) 影响评估

1. 根据活动举办信息,综合评估对生产的影响范围,提出解决措施、建议以及需集团公司协调解决的事项。
2. 适时启动本省重大活动工作机制。

二、预案制订阶段

(一) 集团公司预案

1. 评估影响

及时了解省分公司上报的信息,根据举办地采取的临时管控措施对正常生产作业的影响评估进行核实、分析,结合全网生产运行基本布局、生产能力和业务量特点,评估活动对全网生产运行和干线运输组织带来的影响。

2. 确定原则

以尽量降低对全网运行的影响,确保全网运行平稳有序、维护良好客户体验为前提,对活动可能造成的影响进行深入分析,并确定生产运行组织和调整的基本原则。

3. 预案内容

(1) 预案执行的起止时间。
(2) 干线运输组织的调整和安排。

(3) 邮件安检和安全生产工作要求。
(4) 生产人员、临时备用作业场地补充安排。
(5) 信息通报和沟通机制。
(6) 生产组织纪律,以及全网指挥调度工作机制。

(二) 省分公司预案

根据集团公司制订的预案的内容及工作要求,结合本省具体情况,对本省生产形势进行分析,制订本省具体实施预案,主要内容如下。

1. 活动举办地的邮件集散及经转范围调整安排。
2. 活动举办地的进出邮件量分流安排。
3. 本省邮件运输组织调整安排。
4. 人员、场地、车辆及作业调整安排。
5. 邮件安检工作安排。
6. 日常监控及应急机制安排。

三、运行保障阶段

(一) 建立工作机制

1. 建立生产运行专项监控、调度工作机制

活动举办省要建立生产运行专项监控机制,安排专人负责活动期间及重点区域的专项监控工作,每日 8:00 前将前一日主要生产情况(包括进出口业务量情况,一、二级干线邮车接发情况,邮件处理情况,邮件安检情况,问题邮件留存量,退回邮件情况,生产异常情况及存在的问题等)上报集团指挥调度中心。同时,省分公司建立与集团公司间的沟通工作机制,及时反馈重大活动期间的最新信息,便于集团公司及时采取有效的措施来实施管控。

2. 建立部门间沟通机制

集团公司建立相关部门间的沟通工作机制,及时协调和解决重大活动期间发生的异常事件。省分公司建立各相关单位间的生产监控和指挥调度工作机制,通力协作,以保障重大活动期间各项具体工作措施的落实。

3. 建立省际间沟通机制

举办省分公司建立与业务相关省分公司间的沟通工作机制,及时通报相关信息,协调和解决生产过程中的问题。

(二) 生产调度管控

1. 确保邮件安全

重大活动期间,要严格执行上级部门关于邮件安检的相关规定。各出口局对所有发往活动举办省的邮件,必须全部过机进行逐件一次安检,并加盖或粘贴"已安检"标识;经转局对于发往活动举办地的邮件实行逐件过机二次安检,并加盖或粘贴安检标识;活动举办地对本局进口邮件实行逐件过机落地安检,并加盖或粘贴安检标识。如不执行上级部门邮件安检规定,造成活动举办省进口"无安检"标识、安检不合格邮件量过大,集团公司适时停发该进口路向班次。

2. 确保运输安全

首行,对承担进活动举办省邮运任务的汽车邮路派押局,要加强运邮车辆的安全检查,做到车容车貌干净整洁、车况良好，严禁"带病车"上路；选派政治上可靠、业务能力强的驾押人员承担邮运任务，严禁疲劳驾驶，严格执行"随局管理"制度。其次，按照活动举办省提出的邮政自办车、办理通行证、错峰通行等规定安排运邮（如只允许自办邮政车辆进出，则调整委办车辆；如需持证通行，则提前办理车辆通行证；如规定限行时间，则需调整邮路运行时刻）。

3. 各环节协同配合

（1）出口省发运局对于无"已验视"标识的邮件，登记后退回收寄局处理，并及时向收寄端传递信息。

（2）经转省对于无"已验视"或无"已安检"标识的邮件，登记后退回出口局处理。

（3）活动举办进口省对于无"已验视"或无"已安检"标识的邮件，登记后退回出口局处理。

（4）各处理中心在安检过程中发现疑似危险品时，不得对邮件做退回处理，经相关部门鉴别后返还的邮件，可以继续发往前程。

（5）在经转省和进口省安检过程中发现安检不合格物品但可排除为危险品的邮件，暂扣本局，并对收寄单位缮验，待活动结束后发往前程。

（6）各处理中心对需退回邮件，操作流程比照撤单邮件处理。

（7）投递作业根据公安、国安等部门的要求进行合理组织，对于活动举办地核心区域采用持证机动车投递，必要时采取手推车、自行车、私家车和步班形式灵活开展投递。

4. 及时疏解生产压力

根据活动举办地处理压力的情况，临时动态调度，采取调计划、调邮路、调班次、调站序等措施，切实为活动举办地分流、减压。

（1）当活动举办地进口邮件量变大，对正常生产造成影响时，应适当地调减进口班次或调整卸交站序。

（2）当活动举办省处理压力过大，对正常生产秩序造成影响时，需迅速启用备用生产场地和备用省内分流点，均衡全省生产压力。

（3）当活动举办省处理压力持续增大，严重影响正常生产秩序时，应临时采取干线分流（省际分流），缓解处理压力。

四、活动重点保障

活动结束后，要稳妥地做好重大活动结束后网运生产工作，尽快恢复常态生产运行秩序，主要做到以下几点。

1. 快速疏解活动主办省的主要局留存邮件，加快处理中心、投递部留存邮件的处理和投递。

2. 依据内部处理、投递下行市趋邮件量情况，视情做好干线和省内邮路运行计划的回调工作。

3. 积极应对重大活动结束后邮件量突增的情况，确保网运生产平稳。认真执行集团公司活动期间的网络组织调整方案和临时调度安排，及时反馈生产异常状况。高度重视与地方政府的沟通，尽可能准确、及时地获取活动举办的相关信息。

4. 认真做好活动期间各项能力储备工作。

（1）做好活动期间进口邮件落地安检的能力储备工作。

（2）做好活动期间生产作业人员、生产车辆、装卸设备、备用生产场地储备和分流点设置，确保处理能力充足。

（3）高度重视活动结束后形成的邮件处理量"小高峰"，提前做好处理能力的储备工作。

5. 关注生产环节间的衔接，加强对各生产环节的监控，分析收寄环节流量流向，及时监控省际进口邮件量的变化，高度关注下行投递市趟业务量情况，灵活地调度生产，均衡各生产环节的压力。

6. 高度重视客户体验，加强与主动客服的信息沟通，配合邮政11183客服系统做好客户解释工作，有效减少工单量；密切监控活动期间客服工单量变化情况，及时分析工单反映出的生产异常状况，迅速采取应对措施，确保生产质量不出现大幅下滑。

第六节 应 急 处 置

陆运网突发事件是指突然发生，造成或者可能造成重大人员伤亡、财产损失和严重社会危害，危及公共安全的紧急情况。各级网运部门要针对陆运网突发事件建立应急指挥小组，组织、指挥、协调突发事件的处理工作，并制订应急预案，开展风险分析，做到早发现、早报告、早处置。对所属单位存在的网运故障隐患和暴露出的各类问题，建立相应的预防预警等级标准。

一、预警分级

1. Ⅰ级预警：重大事件

重大事件是指因重大突发事件引发的，有可能造成多省通信枢纽破坏、通信枢纽瘫痪、大面积干线邮路中断等情况；需要网运保障应急准备的重大情况；故障可能升级造成多省网运故障的情况；重大生产事故和重大交通事故。

2. Ⅱ级预警：严重事件

严重事件是指因严重突发事件引发的，有可能造成省内多个生产单位网运故障或全省大面积邮路中断的情况；需要网运保障应急准备的严重情况；故障可能升级造成该省多个生产单位网运故障的情况；严重生产事故和严重交通事故。

3. Ⅲ级预警：一般事件

一般事件是指因较大突发事件引发的，有可能造成省内某个生产单位网运故障的情况；故障可能升级造成该省某生产单位多个生产车间网运故障的情况；一般生产事故和一般交通事故。

二、应急响应

陆运网突发事件发生时，按照分级负责、快速反应的原则，网运保障应急响应工作。应急响应分为以下三个等级。

1. Ⅰ级响应

Ⅰ级响应是指，Ⅰ级预警中出现的网运故障发生后10分钟内，由事件发生省指挥调度中心负责向集团公司指挥调度中心及时报告，集团指挥调度中心启动Ⅰ级应急预案，会同其他相关部门进行指挥调度和应急处理，集团指挥调度中心报告集团公司相关领导。

2. 级响应

Ⅱ级响应是指，Ⅱ级预警中出现的网运故障发生后15分钟内，由事件发生省指挥调度中心负责向集团公司指挥调度中心报告,集团指挥调度中心启动Ⅱ级应急预案,按照应急总体预案会同其他相关部门进行指挥调度和应急处理,事件发生省分公司负责组织和协调,集团指挥调度中心将事件情况和处理情况报告集团公司相关领导。

3. Ⅲ级响应

Ⅲ级响应是指,Ⅲ级预警中出现的网运故障发生后20分钟内,由事件发生省指挥调度中心负责向集团公司指挥调度中心及时报告。集团指挥调度中心按照应急总体预案进行指挥调度和应急处理,按照本省制订的相应的预案进行处理,启动Ⅲ级应急预案,由地市州分公司、邮区中心、速递物流处理中心负责组织和协调,并将事件情况和处理情况报备集团指挥调度中心。

三、应急预案的制订

1. Ⅰ级应急预案重点考虑发生Ⅰ级重大网运故障时的应急处置工作,由集团公司统一制订。

2. Ⅱ级应急预案重点考虑发生Ⅱ级严重网运故障时的应急处置工作,由省分公司统一制订。

3. Ⅲ级应急预案重点考虑发生Ⅲ级较大网运故障时的应急处置工作,由地市州分公司、邮区中心、速递物流处理中心制订。

四、突发事件报告

突发事件报告包括突发事件的内容、时间、地点、人员、规模、起因、造成的影响和严重程度,采取的措施以及会进一步造成的危害和需要帮助解决的问题。

突发事件应急原则与措施如下。

1. 发生多省通信枢纽破坏、瘫痪情况时,应遵循以下原则。

（1）事发地邮政企业要积极采取措施,恢复通信枢纽生产,对不能及时恢复生产的,应组织临时场地恢复邮件内部处理功能和邮件储存能力。

（2）对个别通信枢纽在一定时期内确实不能恢复生产的情况,全网进行调整,在指定的其他通信枢纽进行处理。

（3）根据通信枢纽生产情况,实时调整各类邮件分拣封发方案,制订应急邮件疏运方案。

（4）针对应急保障不同时段的情况,采取超常规的组织方式,调整内部作业组织,打破内部作业工种、业务种类等界限,完成邮件内部处理工作。

（5）全网恢复通信枢纽生产应遵循先重点、后一般的原则。

2. 发生多省大面积干线邮路中断时,应遵循以下原则。

（1）首先尽力保障全网一级干线邮路畅通,其次尽力保障省内二级干线邮路畅通。

（2）根据邮路中断情况,实时调整各类邮件疏运方案。

（3）充分调度全网自主运能,开展网运保障应急工作;在自主运能不足的情况下,综合利用铁路、航空、公路、水运等各种社会运能资源。

（4）建立邮运救助机制,遇到邮路阻断的情况,对于受困于本辖区范围内的各地邮车和驾驶员、押运员,事发地邮政企业应根据需要提供相应的帮助,及时出动车辆和设备救援,并视情况为滞留驾押人员提供医疗、御寒、食宿等帮助。

3. 发生道路运输安全事故时,要迅速组织救援,并配合相关部门及时、有效地进行处置,控制事态发展。

4. 在进行网运保障应急工作时,各级网运部门要积极与邮路中断区域的交通主管部门协调,尽量保证紧急情况下邮运车辆优先通行和邮件的运输安全。

【案例一】

生产旺季要加强邮路运输组织

在每年的"双十一"期间,由于邮件业务量的增大,各地在保证正常邮路开通的情况下,为缓解邮区中心处理压力,有时需增加临时邮路。以下是开通临时邮路的调度指令。

自 2021 年 9 月 17 日起,开通兰州至库尔勒等一级干线临时汽车邮路,具体内容如下。

一、开通邮路

1. 邮路名称:兰州—库尔勒(甘临1)。

邮路代码:1173002764。

运行班期:不定期。

运行里程:2 486 km。

运行时长:42 小时。

运行时刻:兰州航站(73000061)04:00 始发,库尔中心(84100071)第二日 22:00 终到。

发运计划:带运兰州发往库尔勒的各类邮件(不含特快专递类邮件)。

2. 邮路名称:兰州—伊犁(甘临1)。

邮路代码:1173009173。

运行班期:不定期。

运行里程:2 653 km。

运行时长:44 小时。

运行时刻:兰州航站(73000061)00:00 始发,伊宁邮区(83500071)第三日 00:00 终到。

发运计划:带运兰州发往伊犁的各类邮件(不含特快专递类邮件)。

二、调整广州至乌市等一级干线临时火车邮路运行计划

1. 调整 X296 广州乌市(行包)2 邮路发运计划,原由该邮路带运的库尔勒、伊犁邮件,改由兰州发运。

2. 调整杭州乌市(行包)邮路发运计划,原由该邮路带运的伊犁邮件,改由兰州发运。

思考:请分析本调度指令中,临时邮路、兰州—库尔勒(甘临1)的涵义是什么?邮路发运计划的组成要素是什么?

【实践项目】

实地参观邮政企业生产指挥调度室,描述数字看板的界面信息及内在联系。

- 任务目标

掌握邮政指挥调度系统的功能,了解生产运行管控的要点。

- 任务要求

(1) 画出邮政指挥调度系统的功能模块。
(2) 描述预警信息的类型。
(3) 描述邮件的流量流向信息。

- 任务实施

(1) 在熟悉邮政企业生产指挥调度系统的基础上对其进行参观。
(2) 分析邮运车辆在邮件传递环节的主要问题会出现在哪些方面。

第八章　邮件处理中心生产现场管理

【企业背景】

"6S"管理是企业的基础管理。"6S"管理可以为企业创造一个整洁、美观、安全、舒适的环境,人造环境、环境育人,以人为本,最终提升人的品质。以"6S"管理的思想和方法为指导,规范邮件处理中心生产作业现场管理活动的整体运行,提升效率和效能,优化节拍、节省时间、节约资源,培养员工按标准作业的意识和依规行事的习惯,从而促进邮件处理中心生产作业的规范、有序和高效。

【岗位要求】

熟悉邮件处理中心生产现场管理岗位工作任务,能依据邮件处理中心现场的"6S"管理要点进行整顿和整改。

【学习目标】

- 掌握邮件处理中心"6S"管理的内涵和作用;
- 能有效运用"6S"各项管理的要点进行自查;
- 能针对"6S"管理的不足之处提出相关整改措施;
- 树立精益求精、认真负责的责任担当意识。

【思维导图】

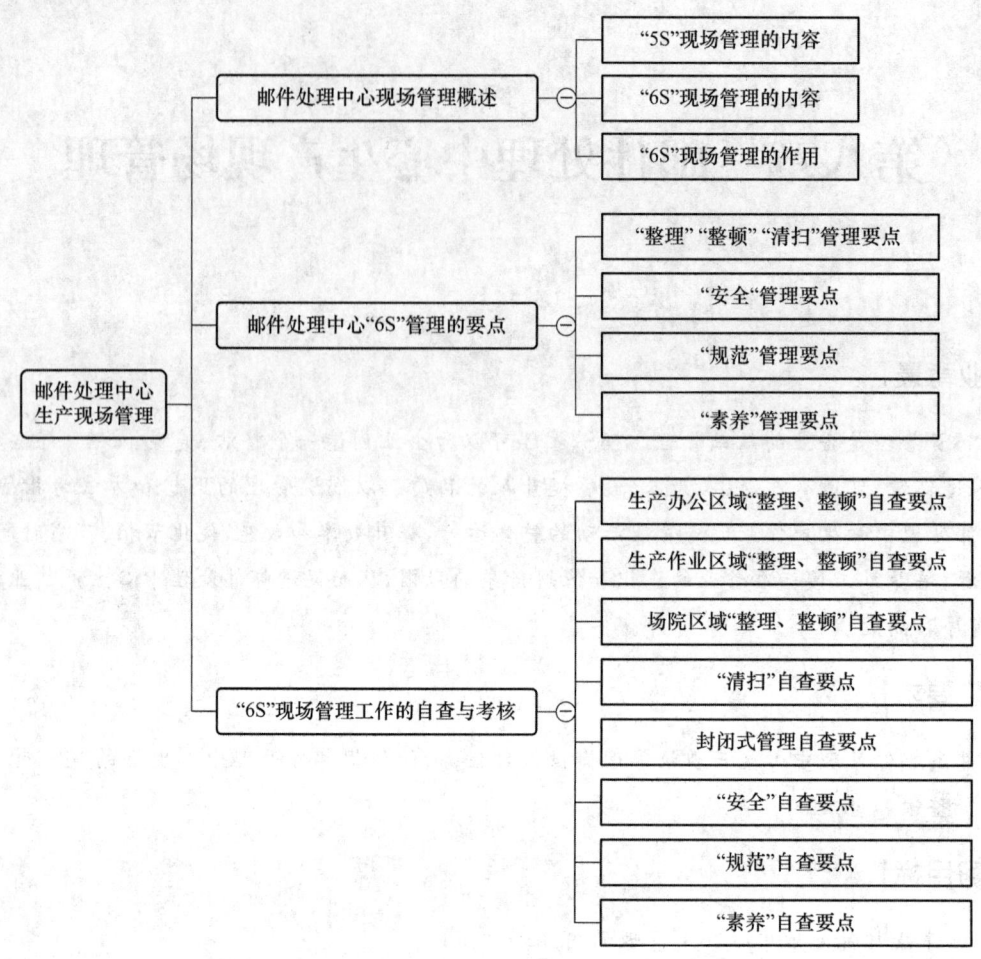

第一节　邮件处理中心现场管理概述

现场管理就是运用科学的管理思想、管理方法和管理手段,对现场的各种要素,如人员、设备、环境、信息等,进行合理配置和优化组合,以此来提高生产作业效率和质量,保证预定目标的实现。目前邮件处理中心常用的管理方法是"6S"管理法。

一、"5S"现场管理的内容

提起"6S",首先要从"5S"谈起。"5S"现场管理法起源于日本,"5S"即日文的"整理"(SEIRI)、"整顿"(SEITON)、"清扫"(SEISO)、"清洁"(SEIKETSU)、"素养"(SHITSUKE)5个词,又被称为"五常法则"或"五常法"。因为这 5 个词的日语中罗马拼音的第一个字母都是"S",所以简称为"5S"。5S 现场管理法主要通过规范现场、现物,来营造一目了然的工作环境,培养员工良好的工作习惯,以达到提升人的品质的最终目的。

"5S"现场管理法针对生产现场中的人员、机器、材料、方法等生产要素进行有效管理,并对企业中每位员工的日常行为方面提出要求,倡导从小事做起,力求使每位员工都养成事事"讲究"的习惯,从而达到提高整体工作质量的目的,是日式企业一种独特的管理方法。1955年,日本"5S"的宣传口号为"安全始于整理整顿,终于整理整顿",当时只推行了前"2S",其目的仅是确保作业空间和安全,后因生产控制和品质控制的需要,而逐步提出后续"3S",即"清扫、清洁、素养",其应用空间及适用范围从而进一步拓展。1986年,首本有关"5S"的著作问世,对整个日本现场管理模式起到了冲击作用,并由此掀起了"5S"热潮。日企将"5S"活动作为工厂管理的基础,推行各种品质管理手法,二战后其产品品质得以迅猛提升,奠定了经济强国的地位。在丰田公司的倡导和推行下,"5S"在提升企业形象、安全生产、推进标准化和创造令人心仪的工作场所等方面的巨大作用逐渐被各国管理界所认识。

二、"6S"现场管理的内容

我国企业在"5S"现场管理的基础上,结合国家的安全生产活动,增加了"安全"(Safety)要素,形成了"6S"。"6S"现场管理的实施要点见表8-1。

表8-1 "6S"现场管理的实施要点

"6S"	含义	实施要点	目的
整理	清理现场的空间和物品	1. 清除垃圾或无用、可有可无的物品。 2. 明确每一项物品的用途、用法、使用频率。 3. 现场只保留必要的物品	整理、整顿和清扫是生产现场"6S"管理的基础,通过定置定位管理,实现物品摆放有序、秩序井井有条、现场干净明亮,为处理中心质量和效率管控打好基础
整顿	整顿现场的次序、状态	1. 在整理的基础上,合理规划现场的空间和场所。 2. 按照规划,安排好现场的每一样物品,使其各得其所。 3. 做好必要的标识,标识要清楚明了	
清扫	清洁、打扫	在整理、整顿的基础上,清洁场地、设备、物品,形成干净、卫生的工作环境	
安全	采取系统措施,保证人员、场地、物品等的安全	1. 建立系统化的防伤病、防污、防火、防盗、防损等安保措施。 2. 加强摄像监控和封闭作业管理	规范操作,保障生产安全
规范	形成规范与制度,保持、维护上述四项行动的方法和结果	1. 检查、总结,持续改进。 2. 将好的方法与要求纳入管理制度与规范,明确责任,由突击行动转化为常规行动	通过建章立制,实现现场管理制度化、作业规范化
素养	培养习惯与意识,从根本上提升人员的素养	通过宣传、培训、激励等方法,将外在的管理要求转化为员工自身的习惯、意识,使上述各项活动成为员工发自内心的自觉行动	培养员工依规行事的良好习惯,提高其文明礼貌水平,营造团体精神,从根本上提升人员的素养

"6S"之间彼此关联,其中"整理""整顿""清扫"是具体内容;"规范"是指将上述"3S"实施的做法制度化、规范化,并贯彻执行及维持结果;"素养"是指培养每位员工养成良好的习惯,并遵守规则做事;"安全"是基础,要尊重生命,杜绝违章。"6S"实施起来容易,但长时间的维持

必须靠员工素养的提升。

三、"6S"现场管理的作用

1. 促成效率的提高

良好的工作环境和工作气氛,有修养的工作伙伴,物品摆放有序、不用寻找,在这样的条件下员工可以集中精神工作,工作兴趣高,效率自然会提高。

2. 减少直至消除故障,保障品质

优良的品质来自优良的工作环境。经常性的清扫、点检可以不断净化工作环境,避免污物损坏机器,维持设备的高效率,提高品质。

3. 保障企业安全生产

储存明确,物归原位,工作场所宽敞明亮,通道畅通,地上不随意摆放不该放置的物品——如果工作场所有条不紊,意外的发生也会减少,生产的安全性就会有保障。

4. 降低生产成本

"6S"的实施,可以减少人员、设备、场所、时间等的浪费,从而降低生产成本。

第二节　邮件处理中心"6S"管理的要点

邮件处理中心现场区域按照功能一般划分为生产办公区域、生产作业区域、场院区域三类,根据具体的实际情况可对各功能区域进一步细分。

生产办公区域包括:办公室、会议室、员工休息室、监控室、接发室、驾驶员室、食堂、消防通道等。

生产作业区域包括:解/封车区、卸/装车区、初分拣区、机械化分拣处理区(开拆区、供包区、分拣机区)、人工分拣处理区、异常邮件处理区、安检区、邮件暂存区、普遍服务邮件处理区、贵品区、航空集装容器摆放区、牵引车摆放区、平板车摆放区、叉车摆放区、无着库、容器库、设备配件库房、消防通道、内场出入口等。

场院区域包括:人员进出口、车辆进出口、车辆停放区(含维护保养区)、装卸垛口外侧、场院外围墙区、场地绿化带区、场院内宿舍区、消防通道等。

下面针对上述现场区域,重点描述"6S"管理的主要内容。

一、"整理""整顿""清扫"管理要点

(一) 定置定位

1. 遵循科学、合理、方便的原则,对处理中心生产作业现场进行定置定位管理。
2. 依据作业流程和环境条件,绘制定置定位图。
3. 科学划分场地区域,物品按定置定位存放。
4. 减少生产现场的不安全因素。
5. 设备、设施一经安装投入使用,不能随意挪动其位置;生产用品、用具应严格按定置定位图所标位置摆放,如有变动,应及时更改。
6. 工作结束后所有用品、用具应及时归位。

7. 对于不符合定置定位要求的区域,应责令责任人限期进行整改。

(二)清理清扫

1. 责任到人,保持清扫区域整洁、有序。

2. 现场清扫无死角、无盲区、常态化。

3. 对生产现场的生产用品用具、安全用品、生产辅助用品、废杂物品等按用途和使用频率进行分类。

4. 清理垃圾和不必要的物品,现场只保留必要的物品。

5. 生产人员按岗位划定清扫区域,确定清扫频率和清扫标准,包括生产场地、设备、物品、车厢、容器等。

6. 生产人员和设备维护人员必须人人参与现场清扫,严禁非公共区域清洁外包。

7. 加强督促检查,对不按规定清扫或不保持工作现场卫生的人员,给予批评或考核。

(三)班结清场

1. 装卸车人员应对装(卸)车垛口内外、胶带机两侧及底部等区域进行检查,装卸车清理应做到"一车一清"。

2. 供件人员在供件作业空闲时段对供件区域内易遗漏邮件的地方进行检查,确保所有邮件及时进行供件处理。

3. 非直连格口的邮件处理人员在作业空闲时段对格口两侧及底部等区域进行检查,确保所有落格邮件及时处理。

4. 人工处理区的作业人员按接收批次进行邮件处理作业,做到有序处理,确保人工处理作业区无邮件长时间滞留。

5. 做到当班次接卸邮件全部处理完毕,邮件处于装发或入堆待发状态;邮件量大时,可采取叠班作业的方式,延迟班结。

6. 班结清场检查范围覆盖所有工位、工艺设备及生产作业区域。

7. 班结清场清理出的邮件和总包及时进行入堆和发运处理。

二、"安全"管理要点

(一)封闭式管理

1. 处理中心场院出入口设专人值守,对进出场院的车辆核实后方可进出。

2. 处理中心作业区出入口设专人值守,实行人员出入登记或验证,外单位访客需由本单位接待人员陪同方可进入生产作业场地。

3. 所有人员不得将与生产作业无关的个人物品带入生产作业区。

4. 垛口装卸门的开启、关闭由专人负责管理。

5. 垛口装卸门仅允许在邮件装卸作业时开启,装卸作业完毕后应及时关闭。

6. 所有人员禁止通过邮件装卸门进出生产场地。

7. 处理中心外站台除车辆装卸作业期间,不得用作邮件暂存场地;确需临时设置邮件暂存堆位时,必须设有专人看管。

8. 装卸作业完毕后,及时清理站台留存的邮件。

9. 加强生产作业区的视频监控,视频监控设备要实现对邮件处理和存储区域的全覆盖。

10. 监控资料要完整、图像要清晰,保存时间符合要求。

邮件处理中心
现场封闭管理

(二) 生产安全管理

1. 生产现场应严禁烟火,确因设备改造等需要烟火,须持有相关许可证,并做好现场隔离。
2. 禁止将易燃、易爆物品及私人物品带入生产场地。
3. 未经许可,非生产人员严禁进入生产场地。
4. 按操作规程使用各类工艺设备、工器具及其他设施。
5. 爱护使用生产设备和安全防护装置、设施。
6. 邮件的操作应严格按照作业标准进行。
7. 严禁扔、抛、摔、坐、踩、踢、压、拖拉邮件。
8. 严禁乱摆乱放邮件。
9. 异常情况严重时应立刻报告当班主管,严禁擅自处理。
10. 生产过程中应确保人身安全及邮件安全,服从安全生产指导。
11. 生产过程中发现安全隐患应及时上报,迅速予以排除。
12. 生产操作人员应按规范着装,衣物不得有可能被转动的机器绞住的部分,严禁戴围巾和穿长衣,严禁佩戴悬挂式工作牌,严禁佩戴各类饰品,女性员工严禁着裙装,过肩长发须盘在帽内。
13. 必须严格执行设备安全操作规程,不应在设备上存放非生产用品、用具等。
14. 分拣设备运转时员工严格规范操作,严禁冒险捡拾掉落件或疏通拥堵件。
15. 监控设备应24小时开启,按规定时长保存备查。
16. 监控设备出现故障应及时上报,严禁伪造、隐瞒。
17. 疫情期间,做好疫情防控,减少聚集。
18. 定期对生产作业人员进行安全生产教育和安全操作培训,保存培训记录。
19. 定期组织应急处置演练,演练资料存档备查。
20. 安全生产的相关制度按要求上墙。
21. 班前会强调岗位操作要点,提醒各岗位人员操作安全隐患和注意事项。

(三) 设备运维管理

1. 分拣机每天停机维护不小于2小时。
2. 建立设备维护和保养档案。
3. 设备电力动力部位等衔接处设置警示标识。
4. 分拣设备、传送带设备动力部件处,滚轴、滑轮等传动部件等有较大安全隐患的部位,须配备相应的安全防护设施设备,设置明显的安全警示标识标线。
5. 每日巡场检查,重点对设备的空中防护网、电机防护罩、护栏、护板等安全防护设施及急停按钮等进行检查,确保安全防护设施配置到位、功能可靠、防护有效。
6. 生产场地内有设备新增或改造等在建工程的,要加强对施工单位的安全监督,在可能影响人员及生产安全的部位,配备相应的安全防护设施设备,并设置明显的安全警示标志,保证现场安全生产、安全施工,确保生产作业组织的正常运行。
7. 传输设备急停装置,要定期检查,以确保有效。
8. 针对设备安全运行的风险点,制订安全操作规程,并根据规程开展培训和宣贯。

(四) 邮件安全管理

1. 落实班结清场制度。

2. 落实生产作业规范。
3. 落实异常邮件专台处理制度。
4. 重视普通邮件安全。
5. 总包开拆时严禁划破包内邮件及容器。
6. 作业过程中发现邮件包装破损、内件散落等异常情况,应在指定区域,按照异常邮件处理流程进行处置。
7. 对异常邮件应按操作规定及时处理。

三、"规范"管理要点

(一)班前班后会制度

1. 各班组应建立和完善班前班后会议制度,要认真组织会议,切实解决生产中存在的问题。
2. 班前班后会安排在两班交接的时候进行,参加会议的人员必须提前5分钟到场,会议时间一般不超过10分钟。会议由班组长组织召开,参加会议人员必须点名签到。
3. 班前会:布置当班工作任务,及时传达各类文件通知;重点强调安全知识和安全操作要领,规范员工的操作行为;对员工着装安全进行二次检查确认。
4. 班后会:总结本班工作完成情况,听取反馈意见和建议,指出工作中出现的不规范操作、不安全行为等,避免此类情况的再次发生;表扬和鼓励在本班中表现突出的员工,倡导大家向其学习。
5. 班前班后会必须逐项做好记录,填写认真,字迹清晰;会议记录由班组长妥善保管,以备检查。

(二)异常邮件专台制度

安排专人、设置专门台席集中处理异常邮件,实现异常邮件处理流程标准化和操作规范化。

(三)安全生产制度

1. 生产过程中确保人身安全及邮件安全,服从安全生产指导,发现安全隐患应及时上报,迅速予以排除。
2. 加强生产作业场地人员安全管理,严格落实生产作业区及相关场院的封闭式管理,严禁无关人员随意进入。
3. 加强出入口与生产作业区的安全管理和检查工作,对进入作业区域的人员着装严格检查,长头发、长围巾、长衣服、长裙子以及可能发生机械设备动力搅缠的隐患,必须采取有效措施进行防范处理,着装存在安全隐患的人员严禁进入生产现场。
4. 加强生产作业区的视频监控,实现对邮件处理和存储区域的全覆盖,装车垛口的摄像头要覆盖车厢内作业区。
5. 严格执行集团公司防疫物资寄递"绿色通道"保障要求,对防疫物资等特殊物资进行优先处理;消毒液等液体类防疫物资,要分类装发,需要与其他邮件混装时,应进行隔离,避免液体发生泄漏,污染其他邮件。

(四)定置定位制度

1. 按照"6S"现场管理的基本要求,遵循科学、合理、方便的原则,对处理中心生产作业现场进行定置定位管理。

2. 依据作业流程和环境条件绘制定置定位图。

3. 将场地划分区域，物品定置定位存放，减少生产现场的不安全因素。

4. 对于不符合定置定位要求的区域，责令责任人限期进行整改。

（五）生产现场清场制度

1. 装卸车清理要做到"一车一清"，供件人员确保所有邮件及时进行供件处理，人工处理区作业人员确保人工处理作业区无邮件跨频次滞留。

2. 班结清场时要做到当班次接卸邮件全部处理完毕，邮件处于装发或入堆待发状态。

（六）封闭管理制度

1. 处理中心场院出入口和作业区出入口应设专人值守，实行人员出入登记或验证，对进出场院的车辆核实后方可进出。

2. 所有人员不得将与生产作业无关的个人物品带入生产作业区。

3. 视频监控设备要实现对邮件处理区域和存储区域的全覆盖。

（七）清理清扫制度

1. 清理清扫制度应责任到人，保持清扫区域整洁、有序，做到现场清扫无死角、无盲区、常态化。

2. 加强督促检查，对不按规定清扫或不保持工作现场卫生的人员，给予批评或考核。

（八）现场巡查制度

1. 巡查各生产作业区对"6S"管理制度、作业规范等相关工作的落实情况。

2. 巡查各班组班前班后会组织情况，对相关工作进行旁听、指导。

3. 定时或不定时对生产现场进行巡场检查，对重点岗位和环节进行重点巡视，认真填写巡查记录表。

4. 如发现问题，应及时指导班组进行优化、改善和处置。

5. 生产作业区要设现场安全管理员进行巡视，并对不良、违规行为进行及时的纠正及管理。

6. 巡查过程中如发生突发重大事件，应及时向上级领导汇报。

（九）生产现场标识、标牌、看板规范

1. 看板类内容应包括：处理中心总平面布局图；作业流程图；分拣机效率看板；各环节操作规范；台席定置定位图；"6S"管理宣传看板和海报；设备关键部位巡查要求；清扫区域划分图。

2. 标识类内容应包括：现场物品标识；生产现场通道；应急通道；空笼车、托盘摆放区域；物品分类摆放区；生产空间区划；设备重点维护区域；重点部位带电、带动力设备警示标识。

3. 邮件处理作业现场的标识、标牌和看板的制作和使用须按照集团公司下发文件的要求执行。

四、"素养"管理要点

素养是"6S"管理的最后一个要素，也是最重要的一个，其核心就是要强化执行，形成闭环管理，使"6S"管理成为习惯。"三分制度，七分执行"，制度的关键在于执行，检查考核机制是制度落地执行的保证。宣传、培训、检查、激励等方法,将外在的管理要求转化为员工自身的习惯、意识,逐步改变员工的思想观念,使"6S"现场管理活动从"形式化",走向"行事化",最后走向"习惯化",成为员工发自内心的自觉行动。

开展处理中心生产现场"6S"管理达标活动,扩展"整理、整顿、清扫、安全、规范、素养"六个方面的管理内涵,建立健全处理中心现场管理制度,统一现场管理规范,强化执行力,实现生产现场"门类清楚、区隔整齐、标识分明、洁净安全、优质高效",全面提升各级处理中心的生产管理水平,提升全网邮件处理效率和作业质量。

第三节 "6S"现场管理工作的自查与考核

一、生产办公区域"整理、整顿"自查要点

生产办公区域,一般采用自查形式进行检查。

(一)办公室区域

1. "整理"工作自查要点

(1)地面无纸屑、垃圾,窗台、墙角无废旧纸袋、塑料袋、纸箱。
(2)文件柜顶无物品摆放,柜后柜底无垃圾杂物,柜里无废旧资料及物品。
(3)墙面、目视板、办公隔板上无过期的标语、乱写乱画的字迹、残留的张贴物。
(4)办公桌面无水渍、茶渍。
(5)办公设备区域无杂乱插座、电源线、数据线。

2. "整顿"工作自查要点

(1)办公桌面电脑、水杯、文件夹、电话等放在定置线处,文具、资料、个人用品分类定位放置。
(2)报纸、杂志阅读后定位放置,办公座椅在离开办公区和下班时要归位。
(3)文件柜内的资料要分类归整,按类标识清楚;低柜台(小于1.5 m)面可摆放定置物品,但需整齐有序。
(4)办公室门牌、员工名片由公司统一制作,无破损,字体清晰。
(5)办公打印纸张尽量双面打印,打印用纸整齐叠放,废纸放在纸篓内。
(6)垃圾桶内的垃圾堆积高度不超过垃圾桶边缘。

(二)监控室

1. "整理"工作自查要点

(1)桌面没有与工作无关的报纸、杂志、贴纸等物品。
(2)监控室没有报废设备,能保证24小时监控。

2. "整顿"工作自查要点

(1)监控设备能全部覆盖生产办公区、作业区以及场院区的所有区域。
(2)监控设备画面清晰,能分辨人脸、车牌号等细节。
(3)有"异常记录表",并登记成册,能即时记录异常情况。
(4)监控室人员按要求监控场内运行状况。

二、生产作业区域"整理、整顿"自查要点

(一) 卸/装车区

1. "整理"工作自查要点

(1) 没有无用的生产工具和个人用品。

(2) 没有过期、损坏的消防水龙头、烟感探测器、警示灯、灭火器等设施。

(3) 地面没有散落邮件、单据、纸箱、垃圾,没有明显破损、坑洞等安全隐患。

(4) 墙面整洁,标语清晰,无明显油污、脚印、涂鸦。

(5) 通道上没有纸箱、闲杂人等阻挡车辆行驶。

(6) 没有无人管理的卫生死角(长期积水、积油)。

(7) 开关、控制面板标识清晰,控制对象明确。

(8) 车辆把手、喇叭、门、锁等状况良好。

(9) 卸车口没有邮件堆堵,邮件卸车能顺利卸车送上皮带线。

2. "整顿"工作自查要点

(1) 班次交接时及时关闭胶带机(不得出现长时间空转现象)。

(2) 作业人员按照规定进行作业。

(3) 笼车、容器、PDA 扫描枪、托盘等生产工具专门定置区域放置。

(4) 装车前或卸车完毕后,须 100% 对车厢进行检查。

(5) 手动叉车、柴油叉车、电叉车、手推车等不用时摆放在指定位置。

(6) 空笼车和装满邮件的笼车分别指定区域整齐摆放。

(7) 设备有相应的日常管理责任人及点检记录。

(8) 笼车内邮件码放高度不得超过笼车高度 10 cm。

(9) 使用胶带机装车,保持人员作业效率。

(10) 设备长期不使用时关闭,无空转现象。

(二) 初分拣区

1. "整理"工作自查要点

(1) 胶带机防掉件挡板完好无损。

(2) 设备控制面板等表面干净,无乱涂乱画痕迹,无锈蚀。

2. "整顿"工作自查要点

(1) 设备定点摆放并设定责任人,用卡片标示清楚。

(2) 分拣及时,无扔、抛、踢等违规操作动作。

(3) 保证作业区域通畅。

(4) 若无胶带机,分拣后邮件按照下重上轻的方式进行堆放。

(5) 作业结束,设备和生产工具及时整理归位。

(三) 人工分拣区

1. "整理"工作自查要点

(1) 胶带机上没有剪刀、空容器等易造成胶带机损坏的物件。

(2) 胶带机上无涂画现象,警示标识清晰,隔离网栅完好。

(3) 皮带线挡板完好,能有效阻止邮件掉落。

(4) 地面没有散落纸张、积水、大面积油污。

2. "整顿"工作自查要点

(1) 邮件按照重不压轻、大不压小、易碎件单独摆放的原则堆放整齐。
(2) 分拣区域的灯光照明能保证员工进行分拣作业。
(3) 分拣笼、笼车等使用正常,无造成人员划伤的尖锐物等隐患。
(4) 使用撑袋架封发,封发过程合理使用容器,有序摆放邮件,封发后总包码放整齐,开拆后邮袋整齐叠放,无散落现象。
(5) 清洁工具定位放置,摆放整齐。

(四) 自动小件分拣区

1. "整理"工作自查要点

(1) 设备标识牌清晰可辨,启动/急停开关标识明显。
(2) 设备上没有多余杂物,皮带完好无损,无涂画现象。
(3) 皮带线挡板完好,能有效阻止邮件掉落。
(4) 地面没有散落纸张、积水、大面积油污。

2. "整顿"工作自查要点

(1) 搬运邮件时,不突然猛举、猛提。
(2) 员工进行开拆、分拣、封发作业时站立作业。
(3) PDA、容器等生产工具置于固定位置,安全操作标识醒目。
(4) 分拣区域的灯光照明能保证员工进行分拣作业。
(5) 封发过程合理使用容器,封发后总包码放整齐。
(6) 开拆后空容器整齐叠放,无散落现象,捆扎带、袋牌等指定位置存放。
(7) 清洁工具定位放置,摆放整齐。

(五) 安检区

1. "整理"工作自查要点

(1) 扫描通道无物品阻挡,且扫描器能正常使用。
(2) 监控设备完好,能覆盖车辆和人员进出区域。
(3) 地面无明显坑洞,保证无安全隐患。
(4) 进出指示牌完好、清晰。

2. "整顿"工作自查要点

(1) 人员进出记录、人员巡查记录即时、准确。
(2) 作业人员进入时不带手机、钱包、香烟、打火机和钥匙等。
(3) 员工着装干净利落,无安全隐患。
(4) 地面定置线清晰明确,无破损。
(5) 安检区域有充足的照明保证,且监控录像清晰。

三、场院区域"整理、整顿"自查要点

(一) 场院外围

1. "整理"工作自查要点

(1) 场院绿化带完好,没有倒下的树木,草坪无垃圾。

(2) 场院内没有散落无人管理的货物、纸箱,没有破损(无法使用)的叉车、护栏等。
(3) 场院内无破旧失效的标识牌、车区定置线。
(4) 场院内无胡乱张贴的广告。
(5) 场院附近无产生腐蚀性气体、粉尘和辐射性较强的污染源。

2."整顿"工作自查要点

(1) 场院通道整洁宽敞,没有多余货物阻挡通道。
(2) 车闸、人检闸机设备正常,如遇故障及时报修。
(3) 场院定期打扫卫生,并能维护整洁状态。

(二) 装卸垛口

1."整理"工作自查要点

(1) 行政及外来车辆不允许停放在装卸垛口区。
(2) 车辆必须服从现场调度人员的安排,不允许乱停乱放。
(3) 司机不得向窗外抛、扔杂物。
(4) 车辆外观完好,驾驶室内清洁,能维护邮政形象。
(5) 装卸完毕后 100% 对车厢进行检查,确保无遗留在车厢的邮件。

2."整顿"工作自查要点

(1) 倒车时指挥人员不可站在车辆正后方,要站在车辆左后镜可以观测的范围。
(2) 装卸人员必须等车辆停稳后,才可开车门卸车。
(3) 使用统一的车辆登记表或场院管理系统,对到发车辆相关情况进行登记。
(4) 行车日志、车辆证件完整,随车工具(警示牌、灭火器等)齐备。
(5) 司机须监督解、封车操作,按步骤完成交接手续。

四、"清扫"自查要点

"清扫"自查适用于所有生产作业区域,主要自查内容如下。

(1) 所有门窗玻璃干净、无明显脏污,完好无损坏。
(2) 墙壁无剥落、无明显污渍,无蜘蛛网和积尘。
(3) 墙角无明显积灰、烟头、昆虫尸体以及其他杂物。
(4) 绿化场地周围及地面上不得有泥土及落叶。
(5) 主要区域和房间须有标识铭牌或布局图。
(6) 地面区域合理划分,区域线、标识清晰无剥落,定期有人清扫。
(7) 安全隐患处有明显警示标识,悬挂方式符合规定。
(8) 作业场地物品摆放有定置定位标识牌。
(9) 设备上无涂鸦,无清扫死角,指定人员定期清洁。
(10) 胶带机表面保持干净,无多余物。
(11) 宣传贴挂的各种物品整齐合理,表单通知归入公告栏。
(12) 各区域和用品的清扫频率和清扫标准应明确,无遗漏。
(13) 各区域的清理清扫工作责任到人,无盲区。

五、封闭式管理自查要点

(一) 人员进出

(1) 进入生产作业场地时,员工需穿戴工装或有指定标识的服装。
(2) 所有人员进出生产作业区需通过专门的通道,禁止通过邮件装卸垛口进出生产作业场地。
(3) 人员专用通道安装人检闸机和安检门,所有人检闸机系统必须处于开启状态。
(4) 作业人员通过人检闸机时需刷自己的工牌,不得替其他作业人员刷卡;刷一张工牌,只能通行一人,不允许多人一起通行。
(5) 所有人员不得携带与操作无关的物件(如手机、钱包、香烟、打火机等)进入生产作业区,安保人员凡发现有人携带个人物品进入生产作业区,立即责令其返回或将物品放至储物柜。
(6) 外单位访客需由本单位接待人员陪同方可进入生产作业场地,未经许可外来人员一般不得在操作区内摄像或摄影。
(7) 外单位访客进入生产作业区时佩戴临时马甲、工牌或袖标,离开时归还。

(二) 车辆进出

(1) 处理中心场院出入口有专人值守,对进出场院的车辆核实后方可进出。
(2) 运邮车辆、个人车辆设专门的通道和出入口进出场院。
(3) 车辆专用通道需安装道闸系统,道闸闸杆处于常闭状态,起落一次只允许通行一辆车,车辆通过道闸时车速不超过 5 km/h。
(4) 垛口装卸门的开启、关闭由专人负责管理,仅允许在邮件装卸作业时开启,装卸作业完毕后应及时关闭,并及时清理站台留存的邮件。
(5) 处理中心外的站台,除车辆装卸作业期间,不得用作邮件暂存场地。
(6) 车辆须服从场院管理人员的安排,不允许乱停乱放。
(7) 行政车辆和个人车辆不得停放在装卸区。
(8) 外来车辆进入场院需获得值班负责人许可,安保人员按规定进行检查。

六、"安全"自查要点

邮件生产现场
安全标志管理

"安全"自查要点适用于所有区域,主要内容如下。
(1) 工作人员要有火灾逃生、用电维护的常识。
(2) 破损的电源开关处、裸电线处、危险电压区应有"危险"标识。
(3) 设备电线布局合理整齐,无乱接电线、私自使用大功率用电器的现象。
(4) 打印机、空调、电灯、饮水机、电脑等不使用时需及时关机断电。
(5) 油类、胶类、酒精等危险品有专门放置区,并做标识。
(6) 生产区域地面有逃生路线,生产场地张贴"禁止吸烟""防火"等警示标识。
(7) 灭火器周围 2 m 内无物品堆积,过道畅通。
(8) 消防器材管理符合定置定位摆放的要求,定期安检并记录在册。
(9) 排风扇正常运作,保证区域内空气流通。
(10) 禁止将易燃、易爆物品及私人物品带入生产场地。
(11) 设备电力、动力部位等衔接处要设置警示标识。

(12) 分拣机停机维护不小于两小时,有设备维护和保养档案。
(13) 监控设备应 24 小时开启,严禁伪造、隐瞒开启情况。
(14) 无随意跨越各类设备现象,严禁跨越运作中的设备。
(15) 办公桌、文件柜的棱角没有损坏及尖锐部分,无刮伤、划伤的隐患。
(16) 人员离开电脑时要锁住屏幕,下班时将重要文件锁在抽屉里。
(17) 进入生产作业场地时,员工需穿着工装;对进入作业区域的人员着装严格检查,长头发、长围巾、长衣服、长裙子以及可能发生机械设备动力搅缠的隐患,必须采取有效措施进行防范处理,着装存在安全隐患的人员严禁进入生产现场。
(18) 作业人员严格按照作业标准操作,严禁扔、抛、摔、坐、踩、踢、压、拖拉邮件,严禁乱摆乱放邮件,拆包时严禁划破包内邮件及容器。
(19) 作业过程中发现邮件包装破损、内件散落等异常情况,按操作规定当场查证核实处理。
(20) 胶带机驱动装置有防护罩,电线电源无破损、裸露、老化,无漏电隐患,有"当心伤手"等安全标识,运行时无异响。
(21) 作业人员不随意穿越装卸垛口及非行走通道。
(22) 垛口有防撞设施并有黄色反光提醒。
(23) 车辆司机必须系好安全带,无超载、酒驾、醉驾等违法驾驶现象。
(24) 设备检修时有警示标识,工艺设备改造时相关区域进行围挡。

七、"规范"自查要点

"规范"自查适用于所有区域,主要内容如下。
(1) 主要区域有标识牌或布局图,地面区域线、标识清晰无剥落,安全隐患处有明显警示标识。
(2) 现场的标识、标牌和看板制作符合邮政统一规范的要求。
(3) 班前班后会议记录完整、字迹清晰,异常邮件处理台账无误。
(4) 设备维护和保养档案齐全,日常点检有记录,设备损坏能及时送修。
(5) 作业现场定置定位合理,符合作业流程和环境条件。
(6) 班结清场时当班次接卸邮件全部处理完毕。
(7) 人员、车辆进出生产场地要进行登记或验证,符合封闭式管理规范,无盲区。
(8) 现场清扫责任到人,无死角、无盲区、常态化。
(9) "生产现场巡场记录表"有"发现问题",有"改善建议",有"落实反馈"。

八、"素养"自查要点

"素养"自查适用于所有区域,主要内容如下。
(1) 员工上班时间必须佩戴工牌(佩戴规范,保持工牌清洁),妥善保管工牌,无乱丢乱放现象。
(2) 员工着装整齐,穿鞋规范,操作区域作业人员需穿着工装(含工衣、工裤、马甲)。
(3) 员工头发长短适中、梳理整齐,形象整洁。
(4) 员工站、坐姿自然,文明行路。

(5) 员工工作期间不擅自离岗,不得随意串岗,不大声喧哗,不做与工作无关事项。
(6) 员工遵守作息时间,工作期间精神饱满,不得有赌博等违法行为。
(7) 员工礼貌待人,无随地吐痰、骂脏话现象,排队时井然有序,不喧闹。
(8) 员工应具备按标准作业的意识,养成依规定行事的习惯。
(9) "6S"现场管理形成闭环。

【案例一】

某省邮政分公司邮件处理中心安全管理能力提升活动经验做法

自邮政实施邮速资源整合以来,寄递业务跨越式发展目标与安全管理能力不足之间的矛盾日益凸显,作为寄递业务核心环节之一的邮件处理中心,安全责任不落实、外包管理不完善、安全措施不到位、安全教育不深入等问题较为突出。省分公司安全保卫部坚持问题导向,落实省分公司"必须典型引路,着力解决方法导向问题"的工作要求,在充分调研的基础上,总结了无锡邮区中心在安全管理中的一些经验做法,向全省各级邮政企业推介,并组织开展邮件处理中心安全管理能力提升活动,制定提升目标、明确责任段落、完善管控措施、落实闭环管理,切实提升安全管理能力。

本地邮区中心主要有六个方面的经验做法。一是生产现场安全管理网格化,依据作业流程和工位分布,将生产场地划分为16个安全生产责任分区,明确安全责任人和安全管理具体要求;二是日常安全检查体系化,建立部门日常检查、专业部门每周检查、邮区中心月度检查三级安全检查体系;三是施工安全管理规范化,对标行业先进,规范施工前、施工中的各项安全制度和措施;四是外包安全管理标准化,实现入场管控、物品管控、着装管控、制度管控标准化;五是现场安全管理精细化,因地制宜地完善邮件安全、消防安全、场院安全、车辆安全、封闭管理各项细化措施;六是安全教育培训常态化,建立操作类员工岗前三级(厂级、车间级、班组级)安全教育制度,安全教育宣读卡每日班前会宣读制度;设备安全操作规范视频,在生产现场大屏幕滚动播放,每年不少于2次集中培训特种作业设备(电动叉车、牵引车等)的安全操作的等。

自2020年7月至9月底,利用3个月的时间,邮件处理中心开展安全管理能力提升活动,从四个方面着力提升安全管理能力。一是以网格化管理为抓手,推进安全责任落实、落地。各级邮件处理中心全面推行生产场地网格化安全管理,划分区域,明确责任人,制定安全操作规范,细化安全管控要求,纳入奖惩考核体系。二是以标准化管理为基础,推进外包管理有序、有效。各级邮件处理中心结合业务外包实际,制定标准化、规范化的外包人员入场管控、物品管控、着装分类、培训监督、随工管理等制度并全面施行。三是以精细化管理为目标,推进安全措施抓细、抓实。各级邮件处理中心结合实际,举一反三,细化和完善本单位安全管理具体措施,确保在本单位范围内实现人员、车辆、邮件物品安全、有序、高效的进出流动。四是以常态化教育为导向,推进安全意识入脑、入心。各级邮件处理中心建立包括单位主要负责人和安全生产管理人员在内的分级安全教育体系,员工岗前三级安全培训和每日班前会安全警示制度,安检设备、电动叉车等特种设备作业人员安全作业培训资格准入制度,结合事故案例,组织全员开展后果警示教育。活动期间,省分公司安全保卫部、省分公司寄递事业部和运营管理部组织检查督导,并将检查情况纳入日常管理工作考评内容。

思考:上述邮区中心开展安全管理能力提升的主要举措是什么?

【实践项目】

实地参观邮件处理中心,完成邮件处理中心"6S"现场管理中安全管理的检查工作。

- 任务目标

掌握"6S"管理的主要内容,认识生产现场安全管理的重要性。

- 任务要求

(1) 熟悉安全管理的主要内容以及生产现场的检测点。

(2) 结合教材中的自查要点,分析安全管理是否达标。

- 任务实施

(1) 实地观察生产作业现场安全管理的主要场所标识。

(2) 可以在允许的条件下拍照进行分析。

第九章 邮政企业生产质量管理

【企业背景】

邮政企业生产质量是邮政企业社会效益的集中表现,是邮政寄递业务的生命线,也是邮政企业核心竞争力的重要内容。质量管理工作责任重大,那么邮件传递的全过程如何实施质量管理、如何评价生产过程质量水平的高低呢?带着这些问题,我们走进本章的学习。

【岗位要求】

熟悉邮政生产各环节质量管理的要求,掌握关键生产环节质量管理的指标、考核和改进方法,能够有效实施生产过程的质量控制。

【学习目标】

- 理解邮政生产质量管理的重要意义;
- 掌握邮政生产质量管理常用的指标;
- 初步理解生产质量管理制度和考核方法;
- 引导学生树立质量责任意识、生产管理意识,养成严谨的工作态度;
- 培育学生的邮政情怀、一丝不苟的工作精神和从实际中来到实际中去的工作态度。

【思维导图】

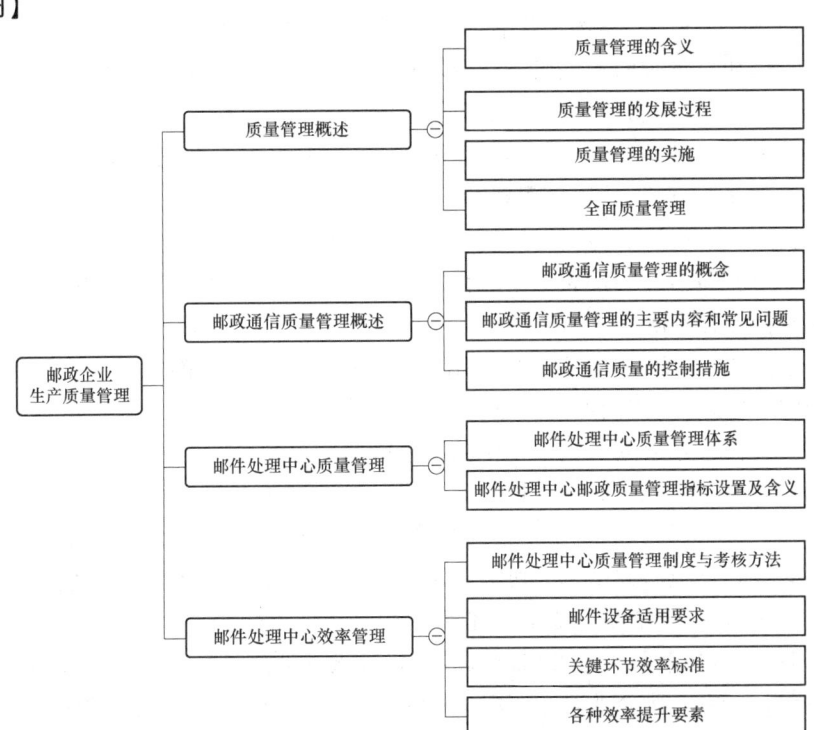

第一节　质量管理概述

一、质量管理的含义

质量管理是指确定质量方针、目标和职责,并通过质量体系中的质量策划、控制、保证和改进来使其实现的全部活动。质量管理专家朱兰对质量管理的基本定义是"质量就是适用性的管理,市场化的管理"。费根鲍姆对质量管理的定义是"为了能够在最经济的水平上,并在考虑充分满足顾客要求的条件下进行市场研究、设计、制造和售后服务,把企业内各部门的研制质量、维持质量和提高质量的活动构成一体的一种有效的体系"。国际标准和国家标准对质量管理的定义是"在质量方面指挥和控制组织的协调的活动"。质量方面的指挥和控制活动,通常包括制定质量方针和质量目标以及质量策划、质量控制、质量保证和质量改进。

质量代表了一个国家的形象,一个民族的精神。在一定意义上,国家的强大依靠生产高质量的产品和服务的能力,因此质量是企业的生命,质量管理是企业管理的纲要。企业要提高经济效益,必须根据企业自身特点,在内部建立相应的管理体系,用适宜的、符合自己经济发展的质量管理模式,来有效地开展各项质量活动,实现质量管理。

二、质量管理的发展过程

质量管理的发展大致经历了3个阶段。

1. 质量检验阶段

20世纪前,产品质量主要依靠操作者本人的技艺水平和经验来保证,属于"操作者的质量管理"。20世纪初,以F. W. 泰勒为代表的科学管理理论的产生,促使产品的质量检验从加工制造中分离出来,质量管理的职能由操作者转移给工长,是"工长的质量管理"。随着企业生产规模的扩大和产品复杂程度的提高,产品有了技术标准(技术条件),公差制度(见公差制)也日趋完善,各种检验工具和检验技术也随之发展,大多数企业开始设置检验部门,有的部门直接被厂长领导,这时是"检验员的质量管理"。

质量管理从操作者发展到检验员,对提高产品质量有很大的促进作用,但这一阶段的上述几种做法有明显的不足,它们都属于事后检验、全数检验,甚至是破坏性检验的质量管理方式。

2. 统计质量控制阶段

1924年,美国数理统计学家W. A. 休哈特提出控制和预防缺陷的概念。他运用数理统计的原理提出在生产过程中控制产品质量的"6σ"法,绘制出第一张控制图并建立了一套统计卡片。与此同时,美国贝尔研究所提出关于抽样检验的概念及其实施方案,成为运用数理统计理论解决质量问题的先驱,但当时并未被普遍接受。以数理统计理论为基础的统计质量控制的推广应用始自第二次世界大战。由于事后检验无法控制武器弹药的质量,美国国防部决定把数理统计法用于质量管理,并由标准协会制定有关数理统计方法应用于质量管理方面的规划,成立了专门委员会,并于1941—1942年先后公布了一批美国战时的质量管理标准。这些标准的提出和应用标志着质量管理在20世纪40年代进入统计质量控制阶段,二战后,统计质量控制的方法开始得到推广,为企业带来了极大的利润,从"事后把关"变为预先控制,并很好地解决了全数检验和破坏性检验问题。但是其过多地强调了统计方法的作用,忽视了其他方法和组织管理对质量的影响。

3. 全面质量管理阶段

20世纪50年代以来,随着生产力的迅速发展和科学技术的日新月异,人们对产品的质量从注重产品的一般性能发展为注重产品的耐用性、可靠性、安全性、维修性和经济性等;生产技术和企业管理中要求运用系统的观点来研究质量问题;管理理论也有新的发展,突出和重视人的因素,强调依靠企业全体人员的努力来保证质量;此外,还有"保护消费者利益"运动的兴起,使得企业之间的市场竞争越来越激烈。在这种情况下,美国于60年代初提出全面质量管理的概念,全面质量管理是"为了能够在最经济的水平上,并在考虑充分满足顾客要求的条件下进行生产和提供服务,把企业各部门在研制质量、维持质量和提高质量方面的活动构成一体的一种有效体系"。

质量管理发展到全面质量管理,是质量管理工作又一个大的进步。统计质量管理着重于应用统计方法控制生产过程质量,发挥预防性管理作用,从而保证产品质量。然而,产品质量的形成过程不仅与生产过程有关,还与其他许多过程、环节和因素相关联,不是单纯依靠统计质量管理所能解决的。全面质量管理相对更加适应现代化大生产对质量管理整体性、综合性的客观要求,从过去限于局部性的管理进一步走向全面性、系统性的管理。

三、质量管理的实施

企业质量管理实施中应遵循的原则有:以顾客为中心、领导作用、全员参与、过程方法、管理的系统方法、持续改进、基于事实的决策方法、与供方互利,从而体现质量管理是全面的质量管理、全过程的管理、全员参加的管理。

影响企业质量管理实施的因素有以下几点。

1. 缺少远见

远见是指洞察未来从而决定企业将要成为什么样企业的远大眼光,它能识别潜在的机会并提出目标,现实地反映了将来所能获得的利益。远见提供了企业向何处发展、企业如何制订行动计划以及企业实施计划所需要的组织结构和系统的顺序。缺少远见就导致把质量排斥在战略之外,这样企业的目标及优先顺序就不明确,质量在企业中的角色就不易被了解。要想从努力中获得成功,企业需要转变其思维方式,创造不断改进质量的环境。

2. 没有以顾客为中心

误解顾客意愿、缺少超前为顾客服务的意识,虽改进了一些工作但没有给顾客增加价值,也会导致质量管理的失败。例如,传递公司着迷于准时传递,努力把准时率从42%提高到92%,然而令管理者惊讶的是公司失去了市场,原因是公司强调了准时却没有时间回答顾客的电话和解释产品。顾客满意是一个动态的持续变化的目标,要想质量管理成功就必须集中精力了解顾客的期望,开发的项目要满足或超出顾客的需要。国外一家公司声称对不满意顾客提供全部赔偿,公司为此付出了代价,但收入却直线上升,员工的流动率也从117%降至50%。

3. 管理者贡献不够

调查表明,大多数质量管理活动的失败不是技术而是管理方面的原因。所有的质量管理权威都有一个共识:质量管理最大的障碍是质量改进中缺少上层主管的贡献。管理者的贡献意味着通过行动自上而下地沟通公司的想法,使所有员工和所有活动都集中于不断改进,这是一种实用的方法。只动嘴或公开演说不适合质量管理,管理者必须参与和质量管理有关的每一个方面的工作并持续保持下去。在一项调查中,70%的生产主管承认,他们的公司现在花费更多的时间在改进让顾客满意的因素上。然而他们把这些责任授权给中层管理者,因而说不清楚这些努力成功与否。试想,这样的质量管理能够成功吗?

4. 没有目的的培训

企业把许多钱花费在质量管理的培训上,然而许多企业的质量管理并没有因此得到根本的改进。因为太多的质量管理培训是无关紧要的。例如,员工们学习了控制图,但不知道在哪里用,不久他们就忘记了所学的内容。可以说,没有目标、没有重点的培训实际上是一种浪费,这也是质量管理失败的一个因素。

5. 缺少成本和利益分析

许多企业既不计算质量成本,也不计算改进项目的利益,即使计算质量成本的企业也经常只计算明显看得见的成本(如担保)和容易计算的成本(如培训费),而完全忽视了有关的主要成本,如销售损失和顾客离去的无形成本。有的企业没有计算质量改进所带来的潜在的利益。例如,不了解由于顾客离去而带来的潜在销售损失等。某项研究表明:不满意的顾客会把不满意告诉22个人,而满意的顾客只将满意告诉8个人。减少5%的顾客离去率可以增加25%~95%的利润,增加5%的顾客保留率可以增加35%~85%的利润。

6. 组织结构不适宜

质量管理的失败还可能由于组织结构、测量和报酬在质量管理培训、宣传中没有引起注意。如果企业还存在烦琐的官僚层次和封闭职能部门,无论多少质量管理的培训都是没有用的。在一些企业中,管理者的角色很不清楚,质量管理的责任常常被授权给中层管理者,这导致了质量小组之间的权力争斗,质量小组缺少对质量的总体把握,结果导致争论和混乱。扁平结构、放权、跨部门工作的努力对质量管理的成功是必须的。成功的企业保持开放的沟通形式,发展全过程的沟通,消除了部门间的障碍。研究表明:放权的跨部门小组所取得的质量改进成果可以达到部门内的小组所取得成果的200%~600%。

7. 形成了自己的官僚机构

质量管理活动过程通常把质量管理授权于某质量特权人物,质量成为一个平行的过程,产生带有自己的规则、标准和报告人员的新的官僚层次和结构,无关的质量报告成为正常。这个质量特权人物逐渐"长大、渗透",成为花费巨大而没有结果的"庞然大物"。质量官僚们把自己同日常的生活隔离开来,不了解真实的情况,反而成为质量改进的障碍。

8. 缺少度量或度量错误

缺少度量或度量错误是导致质量管理失败的又一个原因。不恰当的度量鼓励了短期行为而损失了长期的绩效,一个部门的改进以损失另一个部门的利益为代价。例如,选择合适的价格改进了采购部门的绩效,但给生产部门带来了极大的质量问题。企业没有参考对比,就如同猎手在黑夜里打猎,只是乱打一气,偶然有收获,更可能是巨大的损失。公司需要与质量改进有关的绩效度量手段,包括过程度量和结果度量。成功的公司都以顾客为基础来度量和监测质量改进的过程。

9. 报酬和承认不够

战略目标、绩效度量和报酬或承认是支持企业质量改进的三大支柱。改变观念和转变模式需要具有重要意义的行为改变,行为在很大程度上受承认和报酬制度的影响。企业如何承认和回报员工是传递公司战略意图的主要部分。为使质量管理的努力富有成效,企业应当承认和回报具有良好绩效者,从而使质量改进成为现实。

10. 会计制度不完善

现行的会计制度对质量管理的失败负有很大的责任。它歪曲了质量成本,没有搞清楚其潜在的影响。例如,与不良产品有关的成本,如担保,甚至没有被看作质量成本;废弃、返工被看作企业的一般管理费。

四、全面质量管理

全面质量管理,即 TQM(Total Quality Management),就是指一个组织以质量为中心,以全员参与为基础,目的在于通过使顾客满意和本组织所有成员及社会受益而达到长期成功的管理途径。从现在和未来的角度来看,顾客是企业的"衣食父母"。"以顾客为中心"的管理模式正逐渐受到企业的高度重视。全面质量管理注重顾客价值,其主导思想是"顾客的满意和认同是长期赢得市场,创造价值的关键"。为此,全面质量管理要求必须把以顾客为中心的思想贯穿到企业业务流程的管理中,即从市场调查、产品设计、试制、生产、检验、仓储、销售、到售后服务的各个环节都应该牢固树立"顾客第一"的思想,不但要生产物美价廉的产品,而且要为顾客做好服务工作,最终让顾客放心、满意。在全面质量管理中,质量这个概念和全部管理目标的实现都密切相关。

全面质量管理思想集中体现在 PDCA(P——Plan,计划;D——Do,执行;C——Check,检查;A——Act,处理)循环上,该循环由美国统计学家戴明(W. E. Deming)发明,因此也被称为戴明循环。

1. 计划阶段:看哪些问题需要改进,逐项列出,找出最需要改进的问题。
2. 执行阶段:实施改进,并收集相应的数据。
3. 检查阶段:对改进的效果进行评价,用数据说话,看实际结果与原定目标是否吻合。
4. 处理阶段:如果改进效果好,则加以推广;如果改进效果不好,则进行下一个循环。

PDCA 循环的特点是大环套小环,企业总部、车间、班组、员工都可进行 PDCA 循环,找出问题以寻求改进;阶梯式上升,第一循环结束后,则进入下一个更高级的循环,循环往复,永不停止。戴明强调连续改进质量,把产品和过程的改进看作一个永不停止的、不断获得小进步的过程。

全面质量管理有以下 4 个方面的含义:首先,全面的质量,包括产品质量、服务质量、成本质量;其次,全过程的质量,指质量贯穿于生产的全过程,用工作质量来保证产品质量;再次,全员参与的质量,对员工进行质量教育,强调全员把关,组成质量管理小组;最后,全企业的质量,目的是建立企业质量保证体系。

第二节　邮政通信质量管理概述

一、邮政通信质量管理的概念

质量管理是指为了实现质量目标,而进行的所有管理性质的活动,通常包括制定质量方针和质量目标以及质量策划、质量控制、质量保证和质量改进等方面。

邮政通信质量是邮政通信社会效益的集中表现,是邮政企业各项管理工作的综合反映,也是衡量邮政企业向社会提供服务水平高低的主要标志。同时,严格的邮政通信质量管理能够有效地保护用户的通信利益,维护邮政企业信誉。

邮政通信质量实行"一级管一级"的分级管理原则。中国邮政集团总公司负责各省、自治区、直辖市分公司邮政通信质量的检查考核;省、自治区、直辖市分公司负责所属市县分公司邮政通信质量的检查考核。市、县分公司根据省、自治区、直辖市分公司下达的质量指标计划,组织制订落实措施,搞好质量管理的基础工作和监督检查,及时发现通信质量上存在的问题,积极采取改进措施,保证完成通信质量计划。

二、邮政通信质量管理的主要内容和常见问题

邮政通信质量主要包括 4 个方面:邮件安全、邮件时效、客户体验和标准操作。邮件安全的质量管控点为邮件丢失、损毁、违规操作;邮件时效的质量管控点为内部处理环节未及时处理、运输环节延误;客户体验的质量管控点为邮件丢失、错发、延误及出现信息断点;标准操作的质量管控点为业务操作规范执行情况。邮政通信质量管理要对生产中的各环节采取全过程控制,通过事前、事中、事后及结果运用 4 个维度,实现闭环管理。

根据邮件在传递、处理过程中发生问题所带来的后果,邮政通信质量问题可以分为 3 种,分别是:危害邮件安全,包括邮件丢失、被盗、冒领以及焚烧、水湿、污染、腐蚀、爆炸而使邮件受到损失;影响邮件时限,包括局内积压、延误班期、错发、误发等,造成邮件超过全程规定时限;邮件损毁、延误等隐患,包括处理邮件不执行规章制度,不符合规格标准。

根据对邮政通信效用的影响和危害程度不同,邮政通信质量问题又可分为 4 种,分别是:重大通信事故,邮件散件一次丧失损毁给据邮件 50 件以上、平常邮件 300 件以上的;通信事故,邮件丧失造成恶劣影响的;主要差错,邮件误投、漏投造成恶劣影响的;一般差错,邮件误改退造成恶劣影响的。

针对邮件寄递时限和安全又可以将邮政通信质量问题分为总包邮件损失、给据邮件损失、邮件全程时限逾限、邮件处理不合规格、机要文件失密丢损等,具体如下。

1. 总包邮件损失,是指各类总包在传递过程中丢失、损毁、被窃后无法找回或失去效用。
2. 给据邮件损失,是指各类给据邮件在传递过程中丢失、损毁、被窃后无法找回或失去效用。
3. 邮件全程时限逾限,是指邮件超过规定的从收寄到投递全过程所用的时间。
4. 邮件处理不合规格,是指各类总包或散件的收寄和处理不符合规格标准。
5. 机要文件失密丢损,是指机要文件丢失、泄密、被窃、损毁。
6. 国际邮件误收、误投,特别是使国家造成损失或引发涉外问题的情况。
7. 误收寄危险物品造成严重后果的情况。

有效的质量管理就是要消除上述邮件生产过程中存在的或可能存在的各方面问题,从而保障各类邮件迅速、安全、准确地传递。

三、邮政通信质量的控制措施

邮政通信质量控制坚持"预防为主、严格控制"的方针,重视 3 个质量信息源:查单验单反映的情况;检查人员发现的问题;人民群众的申告(包括社会监督岗、电话申告)。针对各种质量问题,要严格邮政通信质量的考核与奖惩。集团公司对省分公司、自治区分公司、直辖市分

公司邮政通信质量的考核方式分为两种：一是行政方式,定期发通报;二是经济方式,扣减质量得分。邮政通信质量的控制措施具体如下。

首先,在管理上重视对通信质量先进单位进行奖励。一般以省分公司、自治区分公司、直辖市分公司为单位,全年各项质量指标完成较好,无重大通信案件,通信质量管理基础工作扎实、成绩显著的,可评为"邮政通信质量先进单位";单项质量好的可评为单项质量优秀单位。对于先进单位、单项质量优秀单位,颁发质量奖状和奖金。

其次,确保质量管理相关数据的准确、真实。严格对质量数据上报不实或弄虚作假者的惩罚,除按实际发生量考核外,对虚报部分要加倍扣分,情节严重的要给主管领导人以行政处分和经济处罚。同时,设置各级视察员、检查员,对相关单位质量统计上报数据的真实性、准确性进行监督。

最后,根据邮件传递的不同环节、不同生产岗位的工作内容和要求设置具体的质量管理、考核标准,如营业服务质量管理、邮政投递服务质量管理、邮政客户服务中心质量管理、邮件处理中心生产质量管理等,下面重点介绍邮件处理中心生产质量管理的内容,包括邮件处理中心质量管理和邮件处理中心效率管理。

第三节 邮件处理中心质量管理

一、邮件处理中心质量管理体系

按照三级质量管理体系和网运检查三级负责制的要求,本着一级管一级、一级向一级负责的原则,各级质量检查人员严格按照上级要求的检查内容、检查频次履行检查职责,以日常检查和专项检查相结合,普遍检查和重点抽查相结合等方式,对全局生产作业、邮路运行及传递时限进行全方位的监督、检查,按照上级下达的各项质量指标对生产单位进行考核,并对检查和考核结果进行统计、分析、反馈,保障中心局生产运行质量。邮件处理中心质量控制管理体系包括质量检查、业务档案管理等职能。

二、邮件处理中心邮政质量管理指标设置及含义

邮政质量管理指标是反映邮件处理中心生产管理总体水平的重要尺度。为了适应生产作业组织和生产流程的要求,掌握邮政生产过程中各单位、各工种、各环节的生产质量情况,同时确保各类邮件在传递过程中实物与信息同步运行,按照"迅速、准确、安全、方便"的原则设置生产质量指标,并加以检查和考核,促使各级邮件处理中心严格按照作业计划,合理组织处理、运输等各环节的内部生产,保证邮件按规定计划交发汽车运输、邮航、民航及火车邮路等运输载体,车辆准点到开,保证邮件传递时限水平。

邮区中心局质量管理指标体系

(一) 质量管理指标设置的原则

1. 准确性原则

准确性原则指指标能够准确、真实地反映生产管理过程中各环节、各层面的基本情况和发展水平,为生产决策提供准确、真实的依据。

2. 及时性原则

及时性原则指各项指标的统计、反馈要及时,为各级领导和管理部门了解情况、制定政策和措施争取时间。

3. 全面性原则

全面性原则指指标的设置要齐全,要能全面反映通信生产的总体情况。

4. 方便性原则

方便性原则指能够为各级领导和管理部门提供数据清晰、清楚明了、使用方便的原始资料。

(二) 处理中心生产质量指标体系

1. 通信质量指标

(1) 总包邮件延误差错率

(2) 总包邮件丢失损毁率

(3) 总包邮件封发不合格率

(4) 给据邮件延误差错率

(5) 给据邮件丢失损毁率

(6) 平常邮件延误差错率

(7) 报刊分发延误差错率

(8) 报刊分发丢失损毁率

(9) 机要邮件总包失密丢损率

(10) 机要邮件总包延误差错率

(11) 邮车运行准班率

(12) 邮车运行准点率

(13) 总包邮件信息发送准时率

(14) 总包邮件信息发送正确率

(15) 总包邮件扫描勾核率

(16) 邮件查询逾限率

(17) 重大通信事故次数

上述通信质量指标由中心局及上级主管部门分级考核。

2. 外部考核指标

(1) 给据邮件条码化率

(2) 给据邮件条码正确识读率

(3) 给据邮件信息上网率

(4) 给据邮件网上信息准确率

上述外部考核指标主要发生在营投环节,由相关部门考核,邮区中心局按要求提供相关数据。

3. 运行效率和效益控制指标

(1) 运邮车辆利用率

(2) 运邮车辆完好率

(3) 通信设备利用率

(4) 通信设备完好率

(5) 邮件分拣上机率

(6) 邮车运能利用率

(7) 人均劳动生产率

(8) 给据邮件网络化分拣率

(9) 给据邮件信息预处理率

(10) 改退邮件比率

(11) 中心局全网贡献率

(三) 生产质量指标解释与计算方法

1. 通信质量指标解释与计算方法

(1) 总包邮件延误差错率(万分比)

总包邮件延误差错是指生产人员违反邮件发运计划、发运次序、总包邮件漏发运、错装、错卸等主观原因导致总包邮件超过规定传递时限,或因错发等主观因素导致总包邮件的差错责任。

总包邮件延误差错率是指某企业某时期发生总包邮件延误差错的袋数占本企业总包邮件交换量的比例。该指标数据按月、年或者根据实际需要的统计期统计,总包邮件延误差错的袋数根据验单或者"两子系统"内的控制系统全额统计,但与总包邮件交换量的取数必须保持同期、同范围。总包邮件延误差错率的计算公式为:

$$总包邮件延误差错率 = 总包邮件延误差错袋数 / 总包邮件交换量$$

(2) 总包邮件丢失损毁率(万分比)

总包邮件丢失损毁是指生产人员未执行规章制度和操作规程造成总包邮件有进无出、查无下落;因安全防范措施不力导致总包邮件被盗;因操作失当导致总包邮件损毁而引起的赔偿责任。

总包邮件丢失损毁率是指某企业某时期发生总包邮件丢失损毁的袋数占本企业总包邮件交换量的比例。该指标数据按月、年或者根据实际需要的统计期统计,总包邮件丢失损毁的袋数根据赔偿情况实际统计,但与总包邮件交换量的取数必须保持同期、同范围。总包邮件丢失损毁率的计算公式为:

$$总包邮件丢失损毁率 = 总包邮件丢失损毁袋数 / 总包邮件交换量$$

(3) 总包邮件封发不合格率(百分比)

总包邮件封发不合格指以下几方面。

1) 无条码袋牌或条码不可识读。

2) 袋牌字迹模糊,不能辨别接收局名和号码。

3) 总包超过限重,特快专递邮件未标注重量。

4) 铅封印志模糊,不能辨别封发局名;铅志不牢固、铅志顺夹袋绳可以抽出,印志有撬动、锤砸等痕迹。

5) 扎绳有结头,捆扎不紧,能将袋绳捋下。

6) 使用手携扎袋器封袋的,夹印在塑料带上无封发局名。

7) 袋身有 2 cm 以上破洞、裂口,破洞非机器缝补或破洞用袋绳捆扎,内件有取出的可能,内件破损造成袋皮水湿、油污。

总包邮件封发不合格率是指某企业某时期封发的总包邮件不合格的袋数占本企业封发的

总包邮件总袋数的比例。该指标数据采取定期或不定期的抽样检查方式取得,但总包邮件不合格的袋数与总包邮件总袋数必须保持同批次、同范围。总包邮件封发不合格率的计算公式为：

$$总包邮件封发不合格率＝总包邮件封发不合格袋数/封发总包邮件总袋数$$

(4) 给据邮件延误差错率(万分比)

给据邮件延误差错是指生产人员因违反邮件封发计划、未执行规章制度和规程造成给据邮件漏封发、错封等主观因素导致给据邮件超过规定传递时限,或因错发等主观因素导致的给据邮件的差错责任。

给据邮件延误差错率是指某企业某时期发生给据邮件延误差错的件数占本企业给据邮件交换量的比例。该指标数据按月、年或者根据实际需要的统计期统计,给据邮件延误差错的件数根据验单或者"两子系统"内的控制系统全额统计,但与给据邮件交换量的取数必须保持同期、同范围。给据邮件延误差错率的计算公式为：

$$给据邮件延误差错率＝给据邮件延误差错件数/给据邮件交换量$$

(5) 给据邮件丢失损毁率(万分比)

给据邮件丢失损毁是指生产人员未执行规章制度和操作规程造成给据邮件有进无出、查无下落；安全防范措施不力导致给据邮件丢失、被盗；操作失当导致给据邮件损毁而引起的赔偿责任。

给据邮件丢失损毁率是指某企业某时期发生给据邮件丢失损毁的件数占本企业给据邮件交换量的比例。该指标数据按月、年或者根据实际需要的统计期统计,给据邮件丢失损毁的件数根据赔偿情况实际统计,但与给据邮件交换量的取数必须保持同期、同范围。给据邮件丢失损毁率的计算公式为：

$$给据邮件丢失损毁率＝给据邮件丢失损毁件数/给据邮件交换量$$

(6) 平常邮件延误差错率(万分比)

平常邮件延误差错是指生产人员因违反邮件封发计划、未执行规章制度和规程造成邮件漏封等主观因素导致平常邮件在某一生产环节超过规定处理时限,或者因错封等主观因素导致平常邮件发运路向错误而造成该邮件传递时限超过规定时限。

平常邮件延误差错率是指某企业某抽样检查期发生平常邮件延误差错的件数占本企业抽样检查平常邮件总件数的比例。该指标数据采取定期或者不定期的抽样检查方式取得,但平常邮件延误差错件数与抽查平常邮件的邮件总数必须保持同批次、同范围。平常邮件延误差错率的计算公式为：

$$平常邮件延误差错率＝平常邮件延误差错件数/抽查平常邮件总件数$$

(7) 报刊分发延误差错率(万分比)

报刊分发延误差错是指生产人员主观因素导致报刊在分发环节分发处理时间超过规定时限。

报刊分发延误差错率是指某企业某时期发生报刊延误差错的份数占本企业报刊总分发量的比例。该指标数据按月、年或者根据实际需要的统计期统计,报刊分发延误差错的份数根据验单或者质量抽查统计,但与报刊分发量的取数必须保持同期、同范围。报刊分发延误差错率的计算公式为：

$$报刊分发延误差错率＝报刊分发延误差错份数/本企业分发报刊总份数$$

(8) 报刊分发丢失损毁率(万分比)

报刊分发丢失损毁是指报刊分发人员未执行规章制度和操作规程造成报刊短少;安全防范措施不力导致报刊被盗;操作失当导致报刊损毁而引起的人为责任。

报刊分发丢失损毁率是指某企业某时期发生报刊丢失损毁的份数占本企业报刊分发总量的比例。该指标数据按月、年或者根据实际需要的统计期统计,报刊分发丢失损毁的份数根据验单责任和实际赔偿情况统计,但与报刊分发总量的取数必须保持同期、同范围。报刊分发丢失损毁率的计算公式为:

$$报刊分发丢失损毁率 = 报刊分发丢失损毁份数 / 本企业报刊分发总量$$

(9) 机要邮件总包失密丢损率(万分比)

丢失是指生产人员未执行规章制度和操作规程造成机要邮件总包有进无出、查无下落,或者安全防范措施不力导致机要邮件总包被盗。

失密是指机要邮件在传递过程中被拆阅造成内容泄露,或者机要邮件的总包不合规格,经机要处理人员确认内件封条有拆动痕迹等现象。

损毁是指机要邮件在传递过程中受到损坏,无法辨认文件内容。

机要邮件总包失密丢损率是指某企业某时期发生机要邮件总包失密丢损袋数占本企业机要邮件总包交换量的比例。该指标数据按月、年或者根据实际需要的统计期统计,机要邮件总包失密丢损袋数根据验单或者用户查询、投诉、追查责任等全额统计,但与机要邮件总包交换量的取数必须保持同期、同范围。机要邮件总包失密丢损率的计算公式为:

$$机要邮件总包失密丢损率 = 机要邮件总包失密丢损袋数 / 机要邮件总包交换量$$

(10) 机要邮件总包延误差错率(万分比)

机要邮件总包延误差错是指生产人员因违反邮件发运计划、发运次序、总包邮件漏发运、错装、错卸等主观因素导致机要邮件总包超过规定传递时限,或因错发等主观因素导致机要邮件总包安全受到威胁而未造成实际损失后果的差错责任。

机要邮件总包延误差错率是指某企业某时期发生机要邮件总包延误差错的个数占本企业机要邮件总包交换量的比例。该指标数据按月、年或者根据实际需要的统计期统计,机要邮件总包延误差错的个数根据验单或者用户查询、投诉等全额统计,但与机要邮件总包交换量的取数必须保持同期、同范围。机要邮件总包延误差错率的计算公式为:

$$机要邮件总包延误差错率 = 机要邮件总包延误差错个数 / 机要邮件总包交换量$$

(11) 邮车运行准班率(百分比)

邮车运行准班是指汽车邮路承运企业能够按规定的发班频次派出车辆执行运邮任务。

邮车运行准班率是指某时期某企业邮车实际发班次数占本企业计划发班次数的比例。该指标数据按月、年或者根据实际需要的统计期统计,邮车正常发班次数根据行车排班表或者调度记录全额统计,但与计划发班次数必须保持同期、同范围。邮车运行准班率的计算公式为:

$$邮车运行准班率 = (实际发班次数 / 计划发班次数) \times 100\%$$

(12) 邮车运行准点率(百分比)

邮车运行准点是指在某时期某企业的汽车邮路能够按照运行时刻表规定的时间准点运行。

邮车运行准点率是指某时期某企业邮车实际准点到达各条邮路所有交接点的车次数占该企业应正点到达各条邮路所有交接点的车次数的比例。该指标数据按日、月、年或者根据实际需要的统计期统计,邮车准点到达交接点的车次数可根据行车排单表统计,邮车实际到达时间与计划到达时间前后误差在规定的范围内可视为正点到达,但与应准点到达次数必须保持同期、同范围。邮车运行准点率的计算公式为:

邮车运行准点率＝(准点到达交接点的车次数/应准点到达交接点的车次数)×100%

(13) 总包邮件信息发送准时率(百分比)

总包邮件信息发送准时是指在邮车发出后 30 分钟内,能够将总包邮件信息在网上发送。

总包邮件信息发送准时率是指某时期某企业总包信息准时发送的批次占本企业信息发送的总批次的比例。该指标数据按月、年或者根据实际需要的统计期统计,总包信息准时发送的批次以"两子系统"记录的数据和相关局缮发的验单为依据进行统计,但与本企业发送信息的总批次必须保持同期、同范围。总包邮件信息发送准时率的计算公式为:

总包邮件信息发送准时率＝(准时发送信息批次数/本企业发送信息批次总数)×100%

(14) 总包邮件信息发送正确率(百分比)

总包邮件信息发送正确是指发送的总包邮件电子信息与发出的总包邮件实物信息对应相符。

总包邮件信息发送正确率是指某时期某企业向网上发送的总包邮件信息发送正确的批次数占本企业总包邮件信息发送批次总数的比例。该指标数据按月、年或者根据实际需要的统计期统计,总包信息发送正确的批次根据验单统计,但与总包信息发送总批次必须保持同期、同范围。总包邮件信息发送正确率的计算公式为:

总包邮件信息发送正确率＝(信息发送正确的批次数/信息发送批次总数)×100%

(15) 总包邮件扫描勾核率(百分比)

总包邮件扫描勾核是指以邮区中心局或生产环节为节点,对总包邮件实物袋牌的条码信息使用条码扫描器扫描后,同网上下载的电子信息或子系统内操作终端上生成的电子信息在计算机内(操作终端)进行自动核对。

总包邮件扫描勾核率是指某时期某企业扫描勾核总包邮件的袋数占本企业处理总包邮件总数的比例。该指标数据按日、月、年或者根据实际需要的统计期统计,扫描勾核总包邮件袋数由"两子系统"内的统计系统全额统计,但与处理总包总数必须保持同期、同范围。总包邮件扫描勾核率的计算公式为:

总包邮件扫描勾核率＝(扫描勾核总包邮件袋数/处理总包邮件总数)×100%

(16) 邮件查询逾限率(百分比)

邮件查询逾限是指业务档案室自收到普通邮件查单之日起 2 个工作日内、收到特快专递查单之日起 1 个工作日内没有将递查回复单发出,或者在网络查询的方式下没有在规定时限答复对方。

邮件查询逾限率是指某时期某企业邮件查询逾限的次数占该企业邮件查询总次数的比例。该指标数据按月、年或者根据实际需要的统计期统计,邮件查询逾限的次数根据查单回复的实际情况全额统计,但与邮件查询总次数必须保持同期、同范围。邮件查询逾限率的计算公式为:

邮件查询逾限率＝(某企业邮件查询逾限次数/该企业查询总次数)×100%

(17) 重大通信事故次数

重大通信事故次数是某企业或某生产环节由于没有执行规章制度和操作规程,或者不执行邮件发运计划、封发计划和生产作业计划等,造成严重后果和重大影响的次数,包括非客观因素而造成整车普通邮件错发、漏发、错漏交换;大批邮件(50 袋或者 100 件以上)水湿、污染、损坏、毁弃;一次性丢失、被盗总包 30 袋(散件 50 件)以上,给企业带来重大的经济损失;机要邮件失密、丢失、损毁引起严重后果、给企业声誉造成不良影响的事件次数。

2. 外部考核指标解释与计算方法

为了实现邮件信息的一次录入全程共享,提高信息的利用率和生产作业效率,对营投环节提出如下建议:(1)窗口邮件收寄三状化;(2)窗口邮件收寄标准化;(3)给据邮件采用 ID 码;(4)给据邮件信息完整准确;(5)营业、投递与邮区中心局信息互联互通。

下列指标为考核营业部门和投递部门对邮政内部生产和邮件全程处理、查询的支撑力度而设置。

(1) 给据邮件条码化率(百分比)

给据邮件条码是指在收寄的散件给据邮件上粘贴系统能够识别的唯一条码,实现一次生成,多次使用,全程共享。

给据邮件条码化率是指某时期某企业抽查有条码的给据邮件数占该企业抽查给据邮件总数的比例。该指标实行定期和不定期的统计周期抽样统计,抽查的有条码的给据邮件数根据实际抽查情况全额统计,但与抽查给据邮件总件数必须保持同期、同范围。给据邮件条码化率的计算公式为:

给据邮件条码化率=(抽查的有条码的给据邮件数/抽查给据邮件总件数)×100%

(2) 给据邮件条码正确识读率(百分比)

给据邮件条码正确识读是指给据邮件的 ID 条形码用条码扫描设备能够正确识读。

给据邮件条码正确识读率是指某时期某企业抽查给据邮件条码可正确识读的件数占该企业抽查给据邮件总件数的比例。该指标数据按月、年或者根据实际需要的统计期抽样统计,抽查给据邮件条码正确识读的个数根据实际抽查情况全额统计,但与抽查给据邮件总数必须保持同期、同范围。给据邮件条码正确识读率的计算公式为:

给据邮件条码正确识读率=(抽查给据邮件条码可正确识读的件数/抽查给据邮件总件数)×100%

(3) 给据邮件信息上网率(百分比)

给据邮件信息上网是指给据邮件的收寄信息、封发清单信息通过邮政综合网发送到邮件处理中心,并在邮件实物到达处理中心之前完成信息发送操作。

给据邮件信息上网率是指某时期某企业收寄、封发的给据邮件信息上网的件数占本企业收寄、封发给据邮件总件数的比例。该指标数据按月、年或者根据实际需要的统计期统计,给据邮件信息上网的件数根据"两子系统"内统计系统全额统计,但与给据邮件总件数必须保持同期、同范围。给据邮件信息上网率的计算公式为:

给据邮件信息上网率=(给据邮件信息上网的件数/该企业给据邮件总件数)×100%

(4) 给据邮件网上信息正确率(百分比)

给据邮件网上信息正确是指给据邮件的电子清单信息与给据邮件的实物信息相符。

给据邮件网上信息正确率是指某时期某企业给据邮件网上信息正确的件数占本企业信息上网的给据邮件总数的比例。该指标数据按月、年或者根据实际需要的统计期统计,给据邮件网上信息正确的件数根据验单统计,但与信息上网的给据邮件总数必须保持同期、同范围。给据邮件网上信息正确率的计算公式为:

给据邮件网上信息正确率=(给据邮件网上信息正确的件数/该企业信息上网的给据邮件总数)×100%

3. 运行效率和效益控制指标解释与计算方法

(1) 运邮车辆利用率(百分比)

运邮车辆利用是指邮政车辆被安排在邮路上正常运行。

运邮车辆利用率是指某时期某企业邮政车辆在线运行总里程(或总时间)占本企业邮政车辆总量及其配置标准的比例。该指标数据按月、年或者根据实际需要的统计期统计,运邮车辆运行里程从运输部门派发车辆记录统计,但必须与企业拥有邮政车辆总数保持同期、同范围。运邮车辆利用率的计算公式为:

$$运邮车辆利用率 = \{邮政车辆行驶总里程(或运行总时间)/[车辆总数(含备车) \times 按配置标准应行驶里程(或运行时间)]\} \times 100\%$$

(2) 运邮车辆完好率(百分比)

运邮车辆完好是指邮政车辆具有良好的、能够正常安全行驶的技术性能。

运邮车辆完好率是指某时期某企业邮政车辆完好车日占本企业邮政车辆总车日的比例。该指标数据按月、年或者根据实际需要的统计期统计,运邮车辆完好车日从车辆维修部门和运输部门维修车辆记录统计,但必须与企业拥有邮政车辆总数保持同期、同范围。运邮车辆完好率的计算公式为:

$$运邮车辆完好率 = (邮政车辆完好车日/总车日) \times 100\%$$

(3) 通信设备利用率(百分比)

通信设备利用是指邮政车辆被配置在生产部门正常运行。

通信设备利用率是指某时期某企业使用中的通信设备实际开机台时占本企业通信设备制度台时的比例。该指标数据按月、年或者根据实际需要的统计期统计,通信设备开机台时从生产部门使用记录中统计,但必须与企业拥有通信设备总数保持同期、同范围。通信设备利用率的计算公式为:

$$通信设备利用率 = (设备实际开动台时/设备制度台时) \times 100\%$$

其中,设备制度台时指根据生产作业需要,设备应开机工作的时间。

(4) 通信设备完好率(百分比)

通信设备完好是指通信设备具有良好的、能够正常安全使用的技术性能。

通信设备完好率是指某时期某企业通信设备完好台时占本企业通信设备制度台时的比例。该指标数据按月、年或者根据实际需要的统计期统计,通信设备完好台时从生产单位和设备维护部门维修记录中统计,但必须与企业拥有通信设备总数保持同期、同范围。通信设备完好率的计算公式为:

$$通信设备完好率 = (设备完好台时/设备制度台时) \times 100\%$$

其中,设备完好台时指设备制度台时减去设备故障停机台时。

(5) 邮件分拣上机率(百分比)

邮件上机分拣是指邮件按"三状化"标准利用各类分拣设备自动分拣入格。

邮件分拣上机率是指某时期某企业某种邮件利用分拣机分拣的数量占该邮件全部分拣总量的比例。该指标数据按月、年或者根据实际需要的统计期统计,上机分拣邮件数量直接从分拣机分拣记录中统计,但必须与分拣总量保持同期、同范围、同种类。邮件分拣上机率的计算公式为:

$$邮件分拣上机率 = (某种邮件上机分拣数量/该邮件全部分拣数量) \times 100\%$$

(6) 邮车运能利用率(百分比)

邮车运能利用率是指某时期某企业某种运输工具运输量占该运输工具容间(容积或吨位)的比例。该指标数据按月、年或者根据实际需要的统计期统计,邮车装载数量从邮件发运部门发运记录中统计,但必须与转运部门发运总量保持同期、同范围。邮车运能利用率的计算公式为：

邮车运能利用率=(某种运输工具装载邮件的体积/该运输工具自身容积)×100%

或

邮车运能利用率=(某种运输工具装载邮件的重量/该运输工具载重重量)×100%

由于目前邮件体积无法采集，除特快邮件外，普通邮件尚不能采集重量信息，为便于考核，集团公司经过测算，制订了以标准袋为基础、袋千米为核定量的邮车满载标准。

火车邮厢按18吨计算，邮运汽车按实际载重吨位计算，平均每吨装载量为50标准袋。

邮车满载标准袋千米=邮车运行里程×实际吨位×计划班次×50袋/吨

所以，邮车运能利用率计算公式可演变为：

邮车运能利用率=(某种运输工具装载邮件袋千米/该运输工具满载标准)×100%

另外，通过某运输工具实际完成袋千米减去该运输工具满载标准也可以直观了解邮车满载情况，当结果为正时，表示达到满载标准，反之，则没有达到满载标准。

(7) 人均劳动生产率(百分比)

人均劳动生产率是指单位时间内平均每人处理邮件的数量。这项指标数据按月、年或者根据实际需要的统计期统计，劳动生产量从邮件处理部门处理的邮件记录中统计，但必须与处理总量保持同期、同范围。人均劳动生产率的计算公式为：

人均劳动生产率=(单位时间内处理邮件的数量/实际生产人数)×100%

(8) 给据邮件网络化分拣率(百分比)

给据邮件网络化分拣率是指利用电子化支局上传的收寄信息中的寄达局邮编进行分拣的邮件占中心局封发同类邮件总件数的比例。该指标按月、年或者实际需要的时间段统计，网络化分拣的邮件数根据实际情况全额统计，但与中心局封发同类邮件总件数必须保持同期、同范围。该指标在中心局进出口处理环节分别统计。给据邮件网络化分拣率的计算公式为：

给据邮件网络化分拣率=(网络化分拣的邮件数/中心局封发同类邮件总件数)×100%

(9) 给据邮件信息预处理率(百分比)

给据邮件信息预处理率是指某时期给据邮件分拣部门在信息预处理环节和总包开拆环节，进行人工补录全邮编或直接指定分拣个口的无邮编或邮编不完整的邮件数量占该时间内分拣的同类给据邮件总量的比例。这项指标反映中心局网络化分拣效率受给据散件信息准确性影响的程度。该指标可对进口、出口邮件分别统计，也可在信息预处理环节、总包开拆环节分别统计，但必须与开拆邮件总量保持同期和同种类。给据邮件信息预处理率的计算公式为：

给据邮件信息预处理率=(给据邮件信息维护处理量/同种邮件分拣处理总量)×100%

(10) 改退邮件比率(百分比)

改退邮件比率是指某时期邮件分拣部门分拣处理的粘贴有改退批条的邮件量占同类邮件总处理量的比例。这项指标综合反映中心局分拣环节的重复工作量和全网邮件分拣水平，侧面反映中心局分拣资料、分拣操作以及用户邮政邮编地址使用的准确性。该指标可对各业务种类和进出口作业环节分别统计。改退邮件比率的计算公式为：

改退邮件比率=(粘贴有改退批条的邮件量/同种邮件分拣处理总量)×100%

(11) 中心局全网贡献率(百分比)

中心局全网贡献率是分析邮区中心局经济效益的一个指标，是指有效或有用成果数量与资源消耗及占用量之比，即产出量与投入量之比，或所得量与所费量之比。中心局全网贡献率的计算公式为：

$$中心局全网贡献率=[贡献量(散件处理+总包经转量)/$$
$$投入量(中心局当年占用总资产)]\times100\%$$

邮件处理中心质量管理最终要实现处理中心生产作业各个环节能够严格按照作业计划,合理组织处理、运输等各环节的内部生产,保证邮件按规定计划交发汽车运输、邮航、民航及火车邮路等运输载体,车辆准点到开,保证邮件传递时限水平。根据不同的邮件生产作业要求,设置不同的质量管理指标,规范该类邮件的生产作业过程。

(四)处理中心包裹快递邮件质量指标

1. 包裹快递运行质量指标

包裹快递运行质量指标主要包括内部处理及时率、邮车运行准点率、邮件分拣准确率、信息完整率、信息丢失率、民航接发及时率等,其具体含义见表9-1。

表9-1 包裹快递运行质量指标及其含义

指标名称		公式	说明
内部处理及时率		(及时处理邮件量/处理邮件总量)×100%	及时处理邮件量:指处理中心在规定时间内,完成卸车、分拣、装车、发运的邮件总量
			信息采集点: 1. 陆运邮件:起点为实际入局时间(GPS、场院、入局扫描、人工签到、解车,取最早时间);终点为实际出局时间(GPS、场院、人工签到离开,取最早时间)。 2. 航空邮件:出口时间取路单信息发送时间,进口时间取下载路单信息时间
邮车运行准点率	一干	(各级邮路运行准点邮车数量/各级邮路发班邮车总量)×100%	1. 运行准点邮车数量:全程运行时间不大于计划全程运行时间的一干(二干、邮区)邮车数量。 2. 发班邮车总量:一干(二干、邮区)邮路发车数量总和。 3. 信息采集点:起点为实际入局时间(GPS、场院、入局扫描、人工签到、解车,取最早时间);终点为实际出局时间(GPS、场院、人工签到离开,取最早时间)
	二干		
	邮区		
邮件分拣准确率	进口	[(本地市妥投邮件量-错分的妥投邮件量)/本地市妥投邮件量]×100%	1. 错分的妥投邮件:指在本地市妥投的邮件中,被两个或两个以上下行市趟邮路,带至两个或两个以上不同投递部的邮件。 2. 算法:以地市为单元,对进口至本地市妥投的邮件进行统计;对封发过两次及两次以上不同市趟邮路且邮件到达两个不同投递部的,视为进口错分
	出口	(正确分拣的地市出口邮件量/地市出口邮件量)×100%	1. 正确分拣的地市出口邮件量:指邮件按计划分拣的地市出口邮件量。 2. 算法:以地市为单元,对进行非正常解车、信息下载的邮件进行统计。 3. 以扫描抄登非本地市进口的邮件为基础,查找上一处理环节地市(指利用OBR或PDA进行过邮件扫描)与扫描抄登地市间无直达邮路,或有直达邮路但无发运计划的邮件,记为上一处理环节地市分拣错误邮件量
信息完整率		[本省(地市)信息完整邮件量/本省(地市)处理邮件总量]×100%	1. 信息完整邮件量:指收寄操作、市趟及干线邮路解封车、邮件扫描、投递反馈信息完整的邮件总量。 2. 本省(地市)处理邮件总量:指本省(地市)收寄、分拣或投递的邮件总量(按天排重)

续表

指标名称	公式	说明
信息丢失率	[按责任省地市归集的信息丢失邮件量/本省(地市)处理邮件总量]×100%	1. 信息丢失邮件量:指收寄后60天内未妥投的邮件量;丢失责任为最后一条信息所在机构。 2. 本省(地市)处理邮件总量:指本省(地市)收寄、分拣或投递的邮件总量(按天排重)
民航接发及时率	(民航接发及时邮件量/民航运输邮件总量)×100%	1. 民航接发及时邮件量:指通过省际民航邮路运输,在规定时长内完成发运和接收的邮件总量。 2. 信息采集点:出口时间取路单信息发送时间,进口时间取下载路单信息时间。 3. 算法:民航发运接收及时率统计民航发运前后两端有效操作的时长间隔,并与标准时长进行比对,判断接发动作是否逾限,计算接发及时率。 4. 标准运输时长(开拆)=航班运行时长+进口开拆时长(北上广深120分钟,其余90分钟) 标准运输时长(经转)=航班运行时长+经转开拆时长(北上广3小时,其余2小时) 5. 发运接收及时率同时考核进出口两省,逾限邮件同时计入进口省指标和出口省指标

2. 包裹快递类邮件常见生产质量问题

针对包裹快递类邮件,邮件处理中心生产作业过程常见的生产质量问题有以下几类。

(1) 操作规范性问题

1) 供包作业不规范

供包不规范的常见情景有:操作员未执行操作规范,造成一个分拣小车两件邮件、邮件在分拣小车连接处;对于 OBR 方式供件的,条码面未朝向 OBR 识读器;轻小、异型等不适合直接上机的邮件违规上机或未使用托盘供件;超规格邮件上机分拣等。

2) 分拣作业不规范

分拣作业不规范的常见情景有:邮件处理不及时,比如未按接卸次序进行处理、异形件未同步处理;邮件错分,未严格按信息匹配结果进行分拣、没有按职责要求对进口邮件信息匹配情况进行有效干预;转局邮件未按规范处理;问题件处理不准确,没有对于破损、水湿、油污等问题邮件按规定进行处理等。

3) 装发作业不规范

装发作业不规范的常见情景有:违计划发运,未按照指定的邮路带运计划发运;漏配发,邮件未经配发,实物却传递给下一环节;未及时装车,分拣机格口、发运垛口未及时清理或者异形件未同步装车。

4) 班结清场不彻底

班结清场不彻底是常见的一种生产质量问题,如邮件遗留在生产设备上、设备角落及夹缝、生产场地、接发垛口等区域;或者邮件实物当班未及时处理,误验上一环节短少。

(2) 其他常见问题

作业计划问题,如分拣作业计划、邮路接发计划等相关作业组织计划设置不合理;设备问题,如工艺设备故障;车辆问题,如车辆故障、未及时派车、未及时卸车、未及时发车等相关情况；场院管理问题，如场院拥堵，影响提调车速度。

上述这些是邮件处理中心生产过程中常遇到的可能影响邮件处理质量的问题，应该对这些问题高度重视，加强生产过程中的质量管理。

3. 质量指标的管控要点

（1）内部处理及时率

首先要重视事前预防，做到加强培训，对调度人员及班组长，要重点加强运营标准及发运计划的培训，对具体操作人员加强各类操作规范及信息系统使用的培训。同时，做好进出口邮件流量流向分析，合理安排人员及装卸车垛口，确保人员及设备充分利用，合理调派车型，最大限度地减少尾量。

其次要做好事中监控，一方面加强现场巡视，发车前重点检查待发堆位、异形件区、分拣设备、装车胶带机下是否有待发邮件。另一方面依托视频监控，加强对装车质量的监控，一旦发现未按堆码要求装车情况，责令立即整改。

最后要重视事后分析及结果运用，可以通过新一代寄递平台查询T-2日逾限邮件明细，对指标进行分析汇总，定期召开质量分析会，分析生产各环节作业质量、邮件时限完成情况，制订整改措施。

（2）分拣准确率

为了提高分拣准确率，事前要做到：做好邮件预处理，确保邮件到局上机后能正确落格；定期对分拣机进行压道件测试，排除分拣机问题；配合完善分拣资料，并安排业务人员对易错地址及时学习；完善网运、投递部门之间的沟通机制；制订有效的转局邮件处理措施。事中要做好监控：非直连落格邮件使用扫描配发功能，校验格口、发运路向是否一致。事后要建立退转邮件错分分析机制，制订专项整改措施。

（3）信息完整准确率

为了保证信息完整准确率，事前要对一线操作人员进行系统操作方面的培训，明确各个关键信息扫描点；要对已处理完毕的邮件做好笼车标识，重点标明发运路向及时间；要完善局内跨机构交接流程。事中要加强现场巡视，巡视是否存在笼车标识不清、堆位秩序混乱的情况。事后要对各类逾限类型进行分析，制订专项整改措施。

（4）信息丢失率

为了降低信息丢失率，事前要保证发运邮件做到信息实物一致，减少下一环节缮发验单的可能性；做好班结清场工作，避免信息已配发邮件实物滞留在现场。事中对于现场发现的问题邮件，严格按照要求缮发验单，可继续前转的邮件妥善处理后，按照发运计划及时发往前程；轻小件处理完毕后进行封袋，降低邮件掉落的可能性。事后可按照收寄机构进行分析，重点对于信息丢失率中占比较高的收寄机构，制订专项整改措施。

（5）邮车运行准点率

为了提高邮车运行准点率，事前要落实车辆"三检"，杜绝车辆"带病上路"。事中要严格按照计划进行发车，信息发送后，车辆10分钟内必须出局；定时通过中国邮政车辆管控平台监控在途车辆运行情况。事后对晚点车辆进行分析，对于非客观原因造成的车辆运行晚点，应考核驾驶员或委办运输公司。

（五）处理中心普遍服务邮件质量指标

普遍服务是邮政生产和服务提供的重要内容，处理中心环节对于普遍服务质量主要从时限水平、作业质量和服务质量3个方面进行评价，普遍服务质量指标及其含义见表9-2。

表 9-2 普遍服务邮件质量指标及其含义

指标分类	指标名称		公式	达标值
时限水平	省内 T+3 日递率		（T+3 日内完成投递的省内互寄邮件量/省内互寄邮件总量）×100%	70%
	省内 T+5 日递率		（T+5 日内完成投递的省内互寄邮件量/省内互寄邮件总量）×100%	95%（西藏、新疆 90%）
	同城次日递率		（次日内完成投递的同城互寄邮件量/同城互寄邮件总量）×100%	70%（西藏、新疆 60%）
	同城 T+2 日递率		（T+2 日内完成投递的同城互寄邮件量/同城互寄邮件总量）×100%	90%（西藏、新疆 80%）
作业质量	违反禁限寄收寄规定		经各省上报、公示，由寄递事业部确认	
	邮件丢失	平常邮件	经集团公司检查、通报认定丢失的平常邮件	
		给据邮件	疑似丢失率	0.01%
	违反作业制度		依据集团公司检查、通报，有违反信筒（箱）开取规定、违反日戳加盖规定、违反班结清场规定、违反邮件投递信息反馈规定、违反普遍服务的投递深度规定、违反接转点逾期邮件清退规定、违反邮件分拣封发规定、违反邮件改退批转规定等相关作业制度的	
	违规处理无着邮件		依据国家邮政局和集团公司检查、通报，出现无着邮件流向市场，或未向邮政管理部门申请监销、自行销毁信件及其他未规范处理无着邮件的	
服务质量	邮政服务有效申诉率		[申诉量/(收寄量+投递量+省际转口量)]×100%	0.0005%
	媒体曝光负面事件		在广播、电视、报纸、网络等社会媒体曝光邮政普遍服务相关负面事件，经集团公司查证属实且对邮政企业社会形象造成恶劣影响的	

（六）其他质量指标

邮件处理中心生产作业质量管理过程还针对各类异常发生及其处理情况、邮件生产作业时长等方面开展生产质量评价。

1. 异常发生率

邮件处理中心常见的异常情况分两大类，一类是时限类异常，包括超计划车未到、车已到超计划车未卸、未及时封发、当频未发大于 50 件、超下频未发大于 50 件、超 24 小时未发、超计划车未到、未及时接收、未及时卸车等。另一类是生产类异常，包括多袋、少袋、无揽收/收寄信息、超规格、破损/水湿/污染、混封、多次错发、批量错分、疑似丢失等情况。异常发生率数值上等于[异常邮件量（件）/（邮件交换量+非当日异常邮件量）]×100%。

2. 异常及时解决率

为了评价各种异常情况能否得到及时处理，设置了"异常及时解决率"指标，其在数值上等于[有效处理邮件量/邮件异常总量（件次）]×100%，这里有效邮件处理量是指针对各种异常以生产通知、运行调度、网运工单和质控工单等形式进行处理后的有效处理邮件量合计。

3. 全程时限达标率

邮件处理全程时限达标率在数值上等于（全程时限达标邮件量/妥投邮件总量）×100%，全程时限达标邮件量是指根据运营标准全程未发生逾限的邮件数量，得出这个数值后还需要从所有妥投邮件中找到全程逾限的邮件,找到该邮件在收寄、市趟、内部处理、干线运输、投递各个环节及时率中对应的逾限时长,哪个环节逾限时长最长,则将逾限责任归为哪个环节,从而分析其逾限的原因,进而进行生产调整,减少逾限的发生,提升邮件整体处理时限水平,从而达到生产质量管理的最终目标。

生产质量管理中与全程时限达标率配合使用的一个指标是"处理时长",按照全链路分段时长、省际出口省内段总时长、省际进口省内段总时长等阶段进行统计分析。

三、邮件处理中心质量管理制度与考核方法

为加强通信质量管理,邮件处理中心应建立生产指挥调度中心质量检查岗、生产单位专职质量检查岗和生产班组专兼职质量检查岗三级质量检查体系。

1. 生产指挥调度中心质量检查岗

(1) 岗位职责

1) 在生产指挥调度中心主任的领导下,负责制订中心局质量管理制度和考核办法,对全局通信质量实施定量考核。

2) 依据上级主管部门的质量检查制度和工作计划,结合本局实际工作情况,制订本局检查计划并组织实施,按照检查频次和要求定期进行检查活动,按规范填写检查记录。

3) 对邮政通信质量、服务质量、邮件安全、通信纪律等规章制度的落实情况实施监督、检查;负责通信质量、服务质量、邮件传递时限等各项指标的考核;协调、督促各生产单位贯彻落实检查制度,对各生产单位质量管理岗和专职质量检查岗履职情况进行检查和考核。

4) 及时掌握本局发生的重大质量问题并积极调查处理。对违章违纪和妨碍邮政通信的违法犯罪行为配合有关部门进行查处并督促整改。

5) 定期召开质量分析会,针对各基层生产单位通信质量存在的问题,认真分析原因,查找问题症结,督促各基层单位制订整改措施并跟踪检查落实情况。

6) 查阅、调阅有关业务档案资料、原始记录,利用信息系统调阅生产情况数据资料。根据相关资料以及各级检查员的检查报告进行综合分析,对生产单位生产管理、质量情况或重要个案进行剖析、通报。

7) 处理来自各种渠道的质量投诉,对投诉内容进行分析,落实责任。

8) 定期汇总检查记录,编写中心局质量分析报告,填报质量报表,按规定时间上报上级主管部门和中心局主管领导。

9) 对下级质检人员进行工作指导和业务培训,定期组织经验交流。

10) 按时完成上级交办的临时工作任务。

(2) 权限

1) 根据上级质量管理方针和有关规定,有权制订本中心局质量管理、考核制度;有权根据上级下达的各项考核指标,分解、下达本中心局质量管理考核指标并落实考核。

2) 有权进入本局各生产现场进行检查;有权对生产单位的日戳、夹钳等专项用品用具使用管理情况进行检查;有权调阅各种业务档案。

3) 持邮运检查证和火车邮运视导员免费乘车证有权跟随干线汽车、火车检查工作。

4) 持机要通信检查证有权检查机要接发员、机要押运员的有关证件,检查机要邮件交接、处理情况。

5) 有权查验干线汽车、趟班车驾押人员准驾证、上岗证,检查驾驶员是否按规定携带驾驶

证、行驶证;有权打开车厢封志并要求汽车驾押人员打开车厢检查邮件装运情况。

6) 有权打开邮件封志检查内件封发质量。

7) 有权制止违章违纪、违反操作规程等现象,有权对上述问题及各种隐患下达整改通知书并督促整改;有权依据有关管理制度实施处罚;有权协助有关部门进行各种通信案件的调查和处理。

8) 有权对全局通信质量、服务质量情况进行总结、剖析;有权对局内通信质量责任进行裁决;有权向生产单位主管领导提出提高通信质量的建议。

9) 有权对生产单位专兼职检查员进行考核,对不认真履行职责的生产单位专兼职质量检查员,有权提出撤换意见。

2. 生产单位专职质量检查岗

(1) 岗位职责

1) 在本单位主管负责人的领导下,根据管理规范,结合本单位实际情况,按检查频次、检查内容和数量要求履行检查职责,同时接受生产指挥调度中心的业务管理和指导。

2) 对本单位的通信质量、服务质量、邮政规章制度的落实情况以及兼职检查员履职情况进行综合检查。

3) 根据上级规定,对邮件封发、处理规格、邮件处理、传递时限进行检查。

4) 按时收集、整理、汇总生产班组质量检查资料,依据资料进行质量分析,定期向生产指挥调度中心上报质量分析报告和质量报表。

5) 定期组织本单位质量分析会,针对本单位通信质量存在的问题,认真分析原因,查找问题症结,制订切实可行的整改措施,并认真组织落实、实施。

6) 按时完成上级交办的临时工作任务。

(2) 权限

1) 有权根据中心局相关管理制度,制订本单位质量管理考核制度,有权依据中心局下达的质量考核指标对生产班组进行质量考核。

2) 有权进入本单位所辖各生产现场,有权对本单位各班组用品用具使用管理情况进行检查。

3) 汽车运输单位和火车押运单位检查员持有中心局邮运检查证和火车邮运视导员免费乘车证有权跟随干线汽车、火车检查工作。

4) 有权制止违章违纪、违反操作规程等现象,有权对上述问题依据有关管理制度进行处罚;有权界定本单位内部质量差错责任。

5) 有权召开本单位质量分析会,对本单位通信质量、服务质量情况进行总结、剖析;有权对本单位在生产运行和质量方面存在的问题,向本单位主管领导和生产指挥调度中心提出意见和建议。

6) 有权对生产班组专兼职检查员进行考核,对不认真履行职责的班组专兼职质量检查员,有权向单位领导提出撤换意见。

3. 生产班组专兼职质量检查岗

(1) 岗位职责

1) 生产班组专兼职质量检查岗在班组长领导下,从事本班组质量检查和质量管理工作,同时接受本单位专职质量检查岗的业务管理和指导。

2) 对本班组的通信质量、传递时限、邮件处理规格进行检查。

3) 对本班组各生产岗位执行各项规章制度、生产操作规范的情况进行检查。

4) 对本班组执行邮件发运计划和作业计划的情况进行检查。

5) 定期组织召开本班组质量分析会,剖析质量问题,提出改进措施并监督落实实施。

6) 定期汇总本班组质量情况和检查记录,及时上报本单位专职检查员。

7) 按时完成上级交办的临时工作。

(2) 权限

1) 有权根据中心局和生产单位质量管理考核制度制订本班组具体考核办法并落实实施。

2) 有权对本班组各岗位和生产工序进行检查;有权对本班组生产人员作业情况、操作规范及用品用具使用情况进行检查。

3) 有权制止本班组员工违章作业及违计划封发、发运;有权依据规章对违章违纪、违反操作规程和发运计划现象进行处罚。

4) 有权召开本班组质量分析会,分析质量问题,提出整改措施并监督落实。

5) 有权向本生产单位及生产指挥调度中心提出改进管理、提高质量的意见和建议。

质量检查一方面是为了保证传递时限,另一方面是为了减少邮件在传递中的差错。处理中心应设置专职或兼职质量监督与检查人员,明确职责和权限,并定期进行考评。质量监督与检查人员要定期、定时检查邮件处理质量、生产质量指标的完成情况,以及生产作业计划的执行情况。质量检查应包括进行自查和上下环节之间的相互检查,要建立质量检查工作制度,以书面形式记录检查项目及问题、检查周期、检查数量、检查方法以及对检查问题的处理方法等。处理中心应定期对生产质量进行评估、考核,对质量指标进行统计分析并及时上报,对查出的重大质量问题随时进行处理和考核。

在考核方法上,处理中心根据实际情况设置考核内容及考核标准,根据被考核内容性质的轻重程度确定考核层级,可以采用的考核方式有三种:一是定期通报;二是经济处罚;三是重大事项一事一通报一考核。经济处罚按考核标准进行考核,经济处罚实行质量负责人、管理人员及一线人员的个人绩效和质量挂钩。处理中心对生产单位进行考核的,应书面通知相关责任单位进行考核。

第四节 邮件处理中心效率管理

效率管理也是各级邮件处理中心生产作业质量管理的对象和内容。高效的生产效率管理是质量管理的目的之一,通过效率提升助推处理时限提速和降低处理成本,最终提升处理中心效益。邮件处理中心通过规定生产过程中邮件处理适用的设备种类及要求和各环节效率标准,从设备效率、手工作业效率、人均效率、邮件信息采集效率等方面进行提升,从而不断优化处理中心生产作业组织和提升生产作业质量。

一、邮件设备适用要求

为了良好地实现生产作业秩序,针对邮件处理中心不同的邮件处理设备,需要明确各类邮件的适用情况,特别是对于不能上机作业的邮件,需要合理地安排人工作业,使得机分作业与人工作业相互协调和配合,具体要求见表9-3。

表 9-3　邮件形状及适用设备

邮件类别	邮件名称	尺寸规格范围	适用设备
符合上机标准的邮件	扁平件	5 mm≤厚度≤32 mm，最长边≤40 mm，重量≤2 kg	扁平件分拣机、小件分拣机、落格分拣机、智能分拣搁架等设备
	包状小件	最长边≤400 mm，重量≤3 kg	小件分拣机、落格分拣机、智能分拣搁架、单/双层分拣机等设备
	包状大件	400 mm＜最长边≤800 mm，3 kg＜重量≤35 kg	单/双层分拣机、矩阵人工/自动分拣线等设备
不符合上机标准的邮件		不允许上机邮件，以及超长、圆环、球形等不符合上机规格的邮件	人工分拣线、矩阵人工/自动矩阵人工分拣线等

二、关键环节效率标准

邮件处理中心作业环节众多，必须有效把握关键作业环节的生产效率，从而确保处理中心整体作业质量水平。根据处理环节、作业流程、设备工艺情况，对关键环节效率进行规定，见表 9-4。

表 9-4　关键环节效率标准

作业环节	适用场景	每人每小时作业效率标准	备注	
卸车	人工矩阵、胶带分拣系统等	1 000 袋(件)	将散件或总包通过伸缩胶带机无序卸车（邮件无间隔、面单朝上）	卸车时间要求：12 吨车须 1 小时以内完成；20～30 吨车须 1.5 小时以内完成
	自动矩阵等	900 袋(件)	将散件或总包通过伸缩胶带机有序卸车（邮件间前后有间隔），邮件逐件摆放	
	双层分拣机等	1 500 件	将散件通过伸缩胶带机无序卸车（邮件无间隔）	
	离线车位	950 袋(件)	将散件、总包通过伸缩胶带机无序卸车（邮件无间隔），卸车后邮件装入笼车	
邮件分剔	分剔超大件、异形件、信刷报总包等不上机邮件；大小件分剔	500 袋(件)	按每人负责的待分剔的所有邮件、总包数统计	
人工矩阵粗分	大件、小件、总包按照粗分路向"一分二"或"一分四"分拣	700 袋(件)		
邮袋开拆	开拆、倒袋入供件线、空袋整理	60 袋	—	

续表

作业环节	适用场景	每人每小时作业效率标准	备注
供件	双层分拣机	≥1 100 件	—
	单层分拣机（大小件同机处理）	≥1 100 件	—
	大件分拣机	≥800 件	—
	小件分拣机	≥1 200 件	—
	直线型分拣机	≥1 000 件	—
摆件	简易分拣机	≥1 000 件	—
	落格式分拣机	≥1 000 件	—
	翻盘式分拣机	≥1 000 件	—
人工分拣细分	简易人工分拣胶带系统	300 件或 150 袋(件)	
	双层人工分拣胶带系统		
	矩阵人工分拣胶带系统		
	分拣笼	700 件	该标准只适用于一次细分到位的情况,不含收格
	智能分拣搁架		
封发	人工分拣设备	40 袋	逐件扫描
	自动化设备	60 袋	直接落袋
装车	伸缩胶带机	1 200 袋(件)	上限值

三、各种效率提升要素

（一）设备效率提升

以分拣设备为"中心"组织生产作业是提升设备效率的关键。邮件处理中心要围绕设备效能提升来组织生产，强化各环节的生产调度和作业规范，确保各环节的效率有效匹配。

首先要强化场院调度和场内调度，确保上机邮件不断流。结合自身场院情况、装卸垛口情况及场内生产情况，制订生产调度和现场管理流程和规范，场院调车、靠口、卸车、供件、装车各环节联动，从车辆入局、待卸排队、垛口安排、调换车流程、场内作业环节管控等方面进行细化，具体内容表格化、制度化，责任到人。重点做好调换车的管控，明确卸车垛口和装车垛口调换车的发起、执行和监督流程，垛口换车确保在15分钟内完成。

其次要合理设置分拣方案和调配卸车垛口，确保分拣设备效能最大化。结合流量流向情况，根据量的大小按照"近密远疏"的原则，合理设置分拣方案，量大的路向优先设置直连格口。对于发运量大的路向，要在分拣设备上设置第二格口，通过"双格口"实现大路向邮件半圈内全部落格。动态调配卸车垛口，实现自动设备邮件就近落格；对装载量较大、小件多的车辆，优先安排在中间垛口卸车，以便向相邻卸车线动态分流；同时要利用好非直连卸车垛口，对于不可上机邮件占比高的车辆，安排非直连垛口卸车，卸下的可上机邮件，传输至直连卸车区或地供区，作为直连卸车口调换车空隙的供件补充和调剂，以保证机器供件量充足、均衡。

最后要强化卸车和供件环节的生产操作规范，最大限度地降低收容率。卸车环节按要求规范作业,对邮件进行分类处理,及时剔除不能上机邮件;凡能够上机的邮件,尽可能做到面单或袋牌朝上放置在传送带上;供件环节要按照"小件垂直、大件平行、托盘居中"的供件规范进行作业,提高供件效率。收容格口要分类设置,对收容邮件的收容原因进行逐一分析,"对症下药",最大限度地控制收容邮件的数量,减少重复劳动,提升整体处理效率。

(二) 手工作业效率提升

通过分拣码可以提升手工作业效率,因此分拣码的推广应用是提高人工分拣效率和降低成本费用的重要手段,也是提高全网邮件整体处理效率的重要抓手,应推进分拣码在人工分拣作业中的使用,降低进口分拣难度,努力使分拣码成为邮件分拣作业的首选编码。

(三) 人均效率提升

第一要根据邮件量分布情况和时限要求,采取相对灵活的排班方式和用工方式,确定各时段卸车垛口使用数量及相关岗位人员数量。

第二要以计件工资机制为抓手,充分发挥自有员工的工作主动性,使其在提升效率和质量的关键环节发挥积极作用。

第三要健全外包人员的招标和管控机制,要将生产作业质量与外包价格挂钩,进一步完善以业务量为基础的阶梯单价外包模式。

第四要积极开展局内对标工作,各班组之间、各供件台席之间进行效率对标,营造比、学、赶、超氛围。

第五要建立以提升效率为目标的奖惩机制,明确各班组、各台席效率达标值,将达标情况与绩效挂钩,奖优罚劣。

第六要强化班组管理,班组内要以每个供件台供件效率达标为核心,要实时监控供件效率及变化情况,并加强对相关环节的管控,以供件效率提升推动整体效率的提升。

(四) 邮件信息采集效率提升

邮件信息采集是实现邮件实物流转轨迹跟踪的关键环节,对于邮件处理中心,既要保证及时、准确、完整地采集到邮件信息,同时也要减少信息重复采集过程,从而提升邮件处理效率。因此邮件处理中心接收到邮件和总包时,应根据不同设备工艺和作业流程条件下邮件是散件还是总包形式的进出状态,进行不同的信息扫描操作。

如是"散件进散件出"的情形,应在卸车时进行1次散件扫描;分拣机分拣由OBR或供件台进行1次散件扫描;装车前进行1次散件扫描配发。

如是"散件进总包出"的情形,应在卸车时进行1次散件扫描;分拣机分拣由OBR或供件台进行1次散件扫描;落袋后进行1次总包封发容器绑定扫描;装车前由自动摆轮或人工进行1次总包扫描配发。

如是"总包进散件出"的情形,应在卸车时进行1次总包扫描;总包开拆后,分拣机OBR或供包台对袋内散件进行1次分拣扫描;装车前进行1次散件扫描配发。

如是"总包进总包出"的情形,应在卸车时进行1次总包扫描;总包开拆后,分拣机OBR或供包台对袋内散件进行1次分拣扫描,落袋后进行1次总包封发扫描;装车前由自动摆轮或人工对总包进行1次总包扫描配发。

如是"总包进总包转"的情形,应在卸车时进行1次总包扫描;自动摆轮对总包进行1次分拣扫描;装车前由机器或人工对总包进行1次总包扫描配发。

【案例一】

古代完整的通信法规《金玉新书》

自从邮驿出现以来,历朝历代都通过建立相关通信法规来保证邮驿信息传递的质量,以我们现在的观点来看,古代封建统治阶级就非常重视邮政通信质量管理。魏晋南北朝时期,中国古代第一部邮驿法规《邮驿令》诞生。但是该法规不是很完善,各地邮驿制度混乱,有些政府驿使官员任意加重驿夫的负担,也有些驿路管理官吏受贿滥发驿券。宋仁宗嘉祐四年(公元1059年),根据枢密使韩琦建议,政府责令三司使张方平制定了"驿券则例"74条,颁行天下。这一则例又称《嘉祐驿令》。从此,驿路获得安宁。同时,由于邮驿的发达,涉及的社会生活面较广,于是形成了相当完整的专门的通信法规,这就是《金玉新书》。所谓"金玉",是取"金科玉律"这个专词的简称。这部法规的编纂者是谁已经说不清了。但其成书年代,经过专家们考订,可以推断在南宋高宗绍兴十九年(公元1149年)或稍后。那时候,与北方金的激烈战事刚刚结束,诸事需要整理就绪,而原先北宋时所用法规大都散失,邮驿制度也很混乱,宋高宗便命令一些朝臣汇集散在民间的有关邮驿旧法,编纂而成书。明朝修的《永乐大典》在第一四七五卷中保存了它的原文。这部《金玉新书》共有115条内容,其中涉及邮驿刑律的51条,有关赏格的10条,关于邮驿递铺组织管理的内容54条。值得注意的是,《金玉新书》规定,处罚时不仅处罚那些作为传递文书的当事驿夫,同时也要处置他的上级官吏,包括有关急递铺的曹官和节级,失职者一样处以杖刑。《金玉新书》对驿递过程中的驿递程限、各种传递方式中发生的失误,皆有具体的律令规定和不同的量刑标准。比如有关邮件失误的量刑中,步递最轻,马递次之,急脚递最重。路上走驿和行程、误期的量刑,则以日计算,不同的天数有不同的刑罚。从《金玉新书》我们可以看出,在封建社会,至少是宋朝时期,政府对邮驿是十分重视的,规定是很严格的。而"以法治邮"的做法,保证了邮驿的正常运行。

思考:古代邮驿通信质量的保障方式和方法对我们今天有何借鉴和意义。

【案例二】

一封信一颗心 我服务我承诺

平常邮件质量关系到人民群众的通信权利,关乎中国邮政信誉和形象。2018年7月,中国邮政启动平常邮件质量大提升活动,要求全国邮政围绕"人民邮政为人民"和"一封信一颗心"的主题,坚定不移地落实好高质量发展要求,提升邮政普遍服务和特殊服务水平,更好地满足广大客户的用邮需求;要求聚焦服务短板,加强环节管控,规范作业行为,强化监督检查,严格履职考核,提升客户体验,并提出了"七必须、七严禁"的总体要求,即必须严格执行安全制度,严禁私拆、隐匿、毁弃邮件;必须严格执行作业计划,严禁擅自减少频次;必须严格执行收寄规定,严禁漏开信筒信箱;必须严格执行班结制度,严禁清场不彻底;必须严格执行封发制度,严禁乱封发;必须严格执行投递规范,严禁乱批乱退、逾期不退;必须严格执行检查制度,严禁履职缺位,弄虚作假。

与此同时,提出九项具体指标,其中信筒信箱开取合格率、日戳加盖合格率、邮件分拣准确达标率、邮件交接达标率、班结清场达标率、邮件转退规范率、接转点逾期邮件清退率、履职检查合格率均要求达到100%,平常邮件损失率低于千分之一。按照要求,各地邮政已纷纷行动起来,开展了多种形式的动员、部署和检查活动。2018年6月28日,山东省邮政分公司召开全省平常邮件质量大提升启动电视电话会议,提出山东邮政全面开展平常邮件质量提升活动的要求和总体要求。全网上下都深刻领悟和践行"人民邮政为人民"的服务宗旨,秉承和发扬"一封信一颗心"的优良传统,用实际行动做好邮政普遍服务和特殊服务,中国邮政使命光荣,责任重大,需要不断提升服务质量,努力实现高质量发展!

思考:结合案例深入分析邮政通信质量管理对于中国邮政发展的重大意义。

【实践项目】

当前邮件处理中心为了生产作业组织的灵活性,聘用了一定数量的外包人员,请查阅相关资料,从岗位培训、生产管理、过程管控等方面谈一谈如何加强外包管理,从而有效保证邮件处理中心作业质量。

- 任务目标

掌握邮件处理中心生产质量管理的相关内容。

- 任务要求

根据本章内容查阅相关资料,提出如何做好外包人员管理,从而有效管控生产质量。

- 任务实施

(1) 查阅相关文献资料。

(2) 提出自己的观点和看法,形成不少于1000字的文字论述。

第十章 邮件查验与协同客户服务

【企业背景】
　　协同客户服务是对邮政生产过程的保障售后环节,有效的协同客户服务可以提高生产机构快速解决问题邮件的效率,确保客户服务质量和水平,不断提升客户体验。在实际工作中邮政企业的协同客户服务有哪些基本规定,又是如何开展和实施的?带着这些问题,我们走进本章的学习。

【岗位要求】
　　熟悉邮政客户服务岗位工作内容,掌握邮政客户服务技能和管理规范。

【学习目标】
- 熟悉邮件的查询流程;
- 熟悉验单的处理;
- 掌握邮件判责与赔偿的相关知识;
- 掌握邮政协同客户服务的相关知识;
- 规范地进行判责与赔偿的处理;
- 引导学生树立责任意识、法律意识,养成依据依法处理工作的态度;
- 培育学生的邮政情怀,以及认真钻研业务、创新发展的意识。

【思维导图】

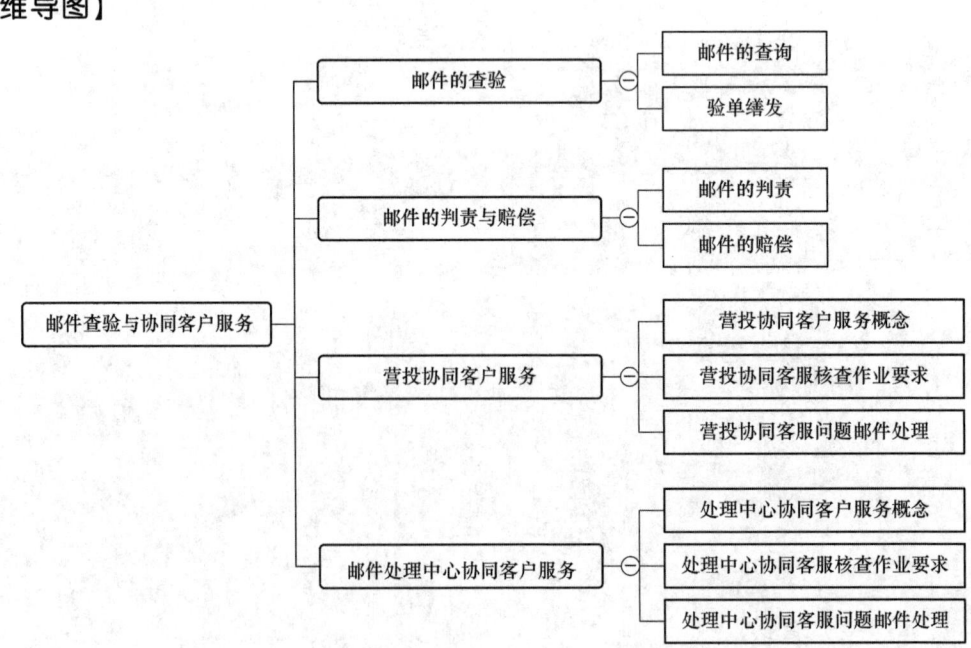

第一节　邮件的查验

一、邮件的查询

(一) 给据邮件(不含普通包裹)的查询

给据邮件(不含普通包裹)的受理查询有效期为自交寄之日起 1 年内,自交寄之日起即可查询。给据邮件(不含普通包裹)的查询方式主要有:营业网点查询、11185 电话查询、中国邮政网上营业厅查询、中国邮政给据邮件跟踪查询系统查询等。

1. 给据邮件(不含普通包裹)的查询操作

营业网点受理查询时,受理人应根据查询人提供的邮件号码通过系统查询邮件的状态并当场答复邮件查询结果,如信息存在异常或查询人对查询信息有质疑,再通过查单查询。11185 电话受理查询时,受理人应根据查询人提供的邮件号码通过系统查询邮件的状态,告知查询人,如果信息存在异常或查询人对查询信息有质疑,应请查询人到营业网点办理查单查询,查询人也可登录中国邮政官网查询邮件状态。

2. 营业网点使用查单处理要求

(1) 发单部门查单处理要求

营业网点办理查单后 2 个工作小时内发送查单至本部门业务档案室,业务档案室收到查单后,3 个工作小时内查明相关节目后发送查单至当前邮件所在环节。收单部门从收到进口查单至办妥答复手续,最大时限不超过 3 个工作日。

(2) 营业网点受理查单处理要求

营业网点受理纸质出口查单时,可通过现场、线上、电话等方式。营业网点现场受理出口查单时,应依据用户填写的"邮件撤回、更改、查询受理书"填写"邮件查单",相关节目填写齐全并登记用户联系电话,登列"出口查单登记簿",并在查单指定位置加盖相应戳记。

营业网点线上或电话受理出口查单时,应依据用户查询信息填写"邮件查单",相关节目填写齐全并登记用户联系电话,与用户核实无误后,登列"出口查单登记簿",并在查单指定位置加盖相应戳记。

(3) 出口查单处理要求

营业网点应将查单和查询受理书,通过电话告知本部门业务档案室查询节目,不得直接联系投递所属业务档案室,原始查单定期寄送业务档案室备查。业务档案室受理出口查单时,应先在"出口查单登记簿"上登记接收查单寄达局名、接收时间、接收人等内容,再通过系统查询邮件信息,在收到查单 3 个工作小时内,将查单信息告知邮件当前所在环节的业务档案室并确认。

查单发出 3 个工作日后,若未得到相关答复,查单接收部门为责任部门,收寄部门的业务档案室通知收寄部门按规定向寄件人办理赔偿,同时发送归垫邮件赔偿款通知,5 个工作日内由责任部门归垫,并告知责任省分公司服务质量部门。业务档案室收到回复的查单后,应在查单登记簿相关栏内批注答复查询人时间、方式、邮件号码等信息并销号,收到查询结果后当天答复或通知寄件人。如查询人需要书面结果,当班书面回复查询人。

（4）进口查单处理要求

业务档案室收到进口查单后，应核对各项节目，统一编列接收专号，逐件登列"进口查单登记簿"。自收到查单起3个工作日内，查明相关邮件的处理情况并批注在查询邮件回单上，由业务档案经办人员签章并加盖查询专用章后通知收寄部门业务档案室。

如查询人要求由收件人签收证明已妥收，由投递部门签章后退档案室寄回收寄部门业务档案室。对有进口无出口、无投递节目的情况，应于当日向收寄部门业务档案室电话联系，发送邮件丢失/损毁/短少赔偿通知，并于收到邮件归垫通知后2个工作日内归垫赔偿款。办结的查单，应在"进口查单登记簿"标注处理情况，加盖业务档案室经办人员名章。

（二）普通包裹、快递包裹、特快专递邮件的查询

普通包裹、快递包裹、特快专递邮件的受理查询有效期为自交寄之日起1年内。查询方式主要有：营业网点查询、11183电话查询、在线查询、揽投员代理查询等。具体查询处理如下。

1. 营业网点受理查询时，受理人根据查询人提供的相关邮件号码，通过系统查询邮件状态，并当面答复查询结果。

2. 11183电话受理查询时，受理人根据查询人提供的邮件号码查询邮件状态后，直接答复查询结果并留痕。如果信息存在异常或查询人对查询信息有质疑，应及时进行处理并在规定时限内反馈查询人。

3. 查询人可通过中国邮政网上营业厅、11183电话在线客服、微信、手机App、自助服务端（电脑）等多种服务渠道进行查询。如果信息存在异常或查询人对查询信息有质疑，应及时进行处理并在规定时限内反馈查询人。

4. 揽投员代理查询，根据查询人提供的邮件号码查询邮件状态，并答复查询结果。如信息存在异常或查询人对查询信息有质疑，应记录邮件号码及客户联系方式、客户诉求等内容，并及时转在线协同客服办理。

二、验单缮发

（一）验单

验单是反映邮件处理质量、判明责任和督促改进工作的重要依据，凡在邮件处理过程中发现违章或需要查明责任的情况，必须当频缮发有效验单。对需要答复的验单，应及时复验。

按照载体方式，验单可分为电子验单和纸质验单。电子验单是指信息系统产生邮件差错节目信息，并实现网上发送的验单，验单的缮发与复验均在信息系统上进行，验单的传送以信息传输的方式进行，相关验单档案管理与统计也由信息系统完成。

纸质验单是按照邮件差错节目信息人工填写的验单，可按邮政公事邮件寄发或传真至受验部门。

（二）验单缮发

1. 出口电子验单

出口电子验单顺序编号由信息系统自动生成，应根据系统提供的差错节目信息或邮件处理过程中发现的不符情节，在规定时限内完成相应的发验处理。

2. 出口纸质验单

出口纸质验单应顺序编号，每年换编一次，每张验单均需留底存查。缮写验单，应认真填写每张验单的验单号码、发验单位名、验达单位名、发验日期以及抄送单位等信息，一式两份，

并附寄齐全可靠的相关证物,所有证物均需拍照备查。

验单缮写完毕,加盖日戳及经办人员名章,送交主管人员审阅签发。纸质验单以邮政公事寄发。发往市县以下分支机构和生产单位的验单,应当日寄往其主管档案部门转发,不得直寄分支机构和生产单位。验单寄发后,如需对方答复的,应及时催复。

出口纸质验单副份与相关单据附在一起,应一并送存档案室。需要答复或查明责任的验单应同时抄送本档案室一份。

发验部门收到复验后,在结案后与原验并案归档。

3. 进口电子验单

进口电子验单信息每日及时签收处理。业务档案员应根据验单内容查证相关信息,如需进一步查询,可对相关节目继续查询,通过系统复验。如对验单内容认可,直接进行确认接受,不再复验。自验单发出时间起,可在2个工作日内进行网上复验。

4. 进口纸质验单

进口纸质验单由档案室集中管理,接收进口验单后,编列接收号码,逐件登记"进口验单登记簿"。进口验单由档案室确定差错性质,登入通信质量登记表,在收到之日起2个工作日内查明情况;需要答复的验单,应从验单收到之日起2个工作日内缮发"复验"。各单位收到发验部门直接来的纸质验单应及时转送档案室按规定程序处理。验单抄有副份的,复验也应比照抄送。

第二节 邮件的判责与赔偿

一、邮件的判责

邮件的判责是指对邮件进行责任判定,以明确责任机构、责任原因,便于分析问题、解决问题。邮件种类不同其判责依据也不相同,按照邮件种类,整体而言判责依据可以分为普通邮件的判责依据、快递包裹及特快专递邮件的判责依据。

(一) 普通邮件的判责依据

普通邮件在判责时的依据如下。

第一,邮件有进口而无出口,归责相关发生环节;收寄部门回复节目不实导致的赔偿,归责收寄环节,但是如果未按规定期限处理的查单导致收寄部门在查询全程时限期满进行赔偿,归责为收单环节;未按制度规范作业造成邮件丢失、损毁或短少,归责未规范作业环节;邮件业务档案管理不善、无法提供所查邮件详细节目,归责相关环节;无封发清单或清单内容不全、不符,致使邮件查无出口,归责相关封发环节。

第二,总包在验收合格的情况下,内件短少责任的确定可以分为如下两种情况。第一种,如经开拆发现邮件内件短少(含单包不符),应报告主管人员,由主管人员签证,当频发验,证物齐全可靠的,归责相关封发环节;未当频发验,主管人员未签证,证物不全或有误的,归责开拆环节。第二种,使用自动分拣设备进行邮件分拣的情况下,以系统生成的邮件内件短少情况作为缮发验单依据,无须提供相关证物。

第三,邮件破损责任应根据封装情况确定。如果封装符合规格标准,到达进口分拣环节发现破损、损毁,当频向上一环节的转运部门发验,归责转运环节;到达其他接收环节(投递环节等)发现破损、损毁,当频向上一环节发验,归责上一环节。如果封装不合规格标准,接收环节收到时破损、损毁,归责收寄环节。邮件破损责任确定时,如外包装破损,但重量相符,应按规定进行重封,发验通知相关封发部门,封妥后附验发往前途;如内件短少、损毁,就地留存,查明责任再做处理;如违反规定,做简单退回处理的环节为责任环节。应该注意破损邮件不得简单退回。

第四,如邮件在运输途中丢失、损毁,归责相关运输环节;交接邮件总包时,按规定要求当场点验清楚。如有不符情节,未当频缮发验单,归责为责任环节。

第五,运输工具接卸时的责任确定应按照运输工具不同视情况而定。火车接卸部门发现接卸的邮件有不符情节,归责相关转运环节或封发环节。干线汽车邮路接卸单位应在邮件接卸完毕规定的时间内验视、清点完邮件,发现问题未当频缮发验单,归责接收环节,否则,归责发运环节。直达干线汽车邮路接收单位卸车时应与驾押人员共同查验车厢厢体和车门施封是否完好,以及车封号是否准确,如车门未施封、车门有被拆动或车厢厢体有损坏情况,发生问题,归责运输部门;如车厢厢体和车门封志完好,发生问题,归责发运环节。中途有交接点的干线汽车邮路,各接收单位在卸车时应会同驾押人员查验邮车车门施封是否完好,以及车封号是否准确,如车门施封有被拆动,发生邮件规格问题和邮件数量短少的问题,归责运输部门;如车门施封完好,上述问题则归责发运环节。

查单发出3个工作日后,如未得到相关部门答复,归责查单接收部门。省际间邮件丢损依据以上规定无法判明责任,接收省发现邮件(总包)丢失、短少、损毁,经与相关省公司协商无果,要向集团公司提请裁决,提供该邮件总包开拆录像(直封总包,且网点无监控的,提供开拆记录)和相关证物,集团公司将调取封发单位的相关录像资料及相关证物予以判定责任。无法提供录像资料和相关证物的省为责任省。如封发方能够证明邮件完好封发,且接收方能够证明邮件接收时已丢失、损毁,则干线邮路管理省为责任省。

(二) 快递包裹及特快专递邮件的判责依据

1. 收寄问题的归责

(1) 未按照规定的上门揽收时限或事先预约的时间及时上门揽收服务,出现揽收不及时,归责收寄环节。

(2) 违规收寄归责收寄环节。违规收寄包括收寄禁限寄文件或物品;收寄超规格尺寸、超重邮件(导致投递环节未及时投递);收寄邮件内件品名、数量与实际货物不符等情况。

(3) 业务单式操作不规范或错误归责收寄环节。业务单式操作不规范或错误包括填写邮件交寄单不规范或错误;收寄环节错贴面单,导致收件人错收邮件;保价相关选项未勾选,视同未履行保价告知义务;更换面单未告知寄件人。

(4) 收寄不规范归责收寄环节。收寄不规范包括申报的内件价值超收寄限额;未按规定时限标准履行告知义务;在收寄系统中录入收寄信息时,未正确录入产品种类;因包装不妥造成面单脱落,导致无法发往前途;封装不合规格标准;脆弱易碎邮件和流质易溶邮件未标注"红杯"或"红杯水"等标志;未在邮件包装表面批注包单号。

2. 延误问题的归责

(1) 收寄环节未及时交发

邮件未按作业计划封发或交运下一环节造成的延误,或因交接不规范导致的延误,归责收寄环节。

(2) 处理中心未及时处理和交发

处理中心未按作业计划处理导致邮件延误,归责处理中心;未按规定频次要求交发转运环节,导致总包没有赶上计划航班(邮路)造成延误,归责处理中心。

(3) 错封误发

邮件在用户名址信息正确的情况下,在同一处理中心产生两个及以上不同格口的封发信息或两个不同路向的发运信息(如应发往 A 省,错发 B 省),归责出口邮件处理中心;邮件在用户名址信息正确的情况下,同一省内有两次或两次以上转发投递部门,归责两次封发信息处理中心;一票多件的邮件出现不同封发方向的封发信息,归责出口省邮件处理中心。

(4) 未及时处理

无发运目的地接收信息时,如发运环节不能提供到站证据,归责发运环节;邮件到达接收环节,由于未及时解车、卸车或邮件过站导致的延误,归责接收环节;总包到达处理中心后未按作业计划及时开拆、封发、交运造成的延误,归责处理中心。

(5) 安检不合格

运输过程中由于安检不合格而航转陆的总包,所有邮件视同安检不合格;总包为单个邮件,安检不合格时,归责收寄环节;处理中心未进行安检不合格邮件处理,连同该安检不合格邮件一并航转陆发运的邮件,归责处理中心。

除上述情况外,如果邮件未按计划时间到达,归责邮路组开单位;邮件未按规定频次投递,归责投递环节;邮件投递至代投点(含自提柜),超时未提醒,归责投递环节。

3. 信息问题的归责

(1) 信息缺失

中间环节的信息缺失,归责缺失环节。

(2) 信息采集错误

没有正确录入或未录入收(寄)件人的姓名和联系电话、地址、收寄时间等,归责收寄环节。没有正确录入或未录入道段信息和揽投员姓名、联系电话,导致不能发送投递预通知短信和他人代收短信,归责投递环节。

(3) 信息与实物不符

快递包裹、特快专递邮件相关系统显示少件邮路,导致延误,归责发运环节或转运环节。相关系统显示少件邮路,但接收环节出现该业务的后续信息,证明邮件在处理中心同频次处理过,归责接收环节。

(4) 信息下载不规范

邮件到站后,未及时进行信息下载操作,造成时限延误或造成虚假少件邮路,归责接收环节。

(5) 投递信息不属实、不及时

未妥投信息与实际情况不相符、信息反馈虚假、不准确录入签收信息归责投递环节。投递信息上网不及时(未按规定及时反馈投递信息),归责投递环节。

此外,如果录入寄达地与实际寄达地不符,以及由此造成的资费问题及有开通范围限制的邮件超范围收寄问题,归责收寄环节。

4. 投递问题的归责

(1) 投递不规范

有先验后签规定的邮件,不准许客户先验,归责投递环节;一票多件邮件未按邮件交寄单约定的要求进行投递,归责投递环节;收件方地址不详,投递部门未按面单预留电话与收件人沟通(有条件的应联系寄件人),造成邮件延误或退回,归责投递环节;未执行电话预约或按址投递,归责投递环节;强制收件人自提,归责投递环节。

(2) 错投

未正确投递至面单上的收件人地址处(含代投点),或征得收件人同意后,未正确投递至与收件人约定的指定地址,归责投递环节。

(3) 退回操作不规范

邮件退回前,未按规定与寄件人进行核实(收件人拒收邮件除外),归责投递环节。退件处理操作时,系统录入不及时或录入退回原因不当,归责投递环节。代收货款邮件的退回未遵照代收货款业务相关规定,归责投递环节。错退的邮件,归责投递环节。

5. 丢失问题的归责

在收寄环节,如果有收寄信息但无任何下一环节信息,或邮件信息完全缺失,以及如果外包装完好,内件丢失,归责收寄环节。

在处理中心环节,如果处理中心接收开拆信息后无封发信息,归责处理中心;如果有发出城市处理中心的实际发运信息,无接收城市处理中心的实际接收信息(接收城市卸车扫描后少件信息),归责发运环节;如果接收城市处理中心有实际接收信息,无封发投递环节信息,归责接收环节;如果有发出城市处理中心的实际发运信息,无接收城市处理中心的实际接收信息,归责发运环节。

在投递环节,如果信息显示到达投递环节,但是当频未向上一环节发送少件电子验单,同时无妥投信息,并且邮件查无下落,归责投递环节。

6. 破损问题的归责

在收寄环节如果外包装完好,内件破损,在查无投递环节损毁行为的情况下,归责收寄环节。

在处理中心环节,如果出口处理中心发现邮件破损,未按照规定发验说明,归责出口邮件处理中心;如果进口邮件处理中心发现邮件破损,未按照规定发验说明,归责进口邮件处理中心;如果有实际接收信息,封发至投递环节时,投递环节发现邮件破损并且发验说明了破损情况,归责进口处理中心。

在投递环节,如果快递包裹、特快专递邮件到达投递环节,有破损迹象,未按规定发验说明,归责投递环节;如果邮件妥投后,为客户出具邮件破损证明,归责投递环节。

对于不适用以上判责标准或判责不清的问题邮件,可申请客服中心提供第三方判责依据及参考结论。如仍无法判责,且协商无果,各环节责任均摊。

二、邮件的赔偿

(一) 普通邮件的赔偿

1. 普通邮件赔偿原则

(1) 普通邮件的赔偿应以客户为中心,坚持快速理赔的原则,及时赔付。

(2) 普通邮件发生丢失、损毁、短少时,相关单位应及时通知邮件收寄部门垫赔。

(3) 收寄部门垫赔后发生责任划分不明的情况时,应逐级上报解决。省际间的问题,先由相关省洽商;如仍不能解决,由相关省分公司分别上报上级管理部门最终裁决。

2. 普通邮件赔偿责任

（1）邮政企业应给予赔偿的情况

1）给据邮件在寄递过程中，发生丢失、短少、损毁，致使邮件失去本身的全部或一部分价值，并且自受理查询日起查询全程时限已满仍无结果，应给予赔偿。

2）对已确认给据邮件在传递过程中发生丢失、损毁、短少，或已超过查询时限仍无结果的情况，视作丢失。如赔偿金额在规定标准之内，收寄部门应在2个工作日内向寄件人赔偿。

3）支付赔偿款时可采用现场支付、电子支付等方式。支付时应收集和留存理赔的相关资料，及时进行赔付。

（2）邮政企业不承担赔偿责任的情况

1）平常邮件的损失和延误（由邮政企业故意或重大过失造成的除外）。

2）寄递的物品违反禁限寄规定，被监管部门依法没收，或者经邮政企业依照有关规定销毁或抛弃。

3）所寄物品本身的自然性质或者合理损耗造成给据邮件损失。

4）由于寄件人、收件人的过错造成给据邮件损失或延误。

5）由于收件人所在单位收发人员的过失造成给据邮件丢失、损毁或内件短少。

6）除保价邮件以外的其他给据邮件，由于不可抗力的原因造成损失。

7）按照规定手续已妥投，事后收件人发现内件短少或损毁。

8）查询人自交寄给据邮件之日起有效查询期内未查询又未提出赔偿要求。

9）因邮件的丢失、短少、损毁或逾限，对寄件人或收件人造成的其他损失或间接损失不担负赔偿责任，也不担负赔偿实物的责任。

3. 普通邮件赔偿处理

（1）普通邮件的赔偿标准

1）各类给据邮件丢失或全部损毁，邮政企业在办理赔偿时，应退还已收的各项费用（保价费除外）。

2）保价的给据邮件发生丢失或全部损毁时，按保价金额赔偿；部分损毁或短少时，按照保价金额与邮件全部价值的比例对邮件的实际损失予以赔偿。

3）未保价的给据邮件发生丢失、损毁或者内件短少时，应按实际损失赔偿，但最高赔偿金额不超过所收资费的3倍；挂号信件丢失、损毁时，按照所收取资费的3倍予以赔偿。

（2）邮件赔偿款的处理

已确认邮件在传递过程中发生丢失、损毁、短少时，收寄部门应先予垫赔，后续处理按下列规定执行。

确认责任后，责任部门接到垫赔部门发出的归垫赔偿款通知后，应在2个工作日内归垫。

责任不明或责任部门未按时归垫赔偿款时，收寄部门应先与相关部门协商，如协商无法解决，则汇总相关资料，提交裁决。省际邮件先由省分公司与相关省分公司协商解决，协商无法解决时上报上级单位裁决。

（二）快递包裹、特快专递邮件赔偿

快递包裹和特快专递邮件，超出官网承诺时限的邮件，可退回本次基本资费（实收邮费中不含包装箱、保价等附加费用的部分）。

快递包裹和特快专递保价邮件发生丢失或全部损毁时，按声明价值赔偿；部分损毁或短少时，按照实际损失的价值予以赔偿，但最高赔偿不得超过声明价值保价的邮件，同时，退还已收取的基本资费。

未保价的快递包裹和特快专递邮件发生丢失或全部损毁时,按实际损失赔偿,最高赔偿金额不超过所收基本资费的6倍,同时,退还已收取的邮费。

第三节 营投协同客户服务

一、营投协同客户服务概念

营投协同客户服务(简称"营投协同客服")是指在服务质量管理平台的统一调度和流程控制下,11183呼叫中心、区域客服、揽投部紧密协作,共同完成邮件派揽、问题邮件的核查和处理,并力争达到客户满意的联合作业模式。

营投协同客户服务内容包括:揽投部主动客服、揽投部内部客服、处理直派调度、关联调度和维护派揽基础信息。从事营投协同客户服务工作的人员应具有良好的业务素质和较强的处理疑难问题的能力,并掌握协调和沟通技巧。

二、营投协同客服核查作业要求

(一)邮件处理信息停留在营投网点

1. 查找邮件是否遗留作业现场

(1)查找存网点候领邮件存放处、待退回邮件存放处、空袋存放处、物料存放处等;

(2)查找作业台席和相邻作业台席的抽屉、顶、底,作业台席之间、作业台席与墙之间的缝隙处;

(3)查找空袋等邮件容器内;

(4)查找灭火器箱、设备或工具箱内;

(5)查找作业车辆、趟车的车厢、驾驶室内;

(6)查找揽投员作业背包内;

(7)根据寄件人(收寄网点)提供的邮件外观、内件种类、数量等描述,与存放的无着邮件进行外观比对,如发现相似邮件,征得经理同意后,在监控设备的监控下双人对相似邮件进行开拆核对;

(8)查找范围还应包括网点内员工休息区或紧邻作业场地的职工宿舍;

(9)所查邮件为转口邮件时,在本机构核查无果后应告知转口机构核查现场及趟车上是否有遗留邮件;

(10)查找其他可能遗留邮件的场所。

2. 核查当班作业记录及邮件信息

(1)如出口邮件无后续信息,查看当日邮件详情单留存档案,核对是否更换邮件详情单,若更换则询问更换原因及更换后的邮件号码;

(2)核对当日与趟车的邮件交接路单(清单)是否有异常情况,如发现异常情况(如车门施封缺失、损坏等),应与趟车司机(押运人员)的签字进行确认并记录;

(3)核对当日预告邮件信息与实际邮件信息是否相符,如发现预告邮件信息与实际邮件

信息不符,在与邮件处理中心或转口机构的有效联系记录或验单中查找是否有该邮件的信息;

(4) 核对当日是否有发现核查邮件短少后与邮件处理中心或转口机构的有效联系记录或验单;

(5) 核对邮件退转、撤回记录中是否有核查邮件;

(6) 核对邮件销毁记录中是否有核查邮件;

(7) 核对当日内部作业与揽收员的邮件交接清单或系统内邮件交接数据是否有核查邮件;

(8) 核对当日当班各环节的邮件平衡合拢表或作业信息系统内的平衡合拢数据。

3. 查看视频监控资料

(1) 查看当日作业处理邮件现场视频监控影像中是否有符合所核查邮件外观特征的邮件;

(2) 查看当日与趟车、作业车辆进行邮件交接时的视频监控影像中是否有符合所核查邮件外观特征的邮件。

(二) 邮件处理信息停留在揽投道段

1. 在作业场地、作业用具内查找

(1) 查找作业背包内;

(2) 查找作业车辆的车厢内、驾驶室内;

(3) 查找作业台席的抽屉、顶、底;查找作业台席之间、作业台席与墙之间的缝隙处;

(4) 查找场内留存邮件处、待退回邮件存放处、空袋存放处、物料存放处等;

(5) 查找空袋等邮件容器内;

(6) 根据寄件人(收寄网点)提供的邮件外观、内件种类、数量等描述,与存放的无着邮件进行外观比对,如发现相似邮件,征得经理同意后,在监控设备的监控下双人对相似邮件进行开拆核对;

(7) 查找网点内员工休息区;

(8) 查找其他可能遗留邮件的场所。

2. 组织人员在关联地址和相邻道段查找

(1) 收件人地址现场查找,看是否存在同事、朋友、家人、邻居等他人代收;

(2) 当日下段的所有客户地址逐个排查,看是否存在客户多收邮件;

(3) 走访地址相邻的客户,看是否存在工作人员错投邮件;

(4) 询问其他工作人员是否错拿邮件,尤其是替班人员;

(5) 核查收件地址附近的快递柜或代收点及代收点的无着库。

3. 核对邮件信息

(1) 核对当日邮件揽收后与内部作业的交接手续;

(2) 核对协议客户签字确认后的交接邮件清单;

(3) 核实出口邮件内部作业封发信息;

(4) 核实进口邮件交接清单信息;

(5) 核查邮件投递签收联;

(6) 核实邮件的退转信息,提供与内部作业环节进行退转邮件交接的手续;

(7) 调阅快递柜开关柜记录;

(8) 在当班归班留存邮件中查找,并将当班带出邮件的下段信息与归班投递联及留投邮件一一比对排查。

4. 查看视频监控资料

(1) 向网点经理提出申请,会同当日当班工作人员查看当日接收、处理邮件现场的视频监控影像,看是否有符合所核查邮件外观特征的邮件。

(2) 经网点经理协调,调取收件地址代收点、快递柜等投交点的视频监控影像,看是否有符合外观特征的所查邮件的投交信息,或是否存在被他人取走信息的情况。

(三) 损毁、短少邮件的核查

(1) 核查是否有向上一环节发验,或试投递邮件是否随附有处理中心向责任单位发验的记录;

(2) 核查是否有到达时已经破损的邮件的复重,以及复重结果是否相符的记录;

(3) 核查是否有到达时已破损的邮件在投递前与收件人联系说明情况,以及收件人是否明确表达同意接收的记录;

(4) 对已有妥投信息、客户满意签收的情况,应联系投递员核查。

(四) 对邮件揽投信息提出异议的核查

1. 客户投诉邮件揽收信息为虚假

联系寄件人,详细了解揽收人员揽收邮件的过程,如确属假成功、假延时、假失败,如实回复;如揽收人员需要申诉,提出真实的申诉理由。

2. 客户投诉已妥投信息虚假

应调阅邮件签收联与系统内载明的签收状况进行比对,必要时与邮件实际签收人进行核对。

如果面单签收信息与网上显示的信息一致,按下列情况处理。

如签收人信息为本人收,但本人反映未收到邮件,应通知投递员核实具体签收人;如邮件签收信息为他人收,应核实他人签收后邮件的具体状况,必要时通知投递员将邮件从他人处取回交给本人;如邮件签收信息为单位收发室、快递柜或代收点,应告知客户邮件投交的真实情况,必要时通知投递员将邮件取回交予收件人。

如果信息不一致,通知当班投递员查找邮件下落;如果经核实,邮件无下落,应将邮件真实情况回复区域客服,同时向经理汇报。

3. 客户投诉邮件未妥投信息虚假

询问工作人员并联系收件人,核实邮件未妥投原因是否真实,如未妥投原因真实,则与收件人约定投交时间,安排投递。

三、营投协同客服问题邮件处理

(一) 邮件查到下落后的处理

1. 邮件延误问题的处理方式如下。

(1) 出口邮件:1)赶最早频次出口;2)如邮件尚未发出,寄件人要求撤回,核实无误后给予办理,若邮件已发到本地邮件处理中心,则向处理中心发出撤回请求;

(2) 进口邮件:1)赶最快频次投递;2)对于一票多件邮件,如客户要求集齐投递邮件,则将邮件号码交予揽投员,告知揽投员集齐邮件后进行投递。

2. 收件人名址不详导致无法发往前程的出口邮件,与寄件人或收寄网点联系,征询收件人新址发往前程。

3. 详情单无法辨认、双面单、地址不详、无法联系客户、地址有误导致无法投递邮件的情况,处理方式如下。

(1) 如可以查询到收件人详细信息,则按照系统信息安排下段投递;如无法查到收件人详细信息,国内邮件应向收寄网点派发征询类的服务调度,国际EMS邮件创建"境外通知"申请单进行征询,有结果后及时安排下段投递。

(2) 寄件人或寄件网点要求退回的,按邮件退回流程处理。

(3) 寄件人如要求同城改址投递,则内部调整安排投递,如新址非所属范围,应及时安排转发。

(4) 寄件人申明放弃的邮件,按无着邮件处理。

4. 因腐烂变质、水湿污染等原因不能直接投递的邮件,处理方式如下。

(1) 对于尚未销毁且可以二次封装带出投递的邮件,联系客户说明情况后,如收件人同意接收,安排投递;如收(寄)件人申明放弃,作无着邮件处理或销毁。

(2) 对于尚未销毁但已无法二次封装带出投递的邮件,联系客户说明情况后,如收件人同意网点内自取,存网点候领;如收(寄)件人申明放弃,作无着邮件处理或销毁。

(3) 对于已就地销毁的邮件,应向客户提交销毁记录、销毁通知收(寄)件人的时间等相关材料。

5. 因涉及安全、化工产品、禁寄物品等原因不能发往前程的邮件,处理方式如下。

(1) 被相关部门扣押的邮件,向收(寄)件人提交由相关部门提供的扣押证明。

(2) 已就地销毁的邮件,向收(寄)件人提交销毁记录、照片等相关材料。

(3) 联系收(寄)件人说明情况后,收(寄)件人申明放弃的邮件,作无着邮件处理或销毁。

6. 因寄件人名址欠详无法退回的邮件,处理方式如下。

(1) 寄件人提供详细地址、联系方式后,安排下段投递退回寄件人。

(2) 经核查属企业原因造成邮件退回,寄件人要求继续寄递的邮件,可重新发往前程。

(3) 原寄件人申明放弃或无法联系寄件人,存网点期满时,按无着邮件处理。

7. 网点内投交邮件应及时联系收件人尽快领取,如超过期限收件人仍未领取,告知客户后予以退回。

8. 留存在营投网点内的破损、短少邮件,处理方式如下。

(1) 经联系,收件人同意接收且可带出投递的邮件,安排下段投递;无法带出投递的邮件请收件人到网点内自取;签收时要共同开拆验视,填写开拆记录单并请收件人签字确认。

(2) 收件人不同意接收的邮件,协同客服向寄件人(收寄网点)发出征询意见,根据寄件人(收寄网点)的处理意见作退回、再投或转网点内投交处理,并将核查结果回复区域客服。

(二) 邮件查找无果的处理

如完成全部核查动作邮件仍查无下落,应将查找情况详细回复区域客服,按下列情形处理。如确认邮件实物未到本机构,将相关证据提交区域客服。如确认邮件在本机构丢失或疑似丢失,应作如下处理:对于出口邮件,立即与客户协商解决,必要时启动赔偿机制;对于进口邮件,应确认邮件丢失或疑似丢失情况,以便收寄网点及时开展理赔工作。

(三) 对代收货款问题邮件的处理

1. 催投邮件

对于催投邮件,如联系收件人后收件人同意接收,应及时安排投递;如收件人不同意接收,应征求寄件人(收寄网点)意见后作退回/再投处理。

2. 催缴款

如邮件投交后没有及时缴款,应通知投递员尽快缴款,如投递员超过一个工作日仍未缴款,立即向经理汇报并核查代收货款平衡合拢表。

3. 催录信息

如核实邮件已投交,但未录入妥投信息,应督促揽投员尽快录入信息。

4. 金额与详情单金额不符

客户反映系统金额与详情单金额不符,经查情况属实的,应通知收寄网点处理。

(四) 对回执业务和返单业务问题邮件的处理

1. 调看签收联存留档案

调看邮件客户签收联存留档案,如发现留存网点联内遗留回执或返单,取出后寄回寄件人,如寄件人提出先行提供回执或返单复印件或影印件,应予以办理;如经查属于收寄网点正反向邮件号关联错误导致无法返回,应通知收寄网点重新关联。

2. 通知投递员

通知投递员到收件人处查找,如发现回执或返单遗留在收件人处,取回后按上条处理。

3. 查找无果

如回执和返单经查找无果,应向经理汇报,并向收寄人(收寄网点)提供客户签字证明,通过新一代寄递平台绑定返单号码反向寄递邮件已妥收的回执或返单补单。

第四节　邮件处理中心协同客户服务

一、邮件处理中心协同客户服务概念

邮件处理中心协同客户服务(简称"处理中心协同客服")是指在服务质量管理平台的统一调度和流程控制下,11183 呼叫中心、11185 呼叫中心、区域客服、处理中心紧密协作,共同完成问题邮件的核查和处理,并力争达到客户满意的联合作业模式。

处理中心协同客服人员是处理中心组织解决客户服务需求的人员,应具有良好的业务素质和较强的处理疑难问题的能力,并掌握协调和沟通技巧。

二、处理中心协同客服核查作业要求

(一) 问题邮件的核查

利用新一代寄递平台、11183 跟踪查询系统等对异常邮件的运行轨迹进行分析,初步判断邮件发生问题的环节。

针对邮件查无下落的情况,协同客服人员应核查当日发现预告总包、邮件信息与实际总包、邮件信息不符情况后与上一环节的验单;核实当日进口邮路车的车门施封是否完好、邮件交接路单中的总包数量是否与实际相符,以及是否存在异常情况的确认记录;核查当日是否有面单模糊不清、双面单、面单残破缺少关键信息以及外走邮件粘贴双袋牌等疑难情况与相关环节的有效验单;核查是否存在邮件退转记录;核查国家相关机构(如国家安全部、公安机关等)

的查验登记记录;核查邮件销毁记录;核查邮件无收寄信息记录;核查"空包炒信"(刷单邮件)记录;核查盲件招领库、无着邮件管理系统记录。此外,需要查看视频监控资料,包括当日作业处理邮件现场的视频监控影像;邮件装卸的全过程特别是车厢内部的视频监控资料;当日与趟车、作业车辆邮件交接时的视频监控资料;待处理邮件堆放处视频监控资料;进驻处理中心机构截屏监控资料。

(二) 破损、短少、水湿邮件的核查

(1) 核查当日接收总包是否存在有效验单。
(2) 核查是否存在邮件破损、异常情况登记。

(三) 延误邮件的核查

(1) 核查是否存在安检不合格,转发陆运的封发信息。
(2) 核查是否存在错封、误发情形。

(四) 邮件是否遗留作业现场的核查

(1) 根据寄件人(收寄网点)提供的邮件外观、内件种类、数量等描述,在破损邮件、疑难邮件待处理等邮件存放区核对散落、破损的邮件。
(2) 根据寄件人(收寄网点)提供的邮件外观、内件种类、数量等描述,与存放的无着邮件进行外观比对,如发现相似邮件,征得处理中心负责人同意后,在监控设备的有效监控下双人对相似邮件进行开拆核对。
(3) 查找空袋存放处、空袋内,其他邮件容器内。
(4) 查找待处理(暂存)邮件堆位处。
(5) 查找物料存放处,箱、盒、袋等容器内。
(6) 查找皮带机、自动分拣机、AGV自动搬运机器人等作业机械的缝隙处、搁架上(下)、机箱内。
(7) 查找叉车、平板车等作业车辆驾驶室内、车厢内。
(8) 查找作业小推车、作业筐内。
(9) 查找作业台席和相邻作业台席的抽屉、顶、底,作业台席之间、作业台席与墙之间的缝隙处。
(10) 查找灭火器箱、设备或工具箱内。
(11) 查找电梯井中、楼道夹缝内。
(12) 查找与处理中心紧邻的员工休息区、宿舍。
(13) 查找其他可能遗留邮件的场所。

三、处理中心协同客服问题邮件处理

(一) 属于延误的问题邮件作如下处理

(1) 出口邮件,应协调赶发最快有效出口作业计划。
(2) 进口邮件,应协调赶发最快有效频次封发下一环节。
(3) 及时回复区域客服延误原因及问题邮件补救措施,出口邮件的信息包括拟改发车航次、预计到达时间及总包号码等信息,进口邮件的信息包括转趟车次、总包号码等信息。

(二) 属于破损的问题邮件作如下处理

对于破损邮件应核查是否在监控设备覆盖范围内,将散落的内件整理并复重,妥善重封后

复验发往前程或退回原寄网点;如邮件属于既无法发往前程也无法退回的腐烂变质、水湿污染的邮件,已做就地销毁,则核查是否已向收寄网点缮发"就地销毁验单"。查实后,协同客服须将实际情况及时反馈区域客服,并提供相关证据。

(三)属于无着邮件的问题邮件作如下处理

对于无着邮件,应核查无着邮件记录,进行邮件比对,对可复活的邮件,确认无误后发起无着邮件复活申请并根据调度指令处理意见,将邮件继续发往前程或退回。

(四)错封误发的问题邮件作如下处理

对于错封误发邮件,应根据系统中的收寄信息,核实邮件错封误发的原因,如因收寄网点信息录入有误导致错封误发,应在反馈时予以说明;协同客服须将实际情况及时反馈区域客服,并提供相关证据。

(五)因名址信息问题无法发往前程的邮件作如下处理

(1)出口邮件须核查是否有退回记录及批注退因。

(2)对进口邮件,协同客服须创建内部客服申请单,向寄件人(收寄网点)征询收件人详细地址、联系方式,并根据回复进行后续处理。

(3)对具有双重地址的邮件,核实是否需附验单退回。

(六)无网上收寄信息的邮件作如下处理

对于无网上收寄信息的邮件,应核查是否为无收寄信息邮件,并反馈区域客服联系相关部门作后续处理。

(七)安检不合格的邮件作如下处理

(1)如邮件因航空安检不合格退回或转发陆运,应核查新一代平台显示的交发时间、预计到达时间并反馈给区域客服。

(2)如邮件被公安机关等执法部门罚没,协同客服人员须与有关部门联系,请对方提供相关罚没证明,并向区域客服反馈。

(八)对邮件破损、内件短少情况的处理

对于邮件破损、内件短少情况,应核查邮件破损后是否缮发有效验单及留存证物(含视频记录),根据用户提供的内件详情特征,核查无着邮件库是否留存疑似散落物品。对已发现的散落物品征询用户意见,作后续处理,并将结果如实回复区域客服。

(九)特殊业务需求的处理

(1)调度指令显示为用户要求自取邮件时,协同客服应立即核对邮件信息,判断邮件是否可以自取,并通过电话方式与当班带班班长联系,确认符合自取条件后,与用户联系,确认自取地点、时间及需携带的相关证件等。协同客服完成与用户的联系和确认后,将处理结果回复区域客服。

回复内容应包括:邮件号码;总包号码;收寄网点名;投递网点名;邮件的车次;航班、频次、计划到达时间等信息;邮件外包装及内件信息。

(2)调度指令显示出口国际邮件为撤回、截留时,协同客服应立即核对邮件信息及是否到达本机构,判断邮件是否可以撤回、截留,并在系统中进行标注。根据调度指令中用户的需求,安排邮件后续操作,并将处理结果回复区域客服。

(3)调度指令显示进口国际邮件为撤回时,协同客服应立即核对邮件信息及邮件是否到达本机构,判断进口邮件是否可以撤回,并在系统中进行标注。

(4) 如邮件信息显示已封发,且已发出,原则上不进行总包开拆和截留邮件的处理,协同客服人员应向作业班长核对已发运的航班或车次、总包号码,并立即回复区域客服,明确建议由下一环节处理中心进一步查询和截留。

(十) 要求优先(紧急)处理的邮件查找到后的处理

要求优先(紧急)处理的邮件查找到邮件后,协同客服人员应向作业班长通报,按调度指令对该邮件作优先(紧急)处理,处理情况及时回复区域客服。

【案例一】

将"能力优势"转化为"经营成果"
——长三角区域互寄邮件提速大会战系列报道·安徽篇

"邮政自从提速以来,时效性确实有了很大提升,各地的经销商反馈现在的投递速度明显比之前要快很多。"某品牌手机安徽代理商张先生这样对记者说。安徽邮政自推进长三角区域互寄邮件提速以来,客户体验明显提升,企业发展能力显著增强。截至2019年4月底,安徽邮政标快长三角次日达线路达成率排名全省行业第1位,快递包裹市场占有率为17.1%,继续保持全省行业第1位。2019年1月至4月,全省邮政长三角业务量同比增长28%,业务收入同比增长46%。

2019年3月5日,张女士将一包急用药品由南京寄往合肥后,就拨打11183希望尽快妥投。安徽省分公司客服中心合肥协查台席的高炜接到电话后,立即与张女士核实邮件的外包装品名和内件详情等信息,在系统上派发调度单,紧急电联合肥邮区中心协同客服处理,最后直接联系相关投递站点,及时将药品投递给客户。张女士对邮政客服迅速、有效的帮助给予了表扬。

在推进邮速资源整合工作中,安徽邮政将各级寄递事业部服务质量部与同级邮政分公司服务质量部合署办公,整体规划服务质量管控体系建设,实现全方位一体化监督,切实提升客服水平。

安徽邮政统一专业化客服平台,强化标准化团队建设,实现业务互通、人员复用、客户问题一站式解决;推行高度扁平化的全省客服大集中工作模式,实行省客服直接到生产单位的协同管控模式,提高了客服效率,使问题邮件一次解决率达91.53%,排名全国邮政第1位。同时,安徽邮政加强对服务调度执行情况的考核,建立服务调度问责机制,除对生产机构直接责任人进行追责外,对于承担管理责任的相关人员同步进行追责,对突出问题整改不力、长期未见改善的问题机构和责任环节进行专项督导,强化跟单过程管控,同步探索问题邮件预处理机制;在全省所有生产机构推广智能跟单和普通跟单系统,实现对所有包裹快递邮件、国际邮件的全过程实时跟踪,实时发现问题邮件、实时纠偏补救,进一步提高时限稳定性,提升客户体验。安徽邮政还采取全省理赔大集中方式,建立理赔基金,优化直赔、谈赔工作流程,使理赔流程平均缩短近24个小时。2019年1月至4月,安徽邮政理赔及时率达99.36%,排名全国邮政第1位。

思考:请问该案例带给你什么启示?

【案例二】

按下"加速键",增添新动力
——内蒙古自治区分公司奋战"双十一"回顾

2020年"双十一"与往年的"历史配方"不同,电商平台推出的预售模式拉长了这场"大考"的时间线。数据显示,11月6日,内蒙古自治区邮政分公司邮件进口量第一波小高峰已超越去年峰值,11月15日,创造了130.6万件的新纪录,同比增长28.41%。面对年度网购"季风",内蒙古邮政再次整合资源,组合出击,为"尾款人"的"购物车"快速抵达增添了新动力。

从2020年11月初开始,全区邮政对接处理服务调度实行8:00~20:00连续作业,快速、及时地响应客户需求。据内蒙古邮政客服中心副主任樊奇峰介绍,2020年,客服中心增设了区内客服热线专属台席,保障话务百分之百畅通,优先处理客户诉求,在2小时内解决问题邮件,同时,启动了包头、赤峰、鄂尔多斯、通辽、呼伦贝尔区域客服,将协查工单分流至各级区域客服进行处理,减少工单处理层级,区客服中心对各协同客服进行培训指导,提高服务的专业性;各级生产机构、处理中心、航站协同客服与区客服中心密切配合,流程环环相扣。

思考:请问该案例说明客户服务在邮政环节中扮演什么样的角色?

【实践项目】

1. 根据本章内容完成不同场景下协同客服服务内容的归类

- 任务目标

掌握不同场景下协同客服的服务内容。

- 任务要求

根据本章内容,用思维导图的方式对该场景下协同客服的服务内容进行总结和归类。

- 任务实施

在熟练掌握课程内容的基础上完成该内容的思维导图。

2. 根据本章内容制作一段服务工单操作流程视频或微课

- 任务目标

熟练掌握服务工单操作流程。

- 任务要求

选取主动客服或内部客服中的某一个方面,使用微课制作软件制作或现场拍摄等形式完成,时间为3~5分钟。

- 任务实施

2~3名学生为一组,明确责任分工,确定实践项目的完成形式,撰写脚本,根据职责分工,小组成员共同完成任务。

参 考 文 献

[1] 王为民,陈军须. 邮政通信组织管理. 3版. 北京:北京邮电大学出版社,2018.
[2] 王为民. 邮政基础管理实务. 北京:北京邮电大学出版社,2010.
[3] 陈建安. 邮政通信特有职业技能鉴定培训丛书:邮政营业员. 2版. 北京:人民邮电出版社.2011.
[4] 安志刚. 邮政通信特有职业技能鉴定培训丛书:邮件分拣员. 2版. 北京:人民邮电出版社.2014.
[5] 朱凯,李锐,周智兴. 邮政通信特有职业技能鉴定培训丛书:邮政投递员. 2版. 北京:人民邮电出版社.2016.